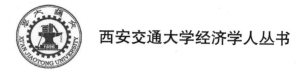

西安交通大学经济学人丛书

稀疏金融资产管理

Sparse Financial Asset Management

徐凤敏 / 著

中国财经出版传媒集团

经济科学出版社

Economic Science Press

图书在版编目（CIP）数据

稀疏金融资产管理／徐凤敏著．—北京：经济科
学出版社，2019.9
（西安交通大学经济学人丛书）
ISBN 978 - 7 - 5218 - 0938 - 1

Ⅰ.①稀…　Ⅱ.①徐…　Ⅲ.①金融资产–资产管理–
研究　Ⅳ.①F830

中国版本图书馆 CIP 数据核字（2019）第 206424 号

责任编辑：谭志军　李　军
责任校对：齐　杰
责任印制：李　鹏

稀疏金融资产管理

徐凤敏　著

经济科学出版社出版、发行　新华书店经销
社址：北京市海淀区阜成路甲 28 号　邮编：100142
总编部电话：010 - 88191217　发行部电话：010 - 88191522
网址：www. esp. com. cn
电子邮箱：esp@ esp. com. cn
天猫网店：经济科学出版社旗舰店
网址：http://jjkxcbs. tmall. com
固安华明印业有限公司印装
710×1000　16 开　20.75 印张　310000 字
2019 年 12 月第 1 版　2019 年 12 月第 1 次印刷
印数：0001 - 2000 册
ISBN 978 - 7 - 5218 - 0938 - 1　定价：78.00 元
（图书出现印装问题，本社负责调换。电话：010 - 88191510）
（版权所有　侵权必究　打击盗版　举报热线：010 - 88191661
QQ：2242791300　营销中心电话：010 - 88191537
电子邮箱：dbts@ esp. com. cn）

总　序

　　千年历史古都，华夏精神故乡。从周礼秦治到汉风唐韵，西安浓缩了中华民族历史。跟随改革开放的步伐，华夏古都西安向着具有历史文化特色的国际化大都市奋起飞跃。正是被这种浓厚的历史文化氛围所吸引，一批志同道合的经济学人汇聚于西安交通大学，数十年来，不闻丝竹，醉心学术，期冀为中国经济学发展贡献绵薄之力。

　　本套"经济学人"文库旨在集中展示西安交通大学经济学人多年来的研究成果。近年来，在国家"985"工程和"211"工程的大力支持下，经过西安交通大学经济与金融学院全体教职工的不懈努力，西安交通大学经济学学科有了长足发展。经济与金融学院现拥有应用经济学和理论经济学两个一级学科，应用经济学学科已成为全国具有重要影响力的学科。学院在西部地区建立了首家应用经济学博士后流动站，产业经济学被评为国家重点学科。学院先后获批建设国家级精品课程、省部级重点实验室、省部级经济研究中心与陕西省名牌专业。我们出版西安交通大学"经济学人"文库的初衷就是集中体现近年来西安交通大学经济与金融学院在学科建设与科学研究上取得的成绩，激励青年学子继续努力，攀登经济科学的高峰。

　　文库的作者均是西安交通大学经济与金融学院相关学科

的学术带头人与青年骨干教师。几十年来，西安交通大学经济学学科带头人在各自领域刻苦钻研，笔耕不辍，在国际知名 SSCI（SCI）期刊及《经济研究》《中国社会科学》以及《管理世界》等国内权威期刊发表了一批高水平论文，主持了多项国家哲学社会科学与教育部哲学社会科学重大项目，荣获近百项教育部优秀哲学社会科学成果奖和省级哲学社会科学优秀成果奖。西安交通大学经济与金融学院继往开来，海纳百川，吸引了大批海内外优秀青年学子加盟。这些青年学子志存高远，勤奋好学，成绩出众，均在国内外知名经济学期刊上发表过高水平学术论文，主持过国家级科研项目。丛书的出版既是对西安交通大学经济学人辛勤付出的肯定，同时也是西安交通大学近年来经济学学科建设成就的一次展示。

中国经济的改革和开放进行了三十多个春秋。中国的经济学研究逐渐成了社会科学中的"显学"。我们希望西安交通大学"经济学人"文库的出版不仅能从侧面反映中国经济学的进步，同时更期待着文库的出版能进一步加深我们与全国经济学人的互动交流，共同携手为建设"中国特色，中国气派"的中国现代经济学努力。

孙早

二〇一七年六月

前　言

　　金融资产管理泛指投资者利用金融市场对持有资产进行合理的优化配置，从而达到规避风险和获得收益的目的。风险和收益是金融资产管理中永恒不变的两个主题。1952 年，哈里·马科维茨创造性地将风险和收益统一在均值方差模型，开辟了现代金融理论研究的先河。在现代优化理论（线性规划、二次规划、非线性规划、锥规划及鲁棒规划等）的逐步推动下，金融资产管理无论在学界还是在业界都取得了长足发展。其中衍生出来一系列有趣的问题值得我们深入探索和研究，如投资组合选择问题、投资组合调整问题、基于被动型投资的指数追踪问题、基于主动型投资的超越指数问题、在金融危机背景下金融企业的去杠杆问题及银行间网络系统性风险管理问题等。

　　笔者从事科研及教学工作已经接近 20 年，闲暇之余常会思考金融资产管理未来的发展方向。过去的 10 年，大数据时代的到来几乎颠覆了所有行业的传统经营模式，首当其冲的便是金融行业。对于现代的金融资产管理公司和个人投资者，均面临着海量增长的高维数据、波动剧烈的市场，以及层出不穷的金融创新和行业革命。这样的复杂环境不仅对一线从业者的专业能力提出了更高的要求，也迫切要求从事金融资产管理的科研工作者从问题出发，提供最新的理论、模型及算法支撑。面对日益增长的金融市场规模，投资者必须要在数以千计的资产品类中进行配置，这不仅增加了管理费用，还会带来额外的交易成本，通过构建稀疏模型可以有效控制投资组合内的资产类别，从而提高投资者的边际效用。与此同时，稀疏模型也可以降低模型过拟合，从而提高样本外的性能。故笔者认为稀疏优化的模型及理论对于金融资产管理中的应用研究具有重要意义。

本书既是笔者及团队成员多年科研工作的积累，又是笔者对未来金融资产管理科研方向的看法。即从实际问题出发，以最新的优化理论为工具，构建能够精准描述问题的数学模型并设计高效算法，达到指导真实应用场景的目的，最后针对应用中出现的问题对模型进行修正，从而形成一个完整的闭环。本书主要讨论稀疏优化理论和传统金融资产管理结合进行研究的最新成果，也是一本系统阐述稀疏优化理论在金融资产管理中应用的专著。本书主要内容共分为八章，详细介绍了金融资产管理问题发展中出现的重要模型和文献，并对关键的定理和结论给出了证明，希望能够对该方向的学生或者老师有所帮助。此外，在每一章节中，笔者都对提出的模型进行了实证分析，并结合图表使读者更容易理解文中出现的模型、定理及算法，方便深入学习。

本书系统列举了由金融资产管理衍生出来的问题，并详细介绍了和稀疏优化理论结合后的最新进展。本书的特色在于学术性和可读性，既适合金融工程、数学专业的本科生及研究生，也适合希望对金融资产管理问题有所了解的读者。学习本书需要掌握数学分析、高等代数、高等数理统计、凸优化、全局优化及金融工程的基础知识。

西安交通大学金融优化团队的相关老师和博士生参与了本书的编写。景奎参与了第 3 章和第 6 章编写；赵志华参与了第 4 章编写；李雪鹏参与了第 5 章和第 7 章的编写；董志龙参与了第 8 章编写，在此感谢他们的辛勤付出。衷心感谢国家自然科学基金重点项目（编号：11631013）和面上项目（编号：11571271，编号：11971372）的支持，感谢西安交通大学的出版基金支持。感谢女儿华紫悦的支持与帮助。

限于笔者水平，虽已竭力修改，但书中内容仍不免有错误之处，敬请各位读者批评指正。

徐凤敏

2019.6

目　录

第 1 章　绪论 ··· 1

1.1　金融资产配置与优化 ··· 1

1.2　金融投资组合与稀疏优化 ······································ 3

1.3　几类典型的资产管理问题 ······································ 6

1.4　小结 ··· 10

第 2 章　稀疏优化模型与算法 ······································ 12

2.1　无约束稀疏优化模型与算法 ··································· 12

2.2　约束稀疏优化通用算法设计 ··································· 17

2.3　特殊约束下的稀疏优化算法 ··································· 26

2.4　小结 ··· 45

第 3 章　稀疏投资组合选择 ·· 46

3.1　投资组合选择 ·· 47

3.2　经典的均值方差投资组合选择 ································ 55

3.3　稀疏投资组合选择 ·· 56

3.4　稀疏投资组合选择模型的参数估计 ························· 62

3.5　实证分析 ··· 68

3.6　小结 ··· 77

第 4 章　稀疏投资组合调整 ·· 78

4.1　投资组合调整 ·· 78

4.2　投资组合调整模型 ·· 81

4.3　稀疏逆优化调整模型 ··· 88

4.4　稀疏鲁棒投资组合调整 ·· 103

4.5　小结 ·· 116

第 5 章　指数型基金管理—稀疏指数追踪 ················· 118
5.1　指数追踪问题 ··· 118
5.2　基于分层抽样的稀疏指数追踪 ······················ 134
5.3　基于 L_0 的稀疏指数追踪 ······························ 148
5.4　小结 ··· 162

第 6 章　指数型基金管理—稀疏超越指数 ················· 163
6.1　超越指数问题 ··· 164
6.2　稀疏超越指数 ··· 171
6.3　稀疏随机超越指数 ··· 185
6.4　小结 ··· 210

第 7 章　最优负债管理 ··· 211
7.1　负债问题概述 ··· 211
7.2　最优负债问题的研究现状 ································ 212
7.3　最优负债问题的模型与算法 ···························· 214
7.4　稀疏最优负债模型与算法 ······························· 241
7.5　最优清算案例 ··· 249
7.6　小结 ··· 257

第 8 章　银行网络系统性风险管理 ·························· 259
8.1　银行网络系统性风险 ······································ 259
8.2　银行网络系统性风险的相关模型与概念 ············· 267
8.3　银行网络系统性风险的拓展模型 ······················ 279
8.4　模型分析与算法设计 ······································ 283
8.5　实证分析 ·· 292
8.6　小结 ··· 298

参考文献 ·· 299

第 1 章

绪　论

1.1　金融资产配置与优化

1997 年诺贝尔经济学奖得主之一的莫顿对现代金融学做出了一种全新解释：金融学是研究如何在不确定条件下对稀缺资源进行跨时期和跨市场的最优配置。由此可见金融理论的核心是研究在不确定环境下，经济行为人如何对有限资源进行最优配置，这里包括跨市场和跨时期的情况。时间和不确定性是影响金融行为的中心因素。这两者相互作用的复杂性成为促进金融研究的内在因素，而刻画这种相互作用则需要复杂的数学工具。

莫顿对金融的定义，关键词包括不确定环境、有限资源、跨期（未来时间）、最优配置等，而不确定环境可以理解为统计中的随机环境，一般用带有信息流的概率空间来刻画。稀疏资源（有限资源）等价于资源满足一定约束。跨时期（未来时间）等价于随时间变化的策略或价值，即适应过程或随机动态过程。最优配置等价于满足一定目标函数的最优解。因此，现代金融问题可以刻画为对给定的目标函数（价值函数），满足一定的约束条件的动态随机规划问题。

资产配置（asset allocation）是指根据投资需求将投资资金在不同资产类别之间进行分配，通常是将资产在低风险、低收益证券与高风险、高收益证券之间进行分配。在现代投资管理实践下，投资一般分为规划、实施和优化管理三个阶段。投资规划即资产配置，它是资产组合管理决策制定步骤中最重要的环节。对资产配置的理解必须建立在资产配置和负债清算问题的本质、对普通股票和固定收入证券的投资特征等

1

多方面问题的深刻理解基础之上。在此基础上，资产管理还可以利用期货、期权等衍生金融产品来改善资产配置的效果，也可以采用其他策略实现对资产配置的动态调整。不同的资产配置策略具有自身特有的理论基础、行为特征和投资理念，并适用于不同的市场环境和客户投资需求。

资产配置在不同层面也有不同含义，从范围上看，可分为全球资产配置、股票债券资产配置和行业风格资产配置；从时间跨度和风格类别上看，可分为战略性资产配置、战术性资产配置和资产混合配置；从资产管理人的特征与投资者的性质上看，可分为买入并持有策略（buy-and-hold strategy）、恒定混合策略（constant-mix strategy）、投资组合保险策略（portfolio-insurance strategy）等。一个广泛的资产配置问题需要以下几个因素。

1. 目标和限制因素

通常需要考虑到风险偏好、流动性需求和时间跨度要求，还需要注意实际的投资限制、操作规则和税收问题。如货币市场基金就常被投资者作为短期现金管理工具，因为其流动性好，风险较低。

2. 资本市场期望值

这一步骤非常关键，包括利用历史数据和经济分析，要考虑投资在持有期内的预期收益率。专业的机构投资者在这一步骤具有相对优势。

3. 资产组合类型

一般来说，资产配置的几种主要资产类型有：货币市场工具、固定收益证券、股票、不动产和贵金属（黄金）等。

4. 有效组合边界

寻求在既定风险水平下可获得最大预期收益的资产组合，确定风险修正条件下投资的指导性目标。

5. 寻找最优投资组合

在满足投资者面对的限制因素的前提下，选择最能满足其风险收益目标的资产组合，确定实际的资产配置战略。资产配置是一个综合的动态过程，投资者的风险承受能力、投资资金都会不断地发生变化，所以对不同的投资者来说，风险的含义不同，资产配置的动机也不同，所以最终选择的组合也不一样。

寻找最优投资组合广泛使用的一种方法是利用马科维茨提出的均值方差模型，即在给定投资组合约束以及一定的风险水平下极大化投资组合的收益。马科维茨均值方差模型使用样本平均收益（一阶矩）及样本方差协方差（二阶矩）衡量投资组合的收益和风险特征，在约束中考虑资产的卖空限制、资金限制等约束，在数学上等价于凸二次规划问题。二次规划是优化中的一类特殊数学规划问题，要求目标函数是未知量的二次形式和约束是未知量的线性等式或者不等式。在线性规划尚不能高效求解的 50 年代，马科维茨首先提出了用于求解均值方差模型的临界线算法。随后沃尔夫提出了二次规划的单纯性方法，在之后的几十年间，增广拉格朗日方法、内点法、有效集法被陆续提出。马科维茨均值方差模型是现代金融理论和优化第一次思想上的碰撞，标志着现代投资组合理论的开端，此后 60 多年，资产配置中的投资组合理论与算法随着优化理论的突破取得了飞速的发展。

最优投资组合构建实质就是在满足给定条件下的最优化过程，除了上述介绍的二次规划外，如线性规划、半定规划、二阶锥规划、鲁棒优化、随机优化、动态优化及稀疏优化等优化模型在金融资产管理中也有着广泛的应用。本书着重于寻找最优投资组合模型的建立与求解，为了简单统一，模型均采用单期资产配置模型。

1.2　金融投资组合与稀疏优化

自陶哲轩（著名华裔数学家、2006 年菲尔兹奖得主）、坎迪斯和多诺霍（美国科学院院士）提出压缩感知理论以来，稀疏优化得到了迅猛的发展，并在信号处理、图像处理、卫星遥感、地震勘探等许多大数据相关的其他领域也得到了重要的应用。一般来说，稀疏优化旨在建立合适的优化模型，通过求解这些模型获得具有稀疏性质的解。在向量情形下，稀疏解往往指大多数元素为零的解。在矩阵情形下，往往指大多数特征值或者奇异值为零的解。由于稀疏约束优化问题本质上是一个组合优化问题，而稀疏正则化问题的目标函数往往是不可微、非凸，甚至是不连续的，直接求解非常困难。因此，在稀疏优化中，如何利用解的稀疏性进行快速和准确的计算是一个崭新的、富有挑战性的方向。除了贪婪算法外，绝大多数求解稀疏优化问题的算法都是基于求解原稀疏优化问题的凸逼近或者非凸逼近。关于稀疏优化的研究主要集中在如下两方面：在理论方面，人们关心原稀疏优化模型与逼近模型的解之间具有什么样的关系。一些学者给出了原稀疏优化模型和逼近模型等价的一些充分（必要）条件。在算法方面，人们关心如何设计有效的计算方法求解这些逼近问题，主要包括求解凸逼近的紧缩算法、邻近点算法、布雷格曼算法（Bregman Algorithms）、增广拉格朗日函数法等。

稀疏优化在金融领域具有非常广泛的应用场景，如指数追踪和超越指数、投资组合选择和组合调整、投资组合负债、金融系统性风险等问题。在指数追踪和超越指数这类问题中，稀疏不仅可以降低金融优化问题的求解规模，而且能够最优地精简投资规模，这会大大降低投资者和机构的交易费用和管理成本。在现实情况下金融市场瞬息万变，资产的收益率不断波动，投资者经过一段时间持有后，构造的原始组合很可能不再最优，所以往往需要调整组合成分或者再投资，从而规避风险或者获得更大收益，此即为组合调整理论。在投资组合调整中，往往面对跨期和跨类别的风险资产，对调整的规模和调整量需要更精准地控制。稀疏投资组合构建和调整等一系列问题已经成为股票市场的核心研究问题。与此同时，股票数据由于其本身行业的特性，受到各自的市场风格因子的影响，往往可以设法进行稀疏表示，或者利用傅立叶基、多尺度小波变换等方法去噪之后进行近似稀疏表示，这使得稀疏优化在该领域的研究已经受到了极大的关注和应用。近年来，正则化思想在投资组合及组合调整中也有成功的应用，具有降低交易费用和良好的样本外表现等优点。如布罗迪（Brodie，2009）等人在传统均值—方差模型上引入 L_p 惩罚项，研究表明加入正则化的投资组合模型更加稳定，表现更稀疏，同时有更良好的样本外表现。德米格尔（DeMiguel，2009）等人讨论了几种不同的稀疏组合构建方法，并在测试集上比较了稀疏组合的表现。范剑青等人（Fan，2008）研究了总风险（gross-exposure）约束条件下的风险管理和资产选择。再如，投资组合负债问题，即当面对未来不确定的资产流动和风险的同时，机构投资者应如何处理已有的投资组合，如何出售资产以降低债务风险，尽量减少损失。投资组合负债问题是一个极具挑战的金融优化问题，其研究的关键在于如何根据市场随机因素、投资组合中资产的属性和投资者的清算诉求（稀疏约束）来保证短期债务和投资者的风险要求。金融系统性风险问题是近年来国家和金融体系层面面临的重大问题，是指金融机构从事金融活动或交易所在的整个系统（机构系统或市场系统）因外部因素的冲击或内部因素的牵连而发生剧烈波动、危机或瘫痪，使单个金融机构不能幸免，从而遭受经济损失的可能性。如何从稀疏随机优化的角度出发，度量、预测和控制金融系统性风险是目前比较前沿的研究方向。以上问题往往可以建模为稀疏随机线性规划、稀疏随机二次规划、稀疏分布式鲁棒规划或者稀疏随机锥规划等问题。如何结合金融大数据特征，发展稀疏随机金融优化理论，同时形成一套数据驱动下的系统、完备的理论体系和求解算法，已成为稀疏随机金融优化亟待解决的关键性课题。

金融投资组合和优化理论的发展密切相关。二次规划的单纯形法、内点法、椭球法及有效集法为求解经典的均值方差模型提供了高效的求解方案，为投资组合在学界和业界的发展做出了重要的贡献。均值方差模型考虑了收益和方差，投资者可以根据自身抵御风险的能力进行资产配置。针对投资组合对输入参数的敏感性，鲁棒优化和随机优化被引入到投资组合理论，其中鲁棒优化思想是在最坏的情况下获得最好的投资组合，随机优化可以刻画输入参数（收益，方差）的不确定性特征。针对马科维茨模型的单期局限性，具有多阶段特征的优化模型也发展起来，使得投资者可以考虑多期的资产配置。由此可见，投资组合的每一步前进都离不开优化的引入，优化理论和方法的每一步前进也推动了投资组合理论的革新。稀疏优化是近年来优化领域的最新成果，从无约束稀疏优化到约束稀疏优化，理论不断完善，算法效率不断提升，已经在工程和大数据领域取得了瞩目的成绩。投资组合问题中大数据特征体现在：问题规模迅速增长，数据维度多样，数据更新迅速，冗余信息增加。这些特征恰恰给稀疏优化以大展身手的空间。可以预料数据时代背景下金融投资组合和稀疏优化联系将更加密切。

1.3　几类典型的资产管理问题

1.3.1　稀疏投资组合选择与组合调整

自从马科维茨提出了具有划时代意义的均值方差模型之后，众多学者进一步发展了现代投资组合理论，试图使均值方差模型能够更好地适应资本市场的需求。经典的均值方差模型在实际运用中，其最优解在投资组合优化过程中容易产生过多的微小权重，而这些微小权重缺乏可操作性并且会造成额外的管理成本。同时，还存在大权重过大问题，使风险不能有效地分散化。对投资组合中选择的风险资产数目加以控制，不仅可以较好地避免极端投资权重的出现，还可以有效地降低投资组合的管理难度，减少交易费用。稀疏投资组合选择正是在这样的背景下利用稀疏优化理论逐步发展起来的。

马科维茨的均值方差模型常用于计算单期投资组合问题。然而，在现实情况中金融市场瞬息万变，资产的收益率不断波动，投资者对风险的厌恶程度也在适时变化，不再满足于单期的投资持有，经过一段时间持有后，原始组合很可能不再是最优组合，所以投资者往往需要调整组合成分或者投资，从而规避风险或者获得更大收益，此即为组合调整理论。传统的投资组合调整模型并没有考虑参与换手的资产的数目。对于投资者而言，如果换手率过高，会使得交易费用增多，减少了持有期收益。由此在调整中考虑资产的数目，将参与调整的资产限制在某一合理区间即是稀疏投资组合调整模型。

稀疏投资组合与投资组合调整的有机融合可以帮助投资者在"风险—收益"框架下选择最优的投资策略，更好地应对金融市场的各种变化。

1.3.2　稀疏指数追踪与超越指数

股票价格指数以其广泛性和代表性获得了金融市场参与者（套期保

值者，套利者，对冲者及投机者）的青睐，在资本市场发挥着日益重要的作用，影响资本市场的各个方面。以股票价格指数为标的物的金融衍生产品，如股指期货、期权及互换等，其市场份额在不断提高。而衍生品现货市场的缺乏促使了以追踪股票市场指数为目标的投资组合的产生，即指数追踪和超越指数。

指数追踪问题是指投资者利用现有的资产池构造现货组合以获得和标的指数相同的收益水平。以股指期货套利为例，套利者利用无套利定价原理可以判断期货是被高估还是低估，最终通过现货市场的对冲获得无风险收益。但是股指期货缺乏与之匹配的现货组合，因此如何构造追踪组合是个人和机构投资者必须面临的基石性问题。对于指数追踪问题，投资者并不企图战胜市场，而是采用盯住市场，获得市场平均收益，因此这类策略常被称为被动型基金管理策略。被动型基金管理假设金融市场是有效市场，即证券价格已经反映了所有历史信息，而证券价格的变化方向和幅度无法通过技术手段有效预测，因此长期来看投资者无法战胜市场获得超额收益。追踪组合的构建方法一般分为完全复制、抽样复制以及优化复制。完全复制即按照指数的成分股构成持有相同的比例，抽样复制则是按照行业或者其他准则选择股票然后构造追踪组合。完全复制可以实现完美复制，但是却使得追踪组合的构成格外复杂，带来高昂的交易费用和管理成本。而抽样复制虽然可以保证多样性但是却无法保证对组合的追踪效果。优化复制即本书中使用的模型方法，综合了两者的长处。但是，传统的指数追踪模型仍然无法保证追踪组合的规模，使得追踪组合数量过大，且存在很多极其微小的权重比例，对投资者的实际操作带来巨大的困扰。本书使用稀疏指数追踪模型，即在约束中考虑股票个数，构建一类新的指数追踪模型，使得在保证追踪组合规模的基础上获得最小的追踪误差。在本书中的后续章节，带有正则项的稀疏投资组合模型和带有基约束的分层抽样模型的理论和算法分别被研究，并展示了实证分析结果。

超越指数与指数追踪的被动型基金管理模式不同，它是一种主动性基金管理策略，即通过有限数量的资产来构造超越大盘指数的投资组合。超越指数假设金融市场是非有效市场，即投资者可以通过技术分析、基本面分析和其他预测手段选择预期表现超过市场的股票，因此这类策略被称为主动型基金管理策略。利用超越指数模型，对冲者可以构造超越大盘指数的投资组合，并且用标的指数的期货对冲市场风险，从而获得战胜市场的超额收益。真实市场中用于对冲的投资组合规模不宜太过复杂，因此在超越指数模型基础上考虑稀疏约束，也就是本书研究的稀疏超越指数模型。超越指数追求战胜市场，但是考虑到市场的波动性投资组合并不总是在概率意义下超越市场。本书后续的模型中，将考虑期望收益的不确定性，建立稀疏随机超越指数模型，使用概率约束刻画标的指数和投资组合期望收益序列差的偏离水平，获得了一种稳健的主动型投资组合构建方法。

1.3.3 稀疏负债管理

企业通常采用杠杆经营的方式，高杠杆带来更高的收益，同时也会加剧风险的累计。对于处在高杠杆经营的企业，出售现有资产获取现金或者应收账款，用来偿还自身的负债无疑是更加可行的。具体而言，就是有去杠杆要求的企业，通过出售其固定资产、有价证券、商品存货等，用得到的现金流偿还自身负债，缩减资产负债表规模，以达到降低杠杆的目的。但是在降低杠杆或者说变卖资产的过程中，市场的流动性会承受一定的压力，而不同资产的出售次序往往会产生迥异的效果，那么找到最优的资产出售次序将非常有价值。不仅如此，企业通常还要谋求最优的资产处置方案，即在能回到合理杠杆水平的前提下使出售的资产数尽可能少。这就是稀疏负债管理的内涵。

显然，只凭直观的感觉和经验很容易出现操作失误，需要根据该问题的背景进行数学建模，用定量的方法进行描述和解答。迈伦·斯科尔斯针对金融企业部门，尤其是金融机构投资者，提出"最优投资组合负债管理"（又称为去杠杆化）问题，描述当投资者面对资产流动的不确定性和未知风险时，如何处理已有的投资组合，如何出售资产以降低债务风险，尽量减少损失。具体而言"最优投资组合负债管理"要求管理者在固定时间内，确定出售资产的种类和数目，以期在保证资产负债水平降低到合理水平的条件下，权益投资者的收益最大化。

目前，最优负债问题经过多年的发展，已经从单一资产的清算发展到整个投资组合的负债管理；从资产完全卖出发展为部分卖出；从单一的资产定价公式发展到高维的投资组合的情况；从价格影响因子相互独立发展到相互关联；从与时间无关的交易框架发展到与时间相关等。但是从稀疏的角度对负债管理问题的研究较少。布朗（Brown，2011）等人将卡林（Carlin，2007）等人的资产定价函数推广到高维情况，并在给定债务杠杆（债务/净资产）限制的情况下，最大化资产净值，建立最优负债比模型，在凸性条件下原问题退化成一个凸二次规划。在实际去杠杆中，存在一些无效清算资产，即增加去杠杆化问题的求解难度但又不参与最优解的构成，因此我们考虑建立稀疏最优负债管理模型，并根据模型分析待清算资产的优先级。

1.3.4　稀疏系统性风险管理

风险管理是金融市场永恒的主题之一。系统性风险是指由某个触发因素引起的，导致不稳定性在整个金融体系内蔓延，甚至对实体经济造成严重危害的不确定性。系统性金融危机的爆发将对整个金融体系造成冲击，甚至波及整个经济体系的平稳运行，引发严重的社会问题。比如，2008 年爆发的全球经济危机余波至今尚在。金融网络系统性风险是一种不能消除的客观存在，那么如何去预测风险，发现和控制金融网络系统性风险隐患便成为金融领域研究的关键工作。因此，关于金融网络系统性风险管理问题的研究变得越来越重要。银行业在金融系统中处于核心地位，研究银行系统的风险管理分析方法，将是整个金融体系的系统性风险研究的重中之重。

埃尔辛格和纽（Eisenberg and Noe，2001）首次提出了一个线性规划模型，即 EN 模型来描述银行网络的直接负债和破产传染情况。在 EN 模型中，机构的偿债比例是 [0，1] 之间的连续变量，当偿债比例为 1 时，表示该机构完全偿还了债务；为 0 时表示该机构完全不能偿还债务，可以视为破产。在实际中，考虑一种保守的破产策略，即金融网络中的机构只有完全偿债和破产两种选择，不存在部分偿债的情况。这恰好对应数学中的 0 - 1 混合整数规划问题，由此可以构建稀疏系统性风险管理模型，研究保守情况下金融网络的风险传染情况。

当银行网络由于个别银行的破产而引发系统性风险危机时，政府救市资金适时的介入可以挽救银行系统，避免对整个金融市场乃至实体经济造成更大的冲击。然而在有限的救市资金条件下，优先拯救哪些银行将是救市资金能否发挥最大效用的关键。对事关全局的系统重要性银行进行识别是系统性风险管理中首先要做的工作。基于 EN 模型框架，可以建立以最小化机构破产数目为目标的稀疏风险传染模型，研究在保守策略下最佳的救市资金分配问题，从而识别出系统重要性银行。

在救市行动中，救市的效率是十分关键的因素，既要将系统性风险带来的危机降到最低程度又要最小化救市资金数量，这个目标的实现有赖于对银行网络的系统性风险度量进行全面的研究。另外一个目标也不容忽视，即在救市过程中使得整个系统破产的银行数目越少越好，由此可以定义在保守破产策略下诱导得到的考虑最小化破产银行数目和最小化救市资金的双重目标的稀疏救市模型。由此可见，稀疏在系统性风险管理中具有重要意义，涉及救市资金选择、系统重要性银行的识别、传染性分析等一系列问题，本书主要涉及稀疏 EN 模型、稀疏 B - EN 模型及稀疏救市模型。

1.4　小结

上述的几个典型问题都是金融领域的一些基本问题，在学界和业界备受关注，对这些问题的科学求解在理论和实践上都有重要的意义。随着大数据时代的来临和人工智能的兴起，资本市场也出现了一些新的变化，这就为传统的金融资产配置带来了新的机遇和挑战，归纳起来，有以下几个方面。

第一，如何在金融数据中有效地甄别信息，选择更少的风险资产数目来达到既定目标，如实现预期收益、跟踪标的指数、进行组合调整等，从而降低管理难度，减少交易费用。

第二，如何在资产规模较大时，缩减资产负债表规模，以合理的次序出售资产，并尽可能使出售资产的数目最少。

第三，如何用模型刻画银行间网络的系统性风险，在救市时，既使得破产银行数目最少，又使得救市资金总量最小。

上述问题看似关联不大，但是都可以用稀疏优化的思想联系在一起。结合问题的实际背景，我们可以建立抽象的稀疏优化模型，并且通过分析模型的理论性态，设计高效的求解算法，最终为这些金融问题的有效解决提供模型及算法支持。总而言之，金融资产配置中实际问题的刻画需要新的稀疏优化模型，而稀疏优化的理论和算法也需要来自实际问题的驱动才能不断推陈出新。

第 2 章

稀疏优化模型与算法

近年来，稀疏已经在信息处理、分析和传输领域内得到广泛的应用。特别在最近，新兴的研究方向——压缩感知，通过利用信号、信息的稀疏性，大大提高了信号采集能力、信号处理能力，缓解了海量数据的采样、存储、传输和分析负担。包括压缩感知在内，大量的跨学科工作利用了稀疏性。稀疏表示理论也促进了计算调和分析、逼近论、模式识别、机器学习、计算机视觉、统计学等众多领域的新一轮发展。特别地，在金融投资组合领域，如何进行稀疏组合调整，如何稀疏选择股票构建投资组合等问题已经成为股票市场的核心技术。

稀疏优化是最优化领域中相对年轻的一个分支，旨在通过求解优化模型而获得稀疏解，相关的理论、模型和算法正在迅猛发展。经典优化技术对稀疏的利用着重于输入数据，利用它们的稀疏性等结构加速计算和减少存储空间。而稀疏优化的特点在于未知解的稀疏性，如何利用问题的稀疏结构进行快速和准确地计算是一个崭新的、富有挑战的研究方向。

2.1 无约束稀疏优化模型与算法

2.1.1 无约束稀疏优化模型

针对以上提出的应用背景，许多研究者关注以下稀疏优化问题：

$$(p_p^\varepsilon): \min_x \|x\|_p^p \quad s.t. \ \|y - Ax\|_2 \leqslant \varepsilon \qquad (2-1)$$

问题可以等价的记为无约束优化问题：

$$\min_x \|y - Ax\|_2^2 + \lambda \|x\|_p^p \qquad (2-2)$$

其中，是 $x \in \mathbb{R}^n$ 带求解未知量，$A \in \mathbb{R}^{m \times n}$，$y \in \mathbb{R}^b$ 为已知参数，$\varepsilon \in \mathbb{R}^n_+$ 是误差，λ 是给定的非负正则化系数，$p \in [0,1]$。当 $p \in (0,1]$ 时，$\| x \|_p = \left(\sum_{i=1}^{n} |x_i|^p \right)^{1/p}$，记为 L_p 范数；当 $p = 0$，$\| x \|_0$ 表示 x 的非零元素个数，记为 L_0 范数。对于式（2 – 1），当 $p = 0$，$\varepsilon > 0$ 称之为基追踪（basis pursuit，BP）问题；当 $p = 1$，$\varepsilon = 0$ 称之为基追踪去噪（basis pursuit denoise，BPDN）问题；对于式（2 – 2）问题，当 $p = 1$ 时，称之为最小绝对收缩和选择算子（least absolute shrinkage and selection operator，LASSO）问题。

2.1.2　无约束稀疏优化算法

于春梅（2014）将稀疏优化算法分为积极集方法（active set method）、迭代投影算子和经典凸规划法。

1. 积极集方法

积极集方法是一种逐步构造最优解的方法，即逐步选择解集合，最终逼近最优解。活动集方法分为两种：一种是求解特定正则参数下的最优解，主要有贪婪算法（greedy algorithms）；一种是序贯方法，有同伦算法（homotopy）和最小角回归算法（least angle regression，LARS）。前者适用于维数较低的小尺度问题，不适合噪声、大尺度问题，后者速度快，提供整个解路径（正则参数 λ 变化），可以有效求解最小绝对收缩和选择算子问题。

贪婪算法是解决优化问题的一种基本方法，它将全局优化问题转化为逐步构造最优解的过程；在每一步都求出一个在当前阶段的最优解，而不考虑这种选择在全局看来是否最优。贪婪算法主要包括各类匹配追踪（matching pursuit，MP）算法。匹配追踪算法的基本思想是在每一次的迭代过程中，从字典矩阵中选择与信号残差最为接近的原子作为匹配原子来构建稀疏逼近，经过一定次数的迭代，信号可以表示为部分原子的线性组合。由于在这些原子组成的子空间上，信号的投影并非正交，因此可能需要迭代多次算法才能收敛。针对此，文献提出了正交匹配追踪（orthogonal matching pursuit，OMP）算法，该算法与 MP 算法采用相同的原子选择准则，不同之处在于每一步迭代中都增加了对所选原子进行正交化处理的步骤，以减少迭代次数。匹配追踪和正交匹配追踪算法在每步迭代中都要计算信号残差在字典矩阵中的每一列上投影，计算量大，收敛速度也比较慢。多诺霍（Donoho，2006）等提出的逐步正交匹配追踪（stagewise orthogonal matching pursuit，StOMP）算法，改善了这一状况，收敛速度有所提高。

正则化正交匹配追踪（regularized OMP，ROMP）是第一个用约束等距性条件 RIP 迭代投影算子界进行分析的贪婪技术；压缩采样匹配追踪（compressive sampling matching pursuit，CoSaMP）提供了比正交匹配追踪、正则化正交匹配追踪更全面的理论保证，并且能在采样过程中对噪声鲁棒；除了极端稀疏的情形压缩采样匹配追踪比正交匹配追踪更快更有效。戴伟等（2008）基于回溯策略提出一个相似的算法叫子空间追踪（subspace pursuit，SP），但该算法不是自适应于信号稀疏度的，因此其重构精度仍然不够理想。为了进一步提高重构精度，汤尼（Thong，2008）提出了稀疏自适应匹配追踪（sparsity adaptive matching pursuit，SAMP）算法。该算法自适应于信号稀疏度，重构精度也得到了相应提高。

在这些贪婪算法中，匹配追踪、正交匹配追踪、正则化正交匹配追踪以及逐步正交匹配算法的支撑集都是在迭代过程中不断增加且不会剔除已选原子；但子空间追踪、压缩采样匹配追踪算法在迭代过程中为保证支撑集大小的不变必须剔除一部分原子。

序贯方法沿整个正则化路径求解，常用的有同伦和最小角回归。从算法的角度讲，最小角回归算法可以看成去除了符号限制的同伦算法，不同之处在于同伦算法允许进入也允许离开有效集，这点不同使其可以严格求解全局最优问题，但这也意味着同伦算法所需的步数比最小角回归算法要多。但有证据表明，在很多情况下，同伦算法与最小角回归算法和正交匹配追踪同样快。

2. 迭代投影算法

迭代投影算子法形式上均表现为迭代求解过程，同时增加了在可行集的投影。迭代投影算子法由于计算简单，适用于高维大规模问题而深受广大学者的青睐，成为求解稀疏优化问题最有效的算法类，这其中包括阈值迭代法和各种算子分离法等。

阈值迭代法分为软阈值（iterative soft thresholding）和硬阈值迭代（iterative hard thresholding）两种。二者均通过非线性算子进行迭代，软阈值迭代通过一个阈值参数来确定迭代中保留的项；而硬阈值迭代通过一个固定阈值进行迭代，每次迭代中保留相同数目的项。布卢门萨思（Blumensath，2009）等人提出了求解近似问题的硬阈值迭代算法。硬阈值的性能在一定条件下有很强的理论保证，但一旦某些条件不满足，则性能明显下降，甚至算法不收敛。文献提出改进的硬阈值算法，保证算法的收敛性，速度更快且理论保证与原算法类似。多贝西（Daubechies，2004）等提出了求解问题的软阈值迭代算法，并给出了收敛性证明。贝克（Beck，2009）提出了软阈值迭代的快速算法，快速迭代收缩阈值算法（fast iterative shrinkage-thresholding algorithm，FISTA）。除此之外，软迭代阈值方法还常用于较复杂优化问题的子过程。这些复杂的问题通常可以分解为一些简单的子问题，其中的一个基本子问题最小绝对收缩和选择算子可由软迭代阈值方法求解。

除了软阈值和硬阈值迭代法，徐宗本等（Xu，2010）提出了求解问题的迭代阈值算法，Half 和 Chalf 阈值迭代算法，并将范数用于 Sar 图像重构，所需采样速率比范数低一半，他们还对目前已知的五大类阈值迭代算法（Hard，Soft，SCAD，Half，Chalf）进行了分析比较，得出了很多有益的结论。沙特兰（Chartrand，2009）则结合布雷格曼（Breman）迭代求解 L_0 范数问题。

前向后向算子分离法（forward backward splitting，FBS）将优化问题分解为简单子问题的迭代求解，每一次迭代分解为仅对保真项的前向（显式）步与仅对正则项的后向（隐式）步，无须求解整个目标函数的邻近算子，同时能够有效利用隐式方法的优点，从而大幅度降低计算复杂性，是凸分析中一种有效的折中方法，具有很好的收敛性。固定点（Fixed-point）迭代和布雷格曼迭代均属于前后向分离算法，不同之处在于布雷格曼迭代用布雷格曼距离代替了优化目标中的正则项。

分离布雷格曼（Split Bregman）算法引入新变量来实施约束并松弛，并增加关于新增变量的迭代步骤，可求解更为广泛的问题。戈德斯坦（Goldstein，2009）基于布雷格曼迭代提出分离布雷格曼迭代方法，取得了较好的效果，但没有给出收敛性证明。李亚峰（2010）将算法用于全变分优化问题，并给出了算法的收敛性分析和证明。变量分离方法与分离布雷格曼迭代非常相似，也引入新变量，不同之处在于用增广拉格朗日乘子来松弛目标函数。拉马尼（Ramani，2012）用变量分离方法，比传统的非线性共轭梯度法和分离布雷格曼迭代收敛快。

算子分离算法中的第二个子步需要确定稀疏性惩罚函数的邻近算子，对于大多数稀疏优化问题，软阈值迭代简单有效，在优化求解中得到了广泛应用。坐标下降法（coordinate descent）也常用来求解算子分离算法的子问题，其基本思路是一次优化一个参数（坐标），轮流循环，将复杂优化问题分解为简单的子问题，进而得出形式简单的分步迭代算法，比传统方法更易计算。该算法是迄今为止求解最小绝对收缩和选择算子问题最快的算法，通常也称为 FFT（Friedman + Fortran + Tricks）算法。

除了以上提到的算法，我们还经常可以看到邻近算子法、增广拉格朗日法、交错投影法等。这些算法也可以看成一类投影算子方法，他们之间在一些条件下相互联系或具有等价性。邻近算子为凸投影算子的推广，凸投影算子和软阈值算子均为邻近算子，增广拉格朗日与线性约束的布雷格曼迭代等价，又与对偶的邻近算子法联系。交错投影法与线性约束下的分离布雷格曼迭代法等价，在某些条件下也与梯度投影法等价。

3. 经典凸规划法

凸优化问题是指目标函数为凸函数，约束集合为凸集的优化问题。用于解决该问题的经典方法包括内点法、牛顿法、梯度法，以及由梯度法推广而来的次梯度法和梯度投影法、次梯度投影法。内点法通过使用牛顿法求解一系列无约束优化问题来得到凸优化问题的解，在迭代的每一步中解总是可行的，因此称为内点法。一般来说，如果可以将优化问题转化为线性规划、二次规划、二阶锥规划或者半正定规划（SDP），则很容易由这些经典的方法等求解。正是基于这样的思路，基米（Kim，2007）将最小绝对收缩和选择算子变形为二次规划问题，用内点法求解最小绝对收缩和选择算子的对数障碍（log barrier）形式，每一个搜索步骤由预调共轭梯度加速。坎迪斯（Candes，2005，2006）则化为二阶锥问题，由内点法或牛顿法求解基追踪降噪（BPDN）问题。图拉赫、赖特（Turlach，Wright，1997，2005）最小绝对收缩和选择算子或基追踪（BP）问题用内点法在每一步的迭代中用共轭梯度（CG）或最小二乘求解线性方程。菲格雷多（Figueiredo，2007）提出的用于稀疏重构的梯度追踪（gradient pursuit for sparse reconstruction，GPSR）算法先将最小绝对收缩和选择算子问题转化为边界约束的二次规划问题（bound-constrained quadratic programming，BCQP），再执行梯度投影迭代来重构图像。邓（2011）采用迭代加权梯度投影算法恢复稀疏信号来求解大规模问题，速度快，且对原始信号的稀疏度不敏感。文献则提出了梯度投影算法的快速分解算法。

总之，对于稀疏优化的基本问题基追踪降噪或者最小绝对收缩和选择算子，软阈值迭代和活动集方法应用最为广泛，而对于比较复杂的优化问题，通常借助于算子分离方法简化计算，其中子问题通常包括最小绝对收缩和选择算子和可微子问题。软阈值迭代特别适合于算子分离方法的迭代过程，并且还可以推广到求解 L_p 范数的优化问题，因而其应用前景十分广阔。也有不少学者尝试将几种不同的方法混合使用，有在牛顿法迭代过程中用活动集策略，也有用同伦和坐标下降法求解基追踪降噪问题。

一般来说，直接求解 L_0 问题的方法速度很快，特别在极端情形下，而对于更广泛的情形，比如信号不是特别稀疏、观测噪声较大等，凸松弛方法在处理稀疏逼近的问题上更有效。

2.2 约束稀疏优化通用算法设计

2.2.1 约束稀疏优化的模型

已有的稀疏优化理论与算法基本上是针对以稀疏度为单一约束的模

型，事实上，在金融应用中我们总是要求解决既带有稀疏约束又带有其他约束的混合优化问题，我们称这样的问题为约束稀疏优化问题。

约束稀疏优化问题有非常广泛的应用前景。例如，机器学习中核密度学习、组合优化中的最大割问题及稀疏金融资产管理。目前，针对约束稀疏优化问题的理论与算法研究不是很多。但是，实际问题中往往遇到的又都是约束稀疏优化问题，因此，本节将在后面给出两种求解约束稀疏优化问题的通用求解算法框架，并针对一些特殊约束的稀疏优化问题给出有效的求解算法。

为叙述方便，考虑的约束稀疏优化问题的一般形式为式（2-3）。

$$\min_x \quad f(x)$$
$$s.t. \quad g(x) \leqslant 0,$$
$$h(x) = 0,$$
$$\|x\|_0 \leqslant K \qquad (2-3)$$

其中，$x \in \mathbb{R}^n$，$f(x)$ 为目标函数，$g(x) = [g_1(x), \cdots, g_m(x)]^T$，$h(x) = [h_1(x), \cdots, h_l(x)]^T$ 是连续可微的函数向量，$K \in \mathbb{N}_+$ 表示 x 非零元素的个数。假定 $\Omega = \Omega_0 \cap \Omega_1$，这里 $\Omega_0 = \{x : \|x_0\| \leqslant K\}$ 是 L_0 范数约束，$\Omega_1 = \{x : g(x) \leqslant 0, h(x) = 0\}$ 是非空闭凸集。对任意的 $x, y \in \Omega$，$\nabla f(x)$ 是利普希兹连续的，即存在一个常数 L_f，满足式（2-4）。

$$\|\nabla f(x) - \nabla f(y)\| \leqslant L_f \|x - y\| \qquad (2-4)$$

当 $f(x), g(x), h(x)$ 为线性函数时上述问题可以定义为稀疏线性规划问题；当 $f(x)$ 为二次函数，$g(x), h(x)$ 为线性函数时上述问题可以定义为稀疏二次规划问题；当 $f(x)$ 为线性函数且 Ω_1 为非空闭凸锥时上述问题可以定义为稀疏锥规划问题。

目前，主流对约束稀疏优化问题的研究主要分为两类：一类是引入 0-1 指示变量将约束稀疏优化问题等价转化为 0-1 混合整数规划问题，这其中又分为两种思路：一种是利用整数规划中的经典优化方法（如分支定界方法、割平面法等）结合模型的特点设计新的求解算法。另一种思路是结合启发式算法，如遗传算法、模拟退火算法、蚁群算法等智能算法，近似寻找全局最优解；第二类是保留 L_0 范数对应的稀疏

18

约束形式，具体而言，也是从两个角度对稀疏约束进行处理：第一种是通过使用 L_2 或者 L_1 范数或者其他近似函数对 L_0 范数安全逼近，使得约束稀疏优化问题转化为一类凸优化问题的求解，徐凤敏（Xu，2015）等使用 $L_{1/2}$ 范数求解约束稀疏优化问题，进一步丰富了这方面的研究。第二种是直接根据模型的特殊形式，结合交替方向乘子法（alternating direction method of multipliers，ADMM）或者投影梯度方法的思想，给出稀疏变量的迭代公式逐次逼近最优解。

实际中第一类方法中的启发式算法因其实现方便，对全局最优解的近似能力强，在金融资产的稀疏配置中应用广泛，在下面小节中我们参考托鲁维亚诺（Torrubiano，2009）提出的混合遗传算法。对于第二类方法，我们给出利用交替方向乘子法框架求解一般稀疏优化问题的框架。

2.2.2　混合遗传算法框架

遗传算法是人工智能领域中经典的启发式算法，霍尔德参照自然界中生物种群的进化方式，提出了遗传算法的一般框架。

算法 1：遗传算法一般框架。

输入：生成包含 P 个个体的种群（初始解），当收敛准则不满足时，执行以下操作：

（1）从当前种群中选择 n_p 个个体组成父代基因库，应用交叉算子和变异算子生成 n_c 个子代个体。

（2）自然选择，优胜劣汰，从种群中选择 P 个个体组成下一代进化所需的种群。

输出：最优个体。

种群中的任何一个个体都有一个适应值，通常是用优化模型的目标函数给出以便于评价编码的质量。式（2－3）给出了约束稀疏优化问题的标准形式，在应用遗传算法求解约束稀疏问题的过程中，我们通常以编码后子问题的最优目标函数值作为个体适应度。

我们采用二进制对种群中个体的染色体进行编码，种群中的每个个体的遗传信息是一条长度为 n 的二进制字符串。假设 $n = 5, k = 2$，某

个体染色体信息为（01010），表示第二个和第四个位置为 1，其余位置
为零。在约束稀疏优化问题中对应变量 x 在第二个和第四个位置非零，
其余位置都为零，对于投资组合选择问题而言，即资产池内第二个资产
和第四个资产进入投资组合。通过 0－1 编码的字符串我们得到了资产
的稀疏位置，进一步将约束稀疏优化问题降维为约束优化子问题，有利
于问题的求解。

遗传算法中的交叉和变异步骤是种群进化好坏的关键因素，表 2－1
给出了 0－1 编码下一个均匀交叉算法过程的简单实例，表 2－2 给出了
按位突变的子代变异实例。

表 2－1　　　　　　　　　　均匀交叉算子

父代 1	1101100100110111
父代 2	0101111010110110
子代	1101101110110111

表 2－2　　　　　　　　　　对偶变异算子

子代 1	1101111010010110
变异子代 1	1111111000010110
子代 2	0100100100110111
变异子代 2	0100110100110011

可以发现表格 2－1 中父代均只包含 10 个资产，即稀疏度 10，但是
经过交叉重组以后子代的稀疏度变为 12，这违背了式（2－3）中的稀
疏约束。我们固然直接调整不满足稀疏约束的子代，或者对其在目标函
数中施加惩罚项，但经验性的结果显示这样的方法并不总是有效的。因
此我们需要重新设计交叉算子。拉德克利夫（Radcliffe，1992）提出了
可以保证基约束成立的两类交叉算子：R3（random respectful recombina-
tion）算子和 RAR（random assorting recombination）算子。埃斯库德罗
等（Moral-Escudero，2006）指出 R3 算子应用了父代过多的染色体信

息，会导致算法快速收敛到一个局部。因此我们采用 RAR 交叉算子。

算法 2：RAR 交叉算子。

（1）令（A，B，C，D，E）为关于资产序列 $1, 2, \cdots, n$ 的辅助集合，且满足

A：两个父代中都存在的资产；B：两个父代中都不存在的资产；

C≡D：只在一个父代中存在的资产；E：空集合。

（2）构造集合 G，其中 G 由两部分组成：集合 A 和 B 中元素的 t 个复制；集合 C 和 D 中元素的 1 次复制。

（3）构造子代染色体

①复制：依次不放回地从 G 中随机提取元素，直到子代染色体满足约束或者集合 G 为空集如果元素来自 A 或者 C，并且不是集合 E 中的元素，则将其加入子代染色体中，即该位置为 1；如果元素来自 B 或者 C，将元素加入集合 E。

②如果子代染色体仍旧不满足约束，则随机从剩余资产中选择加入。

可以发现随着 RAR 交叉算子中 t 的增加，子代更多的继承了父代的一致性信息，逐渐接近 R3 算子。t 越小意味着父代中的共同信息在子代中保留得越少，后代更多地保留了父代某一方的信息，增强了整个种群的基因多样性。此外算法 2 中的 3（2）体现了基因的隐性突变，可以在子代中加入不属于两个父代的资产。

遗传算法中的变异过程同样会导致子代染色体不满足模型中的稀疏约束。注意到染色体是由 0－1 编码，因此在变异过程中每次选择两个突变位置，只需要让一个位置为 1，另一个位置编码为 0 即可，称为对偶变异算子，如表 2－2 所示。当给定变异率的时候，我们对最后的突变位置进行取整运算，并选择距离最近的偶数。

综上，求解约束稀疏优化问题的混合遗传算法的一般框架如算法 3。

算法 3：混合遗传算法一般框架。

输入：采用 0－1 染色体编码方式，生成包含 P 个个体的种群（初

始解），使得每个个体编码 1 的数量为 k ，其余位置为 0 ，给定变异率 mu ，最大迭代次数 Max ；当收敛准则或迭代次数不满足时，执行以下操作：

（1）从当前种群中选择 n_p 个个体组成父代基因库，应用 RAR 交叉算子和对偶变异算子生成 n_c 个子代个体；当个体不满足稀疏约束时，进行归一化操作；

（2）利用个体的染色体信息，获得降维后的子问题，并计算子问题的适应度；

（3）自然选择，优胜劣汰，从新种群中选择 P 个个体组成下一代进化所需的新种群。

输出：最优个体。

在实践中我们也可以在交叉、变异过程中不考虑稀疏约束成立，因此可以应用更多的交叉算子和变异方法，只需要对最后得到的子代添加限制约束。上述给出的框架中，在第 1 步后添加归一化步骤：

当子代染色体满足模型提出的稀疏约束时，不对该染色体进行操作；当子代染色体不满足稀疏约束时，如果编码 1 的数量为 N_k ，且 $N_k > k$ ，则随机从 N_k 个位置中选择 $N_k - k$ 个位置令为 0 ，反之如果 $N_k < k$ ，则随机从剩余的 $n - N_k$ 个零位置中选择 $k - N_k$ 个位置令为 1 。

2.2.3 交替方向乘子法算法框架

交替方向乘子法（alternating direction method of multipliers，ADMM）的思想主要来自对偶上升法（dual ascent）和对偶分解法（dual decomposition）。首先介绍对偶上升法和对偶分解法的求解思路，以及增广朗日函数的乘子法，然后引出交替方向乘子法算法的一般流程。

博伊德（Boyd，2010）考虑等式约束的凸优化问题，即式（2-5）。

$$\min \quad f(x)$$
$$s.t. \quad Ax = b \tag{2-5}$$

引入对偶变量 y ，记增广拉格朗日函数 $L(x,y) = f(x) + y^T(Ax - b)$ ，对偶函数可以写为 $g(y) = \inf_x L(x,y) = -f^*(-A^T y) - b^T y$ ，对偶问题为 $\max g(y)$ ，使用下降梯度法求解该对偶问题 $y^{k+1} = y^k + \alpha_k \nabla g(y^k)$ ，

其中 α 是步长，$\nabla g(y^k) = A\bar{x} - b, \bar{x} = \arg\min_x L(x, y^k)$。则可以将梯度下降法的步骤记为式（2-6）。

$$\begin{cases} x^{k+1} := \arg\min_x L(x, y^k) \\ y^{k+1} := y^k + \alpha^k (Ax^{k+1} - b) \end{cases} \qquad (2-6)$$

假设目标函数是可分离的，$f(x) = \sum_{i=1}^{N} f_i(x_i), x = (x_1, x_2, \cdots, x_N)$，则拉格朗日函数关于 x 可以重新写成 $L(x, y) = \sum_{i=1}^{N} L_i(x_i, y) - y^T b$，其中 $L_i(x_i, y) = f_i(x_i) + y^T A_i x_i$，则对偶下降法中关于 x 的极小化可以由 N 步进行，

$$x_i^{k+1} := \arg\min_{x_i} L_i(x_i, y^k) \qquad (2-7)$$

我们将这样的求解方法称之为对偶分解方法，由此带来的好处是显而易见的，当 x 的维数变得极大时，分布运算可以提高整体的求解效率。给定罚因子 $\rho > 0$，式（2-5）的增广拉格朗日函数可以写为式（2-8）。

$$L_\rho(x, y) = f(x) + y^T(Ax - b) + \frac{\rho}{2} \| Ax - b \|_2^2 \qquad (2-8)$$

则乘子法的迭代步骤为式（2-9）。

$$\begin{cases} x^{k+1} := \arg\min_x L_\rho(x, y^k) \\ y^{k+1} := y^k + \rho(Ax^{k+1} - b) \end{cases} \qquad (2-9)$$

当 f 是可微函数时，可以通过最优性条件证明乘子法的收敛性，进一步地当 f 不可微或者存在无穷值得时候，乘子法仍旧收敛。但是罚函数中的二次项使得变量 x 不再可分，因此无法使用对偶分解方法提高求解速率。而交替方向乘子法方法结合了对偶上升方法的可分解特征和乘子法的鲁棒性特征，是一种十分高效的算法。考虑式（2-10），假设 f 和 g 是可微的凸函数，且 $f(x)$ 和 $g(z)$ 都是变量可分离的。

$$\min \quad f(x) + g(z)$$
$$s.t. \quad Ax + Bz = c \qquad (2-10)$$

式（2-10）的增广拉格朗日函数可以写为式（2-11）。

$$L_\rho(x,z,y) = f(x) + g(z) + y^T(Ax + Bz - c) + \left(\frac{\rho}{2}\right)\|(Ax + Bz - c)\|_2^2$$

$$(2-11)$$

其中，增广拉格朗日参数 $\rho > 0$，则交替方向乘子法算法的迭代步骤可以记为式（2-12）。

$$\begin{cases} x^{k+1} := \arg\min_x \quad L_\rho(x,z^k,y^k) \\ z^{k+1} := \arg\min_z \quad L_\rho(x^{k+1},z,y^k) \\ y^{k+1} := y^k + \rho(Ax^{k+1} + Bz^{k+1} - c) \end{cases} \quad (2-12)$$

对于迭代前两步，存在式（2-13）和式（2-14）。

$$\nabla g(z^{k+1}) + B^T y^k + \rho B^T(Ax^{k+1} + Bz^{k+1} - c) = \nabla g(z^{k+1}) + B^T y^{k+1}$$

$$(2-13)$$

$$\nabla f(x^{k+1}) + A^T y^k + \rho A^T(Ax^{k+1} + Bz^k - c) = \nabla f(x^{k+1}) + A^T y^{k+1} + \rho A^T B(z^k - z^{k+1})$$

$$(2-14)$$

随着对偶变量 y 的更新 $(x^{k+1}, y^{k+1}, z^{k+1})$ 逐渐满足对偶可行的最优性条件，当 k 趋于无穷的时候，原始可行条件也得到满足。在计算中给定原始残差 r_k 和对偶残差 s_k，当 $r_{k+1} = Ax^{k+1} + Bz^{k+1} - c < \varepsilon_1, s_{k+1} = \rho A^T B(z^{k+1} - z^k) < \varepsilon$ 时，迭代终止。

对于式（2-5），考虑交替方向乘子法的一般形式，

$$\min \quad f(x)$$
$$s.t. \quad x \in C \quad (2-15)$$

引入变量 z，则式（2-15）改写为交替方向乘子法框架

$$\min \quad f(x) + g(z)$$
$$s.t. \quad x - z = 0 \quad (2-16)$$

其中，$g(z)$ 是关于可行集合 C 的指示函数，当 z 属于 C 中的元素，则 $g(z) = 0$，反之则趋于无穷大。令 $\mu = 1/\rho(y)$，可以将交替方向乘子法的一般框架记为

$$\begin{cases} x^{k+1} := \arg\min_x \left(f(x) + \left(\frac{\rho}{2}\right)\|x - z^k + \mu^k\|_2^2\right) \\ z^{k+1} := \Phi_C(x^{k+1} + \mu^k) \\ \mu^{k+1} := \mu^k + x^{k+1} - z^{k+1} \end{cases} \quad (2-17)$$

将式 (2-17) 中的迭代过程记为 $x_{\min}$，$z_{\min}$ 和 $\mu_{\min}$。其中 $x_{\min}$ 的更新通过极小化目标函数 $f(x)$ 加上一个凸二次函数，$z_{\min}$ 的更新需要求解可行集 C 上的投影。交替方向乘子法的一般框架没有严格要求目标函数的光滑性，实际上可以添加其他约束使得在目标函数不满足该约束的时候，$f(x) \to \infty$，此时 $x_{\min}$ 需要在可行集 $dom(f) = \{x \mid f(x) < +\infty\}$ 上求解一个约束优化问题，这一点在下文具体实例中有一般应用。

交替方向乘子法算法在凸优化问题的求解中已经取得成功，稀疏优化无论在工程领域，计算机视觉还是金融工程领域都有广泛的应用，当可行集 C 包含稀疏约束时，可以由上述的迭代形式给出稀疏交替方向乘子法的一般框架。实际中由于零范数约束的非光滑非凸及非利普希茨连续性，在约束中考虑零范数，直接应用交替方向乘子法算法是困难的，因此常见的稀疏交替方向乘子法框架具体分为两类。一类是在目标函数中添加正则项，逼近零范数以获得稀疏解，即考虑 $f(x) + \lambda \parallel x \parallel_p^p$，常见的 p 取值可以分为 1，2。当 $f(x)$ 为关于 x 的二次凸函数 $\frac{1}{2} \parallel Ax - b \parallel_2^2$ 时，关于 $f(x) + \lambda \parallel x \parallel_1^1$ 的无约束优化问题有常见的最小绝对收缩和选择算法、基追踪解法，在交替方向乘子法框架下 $x_{\min}$ 更新步具有显示解 $(A^TA + \rho I)^{-1}[A^Tb + \rho(z^k - \mu^k)]$，$z_{\min}$ 更新只需要考虑在软阈值函数 $S_{\lambda/\rho}$ 的投影。

考虑到 L_p 范数只是对零范数的近似，实际中并不一定可以保证解的稀疏性，另一类思路是直接在约束中考虑稀疏约束，即 $\parallel x \parallel_0 \leqslant K$。本文给出的实例即参考这种框架，可以发现当目标函数为线性，约束集包含稀疏约束、盒式约束及相关线性约束的时候，$x_{\min}$ 约束优化问题具有显示迭代公式，$z_{\min}$ 可以由硬阈值函数给出，并可以证明近似问题的收敛性。

2.3 特殊约束下的稀疏优化算法

2.3.1 稀疏线性规划

本节主要考虑稀疏线性规划（sparse linear programming，SpaLP），模型如式（2 – 18）。

$$\min \quad c^T x$$
$$s.t. \quad Ax = b,$$
$$l \leqslant x \leqslant u,$$
$$\|x\|_0 \leqslant K \qquad\qquad (2-18)$$

其中，$A \in \mathbb{R}^{m \times n}, b \in \mathbb{R}^m, c \in \mathbb{R}^n, u = (u_1, \cdots, u_n)^T$ 与 $l = (l_1, \cdots, l_n)^T$ 分别表示 x 的上下界，这里下界的取值需保证可行集非空。稀疏线性规划在众多实际领域（如金融计算，工业生产，装配调度等）中应用广泛，对稀疏线性规划问题的研究是必要的。

自 20 世纪 40 年代末美国学者丹齐格提出线性规划的一般模型及解线性规划的单纯形法后，解线性规划的理论方法日趋成熟。线性规划是凸规划并且具有多项式时间的内点算法，而稀疏约束 $\|x\|_0 \leqslant K$ 的引入会使问题变为非凸并且大大提高问题的复杂性。实际上，我们可以证明稀疏线性规划是 NP 难题，因此寻求解稀疏线性规划的多项式时间算法是行不通的。

针对稀疏线性规划问题，采取多项式图灵归约寻找原问题的方式，可以证明稀疏线性规划为 NP 难题。考虑最大独立集问题如式（2 – 19）所示。

$$\min \quad \sum_{v \in V} x_v$$
$$s.t. \quad x_i + x_j \leqslant 1 \quad \forall e = (i,j) \in E$$
$$x_v \in \{0,1\} \quad \forall v \in V \qquad (2-19)$$

最大独立集问题式（2 – 19）一个 NP 难问题。引入松弛变量，对该问题做等价转换后模型如式（2 – 20）。

$$\min \quad \sum_{v \in V} x_v$$

$$s.\,t. \quad x_i + x_j + y_{i,j} = 1, \forall e = (i,j) \in E,$$
$$x_v \in \{0,1\}, \forall v \in V,$$
$$y_{i,j} \in \{0,1\} \; \forall e = (i,j) \in E \qquad (2-20)$$

由于式（2-19）是 NP 难题，故式（2-20）也是 NP 难题。不难看出，它是如 0~1 整数线性规划的子问题。

$$\min \quad q^T x$$
$$s.\,t. \quad Qx = g,$$
$$x_i \in \{0,1\}, i = 1,2,\cdots,n \qquad (2-21)$$

其中，$Qx = g$ 为矩阵方程，对式（2-21）做等价变换得式（2-22）。

$$\min \quad q^T x$$
$$s.\,t. \quad Qx = g,$$
$$\|x\|_0 + \|e - x\|_0 \leq n \qquad (2-22)$$

令 $y = e - x$，并引入新变量 $\eta = [x;y]$。上述问题转变为式（2-23）。

$$\min \quad [q,0]^T \eta$$
$$s.\,t. \quad [Q,0]\eta = g,$$
$$[I,I]\eta = e,$$
$$\|\eta\|_0 \leq n \qquad (2-23)$$

式（2-23）是 NP 难题，且它是式（2-24）的子问题。

$$\min \quad c^T x$$
$$s.\,t. \quad Ax = b,$$
$$l \leq x \leq u,$$
$$\|x\|_0 \leq K \qquad (2-24)$$

其中，$K \in \{1,2,\cdots,n\}, l \in R^n, u \in R^n$。此即式（2-18），从而稀疏线性规划是 NP 难题。

由上述结论可知，当式（2-18）中矩阵约束取 $Ax \leq b$ 时，所得问题依然为 NP 难题（只需要注意到 $Ax = b$ 可由 $Ax \leq b$ 和 $-Ax \leq -b$ 等价替换）。以上的分析说明，稀疏线性规划不存在多项式时间算法（除非 P = NP）。

为求解等式约束最小化问题，我们常采用对偶上升迭代法（dual ascent，DA）。该法常常可以把决策变量分开进行求解，但算法的收敛性常常需要较强的假设。为弱化这种假设，一些研究者提出了乘子法（method of multipliers，MM）。乘子法虽弱化了收敛假设，但却由于引入二次项而导致无法分离决策变量进行求解。交替方向乘子法（alternating direction method of multipliers，ADMM）既结合了乘子法收敛的弱条件性，也结合了对偶上升法的可分解求解性。本节主要讨论应用交替方向乘子法算法求解稀疏线性规划问题。针对式（2-18），首先我们定义 R^n 上的集合 $C:=\{l\leqslant x\leqslant u\mid \|x\|_0\leqslant K\}$。原问题等价转换为式（2-25）。

$$\begin{aligned}\min\quad &c^Tx\\ s.t.\quad &Ax=b,\\ &x\in C\end{aligned}\qquad(2-25)$$

引入 $f(x)$，式（2-25）可表示为式（2-26）。

$$\begin{aligned}\min\quad &f(x)\\ &x\in C\end{aligned}\qquad(2-26)$$

其中 $f(x)$ 满足式（2-27）。

$$f(x)=\begin{cases}c^Tx,Ax=b\\ \infty,Ax\neq b\end{cases}\qquad(2-27)$$

令 $y=x$，结合 I_C 定义可得式（2-28）。

$$\begin{aligned}\min\quad &f(x)+I_C(y)\\ s.t.\quad &x=y\end{aligned}\qquad(2-28)$$

应用交替方向乘子法迭代步骤可得式（2-29）。

$$\begin{cases}y^{k+1}:=\underset{y}{argmin}\left[I_C(y)+\dfrac{\rho}{2}\|x^k-y+u^k\|_2^2\right]&(a)\\[2mm]x^{k+1}:=\underset{x}{argmin}\left[f(x)+\dfrac{\rho}{2}\|x-y^{k+1}+u^k\|_2^2\right]&(b)\\[2mm]u^{k+1}:=u^k+(x^{k+1}-y^{k+1})&(c)\end{cases}\qquad(2-29)$$

考虑式（2-29）的（a）式，即求解 x^k+u^k 在 C 上的投影 $\Pi_C(x^k+u^k)$。由硬阈值算法，可得函数 $\Pi_C(x)$ 满足式（2-30）。

$$\Pi_C(x)_i = \begin{cases} \Pi_{[l_i, u_i]}(x_i), & i \in W \\ 0, & i \notin W \end{cases} \qquad (2-30)$$

其中, W 为集合 $\{2\Pi_{[l_i, u_i]}(x_i)x_i - \Pi_{[l_i, u_i]}^2(x_i), i = 1, 2, \cdots, n\}$ 中前 K 个最大值所对应的指标集。关于（2-29）的（b）式, 其等价于求解式（2-31）。

$$\min \quad c^T x + \frac{\rho}{2} \| x - y^{k+1} + u^k \|_2^2$$

$$s.\,t. \quad Ax = b \qquad (2-31)$$

由库恩塔克（KKT）条件得到最优解满足方程式（2-32）。

$$\begin{cases} \dfrac{\partial L^*(x, y^{k+1}, u^k, \mu)}{\partial x} = 0 \\[3mm] \dfrac{\partial L^*(x, y^{k+1}, u^k, \mu)}{\partial \mu} = 0 \end{cases} \qquad (2-32)$$

其中, $L^*(x, y^{k+1}, u^k, \mu) = c^T x + \dfrac{\rho}{2} \| x - y^{k+1} + u^k \|_2^2 + \mu^T(Ax - b)$, 解得 $x = -\dfrac{1}{\rho}[A^T\mu + c + \rho(u^k - y^{k+1})]$, μ 满足 $(AA^T)\mu = -[Ac + \rho b + \rho A(u^k - y^{k+1})]$ 。

至此, 交替方向乘子法迭代公式（2-27）转换为式（2-33）。

$$\begin{cases} y^{k+1} := \Pi_C(x^k + u^k) \\[2mm] x^{k+1} := -\dfrac{1}{\rho}[A^T\mu + c + \rho(u^k - y^{k+1})], (AA^T)\mu = -[Ac + \rho b + \rho A(u^k - y^{k+1})] \\[2mm] u^{k+1} := u^k + (x^{k+1} - y^{k+1}) \end{cases}$$

$$(2-33)$$

下面给出求解稀疏线性规划的交替方向乘子法算法步骤。

在实际操作中, 交替方向乘子法可解决的稀疏线性规划形式更为广泛。例如若约束条件中只对变量 $x \in \mathbb{R}^n$ 的前 $n_1(n_1 < n)$ 个分量有稀疏约束, 相应的交替方向乘子法算法只需对投影函数 Π_C 做更改；终止条件中的 $\| x^k - y^k \|_2$ 与 $\| \rho(x^k - x^{k-1}) \|_2$ 分别称为原始残差和对偶残差, 用于表示原问题与对偶问题的可行性；稀疏线性规划为非凸规划, 算法

的收敛性受初始点及参数 ρ 选取的影响。

算法 4：交替方向乘子法 – SpaLP。

输入：设置初始 x^0, u^0，稀疏度 K，参数 ρ，迭代终止误差 $\varepsilon_1, \varepsilon_2$，迭代次数上界 N；终止条件常取 $\| x^k - y^k \|_2 \leq \varepsilon_1$ 且 $\| \rho(x^k - x^{k-1}) \|_2 \leq \varepsilon_2$ 或迭代次数达到给定上界。

1：令 $k = 0$；

2：终止条件不满足时，令 $k = k + 1$；

$$\begin{cases} y^k = \Pi_C(x^{k-1} + u^{k-1}); \\ x^k = -\frac{1}{\rho}[A^T\mu + c + \rho(u^{k-1} - y^k)]; \\ (AA^T)\mu = -[Ac + \rho b + \rho A(u^{k-1} - y^k)]; \\ u^k = u^{k-1} + (x^k - y^k) \end{cases} \qquad (2-34)$$

输出：x^k。

2.3.2 稀疏二次规划

本节我们讨论一类特殊的稀疏二次规划模型。模型如式（2-35）。

$$\min_x \quad f(x)$$
$$s.t. \quad \sum_{i=1}^n x_i = 1,$$
$$\| x \|_0 \leq r,$$
$$0 \leq x_i \leq u, i = 1, \cdots, n \qquad (2-35)$$

这里 $r \in \mathbb{N}_+$ 稀疏度，$u \in [1/r, 1]$ 是上界，$x \in \mathbb{R}^n$, $f:\mathbb{R}^n \to \mathbb{R}$ 是利普希兹函数。将式（2-35）的约束集合记为式（2-36）。

$$\Delta_r^u := \left\{ x \in \mathbb{R}^n : \sum_{i=1}^n x_i = 1, \| x \|_0 \leq r, 0 \leq x_i \leq u, i = 1, \cdots, n \right\}$$
$$(2-36)$$

式（2-35）带有基约束和其他复杂约束，因此是 NP 难题。当目标函数是二次函数时，即使用投资组合和指数收益差的均方误差作为目标函数，该模型可以转化为稀疏指数追踪模型；当目标函数考虑投资组合和指数收益的上半偏差，该模型可以转化为超越指数追踪模型。式

（2-35）有着广泛的应用前景，但是如何高效求解该问题仍然具有挑战性。为此我们设计了非单调投影梯度算法（nonmonotone projected gradient，NPG），即算法 5。其中算法的每一步迭代中只需要求解几个投影子问题，并且每个子问题都有显式解。

（1）当 $M = 0$，序列 $\{f(x^k)\}$ 是单调递减的。否则，它可能在某些迭代时递增，因此，上述方法通常是非单调方法。

（2）L_k^0 的一个好的选择是由巴尔齐莱和博温（Barzilai，Borwein，1988）提出的下式（2-37）：

$$L_k^0 = \max\left\{L_{\min}, \min\left\{L_{\max}, \frac{(s^k)^T y^k}{\| s^k \|^2}\right\}\right\} \qquad (2-37)$$

其中 $s^k = x^k - x^{k-1}, y^k = \nabla f(x^k) - \nabla f(x^{k-1})$。

算法 5：非单调投影梯度算法（NPG）。

输入：令 $0 < L_{\min} < L_{\max}, \tau > 1, c > 0, M \geq 0$ 是给定整数，任选初始点 $x^0 \in \Delta_r^u$ 且 $k = 0$；

（1）选择任意数 $L_k^0 \in [L_{\min}, L_{\max}]$。令 $L_k = L_k^0$。

①求解子问题

$$x^{k+1} \in \min_{x \in \Delta_r^u}\left\{\nabla f(x^k)^T(x - x^k) + \frac{L_k}{2}\| x - x^k \|^2\right\} \qquad (2-38)$$

②若

$$f(x^{k+1}) \leq \max_{[k-M]_+ \leq i \leq k} f(x^i) - \frac{c}{2}\| x^{k+1} - x^k \|^2 \qquad (2-39)$$

得到满足，则转 step 2；

③令 $L_k \leftarrow \tau L_k$ 且转步骤（1）；

（2）令 $k \leftarrow k + 1$ 且转步骤 1。

我们首先表明，对于上述非单调投影梯度算法方法的每个外部迭代，它的内部迭代次数是有限的。

定理 2.1 对于每个固定的 $k \geq 0$，其内部迭代最多需要

$$\max\left\{\left[\frac{\log(L_f + c) - \log(L_{\min})}{\log\tau} + 1\right]\right\}, 1$$

步即可满足内部终止标准式（2-39）。

证明　令 $\bar{L}_k$ 表示 L_k 的第 k 次外部迭代的最终值，令 n_k 表示第 k 次外部迭代的内部迭代次数。我们将证明分为两种情况。

情况 1：$\bar{L}_k = L_k^0$，显然 $n_k = 1$。

情况 2：$\bar{L}_k < L_k^0$。

令 $H(x)$ 表示（2-38）的目标函数。通过定义 x^{k+1}，我们知道 $H(x^{k+1}) \leqslant H(x^k)$，意味着式（2-40）。

$$\nabla f(x^k)^T(x^{k+1}-x^k) + \frac{L_k}{2}\|x^{k+1}-x^k\|^2 \leqslant 0 \qquad (2-40)$$

此外，

$$f(x^{k+1}) \leqslant f(x^k) + \nabla f(x^k)^T(x^{k+1}-x^k) + \frac{L_f}{2}\|x^{k+1}-x^k\|^2$$
$$(2-41)$$

结合式（2-40）和式（2-41）这两个不等式，我们得到式（2-42）。

$$f(x^{k+1}) \leqslant f(x^k) - \frac{L_k - L_f}{2}\|x^{k+1}-x^k\|^2 \qquad (2-42)$$

因此，式（2-39）对于任何 $L_k \geqslant L_f + c$ 都成立。这与 $\bar{L}_k$ 的定义一致意味着 $\bar{L}_k/\tau < L_f + c$，即 $\bar{L}_k < \tau(L_f + c)$。鉴于 n_k 的定义，我们进一步有式（2-43）。

$$L_{\min}\tau^{n_k-1} \leqslant L_k^0\tau^{n_k-1} = \bar{L}_k < \tau(L_f + c) \qquad (2-43)$$

因此，$n_k \leqslant \left[\dfrac{\log(L_f + c) - \log(L_{\min})}{\log\tau} + 1\right]$。

结合以上两种情况，结论成立。

我们接下来建立非单调投影梯度算法的外部迭代的收敛性。

定理 2.2　令 $\{x^k\}$ 是由上述非单调投影梯度算法生成的序列，则成立：

（1）$\{f(x^k)\}$ 收敛且 $\{\|x^k - x^{k-1}\|\} \to 0$；

（2）令 x^* 是 $\{x^k\}$ 的任意一个聚点，且 $J^* = \{j:x_j^* \neq 0\}$，则 x^*

是一个不动点。

$$\min_x \quad f(x)$$

$$s.\,t. \quad \sum_{i=1}^n x_i = 1, \quad 0 \leqslant x_j \leqslant u, \quad j \in J^*,$$

$$x_j = 0, \quad j \notin J^* \tag{2-44}$$

进一步假设 f 是凸的。然后

① 如果 $\|x^*\|_0 = r$，则 x^* 是一个局部最小化问题。

② 如果 $\|x^*\|_0 < r$，则 x^* 是式（2-44）一个最小化问题。

证明 （1）注意到 f 在 $\Delta = \{x \in \mathbb{R}^n : \sum_{i=1}^n x_i = 1, 0 \leqslant x_i \leqslant u \,\forall i\}$ 中是连续的。由于 $\{x^k\} \subset \Delta$ 它满足 $\{f(x^k)\}$ 是有下界的。设 $l(k)$ 为整数使得 $[k-M]_+ \leqslant l(k) \leqslant k$ 和式（2-45）。

$$f[x^{l(k)}] = \max_{[k-M]_+ \leqslant i \leqslant k} f(x^i) \tag{2-45}$$

从式（2-39）不难知道 $f[x^{l(k)}]$ 是递减的。因此，$\lim_{k \to \infty} f[x^{l(k)}] = \hat{f}$ 对于 $\hat{f} \in \mathbb{R}$ 成立。利用这个关系式（2-39），以及一个类似的归纳论证在，可以证明对所有的 $j \geqslant 1$ 都成立：

$$\lim_{k \to \infty} d^{l(k)-j} = 0 \quad \lim_{k \to \infty} f[x^{l(k)-j}] = \hat{f} \tag{2-46}$$

其中 $d^k = x^{k+1} - x^k$ 对于所有的 $k \geqslant 0$ 都成立。考虑到所有等式，f 在 Δ 上是一致连续的，我们可以推断出 $\{f(x^k)\}$ 是收敛的且 $\{\|x^k - x^{k-1}\|\} \to 0$。

（2）设 x^* 是 $\{x^k\}$ 的任意一个聚点。则存在一个子列 $\mathscr{K}$ 使得 $\{x^k\}_{\mathscr{K}} \to x^*$，且与 $\|x^k - x^{k-1}\| \to 0$ 意味着 $\{x^{k-1}\}_{\mathscr{K}} \to x^*$。如果有必要的话，考虑一个收敛的子列 $\mathscr{K}$，假设存在某个指标集 J 使得 $x_j^k = 0$ 对于每个 $j \notin J, k \in \mathscr{K}$ 以及 $x_j^k > 0$ 对于所有 $j \in J, k \in \mathscr{K}$ 都成立。设 $\bar{L}_k$ 为 L_k 的第 k 次外部迭代的终值。从定理 2.1 的证明，我们知道 $\bar{L}_k \in [L_{\min}, \tau(L_f + c)]$。通过 x^k 的定义，可以看出 x^k 是式（2-47）的最小值。

$$\min_{x \in \Omega^\sharp} \left\{ \nabla f(x^{k-1})^T (x - x^{k-1}) + \frac{\bar{L}_{k-1}}{2} \|x - x^{k-1}\|^2 \right\} \tag{2-47}$$

利用这个事实和 J 的定义，可以看出 x^k 也是式（2-48）的最小值。

$$\min_{x \in \Omega} \left\{ \nabla f(x^{k-1})^T (x - x^{k-1}) + \frac{\bar{L}_{k-1}}{2} \| x - x^{k-1} \|^2 \right\} \quad (2-48)$$

其中,

$$\Omega = \left\{ \begin{array}{l} x \in \mathbb{R}^n : \sum_{i=1}^{n} x_i = 1, \quad 0 \leqslant x_j \leqslant u, j \in J \\ x_j = 0, \quad j \notin J \end{array} \right\} \quad (2-49)$$

根据式 (2-48) 一阶最优条件,我们有式 (2-50)。

$$- \nabla f(x^{k-1}) - \bar{L}_{k-1}(x^k - x^{k-1}) \in N_\Omega(x^k) \, \forall k \in \mathcal{K} \quad (2-50)$$

其中 $N_\Omega(x)$ 在 x 处的法线锥。利用 $\bar{L}_{k-1} \in [L_{\min}, \tau(L_f + c)]$,$\{x^{k-1}\}_K \to x^*$,$\| x^k - x^{k-1} \| \to 0$,$N_\Omega(\cdot)$ 的外部连续性,对式 (2-50) 两边都取极限,当 $k \in \mathcal{K} \to \infty$,可以得到式 (2-51)。

$$- \nabla f(x^*) \in N_\Omega(x^*) \quad (2-51)$$

设式 (2-44) 的可行域。很明显,$J^* \subseteq J$ 且 $\tilde{\Omega} \subseteq \Omega$,意味着 $N_\Omega(x^*) \subseteq N_{\tilde{\Omega}}(x^*)$。然后根据式 (2-51)。因此,$x^*$ 是式 (2-44) 的一个不动点。

我们接下来在 f 是凸的假设下证明 (1) 和 (2):

(1) 假设 $\| x^* \|_0 = r$ 和 f 是凸的。我们可以看出 x^* 是局部最小值。设 $\varepsilon = \min\{x_j^* : j \in J^*\}$,$\tilde{O}(x^*; \varepsilon) = \{x \in \tilde{\Omega} : \| x - x^* \| < \varepsilon\}$ $O(x^*; \varepsilon) = \{x \in \Omega_r^u : \| x - x^* \| < \varepsilon\}$,其中 $\tilde{\Omega}$ 如上述定义。那么 f 是凸的且 x^* 是式 (2-44) 的不动点,可以推断出 x^* 是式 (2-44) 的最小值,则意味着 $f(x) \geqslant f(x^*)$ 对于 $x \in \tilde{O}(x^*; \varepsilon)$。此外,利用 ε 和 $|J^*| = r$ 的定义,不难发现 $O(x^*; \varepsilon) \in \tilde{O}(x^*; \varepsilon)$。然后 $f(x) \geqslant f(x^*)$ 对于所有 $x \in O(x^*; \varepsilon)$,意味着 x^* 是局部最小值。

(2) 假设 $\| x^* \|_0 < r$ 和 f 是凸的。回想 x^* 是式 (2-44) 的不动点。此外,注意到式 (2-44) 成为凸优化问题,当 f 是凸的。由此可证明该结论。证毕。

我们可以发现求解式 (2-38) 等价于式 (2-52)。

$$x^{k+1} \in \underset{x \in \Omega_r^u}{Arg \min} \left\{ \| x - \left(x^k - \frac{1}{L_k} \nabla f(x^k) \right) \|^2 \right\} \quad (2-52)$$

为叙述方便，改为式（2-53）。

$$\min_{x \in \Omega_r^u} \| x - a \|^2 \qquad (2-53)$$

对于一些 $a \in \mathbb{R}^n$。我们可以推导式（2-53）的显示表达解，且可以在线性时间内找到此解。

引理 2.1 设 $\chi_i \in \mathbb{R}^n$ 和 $\phi_i : \mathbb{R} \to \mathbb{R}$ 对于 $i = 1, \cdots, n$ 是给定的。假设 r 是一个正整数且 $0 \in \chi_i$ 对于所有 i。考虑 L_0 的最小化问题：

$$\min \Big\{ \phi(x) = \sum_{i=1}^n \phi_i(x_i) : \| x \|_0 \leq r, x \in \chi_1 \times \cdots \times \chi_n \Big\}$$

$$(2-54)$$

设 $\bar{x}_i^* \in Arg \quad \min\{\phi_i(x_i) : x_i \in \chi_i\}$ 以及 $I^* \subseteq \{1, \cdots, n\}$ 为对应 $\{v_i^*\}_{i=1}^n$ 前 r 个最大元素的指标集，其中 $v_i^* = \phi_i(0) - \phi_i(\bar{x}_i^*)$ 对于 $i = 1, \cdots, n$ 成立。则 x^* 是式（2-54）的最优解，其中 x^* 有式（2-55）的定义：

$$x_i^* = \begin{cases} \bar{x}_i^*, & i \in I^* \\ 0, & \text{其他} \end{cases} \quad i = 1, \cdots, n \qquad (2-55)$$

定理 2.3 给出了式（2-53）的一个可以被有效计算的显式解。

定理 2.3 任意给定一个 $a \in \mathbb{R}^n$，设 $I^* \subseteq \{1, \cdots, n\}$ 为对应 $\{a_i\}_{i=1}^n$ 前 r 个最大元素的指标集。假设 $\lambda^* \in \mathbb{R}$ 使得式（2-56）成立。

$$\sum_{i \in I^*} \Pi_{[0,u]}(a_i + \lambda^*) = 1 \qquad (2-56)$$

其中，

$$\Pi_{[0,u]}(t) = \begin{cases} 0, & if\, t \leq 0 \\ t, & if\, 0 < t < u. \ \forall\, t \in \mathbb{R} \\ u, & if\, t \geq u \end{cases} \qquad (2-57)$$

则 x^* 是式（2-53）的最优解，其中 x^* 的定义为式（2-58）。

$$x_i^* = \begin{cases} \Pi_{[0,u]}(a_i + \lambda^*), & i \in I^* \\ 0, & \text{其他} \end{cases} \quad i = 1, \cdots, n \qquad (2-58)$$

证明 令 $d(x)$ 和 d^* 分别为式（2-53）的目标函数和最优解，且 x^* 定义如上。可以看出 $\| x^* \|_0 \leq r$，$\sum_{i=1}^n x_i^* = 1$ 且 $0 \leq x_j^* \leq u$ 对于所有 j，意味着 x^* 是式（2-53）的一个可行解，换句话说，$x^* \in \Omega_r^u$。

因此，$d(x^*) \geqslant d^*$。令 $\psi(t) = t^2 - \left(t - \Pi_{[0,u]}(t)\right)^2$ 对每一个 $t \in \Re$ 都成立。不难看出 ψ 是可微的，此外，式（2-59）如下所示。

$$\psi'(t) = 2t - 2\left(t - \Pi_{[0,u]}(t)\right) = 2\Pi_{[0,u]}(t) \geqslant 0 \quad (2-59)$$

因此，$\psi(t)$ 在 $(-\infty, \infty)$ 是递增的。设 $\phi_i(x_i) = (x_i - a_i - \lambda^*)^2$，$\chi_i = [0,u]$，$\bar{x}_i^* = Arg\ min\{\phi_i(x_i) : x_i \in \chi_i\}$ 以及 $v_i^* = \phi_i(0) - \phi_i(\bar{x}_i^*)$ 对于所有 i 都成立。可以看出 $\chi_i^* = \Pi_{[0,u]}(a_i + \lambda^*)$ 和 $v_i^* = \psi(a_i + \lambda^*)$ 对于所有 i 都成立。通过 I^* 的定义以及 ψ 的单调性，我们推断出 I^* 是对应 $\{v_i^*\}_{i=1}^n$ 前 r 个最大元素的指标集。根据引理以及 x^* 的定义和 $\bar{x}^*$，可以看出 x^* 是式（2-60）

$$\underline{d}^* = \min_{0 \leqslant x \leqslant u, \|x\|_0 \leqslant r}\left\{\|x-a\|^2 - 2\lambda^*\left(\sum_{i=1}^n x_i - 1\right)\right\} \quad (2-60)$$

的最优解。所以，

$$\underline{d}^* = \|x^* - a\|^2 - 2\lambda^*\left(\sum_{i=1}^n x_i^* - 1\right) = \|x^* - a\|^2 = d(x^*)$$

$$(2-61)$$

此外，我们观察到 $d^* \geqslant \underline{d}^*$。从而 $d^* \geqslant d(x^*)$ 成立。又因为 $d(x^*) \geqslant d^*$，所以，我们有 $d(x^*) = d^*$。利用这个关系和 $x^* \in \Omega_t^u$，可以推断出 x^* 是式（2-53）的最优解。证毕。

定理 2.4 证明了，满足（2-42）的一个 λ^* 可以在线性时间内找到。结合定理 2.4 和定理 2.3，我们认为式（2-53）可以在线性时间内求解。

定理 2.4 对于任意一个 $a \in \mathbb{R}^n$ 和 $u \geqslant 1/n$，式（2-62）

$$h(\lambda) := \sum_{i=1}^n \Pi_{[0,u]}(a_i + \lambda) - 1 = 0 \quad (2-62)$$

至少有一个根 λ^*，此外，它可以在线性时间内计算。

证明 可以看出 h 在 $(-\infty, \infty)$ 是连续的，此外，当 λ 充分小的时候，$h(\lambda) = -1$ 成立以及当 λ 充分大的时候 $h(\lambda) = nu - 1 \geqslant 0$。因此，式（2-62）至少有一个根 λ^*。

我们接下来证明式（2-62）的一个根 λ^* 可以在时间 $O(n)$ 内计算。的确不难看出 h 在 $(-\infty,\infty)$ 是一个分段线性递增函数且有断点 $\{-a_1,\cdots,-a_n,-a_1+u,\cdots,-a_n+u\}$。假设这些断点中只有 k 是不同的以及它们按顺序 $\{\lambda_1<\cdots<\lambda_k\}$ 严格排列。在每个 λ_i 点处，h 的值和每块的斜率都可以通过迭代估计出。令 $\lambda_0=-\infty$。可以看出 $h(\lambda)=-1$ 对于每个 $\lambda\leqslant\lambda_1$ 都成立。因此，h 在 $(-\infty,\lambda_1]$ 的 $s_0=0$ 点处有斜率且 $h(\lambda_1)=-1$。假设 h 在 $(\lambda_{i-1},\lambda_i]$ 的 s_{i-1} 点处有斜率，且 $h(\lambda_i)$ 已经计算出，同时，存在 m_i 个 $\{-a_1,\cdots,-a_n\}$ 以及 n_i 个 $\{-a_1+u,\cdots,-a_n+u\}$ 等价于 λ_i。则 h 在 $(\lambda_i,\lambda_{i+1}]$ 的斜率为 $s_i=s_{i-1}+m_i-n_i$，从而得到 $h(\lambda_{i+1})=h(\lambda_i)+s_i(\lambda_{i+1}-\lambda_i)$ 对于 $i=1,\cdots,k-1$ 成立。当 $h(\lambda_1)=-1,h(\lambda_k)=nu-1\geqslant0$ 以及 h 是递增的，存在 $1\leqslant j<k$ 使得 $h(\lambda_j)<0$ 和 $h(\lambda_{j+1})\geqslant0$ 成立。若 $h(\lambda_{j+1})=0$，则 $\lambda^*=\lambda_{j+1}$ 是式（2-62）的一个根。否则 $\lambda^*\in(\lambda_j,\lambda_{j+1})$ 和 $h(\lambda^*)=0$ 成立。利用这个事实和对于 $\lambda\in(\lambda_j,\lambda_{j+1})$ 满足 $h(\lambda)=h(\lambda_j)+s_j(\lambda-\lambda_j)$，我们可以得到

$$\lambda^*=\lambda_j-h(\lambda_j)/s_j$$

另外，可以观察到该根在寻找的过程的运算成本为线性时间，证毕。

2.3.3 稀疏概率约束规划

本节考虑带有概率约束的稀疏超越指数模型，此模型在实际的金融市场中被广泛应用。

$$\begin{aligned}
\max\quad & d\\
s.t.\quad & P(\tilde{r}^T w\geqslant d)\geqslant1-\varepsilon,\\
& p^T s\leqslant\eta,\\
& s_m\geqslant r_{n+1,m}-\sum_{i=1}^n w_i r_{i,m},\quad m=1,2,\cdots,M,\\
& s_m\geqslant0,\quad m=1,2,\cdots,M,\\
& w\in W
\end{aligned}\tag{2-63}$$

这里

$$W=\left\{\begin{aligned}
&w\in\mathbb{R}^{n+1}:0\leqslant w_i\leqslant\delta_i,i=1,2,\cdots,n\\
&w_{n+1}=-1,e^T w=0,\|w\|_0\leqslant K+1
\end{aligned}\right\}$$

$$\tag{2-64}$$

上述模型是的目标函数是线性函数，第一个约束是一个概率约束。自变量所属的集合 W 包含稀疏约束，故此模型是一个带有概率约束，线性约束以及稀疏约束的一类特殊的稀疏概率约束规划问题。

求解该模型是非常困难的，原因主要有以下三点：第一，上述模型的可行集明显是非凸的，而且是不连续的，即使是检验一个固定的决策变量的可行性，可能需要多元积分的计算，比较复杂，特别是如果随机向量的维数增加，则计算难度也会相应地增加；第二，模型中含有约束，是一个 NP 难题，难以找到最优解；第三，由于机会约束中含有不确定性变量，而且这些不确定性变量的分布函数也是很难精确找到的，在许多实际情况中，因为是由一些历史数据估计得到的，本身就是不确定的。

很自然地假设收益率向量 $\tilde{r}$ 依赖于随机向量 $\xi \in \mathbb{R}^k$，即，

$$\tilde{r}(\xi) = r^0 + \sum_{j=1}^{k} r^j \xi_j \qquad (2-65)$$

其中，$r^0 \in \mathbb{R}^{n+1}$ 是扰动因子，$\xi = (\xi_1, \xi_2, \cdots, \xi_k)^T$ 代表推动市场因素的收益率向量。对于式（2-46），当 $k=1$ 时，对应资本资产定价模型（$CAPM$）模型；当 $k=3$ 时对应法码—弗兰奇（$Fama-French$）三因子模型。

假设 F 是随机向量 ξ 的势分布函数。另外，我们介绍辅助函数 y^j：$\mathbb{R}^{n+1} \to \mathbb{R}$，其中

$$y^j(w) = (r^j)^T w, j = 0,1,2,\cdots,k \qquad (2-66)$$

$$y(w) = [y^1(w), y^2(w), \cdots, y^k(w)]^T \qquad (2-67)$$

则式（2-64）中的机会约束可以被改写成式（2-68）形式。

$$P_F\{y^0(w) + y(w)^T \xi - d \geq 0\} \geq 1 - \varepsilon \qquad (2-68)$$

它仍然是单个的机会约束。为解决式（2-68）中的机会约束，一种有效且高效的方法是分布式鲁棒法。令 Λ 是 $\mathbb{R}^k$ 上分布函数的集合且有相同的一阶矩和二阶矩。考虑下面对应于式（2-68）的分布式鲁棒：

$$\inf_{F \in \Lambda} P_F\{y^0(w) + y(w)^T \xi - d \geq 0\} \geq 1 - \varepsilon \qquad (2-69)$$

不难验证如果约束式（2-69）对于 w 成立，则式（2-68）中的

约束同样对于 w 成立。因此，我们得到以下分布式鲁棒机会约束（$DRCCP$）式（2-70）。

$$\max \quad d$$
$$s.t. \quad \inf_{F \in \Lambda} P_F \{ y^0(w) + y(w)^T \xi - d \geq 0 \} \geq 1 - \varepsilon$$
$$p^T s \leq \eta,$$
$$s_m \geq r_{n+1,m} - \sum_{i=1}^{n} w_i r_{i,m}, \ m = 1,2,\cdots,M$$
$$s_m \geq 0, \ m = 1,2,\cdots,M$$
$$w \in W \qquad\qquad (2-70)$$

式（2-70）似乎是很显然的，事实上，仍然是式（2-63）的安全近似，因为它们有相同有点的函数以及式（2-70）有更小的可行域。优化式（2-70）的任何一个可行解一定是式（2-63）的可行解。

因此，我们将增强的指数化模型重新拟合为其对驱动因子 ξ 的势分布函数 F 的安全近似。Λ 的具体信息强烈影响计算的复杂度。

不同分布集下的安全近似。

在这部分，我们考虑以下两组势函数式（2-71）和式（2-72）。

$$\Lambda_1 = \{ F : E_F[\xi_j] = \mu_j, E_F[\xi_j^2] = \mu_j^2 + \sigma_j^2 \ j = 1,2,\cdots,k \}$$
$$(2-71)$$

$$\Lambda_2 = \{ F : E_F[\xi] = \mu, E_F[\xi\xi^T] = \sum + \mu\mu^T \} \qquad (2-72)$$

其中，$\mu_j, \sigma_j (j = 1,2,\cdots,k), \mu \in \mathbb{R}^k, \Sigma \in S^{k \times k}$ 是给定的参数。$\mu_j (j = 1,2,\cdots,k)$ 是 ξ_j 的均值以及 $\sigma_j^2 (j = 1,2,\cdots,k)$ 是 ξ_j 的方差。μ 是均值向量以及 Σ 是随机向量 ξ 的协方差对称矩阵。

分布函数 Λ_1 和 Λ_2 下的式（2-70）分别记为 $DRCCP1$ 和 $DRCCP2$。在实现 $DRCCP1$ 和 $DRCCP2$ 的安全近似之前，我们定义 $z = (z_1,z_2,\cdots,z_k)^T$ 作为随机向量 ξ 的实现且 $z^2 = (z_1^2,z_2^2,\cdots,z_k^2)^T$。考虑式（2-70），对于任意一个固定的 w，支持集 $Z = \{ z : l_j \leq z_j \leq u_j, j = 1,2,\cdots,k \}$，我们有式（2-73）。

$$S_w = \{ z : y^0(w) + y(w)^T z - d \geq 0 \} \qquad (2-73)$$

对于给定的参数 l_j 和 u_j 成立。集合 S_w 的示性函数表示为式（2-

74)。

$$I_{S_w} = \begin{cases} 1, & z \in S_w \\ 0, & \text{其他} \end{cases} \qquad (2-74)$$

定义 n - 维二阶锥 L^k ，如（2 - 75）所示。

$$L^k = \{x = (x_1, x_2, \cdots, x_k)^T \in R^k : x_k \geqslant \sqrt{x_1^2 + x_2^2 + \cdots + x_{k-1}^2}\}, \ k \geqslant 2$$

$$(2-75)$$

那么我们能够用两个定理证明它们的安全近似，通过利用机会约束式（2 - 70）的拉格朗日对偶方法。

1. DRCCP1 的安全近似

接下来，我们给出 DRCCP1 的混合整数二阶锥规划安全近似。对于每个固定的 w ，式（2 - 69）相应矩问题是式（2 - 76）。

$$\inf_F \quad \int_{z \in Z} I_{S_w}(z) dF(z)$$

$$s.\,t. \quad \int_{z \in Z} dF(z) = 1,$$

$$\int_{z \in Z} z_j dF(z) = \mu_j \ \forall j = 1, 2, \cdots, k,$$

$$\int_{z \in Z} z_j^2 dF(z) = \mu_j^2 + \sigma_j^2 \ \forall j = 1, 2, \cdots, k \qquad (2-76)$$

式（2 - 76）的对偶是式（2 - 77）。

$$\sup_{\theta, \alpha, \beta} \theta + \sum_{j=1}^k \mu_j \alpha_j + \sum_{j=1}^k (\mu_j^2 + \sigma_j^2) \beta_j$$

$$s.\,t. \quad \theta + \sum_{j=1}^k z_j \alpha_j + \sum_{j=1}^k z_j^2 \beta_j \leqslant I_{S_w}(z) \ \forall z \in Z \qquad (2-77)$$

上述约束可以被改写为式（2 - 78）。

$$\theta + \sum_{j=1}^k z_j \alpha_j + \sum_{j=1}^k z_j^2 \beta_j \leqslant 1 \ \forall z \in Z$$

$$\theta + \sum_{j=1}^k z_j \alpha_j + \sum_{j=1}^k z_j^2 \beta_j \leqslant 0 \ \forall z \in Z : y^0(w) + y(w)^T z - d < 0$$

$$(7-78)$$

约束式（2 - 78）等价于式（2 - 79）。

$$0 \geqslant \max_z \quad \theta - 1 + \alpha^T z + \beta^T z^2$$

$$s.\,t. \quad l \leqslant z \leqslant u \qquad (2-79)$$

通过利用 $\beta < 0$，我们通过利用拉格朗日对偶问题给出式（2 - 79）的安全近似。则存在 v_{0j} 和 $\bar{v}_{0j} \geqslant 0 (j = 1, 2, \cdots, k)$ 使得式（2 - 80）

$$0 \geqslant \max_z \theta - 1 + \alpha^T z + \beta^T z^2 + v_0{}^T (z - l) - \bar{v}_0{}^T (z - u)$$

$$= \max_z \theta - 1 + \sum_{j=1}^k (\bar{v}_{0j} u_j - v_{0j} l_j) + \sum_{j=1}^k \left[\beta_j z_j^2 + (\alpha_j + v_{0j} - \bar{v}_{0j}) z_j \right]$$

$$= \max_z \theta - 1 + \sum_{j=1}^k (\bar{v}_{0j} u_j - v_{0j} l_j) - \sum_{j=1}^k \frac{(\alpha_j + v_{0j} - \bar{v}_{0j})^2}{4\beta_j}$$

$$+ \sum_{j=1}^k \beta_j \left(z_j + \frac{\alpha_j + v_{0j} - \bar{v}_{0j}}{2\beta_j} \right)^2$$

$$= \theta - 1 + \sum_{j=1}^k (\bar{v}_{0j} u_j - v_{0j} l_j) - \sum_{j=1}^k \frac{(\alpha_j + v_{0j} - \bar{v}_{0j})^2}{4\beta_j} \qquad (2-80)$$

最后等式成立因为 $\sum_{j=1}^k \beta_j \left(z_j + \frac{\alpha_j + v_{0j} - \bar{v}_{0j}}{2\beta_j} \right)^2 < 0$

通过引入 $k_{0j} \geqslant 0 (j = 1, 2, \cdots, k)$，最终等式可以被改写为式（2 - 81）和式（2 - 82）。

$$\theta - 1 + \sum_{j=1}^k (k_{0j} + \bar{v}_{0j} u_j - v_{0j} l_j) \leqslant 0 \qquad (2-81)$$

$$k_{0j} \geqslant - \frac{(\alpha_j + v_{0j} - \bar{v}_{0j})^2}{4\beta_j} j = 1, 2, \cdots, k \qquad (2-82)$$

上述不等式（2 - 82）等价于式（2 - 83）。

$$(k_{0j} - \beta_j)^2 \geqslant (\alpha_j + v_{0j} - \bar{v}_{0j})^2 + (k_{0j} + \beta_j)^2 \ j = 1, 2, \cdots, k$$

$$(2-83)$$

由于 $k_{0j} - \beta_j \geqslant 0$，上述不等式表示为式（2 - 84）。

$$(\alpha_j + v_{0j} - \bar{v}_{0j}, k_{0j} + \beta_j, k_{0j} - \beta_j)^T \in L^3 \ j = 1, 2, \cdots, k \qquad (2-84)$$

将约束式（2 - 81）和式（2 - 84）以及 $v_{0j}, \bar{v}_{0j}, k_{0j} \geqslant 0, \beta_j \leqslant 0, j = 1, 2, \cdots, k$ 结合起来，我们得到式（2 - 78）的安全近似。同样等价于式（2 - 85）。

$$0 \geqslant \max_{z} \quad \theta + \sum_{j=1}^{k} z_j \alpha_j + \sum_{j=1}^{k} z_j^2 \beta_j$$

$$s.t. \quad y^0(w) + y(w)^T z - d < 0,$$

$$l \leqslant z \leqslant u \qquad\qquad (2-85)$$

由于 $\beta < 0$ ，我们通过利用朗格朗日对偶问题给出一个安全近似。存在 $\varphi \geqslant 0, v_{1j}, \bar{v}_{1j} \geqslant 0(j = 1,2,\cdots,k)$ 使得式（2-86）

$$0 \geqslant \max_{z} \theta + \sum_{j=1}^{k} z_j \alpha_j + \sum_{j=1}^{k} z_j^2 \beta_j - \varphi[y^0(w) + y(w)^T z - d]$$

$$+ \sum_{j=1}^{k} v_{1j}(z_j - l_j) - \sum_{j=1}^{k} \bar{v}_{1j}(z_j - u_j)$$

$$= \max_{z} \theta - \varphi[y^0(w) - d] + \sum_{j=1}^{k} (\bar{v}_{1j}u_j - v_{1j}l_j)$$

$$+ \sum_{j=1}^{k} \{[\alpha_j - \varphi y^j(w) + v_{1j} - \bar{v}_{1j}]z_j + \beta_j z_j^2\}$$

$$= \max_{z} \theta - \varphi[y^0(w) - d] + \sum_{j=1}^{k} (\bar{v}_{1j}u_j - v_{1j}l_j) - \sum_{j=1}^{k} \frac{[\alpha_j - \varphi y^j(w) + v_{1j} - \bar{v}_{1j}]^2}{4\beta_j}$$

$$+ \sum_{j=1}^{k} \beta_j \left[z_j + \frac{\alpha_j - \varphi y^j(w) + v_{1j} - \bar{v}_{1j}}{2\beta_j} \right]^2$$

$$= \theta - \varphi[y^0(w) - d] + \sum_{j=1}^{k} (\bar{v}_{1j}u_j - v_{1j}l_j) - \sum_{j=1}^{k} \frac{[\alpha_j - \varphi y^j(w) + v_{1j} - \bar{v}_{1j}]^2}{4\beta_j}$$

$$\qquad\qquad (2-86)$$

通过引入 $k_{1j} \geqslant 0(j = 1,2,\cdots,k)$ ，我们改写式（2-86）为式（2-87）。

$$\theta - \varphi[y^0(w) - d] + \sum_{j=1}^{k} (k_{1j} + \bar{v}_{1j}u_j - v_{1j}l_j) \leqslant 0 \qquad (2-87)$$

$$k_{1j} \geqslant - \frac{[\alpha_j - \varphi y^j(w) + v_{1j} - \bar{v}_{1j}]^2}{4\beta_j} \quad j = 1,2,\cdots,k \qquad (2-88)$$

上述不等式（2-88）等价于（2-89）。

$$(k_{1j} - \beta_j)^2 \geqslant (\alpha_j - \varphi y^j(w) + v_{1j} - \bar{v}_{1j})^2 + (k_{1j} + \beta_j)^2 \quad j = 1,2,\cdots,k$$

$$\qquad\qquad (2-89)$$

由于 $k_{0j} - \beta_j \geqslant 0$ ，上述不等式表示为式（2-90）。

$$(\alpha_j - \varphi y^j(w) + v_{1j} - \bar{v}_{1j}, k_{1j} + \beta_j, k_{1j} - \beta_j)^T \in L^3 \quad j = 1, 2, \cdots, k \tag{2-90}$$

将式（2-87）和式（2-90）以及 $\varphi, v_{1j}, \bar{v}_{1j}, k_{1j} \geq 0, \beta_j \leq 0, j = 1,$ $2, \cdots, k$ 结合起来，我们得到式（2-85）的一个安全近似。从式（2-81），式（2-84），式（2-87）和式（2-90），我们得到了下面分布式鲁棒机会约束式（2-70）的安全近似。

$$\max \quad d$$

$$s.t. \quad \theta + \mu^T\alpha + (\mu^2 + \sigma^2)^T\beta \geq 1 - \varepsilon,$$

$$\theta - 1 + \sum_{j=1}^{k}(k_{0j} + \bar{v}_{0j}u_j - v_{0j}l_j) \leq 0,$$

$$(\alpha_j + v_{0j} - \bar{v}_{0j}, k_{0j} + \beta_j, k_{0j} - \beta_j)^T \in L^3 \, j = 1, 2, \cdots, k,$$

$$\theta - \varphi(y^0(w) - d) + \sum_{j=1}^{k}(k_{1j} + \bar{v}_{1j}u_j - v_{1j}l_j) \leq 0,$$

$$(\alpha_j - \varphi y^j(w) + v_{1j} - \bar{v}_{1j}, k_{1j} + \beta_j, k_{1j} - \beta_j)^T \in L^3 \, j = 1, 2, \cdots, k,$$

$$s_m \geq r_{n+1,m} - \sum_{i=1}^{n} w_i r_{i,m}, \quad m = 1, 2, \cdots, M,$$

$$s_m \geq 0, \quad m = 1, 2, \cdots, M,$$

$$\sum_{m=1}^{M} q_m s_m \leq \eta \, w \in W,$$

$$\theta \in \mathbb{R}^1, \alpha, \beta \in \mathbb{R}^k, \varphi \geq 0, v_{0j}, \bar{v}_{0j}, v_{1j}, \bar{v}_{1j}, k_{0j}, k_{1j} \geq 0, \beta_j \leq 0, j = 1, 2, \cdots, k \tag{2-91}$$

在不失一般性的情况下，我们假设 $\varphi > 0$，通过令 $\theta = \theta/\varphi, \alpha = \alpha/\varphi, \beta = \beta/\varphi, k = k/\varphi, v = v/\varphi, \bar{v} = \bar{v}/\varphi, \varphi = 1/\varphi$，我们得到以下定理2.5。

定理 2.5　分布函数 Λ_1 下的分布式鲁棒机会约束式（2-70）可以通过以下混合整数 SOCP 安全近似。

$$\max d$$

$$s.t. \quad \theta + \mu^T\alpha + (\mu^2 + \sigma^2)^T\beta \geq (1 - \varepsilon)\varphi,$$

$$\theta - \varphi + \sum_{j=1}^{k}(k_{0j} + \bar{v}_{0j}u_j - v_{0j}l_j) \leq 0,$$

$$(\alpha_j + v_{0j} - \bar{v}_{0j}, k_{0j} + \beta_j, k_{0j} - \beta_j)^T \in L^3 \ j = 1,2,\cdots,k,$$

$$\theta - \varphi(y^0(w) - d) + \sum_{j=1}^{k}(k_{1j} + \bar{v}_{1j}u_j - v_{1j}l_j) \leqslant 0,$$

$$(\alpha_j - \varphi y^j(w) + v_{1j} - \bar{v}_{1j}, k_{1j} + \beta_j, k_{1j} - \beta_j)^T \in L^3 \ j = 1,2,\cdots,k,$$

$$s_m \geqslant r_{n+1,m} - \sum_{i=1}^{n} w_i r_{i,m}, \quad m = 1,2,\cdots,M,$$

$$s_m \geqslant 0, \quad m = 1,2,\cdots,M,$$

$$\sum_{m=1}^{M} q_m s_m \leqslant \eta \ w \in W,$$

$$\theta \in \mathbb{R}^1, \alpha, \beta \in \mathbb{R}^k, \varphi \geqslant 0, v_{0j}, \bar{v}_{0j}, v_{1j}, \bar{v}_{1j}, k_{0j}, k_{1j} \geqslant 0, \beta_j \leqslant 0, j = 1,2,$$
$$\cdots, k \tag{2-92}$$

2. DRCCP2 的安全近似

与 DRCCP1 的推导近似，DRCCP2 的安全近似在以下定理 2.6 中给出。

定理 2.6 分布函数 Λ_2 下的分布式鲁棒机会约束问题式（2-70）可以通过以下混合整数 SDP 安全近似。

$$\max \quad d$$

$$s.t. \quad \theta + \alpha^T\mu + \langle X, \Sigma + \mu\mu^T \rangle \geqslant (1-\varepsilon)\varphi_1,$$

$$\begin{pmatrix} X & \frac{1}{2}(\alpha + v_2 - \bar{v}_2) \\ \frac{1}{2}(\alpha + v_2 - \bar{v}_2)\theta - \varphi_1 + \bar{v}_2^T u - v_2^T l \end{pmatrix} \leqslant 0,$$

$$\begin{pmatrix} X & \frac{1}{2}(\alpha + v_3 - \bar{v}_3 - y(w)) \\ \frac{1}{2}(\alpha + v_3 - \bar{v}_3 - y(w))^T\theta - (y^0(w) - d) + \bar{v}_3^T u - v_3^T l \end{pmatrix} \leqslant 0,$$

$$s_m \geqslant r_{n+1,m} - \sum_{i=1}^{n} w_i r_{i,m} \quad m = 1,2,\cdots,M,$$

$$s_m \geqslant 0 \quad m = 1,2,\cdots,M,$$

$$\sum_{m=1}^{M} q_m s_m \leqslant \eta,$$

$$w \in W,$$

$$\theta \in \mathbb{R}^1, \alpha \in \mathbb{R}^k, X \in S^{k \times k}, \varphi_1 \geqslant 0, v_{2j}, \bar{v}_{2j}, v_{3j}, \bar{v}_{3j} \geqslant 0, j = 1, 2, \cdots, k$$

$$(2-93)$$

显然，如果没有基数约束，则式（2.69）和式（2.70）是凸问题。引入基数约束增加了求解的难度，使得这两个问题 NP 难题。目前还没有特别有效的方法来求解此类带有稀疏约束的二阶锥规划模型。在接下来的数值试验中，我们采用上述第三节中给出的遗传混合算法求解，先用遗传编码处理稀疏约束，然后再用 CVX 求解去掉稀疏约束的二阶锥规划问题。

2.4 小结

本章首先介绍了无约束的稀疏优化模型及其算法，对于稀疏优化的基本问题基追踪降噪或者最小绝对收缩和选择算子，软阈值迭代和活动集方法应用最为广泛，而对于比较复杂的优化问题，通常借助于算子分离方法简化计算。针对带约束的稀疏优化模型及其算法，本章分别探讨了适用于引入 0 ~ 1 指示变量将约束稀疏优化问题等价转化为 0 ~ 1 混合整数规划问题这类问题的混合遗传算法框架、适用于保留 L_0 范数对应的稀疏约束形式这类问题的交替方向乘子法框架。最后本章讨论了 3 类特殊约束下的稀疏优化模型及其算法：稀疏线性规划、稀疏二次规划、稀疏概率约束规划。

第 3 章

稀疏投资组合选择

本章我们介绍投资者如何利用模型构造最优投资组合。投资组合问题的核心是理性人在不同风险和收益水平下对最优投资组合的选择。投资组合是分散化投资思想的一种延续，也是"不要把鸡蛋放到同一个篮子里"最直观的例子。但人们对于投资组合的选择一直是从经验出发，直到 1952 年才出现了第一个定量分析的投资组合模型——均值方差模型，该模型的提出者马科维茨也因此获得了 1990 年诺贝尔经济学奖。均值方差模型给最优投资组合构建提供了最基本的方法论，它使用投资不断提出：如考虑更复杂约束的投资组合模型，纳入的约束包括但不限于限制卖空约束，交易成本约束，证券多样性等约束等；考虑金融市场动态变化的多阶段投资组合模型；考虑输入参数难预测性和敏感性从而寻求最坏情况下最优的鲁棒投资组合模型等。

稀疏投资组合问题，即考虑投资组合规模的投资组合问题。稀疏投资组合选择模型等价于 $0 \sim 1$ 混合整数规划，可以应用第 2 章中介绍的非单调投影梯度算法、交替方向乘法及混合遗传算法有效求解。对于稀疏投资组合选择模型，一个值得关注的问题是稀疏度和投资组合目标收益的取值对投资组合有效性的影响。基于此，本章提出了一类双层稀疏投资组合选择模型：在上层使用夏普比率作为目标函数，夏普比率越大则投资组合表现越好；下层使用方差作为目标函数，目标函数越小则投资组合表现越好。针对双层稀疏投资组合选择问题，根据无导数优化思想提出双层参数估计算法，并使用交替方向乘子法算法计算内层的混合 $0 \sim 1$ 整数规划问题，随后的实证部分给出了算法在不同测试集上的表现及稀疏度和收益率的估计值。

3.1 投资组合选择

3.1.1 投资组合的收益

在介绍马科维茨投资组合选择理论之前，我们首先给出投资组合中的一些基本概念。假设资产在 t 时刻收益率是 r_t，下面给出两种常用的基于价格信息计算收益率的方式，即几何收益率和算术收益率。

定义 3.1 几何收益率

资产的几何收益率或复合收益率定义为式（3-1）。

$$r_t = \ln(P_t/P_{t-1}) \qquad (3-1)$$

其中，P_t 表示某个风险资产在时刻 t 的价值。由式（3-1）得式（3-2）。

$$P_t = P_{t-1}e^{r_t} \qquad (3-2)$$

如果在资产持有期内派发红利 d_t，则资产的几何收益率为式（3-3）。

$$r_t = \ln((P_t + d_t)/P_{t-1}) \qquad (3-3)$$

定义 3.2 算术收益率

资产的算术收益率或离散收益率定义为式（3-4）。

$$r_t = \frac{P_t - P_{t-1}}{P_{t-1}} = \frac{P_t}{P_{t-1}} - 1 \qquad (3-4)$$

考虑到几何收益率的可加性，即单期收益率的加入就是多期整体收益率。因此在实际的金融计算中经常采用几何收益率，本书后续的实证中也采用几何收益率。

下面的表 3-1 中是某只股票月末的价格，其间股票没有分红，试计算该只股票的几何收益率与算术收益率。利用式（3-4）可得该只股票 5 个月的算术收益率为式（3-5）。

表 3 - 1   某只股票月末价格表

月份	1 月	2 月	3 月	4 月	5 月	6 月
价格	31.5	37.3	38.7	40.1	38.4	37.4

$$r = \frac{P_6 - P_1}{P_1} = \frac{37.4 - 31.5}{31.5} = 18.73\% \qquad (3-5)$$

利用式（3-3）可得股票 5 个月的几何收益率为式（3-6）。

$$r = \ln\left(\frac{P_6}{P_1}\right) = \ln\left(\frac{37.4}{31.5}\right) = 17.17\% \qquad (3-6)$$

上述给出了单个资产收益率的计算方式，现在考虑包含 $n \in \mathbb{N}^+$ 个资产的投资组合，资产 i 的收益为服从某一分布的随机变量 $r_i(\xi)$，则期望收益记为 $r_i = E(r_i(\xi))$。假设投资组合的权重向量为 $w \in \mathbb{R}^n$，则投资组合的收益表示为 $r_p(\xi) = \sum_{i=1}^{n} \omega_i r_i(\xi)$。在马科维茨均值方差模型中，投资组合的期望收益为 $E(r_p(\xi)) = \sum_{i=1}^{n} w_i r_i = r^T w$，这里 $r = (r_1, r_2, \cdots, r_n)^T$。

3.1.2 投资组合的风险度量

任何一项金融风险资产的投资预期回报都是不确定的，这种不确定构成了投资的风险。一般而言资产的风险是指在未来一段持有期内资产价值的不确定性。在投资组合选择问题中，一般采用两种典型的决策框架：即效用最大化与风险收益权衡分析。在理论和实践中应用更广泛的是风险收益框架，即均值方差框架。因此合理地定义风险就变得非常重要。

根据不同的风险度量方式可以构建不同的投资组合模型。首先是以刻画收益平均偏离程度的偏差度量法。马科维茨（Markowitz，1952）提出以资产收益的标准差度量投资组合的风险，并以资产收益率的方差为目标函数构建了均值方差模型。今野（Konno，1988）提出利用绝对偏差代替标准差作为衡量资产风险的方式，并于 1991 年提出绝对偏差模型，在理论上证明了当资产收益率服从联合正态分布时，绝对偏差模型与均值方差模型是等价的。其次则是以利用投资组合损益分布的左尾部计算投资组合潜在损失的尾部度量方式。尾部度量方式主要包括：在险价值（value at risk，VaR）以及一致性的风险度量方法。VaR 是指在一定概率下投资组合最大的预期损失。虽然 VaR 经常作为投资组合的风险测量方法，但是它也存在一些问题，如非齐次可加性和非凸性。因此一些学者提出了一致性风险测量方法。其中条件风险价值（conditional value at risk，CVaR）是最具有代表性的一致性风险测量方法之一。CVaR 表示在投资组合的损失大于某一个 VaR 值的条件下，该投资组合的平均损失。普弗拉格（Pflug，2000）验证了 CVaR 是具备凸性的一致性风险测量方式。洛克菲勒和乌里亚舍夫（Rockafellar and Uryasev，2000）则提出一个凸优化问题来计算最优 CVaR 的投资组合。另外，极小化 CVaR 一般会得到一个带有比较小 VaR 的投资组合。其他常见的一致性风险测量方法还有尾部条件期望、尾部均值以及期望损失等。

下面我们依次介绍较有代表性的风险度量：方差、标准差、平均绝对离差、绝对半离差、风险价值 VaR，及一致性的风险度量条件风险价值 CVaR。

1. 方差

方差或标准差是度量资产风险的一个最常用的指标。假定资产 i 的收益为 $r_i(\xi)$，则资产 i 收益的方差为式（3 – 7）。

$$Var(r_i(\xi)) = E\left[r_i(\xi) - E(r_i(\xi))\right]^2 = E\left[r_i(\xi) - r_i\right]^2 \quad (3-7)$$

其中，r_i 为资产 i 的期望收益率。一个投资组合可能会包含多个风险资产，则该投资组合预期收益率的方差为式（3 – 8）。

$$Var(r_p(\xi)) = E\left[r_p(\xi) - E(r_p(\xi))\right]^2 = E\left[r_p(\xi) - r_p\right]^2$$
$$= \sum_{i=1}^{n}\sum_{j=1}^{n} w_i w_j cov(r_i(\xi), r_j(\xi)) \quad (3-8)$$

其中，$cov(r_i(\xi), r_j(\xi))$ 表示资产 i 和 j 的协方差，该投资组合的标准差为式（3 – 9）。

$$\sigma(r_p(\xi)) = \sqrt{Var(r_p(\xi))} \quad (3-9)$$

2. 平均绝对离差

与标准差类似，平均绝对离差（mean absolute deviation，MAD）也

用来度量证券或者投资组合的未来收益率的各种可能结果对其期望收益的偏离程度，因此属于双边风险度量指标。平均绝对离差思想出现的时间很早，埃奇沃思 1885 年在《统计方法》一书中就提倡使用基于平均绝对离差的回归方法。夏普针对尖峰厚尾现象，提出在投资组合分析中可以用平均绝对离差代替标准差以减轻异常值的影响。今野、川崎（Konno and Yamazaki，1991）以平均绝对离差为风险度量构建了投资组合优化模型，并且认为，基于平均绝对离差的投资组合优化模型要优于马科维兹的均值方差模型。投资组合的平均绝对离差可以定义为式（3 - 10）。

$$\delta_p = E \mid r_p(\xi) - E(r_p(\xi)) \mid = E \mid r_p(\xi) - r_p \mid \qquad (3-10)$$

根据定义，平均绝对离差度量的是组合的总风险，与标准差相比，平均绝对离差可以减低异常值的影响，避免数值出现大幅波动，但对风险厌恶倾向很高的投资者来说，平均绝对离差作为风险度量指标未必合适，以平均绝对离差为风险度量的投资者对相对于均值的每一单位偏离都赋予相同的权重，因而对不同的风险水平给予相同的对待，而未做严格区分。针对 MAD 的不足，一些学者对 MAD 度量做了扩展，相应给出了 k-MAD 和 m-MAD 度量，这里不再详述。

3. 绝对下半离差

绝对下半偏差（Absolute Semi - Deviation）是由奥格里捷克和卢斯捷因斯基（Ogryczak and *Ruszczyński*，1999）给出的，其定义为式（3 - 11）。

$$\bar{\delta}_p = E[\max\{r_p - r_p(\xi), 0\}] = \int_{-\infty}^{r_p} (r_p - \zeta) f_p(\zeta) d\zeta \qquad (3-11)$$

其中 $f_p(\zeta)$ 是投资组合收益的概率密度函数。绝对半离差是对组合相对于期望值的下偏离取数学期望，因而属于下行风险度量指标，可以证明式（3 - 12）。

$$\bar{\delta}_p = \frac{1}{2}\delta_p \qquad (3-12)$$

事实上，

$$E\left[\max\{r_p - r_p(\xi), 0\}\right] = E\left\{\frac{r_p - r_p(\xi) + |r_p - r_p(\xi)|}{2}\right\}$$

$$= \frac{1}{2}E|r_p - r_p(\xi)| = \frac{1}{2}\delta_p \qquad (3-13)$$

因此式（3-12）成立。由此可见，一方面，由于平均绝对离差 δ_p 是绝对半离差 $\bar{\delta}_p$ 的两倍，因此也可视 δ_p 为下行风险度量；但另一方面，由于绝对半离差 $\bar{\delta}_p$ 是 δ_p 的一半，因此 $\bar{\delta}_p$ 又不是严格意义上的下行风险度量指标。一些学者对绝对半离差概念做了进一步的推广，得到所谓的 k 阶中心半离差（Central Semideviation）为式（3-14）。

$$\bar{\delta}_p^k = \left\{E\left[r_p - r_p(\xi)\right]^k \cdot \upsilon\{r_p(\xi) \le r_p\}\right\}^{1/k} = \left(\int_{-\infty}^{r_p} (r_p - \zeta)^k f_p(\zeta)d\zeta\right)^{1/k}$$

$$(3-14)$$

这里，$\upsilon\{r_p(\xi) \le r_p\}$ 为示性函数，当 $r_p(\xi) \le r_p$ 时，$\upsilon\{r_p(\xi) \le r_p\} = 1$；当 $r_p(\xi) \ge r_p$ 时，$\upsilon\{r_p(\xi) \le r_p\} = 0$。显然，随着阶数的增加，k 阶中心半离差的计算会愈加复杂。

4. 在险价值

在险价值（value at risk，VaR）是一种度量金融风险的指标，它是指在正常市场条件下，在一定的置信水平和持有期内，投资组合预期可能发生的最大损失。根据定义，度量 VaR 的两个重要因素是持有期和置信水平，不过这两个因素的选择往往带有一定的主观性。VaR 可以用于度量投资组合的下行风险，但其功能绝不仅仅局限于风险度量，目前 VaR 已经成为风险管理的一项重要指标。VaR 方法源于 20 世纪 90 年代早期。当时，国际上发生了几起令人印象深刻的破产事件，比如，美国加州奥兰治县财政部门由于金融衍生品交易而导致的破产事件、德国金属公司的上亿美元的巨额损失、巴林银行破产事件等。这些事件在金融界造成了很大震动，人们也比以往更加关注金融风险的监管和管理。在此背景下，VaR 方法应运而生。目前 VaR 方法已获得广泛应用，许多金融机构、监管机构以及资产管理公司均采用 VaR 方法披露信息、控制风险以及管理风险。

为了给出 VaR 的定义，我们先给出投资组合非预期损失的分布函数的定义。对于含有 n 个资产的投资组合，其投资权重为 $w = (w_1, w_2, \cdots, w_n)^T$，权重向量 w 即为决策向量。假设 w 为投资组合的可行集合，即 w 是由那些满足一定约束的所有可能的投资选择 w 构成。假设影响投资组合 P 损益的因素用随机向量 $\xi \in \mathbb{R}^m$ 表示。投资组合的收益记为 $r_p(w, \xi)$，损失函数记为 $L(w, \xi)$，二者均为随机变量，且是组合权重 w 的函数。则投资组合损失的分布函数为式（3 – 15）。

$$F(w, \zeta) = P\{L(w, \xi) \leq \zeta\} \qquad (3-15)$$

则 $F(w, \zeta)$ 是关于 ζ 的非降右连续函数，记为式（3 – 16）。

$$F(w, \zeta^-) = P\{L(w, \xi) < \zeta\} \qquad (3-16)$$

则有式（3 – 17）。

$$P\{L(w, \xi) = \zeta\} = F(w, \zeta) - F(w, \zeta^-) \qquad (3-17)$$

当 $P\{L(w, X) = \zeta\} > 0$ 时，分布函数 $F(w, \zeta)$ 在点 ζ 处产生了跳跃。

对于置信水平 α（可取值为 0.95，0.99 等），投资组合的 VaR 可以定义为式（3 – 18）。

$$VaR_\alpha(w) = \min\{\zeta \mid F(w, \zeta) \geq \alpha\} \qquad (3-18)$$

显然，如果 $F(w, \zeta)$ 是关于 ζ 的严格递增连续函数，则满足 $F(w, \zeta) = \alpha$ 的点 ζ 即为组合 P 的置信水平 α 下的 VaR。但是方程 $F(w, \zeta) = \alpha$ 有可能无解，也可能其解是一个区间。

5. 条件在险价值

条件在险价值（conditional value at risk，CVaR）是一种较 VaR 更优的风险计量技术，其含义为在投资组合的损失超过某个给定 VaR 值的条件下，该投资组合的平均损失值。为了给出 CVaR 的定义，首先介绍尾部分布：

洛克菲勒、尤尔约瑟夫（Rockefeller、Joel Joseph，2002）对于置信水平 α，损失函数 $L(w, X)$ 的 α – 尾部分布函数定义为式（3 – 19）。

$$F_\alpha(w, \zeta) = \begin{cases} 0, & \zeta < VaR_\alpha(w) \\ (F(w, \zeta) - \alpha)/(1 - \alpha), & \zeta \geq VaR_\alpha(w) \end{cases}$$

$$(3-19)$$

因此可以将投资组合的 CVaR 定义为损失 $L(w,\xi)$ 的 α - 尾部分布函数的期望值，即式（3 - 20）。

$$\mathrm{CVaR}_\alpha(w) = L(w,\xi) \text{ 的 } \alpha \text{ - 尾部分布的数学期望}. \qquad (3-20)$$

自然地，CVaR 的定义既依赖于组合的概率分布，又依赖于组合的 VaR，因此给 CVaR 求极值问题带来了不小的难度。

在利用 CVaR 作为风险度量工具进行投资组合优化时，由于引起投资组合发生价值损失的风险因素 ξ 的分布一般是未知的，只能利用情景分析法。决策者根据资产价值的历史变化情况，加上掌握的最新信息，对其未来变化作出估计。假设未来有可能出现 J 种情况，如可取过去历史上 n 种证券的 J 个交易日的收益率。每种情况下 ξ 的取值为 $\xi_j,(j=1,2,\cdots,J)$，则函数 $F_\alpha(w,\zeta)$ 可以用式（3 - 21）近似表示。

$$\tilde{F}_\alpha(w,\zeta) = \zeta + \frac{1}{J(1-\alpha)} \sum_{j=1}^{J} \left(f(w,\xi_j) - \zeta\right)^+ \qquad (3-21)$$

3.1.3 投资组合的有效前沿

有效前沿（efficient frontier），也称为有效边界，是投资组合资产选择的重要基础。根据马科维茨创立的现代证券投资组合理论，对于一个理性投资者而言，他们都是厌恶风险而偏好收益的。对于同样的风险水平，他们将会选择能提供最大预期收益率的组合；对于同样的预期收益率，他们将会选择风险最小的组合。能同时满足这两个条件的投资组合的集合就是有效前沿，处于有效前沿上的组合称为有效组合（efficient portfolio）。在均值方差坐标系中，投资组合有效前沿是抛物线；在标准差均值坐标系中，投资组合有效前沿则是一条双曲线。图 3 - 1 给出了基于经典均值方差模型求解的投资组合有效前沿示意图，其中黑色实心点对应有效投资组合，灰色细点是应用蒙特卡洛模拟随机生成的满足约束的投资组合，蓝色方形点是等权重投资的投资组合。可以发现有效前沿恰组成了一条包络线，位于凹曲线上的投资组合在同样风险水平下具有最大的期望收益。

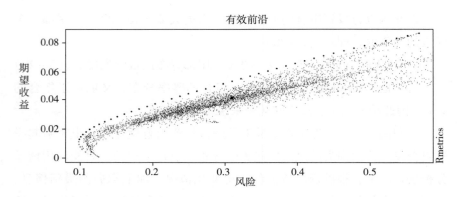

注：基于 R 语言标准数据集 LPP2005. RET

图 3 – 1　投资组合有效前沿

以下给出有效前沿严格的数学定义。

定理 3.1　考虑包含 n 个资产的投资组合 $P(w)$，其中 $w \in S$ 为投资组合权重向量，S 为所有可能的投资组合构成的集合。则组合 $P(w^*)$ 属于均值方差有效前沿 $S \Leftrightarrow$ 不存在组合 $w \in S$ 使得 $E(r_{P(w)}) \geqslant E(r_{P(w^*)})$ 与 $\sigma(r_{P(w)}) \geqslant \sigma(r_{P(w^*)})$ 同时成立，且至少有一个严格不等式。则对应的投资组合 $P(w^*)$ 的坐标 $[E(r_{P(w^*)}), \sigma^2(r_{P(w^*)})]$ 为有效前沿曲线上的点。

由以上的概念可知若一个证券组合是有效的，那么它必须满足 2 个条件：（1）在具有相同期望收益率的证券组合中它的方差最小；（2）在具有相同方差的证券组合中它的期望收益率最大。我们介绍了较为常见的几类风险度量指标，有效前沿的概念可以在不同的风险度量下加以推广。我们在定理 3.2 中给出不同风险度量下有效前沿的定义。

定理 3.2　考虑包含 n 个资产的投资组合 $P(w)$，给定风险测度 $\sigma(r_{P(w)})$，如果 $P(w)$ 具有如下性质：

（1）在具有相同期望收益的投资组合中，$P(w)$ 具有最小的风险。

（2）在具有相同风险的投资组合中，$P(w)$ 具有最大的期望收益率。

则称 $P(w)$ 为有效投资组合，且坐标 $[\sigma(r_{P(w^*)}), E(r_{P(w^*)})]$ 为有效前沿上的点。

3.2 经典的均值方差投资组合选择

本节介绍如下的马科维茨投资组合选择模型式（3-22）。

$$\min_{w} \quad w^{T}\Sigma w$$
$$s.t. \quad e^{T}w = 1,$$
$$r^{T}w = \rho \qquad\qquad (3-22)$$

其中，$\Sigma \in \mathbb{R}^{n \times n}$ 是资产间的协方差矩阵。$e \in \mathbb{R}^n$ 是元素为 1 的向量，ρ 是投资者的预期收益率，$r \in \mathbb{R}^n$ 是资产的期望收益向量。式（3-22）是经典的均值方差模型，也是一类二次规划问题。其中目标函数是关于未知量 w 的二次函数；第一个等式约束又称为资金平衡约束，即全部的资金都用于构造投资组合；第二个约束是预期收益水平，即投资组合预期收益可以达到给定目标。可以发现经典的均值方差模型并没有限制卖空，对单项资产的投资权重也没有任何限制。均值方差模型假设资产的收益服从高斯分布，而实际中收益的分布存在明显的尖峰厚尾特征。均值方差模型对均值和方差的估计值十分敏感，呈现弱鲁棒性，往往因为输入参数的偏误造成组合成分的较大偏差。

模型式（3-22）可以用拉格朗日算法给出显示表达解，其拉格朗日函数可以写成式（3-23）。

$$L = \frac{1}{2}w^{T}\Sigma w - \lambda_1(r^{T}w - \rho) - \lambda_2(e^{T}w - 1) \qquad (3-23)$$

其中，$\lambda_1, \lambda_2 \in \mathbb{R}$ 是拉格朗日乘子。则式（3-22）的一阶最优性条件为式（3-24）。

$$\begin{cases} \Sigma w = \lambda_1 r + \lambda_2 e, \\ e^{T}w = 1, \\ r^{T}w = \rho \end{cases} \qquad (3-24)$$

从式（3-24）可以看出对于任一有效的投资组合与预期收益率 r 及预期收益率的协方差矩阵有线性关系。对式（3-24）进行求解可得式（3-25）～式（3-27）。

$$\lambda_1^* = (r^T \sum{}^{-1}e - \rho e^T \sum{}^{-1}e) / (e^T \sum{}^{-1}rr^T \sum{}^{-1}e - r^T \sum{}^{-1}re^T \sum{}^{-1}e)$$
$$(3-25)$$

$$\lambda_2^* = (\rho e^T \sum{}^{-1}r - r^T \sum{}^{-1}r) / (r^T \sum{}^{-1}ee^T \sum{}^{-1}r - e^T \sum{}^{-1}er^T \sum{}^{-1}r)$$
$$(3-26)$$

$$w^* = \lambda_1^* \sum{}^{-1}r + \lambda_2^* \sum{}^{-1}e = \sum{}^{-1}[r, e]A^{-1}[\rho, 1]^T \quad (3-27)$$

其中，式（3-28）如下。

$$A = \begin{bmatrix} a & b \\ b & c \end{bmatrix} = \begin{bmatrix} r^T \sum{}^{-1}r & r^T \sum{}^{-1}e \\ r^T \sum{}^{-1}r & e^T \sum{}^{-1}r \end{bmatrix} \qquad (3-28)$$

由此我们得到没有卖空限制的均值方差模型的显式解，由此可以计算投资组合的方差为式（3-29）。

$$\text{Var}_{w^*} = (w^*)^T \sum w^* = [r, e]A^{-1}[\rho, 1]^T \sum{}^{-1}[r, e]A^{-1}[\rho, 1]$$
$$(3-29)$$

这里 Var_{w^*} 是投资组合的方差，$\sigma_{w^*} = \sqrt{\text{Var}_{w^*}}$ 是投资组合的标准差。该投资组合的预期收益为 ρ，(σ_w, ρ) 在风险与收益平面内是一个点。对于所有可能的 ρ 值，对应的 (σ_w, ρ) 在风险与收益平面内形成一条连续的曲线，即投资组合的有效前沿。

3.3 稀疏投资组合选择

马科维茨均值方差模型如今已广泛应用于投资组合选择问题。得益于计算机硬件性能的提升和运筹学发展，尤其是各种二次规划高效算法的提出，曾经困扰均值方差模型的计算速度和处理规模已经不再是困难问题。但在投资组合选择中均值方差模型暴露出的其他问题越来越引起业界和学界的关注。首先，均值方差模型对输入参数，即均值和方差，是敏感的。输入参数的不确定性和估计误差使得均值方差模型呈现弱鲁棒性。因此从这个角度，均值方差模型是病态问题。其次，均值方差模型在样本外难以延续在样本内的优良表现，即容易出现过拟合的问题。过度拟合源自我们无法准确地估计预期收益率和协方差矩阵。德米格尔（DeMiguel，2009）等认为要精确估计 25 只股票的预期收益率，至少需要 3000 个月的数据，如今股票市场的记录是远远不足的。德米格尔验证了诸多基于均值方差模型构造的投资组合，结果显示他们在长期来看都不能战胜等权重策略构造的投资组合。此外，均值方差模型构造的投资组合通常会包含很多难以实现的小权重，这一点在资产池规模庞大的时候表现的越发明显。鉴于此，投资者更倾向于投资更少规模的资产来持有一个更利于实现和操作的投资组合，即稀疏投资组合。

稀疏投资组合选择就是为解决过拟合和小权重问题。在稀疏投资组合发展过程中，具体而言有两个思路：添加正则化项和添加基约束。需要明确的是这两个思路，是彼此相联系、齐头并进的，并不是完全独立的分支。但这两个思路也有所区分，基于正则化项的稀疏投资组合模型，更多的关注过拟合问题，即模型的样本外表现；而基于基约束的投资组合由于本身是 NP 难题，因此在稀疏投资组合选择的早期，研究者对此并没有过多关注，目前研究主要集中于模型理论分析和算法设计。我们从这两个方面介绍稀疏投资组合选择的模型和理论。

3.3.1 基于稀疏正则化的投资组合模型

带有正则项 L_p 的无约束稀疏优化问题是稀疏优化中的关键问题，具体的模型已经在本书第 2 章有过详细的叙述，在此不再赘述。需要认识到的是，正是运筹学中无约束稀疏优化的发展，奠定了基于正则项稀疏优化投资组合的理论基石。布罗迪（Brodie，2009）等使用样本平均收益将均值方差模型等价转化为一个带有线性等式约束的最小二乘问题，并试图在目标函数中添加 L_1 惩罚项来增加模型的稳定性以及提高样本外表现，即式（3－30）。式（3－30）中，$T \in \mathbb{N}^+$ 表示样本长度，$e \in \mathbb{R}^T$ 是全 1 向量，$R \in \mathbb{R}^{T \times n}$ 表示 n 个资产 T 期的收益矩阵。使用 L_1 正则项的稀疏投资组合模型有很多优势，比如由于 L_1 是凸利普希茨连续函数，在求解上可以应用最小绝对收缩和选择算子或其他内点法获得全局最优解。此外在不限制卖空的情形下，通过 L_1 正则项可以控制资产的卖空数量。布罗迪认为通过 L_1 正则项可以有效降低资产间的共线性，从而提高模型的稳定性。正则项 L_1 也可以从交易成本的角度给出解释。对于投资者而言，交易成本分为两部分，一部分是固定成本，即独立于资产的数量，只和选择的资产数目有关；另一部分是可变成本，即和资产的数量正相关，资产的投资数量越多，则交易费用越多。对于机构投资者，固定成本占比较少，因此可以忽略，当所有资产的买入和卖出数量的可变成本系数都是同一常数 τ 且可变成本函数是持有比例的一次函数，那么可以使用 L_1 衡量交易成本，式（3-30）的目标函数可以理解为风险和交易成本的权衡。而当投资者是散户时，固定成本则不可以忽略，而由于交易数额较少，可变成本可以忽略，此时再用 L_1 范数则不再合适。一个思路是在式（3-30）中添加 L_0 正则项，或者将 L_1 替换为 L_0 范数。

$$\min_{w} \quad w^T \sum w + \tau \parallel w \parallel_1$$
$$s.\,t. \quad e^T w = 1,$$
$$r^T w = \rho \qquad\qquad (3-30)$$

当式（3-30）约束集为 $\mathbb{R}^n$，常用的算法是最小角回归（Least Angle Regression）。针对线性等式约束的情形，布罗迪提出了修正最小角回归算法，并在法码（Fama）和弗伦（French）提出的两个标准数据集下和等权重投资组合进行了比较，结果显示稀疏投资组合在样本外有更高的夏普比率。

德米格尔（Demiguel，2009）等研究了带有正则约束的最小方差投资组合模型，并认为正则项体现的是投资者对投资组合权重分布的先验信息。最小方差投资组合模型是均值方差模型的一个简化版本，也是一种保守的投资策略，即不考虑收益约束，只在资金完全使用的条件下极小化投资组合方差。在德米格尔的稀疏最小方差投资组合框架中，正则项被放到约束之中，且需要小于给定阈值。德米格尔一共考虑了 3 种正则约束，即 L_1 和 L_2，以及基于单因子协方差矩阵的矩阵范数 $\sum_F$，并给出了贝叶斯意义下的解释。实证结果显示在这个框架下可以获得比等权重投资组合更高的夏普比率。

陈彩华（Chen，2013）等扩展了基于正则项的稀疏投资组合选择，即在目标函数中考虑 L_p，$p \in (0,1)$。观察式（3-30）可以发现，约束中不包含限制卖空约束 $w \geqslant 0$。这是因为如果约束中包含限制卖空约束，那么 L_1 无法诱导稀疏性，即 $\parallel w \parallel_1 = 1$。但对于正则项 L_p，$p \in$

（0，1）在限制卖空约束下仍可以诱导出稀疏性，具体模型如式（3 -31）所示。

$$\min_{w} \quad \frac{1}{2}kw^T\sum w - r^Tw + \tau \parallel w \parallel_p^p$$

$$s.t. \quad e^Tw = 1,$$

$$w \geqslant 0 \qquad (3-31)$$

其中，k 表示投资者的风险厌恶程度。陈彩华同样提到了式（3 -31）和式（3 -33）的关系，在 $p \in$（0，1）时并且式（3 -30）中的 $\delta_i = +\infty$，$i = 1，2，\cdots，n$ 时，式（3 -31）是式（3 -33）的一种逼近策略。此外陈彩华还提出一种包含 $L_2 - L_p$ 双重正则化参数的稀疏投资组合模型，即式（3 -32）。实际中的运算结果显示，带有 L_p 正则项的投资组合模型总能够诱导出稀疏投资组合，且和式（3 -33）具有同样令人满足的样本外表现，在所有模型之中，式（3 -32）拥有最好的样本外表现。

$$\min_{w} \quad \frac{1}{2}kw^T\sum w - r^Tw + \tau \parallel w \parallel_p^p + \mu \parallel x \parallel_2^2$$

$$s.t. \quad e^Tw = 1 \qquad (3-32)$$

3.3.2 带有基约束的稀疏投资组合模型

本节考虑带有基约束的稀疏投资组合选择模型，具体形式如模型式（3 -30）所示。可以发现式（3 -30）包含资金平衡约束、上下界约束以及基约束，目标函数是关于未知量的二次函数。值得注意的是，不同研究者对带有基约束的投资组合有不同的叫法，如塞萨尔（Cesarone，2013）等将其称为限制资产的马科维茨（limited asset markowitz，LAM）模型，陈彩华（Chen，2013）等将其称为带有基约束的投资组合选择（Cardinality Constrained Portfolio Selection，CCPS）模型，列文和曲（Lwin and Qu，2013）将其称为基约束的均值方差（cardinality constrained mean-variance，CCMV）模型。为了方便称呼，本章将带有基约束的稀疏投资组合模型统一称为 CCMV。

$$\min_{w} \quad kw^T\sum w - r^Tw$$

$$s.\ t.\quad e^T w = 1,$$
$$0 \leqslant w_i \leqslant \delta_i \quad i = 1,\ 2,\ \cdots,\ N,$$
$$\| w \|_0 \leqslant s \qquad\qquad\qquad (3-33)$$

L_0 表示非零位置的个数，s 表示投资组合规模的上界，δ_i 是资产 i 持有的上界，下界是 0 表示限制卖空。式（3 – 30）可以等价的转化为混合整数二次规划问题（quadratic mixed-integer problem，QMIP）。由此埃斯库多（Escudero，2006）等证明了带有基约束的稀疏投资组合模型是 NP 难题。

目前对于 CCMV 模型的求解方法分为两类，即启发式算法和精确算法。比恩斯托克（Bienstock，1996）提出了求解 CCMV 问题的分支定界算法，数值实验说明了结果的精确性。但是在处理大规模问题上不免显得力有未逮，伯特西马斯（Bertsimas，2009）基于莱姆克（Lemke）的旋转方法改进了比恩斯托克的工作，显著增强了其在大规模问题上的计算效率。本书中在第 2 章的约束稀疏优化算法中，介绍了非单调投影梯度算法，当目标函数是凸函数，约束中只有基约束、资金约束和上下界约束的时候，可以获得全局最优解。当目标函数是利普希茨连续函数时，可以在一定误差界内给出近似解。

另一大类算法是启发式算法，启发式算法的优势在于其易于理解、编程并被广泛应用。常（Chang，2000）等人将遗传算法、禁忌搜索和模拟退火算法应用于 CCMV 模型的求解。埃斯库多（Escudero，2006）等提出了一种混合遗传算法，在迭代中每次只求解一类特殊的二次规划问题。列文和曲（Lwin and Qu，2013）考虑了一种结合了基于种群的增量学习和差分进化思想的混合算法，并在 OR-Library 标准数据集上检验了算法的效率。同样地，我们在本书第 2 章也简单介绍了求解 CC-MV 问题的启发式算法，即混合遗传算法。CCMV 问题有两个重要的特例，分别是基数约束下的夏普比率最大化问题和基数约束下的全局最小方差投资组合问题。这两个问题代表了均值方差投资组合选择模型的两个重要应用。

对于式（3 – 33），如何选择合适的 s 是投资者在实际中必须要关注

的问题。部分学者认为，资产数目越少，越容易管理和减少交易费用，因此以最小化 $\|w\|_0$ 为目标。与此同时，还需兼顾预期收益与适度的风险，洛伦佐（Lorenzo，2012）等基于这个思想构建了如式（3 – 34）的稀疏投资组合选择模型。

$$\min_{w \in \mathbb{R}^n} \|w\|_0$$
$$s.t. \quad r^T w = \beta,$$
$$w^T \sum w \leq \alpha,$$
$$e^T w = 1,$$
$$w \geq 0 \tag{3 – 34}$$

这个模型的应用场景是有限的，并且在某种程度上和投资者分散投资的要求是矛盾的。很容易构造一个反例，即存在一个资产 i，使得 $r_i = \beta$，且 $Var(r_i(\xi)) = \alpha$，此时模型的最优解显然是 $w_i = 1$，$w_{j \neq i} = 0$。

对于一个投资组合而言，风险与收益决定了投资组合的表现。常用的投资组合评价指标有很多，其中夏普比率就是一个较可靠的投资组合评价指标，因此我们使用极大化夏普比率作为模型的目标函数。在介绍我们建立的模型之前，首先给出夏普比率的定义式（3 – 35）。

$$SR = \frac{r^T w - r_f}{\sqrt{w^T \sum w}} \tag{3 – 35}$$

这里的 r_f 表示无风险利率。夏普比率的意义是单位风险的风险溢价，通常用来比较不同收益率下的投资组合的表现，夏普比率值越大，则代表该收益率下投资组合的效果越好。

夏普比率是评价投资组合表现的一个重要指标，考虑式（3 – 33），我们使用夏普比率评价在 s 取不同值下的有效投资组合的表现，如图 3 – 2 所示。图 3 – 2 使用 OR – library 中香港恒生股票市场的数据，一共包含 31 只股票。可以发现随着稀疏度从 3 增加到 31，式（3 – 30）得到的有效投资组合的夏普比率也随之增大，并在 $s \geq 6$ 之后达到稳定值 0.1059。

以上的观察可知显然存在最优的稀疏度 s。如何确定式（3 – 33）最优的稀疏度及其他相关输入参数，目前这方面的研究还十分匮乏，我们在 3.4 节给出相关研究结果。

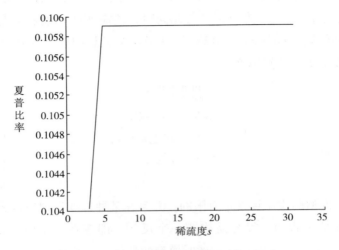

图 3 - 2　夏普比率随稀疏度 s 的变化

3.4　稀疏投资组合选择模型的参数估计

　　在稀疏投资组合选择模型的求解过程中，参数估计是困扰研究者的重要问题之一，因为往往细小的扰动就会导致求解出的投资组合发生很大的差异。在实际的应用中，各个风险资产的期望收益率以及这些收益率之间的协方差矩阵总是未知的，需要通过一些方法估计这些参数的真实值。其中最常用的方法是通过历史数据对这些参数的值进行估计，但是利用历史数据估计出的参数值会受到参数不确定性以及估计误差的影响。参数不确定性是参数估计问题中的面临的主要问题。参数不确定性主要分为两类：一类是参数的概率分布的不确定性；另一类则是参数变化的不确定性。因此由历史数据或通过修改后的历史数据得到的参数与其真实值之间会存在一定的估计误差。

　　夏普提出的单因子市场模型经常被用来预测协方差矩阵。莫顿指出预测各风险资产的收益率的均值比预测这些收益率的协方差更加困难，同时还指出了均值的估计误差比协方差矩阵估计误差对投资组合的影响更大。乔普拉、齐姆巴的研究表明均值的估计误差对最优投资组合的影响比协方差矩阵估计误差对投资组合的影响要大 10 倍。因此，也有一些学者将研究重点放在了仅依赖于对估计误差不太敏感的协方差矩阵来构建最小化方差投资组合。近年来，鲁棒优化的方法逐渐被用来处理投资组合中的参数不确定性问题。其中问题中的不确定性及期望的鲁棒性水平是通过不确定集合来描述的，而不确定集合则是不确定参数的可能取值范围。另外，也有一些直接对投资组合权重参数进行估计的方法。这种方法直接利用样本的均值及协方差矩阵，但是通过在投资组合的权重上添加约束来提高投资组合的表现。

综上，已有研究主要集中于对资产的期望收益及收益率协方差矩阵的参数估计，而对与预期收益 ρ 与稀疏度 s 的研究较少。本章主要构造稀疏投资组合双参数估计模型，采用交替方向乘子法模型求解，估计参数 ρ 与 s，并且在后面给出了实证分析。

3.4.1 模型构建

在本节中，我们分别就投资组合的收益率和稀疏度构建参数选择模型，为了对这两个参数进行估计，我们需要同时兼顾多个目标的实现：

第一，取得投资组合最优的交易，即在给定风险水平下实现收益最大化（在给定收益水平下实现风险最小化）。

第二，取得最优的夏普比率。

投资者进行风险投资的目的是获取收益，获取预期收益率越高越好。要获得高收益却往往需要面临高风险，如何在控制风险的情况下获取一个最优的收益率是投资者关心的问题。因此我们首先构建估计最优预期收益率的投资组合双层参数估计模型式（3-36）。

$$\max_{w(\rho)} \quad SR = \frac{r^T w - r_f}{\sqrt{w^T \sum w}}$$

$$s.t. \quad w(\rho) \in \mathrm{argmin}\, w^T \sum w,$$

$$r^T w = \rho,$$

$$e^T w = 1,$$

$$0 \leqslant w_i \leqslant \delta_i \quad i = 1, 2, \cdots, n \qquad (3-36)$$

式（3-36）是一个双层模型，模型的第一层中目标函数为极大化夏普比率，其中的自变量为 $w(\rho)$，该自变量的可行域范围由模型的第二层决定。模型的第二层则是一个带上下界约束的均值方差模型，其中的预期收益率 ρ 是未知参数，而在给定参数 ρ 时，模型的第二层是一个二次规划问题。

出于降低组合管理复杂度，减少交易费用的目的，我们在模型 (3 – 36) 的基础上，将投资组合的稀疏度也纳入待估参数，即增加如下稀疏约束 $\|w\|_0 \leqslant s$。在得到的新模型中，投资比例向量 w 与参数 s 和 ρ 有关，记为 $w(x)$，其中 $x = (\rho, s)$，可行域 $\Omega = [\underline{\rho}, \bar{\rho}] \times [\underline{s}, \bar{s}]$。该模型的求解难点如下：

第一，模型第二层的基数约束条件使得该层模型成为一个 NP 难题，很难找到该问题的全局最优解。

第二，在于模型第一层中的自变量 $\omega(x)$ 与参数 s 和 ρ 有关，而参数 $x = (\rho, s)$ 与自变量 $\omega(x)$ 可能并不是一一对应的。

第三，此双层模型的目标函数是非凸非光滑的，使用传统梯度方法难以求解。

为了顺利实现该模型的求解，我们首先分析模型中参数 ρ，s 的选取范围。当不同的风险资产有不同的投资上界约束时，分析参数 ρ，s 的选取范围比较困难，因此我们只考虑所有的风险资产有相同的投资上界的情况。令 $\delta_i = \delta_1$，$i = 1, 2, \cdots, n$，其中 $\delta_1 \in \left(\dfrac{1}{n}, 1\right]$。根据以上设定的条件，我们很容易得出最少选取的风险资产数 $s \geqslant \dfrac{1}{\delta_1}$。因此令 a 代表 $\dfrac{1}{\delta_1}$ 的整数部分，令 d 代表 $\dfrac{1}{\delta_1}$ 的小数部分，并且假设风险资产的数量 n，即风险资产预期收益率样本足够多，则可以得到以下引理 3.1。

引理 3.1　令 γ 代表收益率向量 r 的降序排列，则可以得到：

（1）如果 $d = 0$，则 $\underline{\rho} = \sum_{i=n-a+1}^{n} \gamma_i \delta_1$。

（2）如果 $d > 0$，则 $\underline{\rho} = \sum_{i=n-a+1}^{n} \gamma_i \delta_1 + d\gamma_{n-a}$ 且有 $\bar{\rho} = \sum_{i=1}^{a} \gamma_i \delta_1 + d\gamma_{a+1}$。

利用引理 3.1，我们很容易得到以下结论：

定理 3.3　当 $s \geqslant \frac{3}{2}a$ 时，对于任意 $\rho \in [\underline{\rho}, \bar{\rho}]$，则该模型至少存在一个可行解。

一般情况下投资上界会设置为 $\delta_i = 0.5$，$i = 1$，2，$\cdots$，n，因此 $a =$ 2，即至少选取两只股票才能使得模型存在可行解。当 $s \geqslant 5$ 时即可满足定理 3.3 的条件，即对任意收益率，模型至少存在一个可行解。而对于一个投资组合而言，选取 5 种风险资产是一个很容易满足的条件，这表明了定理 3.3 的实用性。

3.4.2　模型求解

本小节，主要根据模型特点设计出了双层求解算法。易知模型式（3-36）的目标函数的导数不容易获得，因此设计了一个基于无导数优化的双层参数估计算法来求解该模型。

首先我们介绍本书中使用到的直接搜索算法。不失一般性，我们用 $V = \{v_1, v_2, \cdots v_n\}$ 表示搜索方向的一组标准正交基。h 是在各搜索方向上的搜索步长，可以用 $\{s \pm hv_i\}_{i=1}^{n} \cup \{s\}$ 表示以 s 为中心，搜索半径为 h 的搜索域。在直接搜索算法中，首先给定一个初始的参数 s_0，获得对应的目标函数值 $f(s_0)$，然后确定一个搜索步长 h，令 $f(s)_{\max} =$ $\max \{f(s^k \pm hv_i)\}_{i=1}^{n}$。如果 $f_{\max} > f(s_0)$，则我们更新参数 s_0，否则我们就更新搜索步长 h，用新步长 αh 代替旧步长 h，这里 $\alpha \in (0, 1)$。算法的终止准则是搜索步长小于一个给定的数值 ε，这个数值通常很小。在给定其他参数的条件下，模型的第二层是一个带有基数约束的二次规划问题，这是一个 NP 难题，通常可以使用混合遗传算法或者非单调梯度投影算法对其进行求解。我们首先对其进行转化，引入中间变量 τ 和约束条件 $w = \tau$，则有式（3-37）。

$$\min w^T \Sigma w$$

$$s.t. \quad A^T w = b,$$

$$\|\tau\| \leqslant s, \ w = \tau,$$

$$0 \leqslant w_i \leqslant \delta_i, \ i = 1, 2, \cdots, N \qquad (3-37)$$

其中，$A = [r, e]^T$，$b = [\rho, 1]^T$。交替方向乘子法方法是一种能够有效求解上述模型的方法，因此我们使用交替方向乘子法方法求解该模型。利用增广拉格朗日函数，则上述模型可转化为式（3－38）。

$$\min \quad \omega^T \sum w + \lambda^T (w - \tau) + \frac{\varphi}{2} \| w - \tau \|_2^2 + \frac{\sigma}{2} \| Aw - b \|_2^2$$

$$s.t. \quad \| \tau \|_0 \leqslant s,$$
$$0 \leqslant \tau \leqslant \delta \qquad (3-38)$$

其中，λ 是关于约束条件 $w = \tau$ 的拉格朗日乘子，φ 和 σ 是惩罚因子。式（3－38）可以分成两个子问题，第一个子问题是约束条件的关于变量 τ 的优化问题，另一个则是一个关于变量 w 的无约束优化问题。我们用 $L(\tau, w, \lambda, \varphi)$ 来表示式（3－38）的目标函数，用 Δ 表示式（3－38）中关于变量 τ 的可行域，通过分别对两个子问题进行求解以及更新拉格朗日乘子，得到交替方向乘子法算法框架如式（3－39）。

$$\begin{cases} \tau^{k+1} \in \underset{\tau \in \Delta}{Argmin} L (\tau, w^k, \lambda^k, \varphi^k) \\ w^{k+1} \in \underset{w \in \Delta}{Argmin} L (\tau^{k+1}, w, \lambda^k, \varphi^k) \\ \lambda^{k+1} = \lambda^k + \varphi (w^{k+1} - \tau^{k+1}) \\ \sigma^{k+1} = \min \{ \varsigma \sigma^k, U \} \end{cases} \qquad (3-39)$$

其中，ς 是固定常数；U 是变量 σ 的上界，即对于罚因子 σ，我们在更新若干次之后将不再对其进行更新。综上，我们得到求解带有稀疏约束的式（3－36）第二层子问题的交替方向乘子法算法框架如算法6。

算法6：交替方向乘子法算法

输入：设定 $\varepsilon_1 > 0$，$\varphi > 0$，$U > 0$，$\varsigma > 0$，并有初始值 w_0，λ_0，σ_0，我们用 k 代表算法迭代次数，则算法的第 k 次迭代过程为：

（1）求解 τ^{k+1}，即求解下列方程式（3－40）。

$$\min_{\tau \in \Delta} (w^k)^T \sum w^k + (\lambda^k)^T (w^k - \tau) + \frac{\varphi}{2} \| w^k - \tau \|_2^2 + \frac{\sigma^k}{2} \| Aw^2 - b \|_2^2$$

$$(3-40)$$

（2）求解 w^{k+1}，即求解下列方程式（3－41）。

$$\min_{w \in \Re^n} w^T \sum w + (\lambda^k)^T (w - \tau^{k+1}) + \frac{\varphi}{2} \| w - \tau^{k+1} \|_2^2 + \frac{\sigma^k}{2} \| Aw - b \|_2^2$$

$$(3-41)$$

（3）更新拉格朗日乘子 λ^{k+1} 为式（3-42）。

$$\lambda^{k+1} = \lambda^k + \varphi (w^{k+1} - \tau^{k+1}) \qquad (3-42)$$

（4）更新罚因子 σ^{k+1}

$$\sigma^{k+1} = \min \{ \varsigma \sigma^k, U \} \qquad (3-43)$$

（5）若 $\| w^{k+1} - \tau^{k+1} \| < \varepsilon_1$，则终止算法，并记最优解为（$\tau^{k+1}$，$w^{k+1}$，$\lambda^{k+1}$，$\varphi^{k+1}$），否则返回 1。

在第 $k+1$ 次迭代中，子问题式（3-40）可以转化为式（3-44）。

$$\min_{\tau \in \Delta} (w^k)^T \sum w^k + (\lambda^{k+1})^T (w^{k+1} - \tau) + \frac{\varphi}{2} \| w^k - \tau \|_2^2 + \frac{\sigma^k}{2} \| Aw^k - b \|_2^2$$

$$s.t. \quad \| \tau \|_0 \leq s,$$

$$0 \leq \tau \leq \delta \qquad (3-44)$$

该问题是一个 L_0 范数约束的优化问题，目标函数为一个凸函数，利用硬阈值算法可以获得该问题的显式解为式（3-45）。

$$\tau_i^{k+1} \begin{cases} w_i^k + \dfrac{\lambda_i^k}{\varphi}, & i \in I/\tilde{I}^{k+1} \\ 0, & i \in I/\tilde{I}^{k+1} \end{cases} \qquad (3-45)$$

其中，指标集 $I = \{1, 2, \cdots, n\}$，$\tilde{I}^{k+1}$ 则是第 $k+1$ 次迭代中 τ_i^{k+1} 不为 0 的指标集，即 $\left(w_i^k + \dfrac{\lambda_i^k}{\varphi} \right)^2 - \left[\Pi_{[0, u_i]} \left(w_i^k + \dfrac{\lambda_i^k}{\varphi} \right) - \left(w_i^k - \dfrac{\lambda_i^k}{\varphi} \right) \right]^2$ 中前 s 个最大值对应在指标序列。对于子问题式（3-41），这是一个无约束优化问题，结合式（3-42）其一阶最优性条件为式（3-46）。

$$2 \sum w + \lambda^{k+1} + \sigma^k A^T (Aw - b) = 0 \qquad (3-46)$$

解式（3-46）得式（3-47）。

$$w = \frac{\sigma^k A^T b - \lambda^{k+1}}{2 \sum + \sigma^k A^T A} \qquad (3-47)$$

综上所述，我们可以得到双层参数估计算法框架算法 7。

算法 7：双层参数估计算法

输入：设定 $\epsilon>0$，$h>0$，任意选取 $\alpha\in（0，1）$ 为固定的步长更新比例，任意选取式（3－37）的一个可行迭代点 $（s^0，\rho^0）\in\Omega$，这里我们用 k 代表算法迭代次数。

（1）使用算法6的交替方向乘子法框架计算投资组合 $w（s^0，\rho^0）$：然后计算目标函数值 $f[w（s^0，\rho^0）]$。

（2）计算插值点列 $\{y_i=x^k\pm hv_i，v_i\in V\}$ 的对应投资组合 $\{\omega\{y_i\}\}_{i=1}^n$，并计算出对应的目标函数值 $\{f\{y_i\}\}_{i=1}^n$，其中 $x=（s，\rho）$。

（3）比较得出目标函数值列 $\{f\{y_i\}\}_{i=1}^n$ 中的最大目标函数值为式（3－48）。

$$f_{max}=\max\{f\{x^k\pm hv_i\}_{i=1}^n\} \qquad (3-48)$$

（4）更新迭代步长，如果 $f（x^k）>f_{max}$，则更新迭代步长 $h=\alpha h$。

（5）更新迭代点，如果 $f（x^k）\leqslant f_{max}$，则令 $\{x^{k+1}=y^*\}$，令 $f（x^{k+1}）=f_{max}$，其中，$y^*\in\{y\mid f（y）=f_{max}，y=x^k\pm hv_i，v_i\in V\}$。

（6）如果 $\|\rho^{k+1}-\rho^k\|<\epsilon$，则终止算法，并记解为 x^k，否则返回步2。

3.5　实证分析

在3.5节，我们使用来自真实股票市场的数据验证前面章节设计的模型及算法。我们利用第4章中提出的基于交替方向乘子法的双层参数估计算法进行数值实验，验证该算法的有效性。首先对单个参数即预期收益率 ρ 进行数值实验，然后对两个参数即预期收益率 ρ 及稀疏度 s 进行数值实验，最后对实验结果进行分析对比。

3.5.1　数据集

本章我们使用 HangSeng31 指数、DAX100 指数、FTSE100 指数、S&P100 指数和 Nikkei225 指数等来自 OR－library 中的5个标准数据集以及来自上海深圳证券市场的上证50指数和中证100指数数据集。其中来自 OR-library 的5个数据集是从 1992～1997 年的周收益率数据，上证50以及中证100数据集则是从2013～2015年的日收益率数据。我们将每个的数据集都等分成两部分，其中第一部分作为训练集用来训练待估参数，另一部分则作为测试集用来测试由训练集估计出参数的效果。以 HangSeng 指数为例，HangSeng 指数的数据包含从 1992～1997 年共 290 周的成分股周收益率数据，我们将其等分成各包含 145 周的周收益率数据，前一部分作为训练集，后一部分作为测试集，并用相同的方法对其他数据集进行处理。

3.5.2 对收益率的估计

本小节我们主要利用第 4 节提出的基于交替方向乘子法的双层参数估计算法对预期收益率进行估计，然后将实验结果与 $1/n$ 方法的结果进行比较，以验证算法的有效性。

我们首先设置式（3 - 36）的参数。假设无风险资产收益率 $r_f = 0$ 并且设置单个风险资产投资上界为 $u_i = 0.5$，$i = 1$，2，$\cdots$，n。收益率的下界设为 $\max (0, \underline{\rho})$，收益率的上界设置为 $\bar{\rho}$，这里 $\underline{\rho}$ 和 $\bar{\rho}$ 是根据引理 3.1 生成的。设置稀疏度 s 的取值范围为 $[5, n]$。对于双层参数估计算法，设置误差 $\varepsilon = 10^{-5}$，初始迭代步长为 $h = 0.005$，并且令步长更新比例为 $\alpha = 0.6$。在交替方向乘子法算法中，设置终止标准的参数 $\varepsilon_1 = 10^{-4}$，惩罚因子 $\kappa = 100$，$U = 100$，$\varsigma = 2$。接下来我们先估计出训练集中稀疏投资组合的预期收益率，然后分别将训练集与测试集中预期收益率的可行域分为 200 等份，分别计算这些点对应的目标函数值，最后将由算法得到的训练集以及测试集中对应的目标函数值与这些值进行比较。为了更好地说明算法实验结果的优越性，我们将测试集中获得的数值实验的最大目标函数近似为测试集中的最优值并记为 SR^{TM}，记由双层参数估计算法获得的预期收益率为 ρ^*，将 ρ^* 在训练集、测试集中对应的目标函数值分别记为 SR^X 和 SR^T，将 $1/N$ 方法获得的预期收益率记为 ρ^N，将其对应的目标函数值记为 SR^N，则我们用式（3 - 49）。

$$\text{SupR} = \rho^* - \rho^N \qquad (3-49)$$

来比较算法与 $1/N$ 方法获得的预期收益率，记为式（3 - 50）。

$$\text{SupS} = \frac{SR^T - SR^N}{SR^{TM}} \qquad (3-50)$$

用其来比较双层参数估计算法与 $1/N$ 方法的样本外表现，称为双

层参数估计算法对 $1/n$ 方法的优越性。

图 3-3 是当稀疏度 $s=7$ 时，数据集 HangSeng31 指数、DAX100 指数、FTSE100 指数、S&P100 指数以及 Nikkei225 指数的实验结果。我们分别列出了训练集以及测试集的实验结果。预期收益率曲线与训练集及测试集实验结果曲线的交叉点即是预期收益率在样本内、样本外对应的目标函数值。从图 3-3 几幅图中，我们可以看出由算法估计出的预期收益率对应的测试集中目标函数值基本上都与训练集实验结果曲线中的最高点相对应，这说明算法取得了非常好的样本内效果。而对于测试集实验结果曲线而言，预期收益率在测试集中对应 HangSeng 指数、DAX100 指数以及 FTSE100 指数的目标函数值处在三条测试集结果曲线的最高点附近，取得了非常好的预测效果，而与另外两个数据集的测试集实验结果曲线的最高点距离较远，取得的预测效果不佳，但是从图中可以看出由预期收益率对应的测试集中目标函数与测试集实验效果曲线最高点的差距并不大，因此也可以认为我们的算法取得了比较好的预测效果。

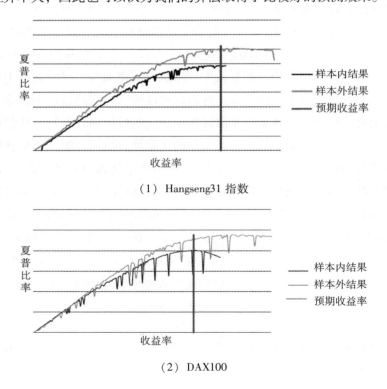

（1）Hangseng31 指数

（2）DAX100

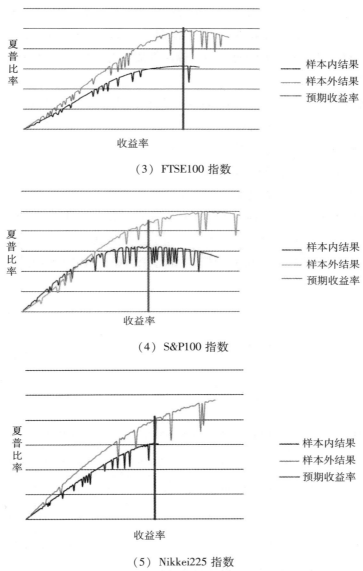

（3）FTSE100 指数

（4）S&P100 指数

（5）Nikkei225 指数

图 3 - 3　不同数据集下的实验结果

　　从图 3 - 3 的（1）～（5）中，我们可以看出由算法得出的预期收益率对应的训练集（测试集）中的目标函数值在训练集（测试集）实验结果曲线中的位置，为了进一步分析实验结果，我们将列出各数据集中测试集实验结果的最大值 SR^{TM}，预期收益率在测试集中对应的目标函数值 SR^{T} 以及 $1/n$ 方法对应的目标函数值，并分析比较这三者之间的大小关系。

从表 3-2 中可以看出由算法得出的预期收益率虽然不全部大于 $1/n$ 方法的收益率，但是其对应的目标函数值却优于 $1/n$ 方法的目标函数值，因此可以认定基于交替方向乘子法的双层参数估计算法的有效性及实用性。下边我们将测试集中最大的目标函数值记为 SR^{TM}，并将 SR^{T} 分别与 SR^{TM}、SR^{N} 进行比较，比较的结果如表 3-3 所示。从表 3-2 中可以看出由算法得出的预期收益率对应的测试集中的目标函数值与测试集中最大目标函数值 SR^{TM} 的误差比较小，而且优于 $1/n$ 方法的结果，至少比 $1/n$ 方法的结果高 19.5%，由此就验证了我们的模型和算法的有效性及实用性。

表 3-2　基于交替方向乘子法的双层参数估计算法实验结果与 $1/n$ 方法的结果

数据集	训练集		测试集		$1/n$ 方法	
	ρ^{*}	SR^{X}	ρ^{*}	SR^{T}	ρ^{N}	SR^{N}
HangSeng31	1.144E-02	2.930E-01	1.144E-02	3.496E-01	4.600E-03	1.569E-01
DAX100	6.740E-03	4.016E-01	6.740E-03	4.523E-01	3.392E-03	2.098E-01
FTSE100	6.777E-03	3.142E-01	6.777E-03	4.915E-01	3.830E-03	2.789E-01
S&P 100	5.827E-03	3.221E-01	5.827E-03	4.408E-01	5.390E-03	3.436E-01
Nikkei225	3.550E-03	1.521E-01	3.550E-03	1.990E-01	1.162E-03	-3.850E-02
上证 50	2.035E-03	1.048E-01	2.035E-03	3.837E-01	3.768E-03	2.360E-01
中证 100	3.616E-03	2.611E-01	3.616E-03	5.254E-01	3.657E-03	2.648E-01

表 3 - 3　　基于交替方向乘子法的双层参数估计算法与 $1/n$ 方法的比较结果

数据集	SR^{TM}	$SR^{TM} - SR^{T}$	SupR	SupS（%）
HangSeng31	3.523E – 01	2.70E – 03	6.84E – 03	54.7
DAX100	4.764E – 01	2.41E – 02	3.35E – 03	50.9
FTSE100	4.937E – 01	2.20E – 03	2.95E – 03	43.1
S&P 100	4.980E – 01	5.72E – 02	4.37E – 04	19.5
Nikkei225	2.451E – 01	4.61E – 02	4.71E – 03	96.9
上证 50	4.000E – 01	1.63E – 02	– 1.73E – 03	36.9
中证 100	5.423E – 01	1.70E – 02	– 4.02E – 05	48.0

3.5.3　对收益率及稀疏度的估计

我们利用基于交替方向乘子法算法对投资组合预期收益率 ρ 及稀疏度 s 进行估计，然后通过分析数值实验结果，验证算法的有效性。

这里我们分别将预期收益率与稀疏度作为待估参数，初始的稀疏度 s 设置为 7。其他参数的设置与 3.4 节相同。我们以预期收益率作为横坐标，稀疏度作为纵坐标，绘制出部分实验结果的效果图如图 3 - 4 和图 3 - 5 所示。

图 3 - 4 及图 3 - 5 分别是 HangSeng 指数、DAX100 指数、FTSE100 指数、S&P100 指数训练集与测试集的两参数估计实验结果。图中的直线在水平面上的投影即是两个参数的估计结果，而直线与曲线的交点则是估计参数在测试集中对应的夏普比率。从图 3 - 4（1）、图 3 - 4（3）、图 3 - 5（1）以及图 3 - 5（3）中可以看出，在预期收益率固定的情况下，随着稀疏度的增加，对应的目标函数值是单调非减的并且在某个固定的稀疏度之后，目标函数值不再增加。这也说明了预测稀疏度是具有实际意义的。另外我们还可以从上述四幅图中看出两个参数对应的训练集最优夏普比率取得了比较好的效果，即通过算法得到的参数在

训练集非常好的表现。对于其他几个测试集的结果，我们估计出的参数对应的目标函数值也在测试集最优目标函数值的附近，其中图 3-4（2）、图 3-4（4）、图 3-5（2）的效果非常好，而图 3-5（4）的效果则比较差。

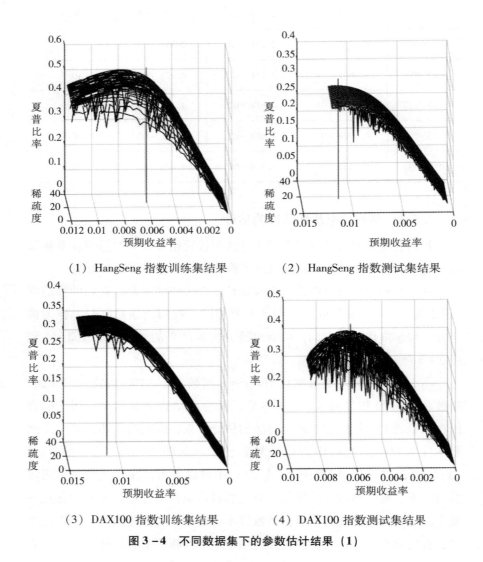

（1）HangSeng 指数训练集结果　　（2）HangSeng 指数测试集结果

（3）DAX100 指数训练集结果　　（4）DAX100 指数测试集结果

图 3-4　不同数据集下的参数估计结果（1）

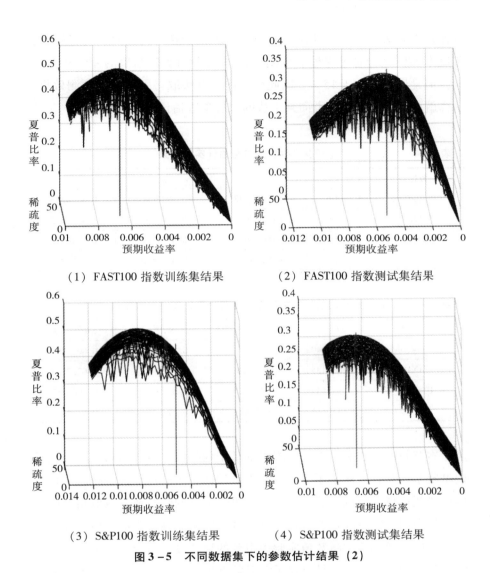

（1）FAST100 指数训练集结果 　　　　（2）FAST100 指数测试集结果

（3）S&P100 指数训练集结果 　　　　（4）S&P100 指数测试集结果

图 3 – 5　不同数据集下的参数估计结果（2）

　　表 3 – 4 中的数据是由算法得到的预期收益率及稀疏度以及这两个参数对应的训练集与测试集中的最优夏普比率。从表 3 – 4 中可以看出，由算法得到的稀疏度值远小于各指数中包含的风险资产数量，这将有效地减少投资组合的管理难度，并有助于降低交易费用。然后我们分别列出各数据集中训练集以及测试集中的最大夏普比率与算法得到的结果进

行比较得到表 3 - 5。由算法得到的实验结果 SR^X 与训练集内的最大夏普比率 SR^{XM} 的差值非常小，而对于测试集中的实验结果的差值相对较大，但是误差也小于 15%，因此可以认为算法取得了比较好预测效果。这样就验证了基于交替方向乘子法的双层参数估计算法的有效性。

表 3 - 4　　　　　　　基于各数据集的参数估计实验结果

数据集	K^*	ρ^*	SR^X	SR^T
HangSeng	12	0.01125233	0.2940040	0.3524515
DAX100	15	0.00612907	0.4088467	0.4752505
FTSE100	18	0.00660638	0.3151132	0.5220492
S&P 100	21	0.00514395	0.3450105	0.4409019

表 3 - 5　　　各数据集的估计参数对应的夏普比率比较结果数据集

数据集	SR^{XM}	$SR^{XM} - SR^X$	SR^{TM}	$SR^{TM} - SR$
HangSeng	0.2940040	0	0.3542280	0.0017765
DAX100	0.4088485	0.0000018	0.4980098	0.0227593
FTSE100	0.3151132	0	0.5220779	0.0000287
S&P 100	0.3450111	0.0000006	0.5123473	0.0714454

　　本节我们主要利用上一节提出的基于稀疏投资组合的双层参数估计模型及基于交替方向乘子法的双层参数估计算法进行实证分析。利用国内外股票市场的数据，成功地对稀疏投资组合的收益率、投资组合收益率及投资组合中风险资产数量进行估计，实验的结果验证了模型及算法的有效性。我们首先将数值实验中得到的稀疏投资组合收益率与 $1/n$ 方法的收益率进行比较，结果显示 5 只数据集的预期收益率优于 $1/n$ 方法而有两只数据集的结果次于 $1/n$ 方法。然后我们将估计参数对应的夏普比率与 $1/n$ 方法的夏普比率进行比较，比较结果表明由算法得到的结果远优于 $1/n$ 方法的结果，验证了算法的有效性。之后我们在对稀疏投资组合中风险资产数量及预期收益率进行参数估计时，实验结果显示估计出稀疏组合中的风险资产数量远小于所有风险资产数量，而两个参数对

应的目标函数值却在最优目标值附近，说明投资较少的风险资产就可以获得最佳的投资回报，这对实际投资活动有一定的指导意义。

3.6 小结

本章我们介绍了稀疏投资组合的一般概念，由经典模型扩展得到了稀疏投资组合模型，并在此基础上提出了新的双层参数估计模型。在3.1 节中，我们介绍了投资组合的概念，如收益、风险度量及有效前沿等。在 3.2 节，我们介绍了基于均值方差框架的投资组合模型，在约束中考虑资金平衡约束、预期收益约束等。为了解决实际中出现的投资组合过拟合和小权重问题，在 3.3 节中，我们给出了两类稀疏投资组合选择模型，分别是基于稀疏正则化的投资组合模型和带有基约束的稀疏投资组合选择模型。为了最优给出稀疏模型的稀疏度及其他相关输入参数，我们在 3.4 节建立了双层参数估计模型，其中外层极大化夏普比率，内层是一个带有上下界约束的均值方差模型，且模型外层的变量跟内层的收益率和稀疏度的选择有关。为此我们设计了一个基于无导数优化的双层参数估计算法来求解该模型。最后一节我们使用来自国内外真实股票市场的数据验证前面章节设计的模型及算法，并得出了具有指导意义的金融结论。

第 4 章

稀疏投资组合调整

马科维茨的均值方差模型适合解决单期投资组合问题，也就是大家所熟知的买入并持有的投资组合策略。然而，在现实情况下金融市场瞬息万变，资产的收益率不断波动，投资者对风险的适应程度也在适时变化，不再满足于单期的投资持有，经过一段时间持有后，原始组合很可能不再是最优组合，所以投资者往往需要调整组合成分或者投资，从而规避风险或者获得更大收益，此即为组合调整理论。

4.1 投资组合调整

4.1.1 投资组合交易费用

在讨论组合调整问题时，交易费用是其中一个无法规避的要素。在现实市场中，投资组合中任何资产组成或者资产种类的变化都会产生交易费用，所以在研究组合调整问题时交易费用是我们不可忽视的前提。马科维茨（Markowitz，1959）的文章中也认识到这个问题，他指出投资组合在持有过程中调整机会的重要性，组合为达到持续最优并不是一成不变的不需要调整，并说明此问题是多时期动态规划问题。史密斯（Smith，1967）提出一个基于均值方差模型的考虑交易费用的修正模型，并试图推广到多期组合理论。波格（Pogue，1970）第一个讨论调整已有组合时需要的比例经纪费。阿诺特和瓦格纳（Arnott and Wagner，1990）发现忽视交易费用会导致无效组合，吉本（Yoshimoto，1996）的经验分析也得出同样结论。吉诺特和荣格（Gennotte and Jung，1994）研究了比例交易费用对动态组合策略的影响。与此同时，雅各布（Jacob，1974），帕特尔和苏伯拉曼（Patel and Subrahmanyam，1982），莫顿和普利斯卡（Morton and Pliska，1995），夏玉森（2000）等人分别研究了基于固定交易费用的组合优化问题，其中，吉本（Yoshimoto，1996）和贝斯特和哈鲁科娃（Best and Hlouskova，2005）研究了基于可变交易费用的组合优化问题，马尔维和瓦拉迪米罗（Mulvey and Vladi-mi-rou，1992）研究了基于组合交易费用的多期组合选择问题。此外，还有许多相关文献对各种情况下的交易费用进行了研究。特别地，为了应对多变的金融市场，投资者在进行组合调整时不仅可以从已有资产组合中买入或者卖出部分相同种类资产，还可以选取其他种类资产进入组合进行调整，从而有更多的选择进行调整，同时投资者也可以根据个人风险偏好增加或减少投资。

4.1.2　追加投资

　　另外一个重要因素就是是否追加投资。目前，根据是否追加投资可以将组合调整的策略分为两大类：第一类调整策略即为追加投资的组合调整，在组合调整时为获得更大收益加大资金量投入。有学者给出一个均值绝对方差模型，考虑线性交易费用和最小买卖单元，并且追加投资进行组合调整，模型采用等式约束平衡买入资产、卖出资产、交易费用和追加投资量。还有学者假设资产收益率服从 t 分布，风险用 VaR 度量，并考虑追加投资情况下组合的调整，另一类调整策略叫作自调整，即在调整过程中不追加投资，组合本身提供交易费用。投资者或者采取先支付交易费用然后在一定风险水平下最大化收益，或者在一定风险和收益水平下，自调整约束情况下极小化交易费用。洛沃、法泽勒、博伊德（Lobo et al.，2017）和德米格尔、加拉皮、乌帕洛沃（DeMiguel et al. 2009）等人提出自调整情况下线性和固定交易费用的自融资组合调整问题，假设投资者不追加投资，在约束条件中构建一个预算约束，即交易费用从卖出股票所得资金中支付，然后极大化调整后组合的期望收益或者极小化组合收益的风险。

　　以上介绍均属静态组合选择问题，相对应的是动态组合选择问题，一般来说要比静态问题复杂，不仅要用到动态规划，还要综合考虑各个时期的消费、债务、收入以及资产和负债管理问题等。同时，交易费用在动态问题中的影响也比在静态问题中要大得多，这些都增加了动态投资组合问题的求解难度。在马科维茨（Markowitz，1952）提出均值方差模型的同时，萨缪尔森（Samuelson，1969）给出动态规划的概念，大大推动了动态优化决策理论的发展。此后许多学者致力于动态组合选择问题的研究，如莫森（Mossin，1968），莫顿（Merton，1969），埃尔顿（Elton，1974），杜马斯和卢西亚诺（Dumas and Luciano，1991），欧特马克（Ostermark，1991）等，动态投资组合问题取得重要的发展。陈南（2016）指出动态均值方差模型的求解非常困难，根本原因在于不能直接用动态规划的方法求解，导致动态均值方差模型的研究到 20 世纪末几乎仍然是空白。李端（2000）采用嵌入方法将动态均值组合选择问题转化为一个类似的问题，可用动态规划求解，并得到了有效策略及有效边缘的解析表达式，动态组合选择问题得到较大发展。

4.1.3　稀疏投资组合调整

"稀疏"最早被学者广泛关注和成功应用是在压缩感知（compressive sensing，CS）领域。在压缩感知理论中对于可压缩的信号通过低于或远低于奈奎斯特（Nyquist）采样定理中标准的方式对其进行数据采样，并能够实现精确重构。在该理论下，信号的采样速率取决于信息在信号中的结构和内容，而不再取决于信号的带宽。在满足信号的可压缩性（即稀疏性）和表示系统与观测系统的不相关性的两大前提下，压缩感知理论使得从低分辨观测中恢复高分辨信号成为可能。

随着现代科技的高速发展，大数据时代悄然而至，海量高维数据的存储、传输和分析成为巨大的挑战。稀疏性也由压缩感知领域向越来越多的领域迁移，比如，图像处理（恢复及去噪）、机器学习（核密度估计、人脸识别及文本分析等）、生物传感等。特别地，在金融投资组合调整领域，如何在海量数据信息中调整尽可能少的股票数目以降低交易费用、跟踪标的指数、等问题已经成为股票市场的核心技术。

4.1.4　鲁棒投资组合调整

现代量化金融对模型风险的估算和防范日益重视，比如，贝叶斯技术和模型参数的稳健估计在现代财务应用中十分常见。大多数从业者已经开始将估计误差引入的不确定性与投资组合优化过程结合，该数学技术被称为鲁棒优化。

鲁棒优化是被本塔尔和尼米洛夫斯基（Ben-Tal and Nemirovski，1998）、埃尔高休和勒布雷（El Ghaoui and Lebret，1996）引入运筹学的。在现代投资组合理论中，鲁棒优化可大致分为静态鲁棒、多阶段鲁棒、分布式鲁棒和非线性鲁棒等。其中，静态鲁棒又分为可行集的扰动、目标函数的不确定性以及二者的同时扰动。

在可行集扰动中，优先考虑资产期望收益的扰动，这是因为实证表明：资产的期望收益一个微小的改变可能引起最优资产配置的巨大变化。一般情况下，假定期望收益的概率分布对称，那么其扰动集合也对称，比如盒式扰动集合如式（4-1）所示。

$$\Delta_r = \{r: \ |\ (r-E\ (r))_i\ | \leq \delta_i, \ i=1, \ 2, \ \cdots, \ n\} \qquad (4-1)$$

椭球扰动集合如式（4-2）所示。

$$\Delta r = \{r: \ (r-E\ (r))^T \textstyle\sum^{-1}\ (r)\ (r-E\ (r)) \leq \delta^2\} \qquad (4-2)$$

p-范数扰动集合如式（4-3）所示。

$$\Delta r = \{r: \ \| r-E\ (r)\ \|_p \leq \delta, \ p \in \ \{1, \ 2, \ \infty\}\} \qquad (4-3)$$

当概率分布偏斜时，还可以考虑非对称不确定性集合，它能更好地反映有关不确定参数概率分布的信息，详见纳塔拉詹（Natarajan，2006）。

4.2 投资组合调整模型

本节主要介绍利用锥优化求解的投资组合调整模型。首先，介绍锥优化的相关知识，其次，结合已有的工作分别基于均值方差框架和夏普比率构建一般的调整模型并且转化为一般的凸二阶锥规划。本节重点对建模过程进行详细介绍。由于凸二阶锥规划的求解包十分成熟，对相关的求解和实证并没有做过多阐述。

4.2.1 锥优化相关知识

由于在解决组合的稀疏调整问题时，需要涉及锥规划（conic programs）的相关知识，在这一节，我们简略介绍下锥规划及几类特殊的锥。

数学规划是指在一系列约束条件下，求解目标函数的极大值或极小值。若目标函数和约束条件都是线性的，则称为线性规划。而锥规划在1974 年作为线性规划的推广形式提出，它要求约束函数构成的可行向量属于某个事先给定的闭凸锥。锥规划是一类重要的数学规划问题，国外关于锥规划及其对偶锥规划问题的研究非常热门。研究锥规划是非常有意义的，首先，许多非线性规划问题都可以转化为锥规划；其次，在一些弱条件下，锥规划可以很有效地求解。

考虑如式（4-4）锥规划问题。

$$\max_x \ f(x; \theta)$$
$$s.t. \quad g(x) \geq_{\mathscr{K}} 0,$$
$$Ax = b \tag{4-4}$$

其中，$x \in \mathbb{R}^n$ 为决策变量，$A \in \mathbb{R}^{m \times n}$，$b \in \mathbb{R}^m$，$\theta \in \Theta$ 为一参数（向量）。函数 $g: \mathbb{R}^n \to \mathbb{R}^l$ 是可微的，且关于偏序 $\geq_{\mathscr{K}}$ 是凹的，即对任意 x^1，$x^2 \in \mathbb{R}^n$ 以及 $\gamma \in [0, 1]$，有式（4-5）。

$$g(\gamma x^1 + (1-\gamma)x^2) \geq_{\mathscr{K}} \gamma g(x^1) + (1-\gamma)g(x^2)$$
$$\tag{4-5}$$

这里偏序关系 $\geq_{\mathscr{K}}$ 满足：$x \geq_{\mathscr{K}} y$（$x >_{\mathscr{K}} u$），当且仅当 $x - y \in \mathscr{K}$（$x - y \in \text{int}(\mathscr{K})$）为式（4-6）。

$$\mathscr{K} = \mathscr{K}_1 \times \mathscr{K}_2, \cdots \mathscr{K}_k \tag{4-6}$$

其中，$\mathscr{K}_j$ 可以是下面三种类型的锥之一：

1. 线性锥（linear cone）

$$\mathscr{K}_1 = \{x \in \mathbb{R}^n: x_i \geq 0, \ i = 1, 2, \cdots, n\} \tag{4-7}$$

2. 二阶锥（second-order cone）

$$\mathscr{K}_{so} = \{x = (x_0; \bar{x}) \in \mathbb{R}^{n+1}: x_0 \geq \sqrt{\bar{x}^T \bar{x}}\} \tag{4-8}$$

3. 半定锥（semidefinite cone）

$$\mathscr{K}_{sd} = \{x \in \mathbb{R}^{n^2}: mat(x) \mathscr{K} 0\} \tag{4-9}$$

其中，$mat(x) \in \mathbb{R}^{n \times n}$，$mat(X)_{ij} = x_{n(i-1)+j}$，矩阵 $M \geq 0$ 表示 $M = M'$ 且正定。

上述三种锥都是自对偶锥，因此式（4-4）中的锥 $\mathscr{K}$ 也是自对偶的。函数 $f(x; \theta)$ 对于给定的 $\theta \in \Theta$ 关于决策变量 x 可微且是凸的。对于给定的 $x \in \mathbb{R}^n$，关于 x 的梯度向量 $\nabla_x f(x; \theta)$ 是 θ 的仿射函数，满足这些条件的函数有：

（1）$f(x; \theta) = \theta^T x$，则 $\nabla_x f(x; \theta) = \theta$。

（2）$f(x; \theta) = \|Bx + \theta\|_2^2$，其中矩阵 $B \in \mathbb{R}^{l \times n}$，则 $\nabla_x f(x; \theta) = 2(B^T Bx + B^T \theta)$。

（3）$f(x; \theta) = x^T Q x + 2q^T x + \beta$，其中矩阵 $Q \in \mathbb{R}^{n \times n}$，$q$ 为 n 维列向量，$\beta \in \mathbb{R}$，则 $\nabla_x f(x; \theta) = 2(Qx + q)$，其中 $\theta = (Q_{11}, Q_{12}, \cdots, Q_{nn}; q)$。

在以上条件下，称式（4-4）为锥规划问题。

4.2.2 基于均值方差的调整模型

我们考虑在均值方差框架下的调整模型，由于在投资组合中对均值方差框架做了十分详尽的阐述，在此不再累述。

假设投资者持有一个投资于 n 个风险资产的组合 $w = (w_1, w_2, \cdots, w_n)^T$，其中，$w_i$ 为第 i 个资产的投资额所占的投资比例，那么我们有 $e^T w = 1$，e 为元素全为 1 的 n 维列向量。在经过一段时间后考虑当前这个组合是否需要调整，如果要调整，该调整哪些资产，调整量是多少。令 $x = (x_1, x_2, \cdots, x_n)^T$ 为需要确定的各资产的调整比例，其中 $x_i > 0$ 代表需要买入第 i 个资产，$x_i < 0$ 代表需要出售第 i 个资产，那么调整后投资者持有的最终组合为 $w + x$。令 $r = (r_1, r_2, \cdots, r_n)^T$ 为 n 个资产的收益率向量，假设已知其一阶矩（期望）和二阶矩（方差）为式（4-10）。

$$E(r) = \mu, \quad E(r - \mu)(r - \mu^T) = V \qquad (4-10)$$

其中，$\mu \in \mathbb{R}^n$，$V \in \mathbb{R}^{n \times n}$。因此，调整后组合 $w + x$ 的期望收益为 $\mu^T(w + x)$，方差为 $(w + x)^T V(w + x)$。

投资者的目标是在一系列实际约束条件下极大化调整后组合的期望收益，那么一般的组合调整模型（不考虑额外投资量）可表示为式（4-11）。

$$\max_{x} \quad \mu^T \ (w+x)$$

$$s.\ t. \quad e^T x = 0,$$

$$(w+x)^T V \ (w+x) \ \leq \sigma_{\max}^2,$$

$$Ax \leq b \tag{4-11}$$

其中，$\sigma_{\max}^2$（$\sigma_{\max} > 0$）为投资者能接受的最大风险水平。$e^T x = 0$ 代表组合调整的比例之和为 0，即调整比例的总和为 0，以保证调整后的投资比例之和为 1（即 $e^T \ (w+x) \ = 1$）。约束条件 $Ax \leq b$ 可包含各资产投资比例的上下界约束 $l \leq w+x \leq u$ 等。式（4 - 11）中的风险约束条件为式（4 - 12）。

$$(w+x)^T V \ (w+x) \ \leq \sigma_{\max}^2 \tag{4-12}$$

可转化为式（4 - 13）。

$$\| L \ (w+x) \ \| \leq \sigma_{\max} \tag{4-13}$$

其中，$\| \cdot \|$ 代表欧几里得或二范数，矩阵 L 是方差—协方差阵 V 的 Cholesky 分解或者平方根矩阵。同时为了与最优化问题研究保持一致，我们将最大化问题转化为极小化问题式（4 - 14）。

$$\max -\mu^T \ (w+x)$$

$$s.\ t. \quad e^T x = 0,$$

$$\| L \ (w+x) \ \| \leq \sigma_{\max},$$

$$Ax \leq b \tag{4-14}$$

此时式（4 - 14）与原式（4 - 11）的最优解是一样的，最优目标函数值差一个负号。

式（4 - 14）是一个二阶锥规划（SOCP），二阶锥规划是非线性凸优化的一个重点研究内容，线性规划、凸二次规划、二次约束凸二次规划以及其他很多从工程、控制、金融领域到鲁棒优化、组合优化等问题都可化为一个二阶锥规划问题。对于二阶锥规划问题的求解，现在已经有很多求解软件包可以利用，比如 SDP 软件包，SeDuMi（Self-Dual-Minimization）。对于本书中所有的二阶锥规划问题，我们都选取 SeDuMi 软件包，将其嵌入到 MATLAB 中，从而轻松地完成数据处理与模型求解工作。

4.2.3 基于夏普比率的调整模型

我们考虑基于夏普比率考虑交易费用的组合调整问题，夏普比率最早是由夏普为衡量共同基金的绩效提出的，其本质为超额收益与风险的比值，已被广泛应用于组合选择问题。我们构建了一个极大化调整后组合夏普比率的组合调整模型，该模型为一个分式规划，通过一系列变换将其转化为一个二阶锥规划问题，从而获得最优调整组合，为投资者组合调整决策提供依据。其求解过程与基于均值方差的调整模型类似，不再详述。

大多研究成果集中于极大化初次投资组合夏普比率的组合选择模型，而组合调整问题中的调整后组合的夏普比率极大化问题也具有重要的实际研究意义。在这节中我们首先建立一个极大化调整后投资组合夏普比率的组合调整模型。

调整时需支付交易费用，本章考虑线性交易费用函数，即交费费用与交易量的绝对值成正比。令 $C(x) = \sum_{i=1}^{n} c_i |x_i|$ 为调整时需支付的交易费用。我们考虑自融资调整模型，即投资者不需要追加投资，交易费用从买卖资产的获利中支取，那么预算约束 $e^T(w+x) + C(x) = 1$。

投资者的目标是在一系列实际约束条件下极大化调整后组合的夏普比率，因此考虑交易费用的自融资调整模型可表示为式（4-15）。

$$\max_{x} \quad \frac{\mu^T(w+x) - C(x)}{\sqrt{(w+x)^T V(w+x)}}$$

$$s.t. \quad e^T(w+x) + C(x) = 1,$$

$$Ax \leq b \qquad\qquad (4-15)$$

约束条件 $Ax \leq b$ 可包含各资产投资比例的上下界约束 $l \leq w+x \leq u$ 及卖空限制等。

注：调整后最优组合的夏普比率（记作 $s(\mu)$，即式（4-15）的最优函数值）必须大于等于 0，即只有式（4-15）的最优值大于等于 0 时，才值得调整。这是因为没有投资者会投资于超额收益不大于等于 0 的风险资产组合。当夏普比率比小于 0 时，只需投资无风险资产即可。由于式

（4－15）中含有绝对值表达式 $C(x) = c^T|x|$ ，其中交易费用比率 $c = (c_1, c_2, \cdots, c_n)^T$, $|x| = (|x|_1, |x|_2, \cdots, |x|_n)^T$ ，这使得式（4－15）是一个不可微问题。因此引入变量 $y = |x|, y_i = |x_i|, i = 1, 2, \cdots, n$ 。那么式（4－15）等价于式（4－16）。

$$\max_x \frac{\mu^T(w+x) - c^T y}{\sqrt{(w+x)^T V(w+x)}}$$

$$s.t. \quad e^T(w+x) + c^T y = 1,$$

$$-y \leqslant x \leqslant y,$$

$$Ax \leqslant b \qquad\qquad (4-16)$$

此为去除绝对值符号常用的方法。经过处理，式（4－15）就化为一个可微的优化问题。

式（4－16）是一个分式规划（fractional programming）问题，为便于求解，我们先将其化为一个二阶锥规划问题。

定理4.1　假设调整后组合的夏普比率 $s(\mu) \geqslant 0$ ，则式（4－16）等价式（4－17）。

$$\max_{\xi, \eta, \tau} \quad \mu^T \xi - c^T \eta$$

$$s.t. \quad e^T \xi - c^T \eta - \tau = 0,$$

$$-\eta \leqslant \xi - \tau w \leqslant \eta,$$

$$-A(\xi - \tau w) + \tau b \geqslant 0,$$

$$[1; L\xi] \geqslant_{\mathscr{K}} 0,$$

$$\tau \geqslant 0 \qquad\qquad (4-17)$$

其中，$\xi \in \mathbb{R}^n$, $\eta \in \mathbb{R}^n$, $\tau \in \mathbb{R}$ ；矩阵 L 是方差—协方差阵 V 的 cholesky 分解或者平方根矩阵，即 $V = L^T L$ ；锥 $\mathscr{K} = \mathscr{K}_{so} \subset \mathbb{R}^{n+1}$ 。

证明　首先，令 $(x^*; y^*)$ 为式（4－16）的最优解。因为方差—协方差阵 $V > 0$ 且 $w + x^* \neq 0$ （否则没意义），那么 $\sqrt{(w+x^*)^T V(w+x^*)} > 0$ 。

令 $(\xi; \eta; \tau) = \dfrac{1}{\sqrt{(w+x^*)^T V(w+x^*)}}(w+x^*; y^*; 1)$ ，可直接验证其为式（4－17）的一个可行解，且有式（4－18）

$$\mu^T \xi - c^T \eta = \frac{\mu^T \ (w + x^*) \ - c^T y^*}{\sqrt{(w + x^*)^T V \ (w + x^*)}} \tag{4 - 18}$$

成立，这表明式（4 - 17）的最优目标函数值至少跟夏普比率 s（μ）一样大，即有式（4 - 19）

$$\mu^T \bar{\xi} - c^T \bar{\eta} \geqslant s \ (\mu) \tag{4 - 19}$$

这里（$\bar{\xi}$；$\bar{\eta}$）为（4 - 17）的最优解。

其次，由于方差—协方差阵 $V > 0$，$[1; \ L\xi] \geqslant_{\mathscr{K}} 0$ 等价于 $\xi^T V \xi \leqslant 1$，这表明式（4 - 17）的可行域是有界的。令（$\bar{\xi}$；$\bar{\eta}$；$\bar{\tau}$）为式（4 - 17）的最优解，鉴于 $2n + 1$ 维零向量是式（4 - 17）的一个可行解，我们有式（4 - 20）

$$\mu^T \bar{\xi} - c^T \bar{\eta} \geqslant 0 \tag{4 - 20}$$

下面分三种情况讨论：

（1）$\bar{\tau} \neq 0$ 时，令 $\xi = \bar{\xi}/\bar{\tau} - w$，$\eta = \bar{\eta}/\bar{\tau}$，则可验证（$\xi$；$\eta$）是式（4 - 16）的一个可行解，由于 $\xi^T V \xi \leqslant 1$，那么式（4 - 16）的最优值为式（4 - 21）

$$s \ (\mu) \geqslant \frac{\mu^T \ (w + \xi) \ - c^T \eta}{\sqrt{(w + \xi)^T V \ (w + \xi)}} = \frac{\mu^T \bar{\xi} - c^T \bar{\eta}}{\sqrt{\bar{\xi}^T V \bar{\xi}}} \geqslant \mu^T \bar{\xi} - c^T \bar{\eta} \tag{4 - 21}$$

结合式（4 - 19）得出式（4 - 22）。

$$s \ (\mu) \ = \mu^T \bar{\xi} - c^T \bar{\eta} \tag{4 - 22}$$

（2）$\bar{\tau} = 0$ 且 $\mu^T \bar{\xi} - c^T \bar{\eta} > 0$ 时，$e^T \bar{\xi} + c^T \bar{\eta} = 0$，$- A\bar{\xi} \leqslant 0$，$- \eta \leqslant \bar{\xi} \leqslant \eta$，而目标函数值 $\mu^T \bar{\xi} - c^T \bar{\eta} > 0$，则可得出 $\xi^T V \xi = 1$。设（x，y）为式（4 - 16）的任意可行解，令 $\xi_\lambda = x + \lambda \bar{\xi}$，$\eta_\lambda = y + \lambda \ \bar{\eta}$，其中 $\lambda > 0$，则对任意的 $\lambda > 0$，ξ_λ 对式（4 - 16）可行，且 $\xi_\lambda \neq 0$，因此有 $\xi_\lambda^T V \xi_\lambda > 0$，则式（4 - 23）

$$s \ (\mu) \geqslant \lim_{\lambda \to \infty} \frac{\mu^T \xi_\lambda - c^T \eta_\lambda}{\sqrt{\xi_\lambda^T V \xi_\lambda}} = \frac{\mu^T \bar{\xi} - c^T \bar{\eta}}{\sqrt{\bar{\xi}^T V \bar{\xi}}} = \mu^T \bar{\xi} - c^T \bar{\eta} \tag{4 - 23}$$

结合式（4 - 19）得出式（4 - 24）。

$$s(\mu) = \mu^T \bar{\xi} - c^T \bar{\eta} \qquad (4-24)$$

（3）$\bar{\tau}=0$ 且 $\mu^T\bar{\xi}-c^T\bar{\eta}=0$ 时，由式（4-19）得 $\mu^T\bar{\xi}-c^T\bar{\eta}\geqslant s(\mu)$ 且 $s(\mu)\geqslant 0$，因此有 $s(\mu)=0$。这时又得式（4-25）。

$$s(\mu) = \mu^T\bar{\xi} - c^T\bar{\eta} \qquad (4-25)$$

结合以上三种情况，证毕。

至此将基于夏普比率的组合调整模型化为一个二阶锥规划问题问题，其无论在理论还是实践上都能够非常有效地求解。

4.3 稀疏逆优化调整模型

本节主要研究考虑追加投资资产种类但不追加投资时，基于，允许卖空下的单期组合调整模型。首先，我们结合已有工作提出允许卖空条件下的一般单期组合调整模型，同时引入稀疏正则化思想和逆优化理论，建立稀疏组合调整模型。其次，对所得的稀疏性组合调整模型进行模型的求解。最后，选取德国股票市场 XETRA 中 4 个不同时期的实际数据进行实证分析。

4.3.1 模型构建

下面我们基于经典的马科维茨均值方差投资组合模型给出允许卖空情况下的投资组合调整模型。假设市场上总共有 n 种风险资产，投资者初始持有 k 种资产，其中 $\hat{x}_i$ 表示第 i 种资产初始的资金量（其中 $i=1$，2，$\cdots$，n），并且有 $\sum_{i=1}^{k}\hat{x}_i = W$，$W$ 为初始总投资量。由于市场变化，资产收益率 r_i 会处于波动状态，持有一段时间后，并不是每种资产都一直表现良好，为了持续获得最大收益，调整是必然趋势，此时考虑另增加 $(n-k)$ 种 $(n>k)$ 风险资产（资产种类增加至 n 种）以供选择。然后进行组合调整，综合考虑从 n 种资产中选取表现良好的资产，以达到组合的持续最优，此时 x_i 表示第 i 种资产调整后的资金量。为了书写方便，定义以下符号：

（1）r_i 表示第 i 种资产的期望收益率（$i=1$，2，$\cdots$，n）。

（2）$\hat{x}_i$ 表示调整前第 i 种资产的资金量（$i=1$，2，…，k）。

（3）x_i 表示调整后第 i 种资产的资金量（$i=1$，2，…，n）。

（4）x_i^+，x_i^- 分别表示调整过程中第 i 种资产的买入、卖出资金量（$i=1$，2，…，n）。

（5）p_i 表示买入单位资金量的第 i 种资产所需交易费用（$i=1$，2，…，n）。

（6）q_i 表示卖出单位资金量的第 i 种资产所需交易费用（$i=1$，2，…，n）。

对调整过程进行分析，我们不难发现，对先前持有的 k 种资产，调整后第 i 种资产的资金量可以表示为式（4 – 26）。

$$x_i = \hat{x}_i + x_i^+ - x_i^- \quad i=1，\cdots，k \qquad (4-26)$$

因为允许卖空，所以对后进入组合的 $n-k$ 种资产的第 i 种资产（$i=k+1$，…，n），调整后的资金量可以表示为式（4 – 27）。

$$x_i = x_i^+ - x_i^- \quad i=k+1，\cdots，n \qquad (4-27)$$

而对第 i 种资产而言，调整过程产生的交易费用均为式（4 – 28）。

$$TC_i(x_i) = p_i x_i^+ + q_i x_i^- \quad i=1，2，\cdots，n \qquad (4-28)$$

综上，n 种资产的总交易费用可以表示为式（4 – 29）。

$$TC(x) = \sum_{i=1}^{n}(p_i x_i^+ + q_i x_i^-) \qquad (4-29)$$

考虑交易费用和自调整投资策略，则调整过程中的预算约束即为式（4 – 30）。

$$\sum_{i=1}^{n} x_i + \sum_{i=1}^{n}(p_i x_i^+ + q_i x_i^-) = \sum_{i=1}^{k} \hat{x}_i \qquad (4-30)$$

基于均值方差模型的思想和对调整过程的分析，我们可以建立如下允许卖空条件下追加种类的自调整模型式（4 – 31）。

$$\min -\sum_{i=1}^{n} r_i x_i + \sum_{i=1}^{n}(p_i x_i^+ + q_i x_i^-)$$

$$s.t. \quad \sum_{i=1}^{n} x_i + \sum_{i=1}^{n}(p_i x_i^+ + q_i x_i^-) = \sum_{i=1}^{k} \hat{x}_i, \qquad (a)$$

$$x_i = \hat{x}_i + x_i^+ - x_i^- \quad i=1，\cdots，k, \qquad (b)$$

$$x_i = x_i^+ - x_i^- \quad i = k+1, \cdots, n \qquad （c）$$

$$x^T V x \leqslant \sigma_{\max}^2, \qquad （d）$$

$$x_i^+ \geqslant 0, \ x_i^- \geqslant 0 \quad i = 1, \cdots, n \qquad （e） \qquad （4-31）$$

其中，目标函数是对净收益（组合收益减去交易费用）做负极小化与最大化等价；约束（a）表示自调整情况下投资组合总资金量的平衡约束；约束（b）与（c）表示调整前后的单个资产的资金平衡约束；约束（d）表示调整后投资组合的均方差风险在 $\sigma_{\max}$ 以下；约束（e）表示调整过程中买入和卖出的资金量均为非负。另外，x_i^+，x_i^- 是隐含条件，即在考虑交易费用时，为避免频繁的买入和卖出，只允许单独买入或卖出，所以在建模时略去，默认其成立。上述模型比较复杂，约束较多，为了便于求解，我们对模型进行如下化简：$u = （x_1^+, \ x_2^+, \cdots, \ x_n^+）^T$，$v = （x_1^-, \ x_2^-, \cdots, \ x_n^-）^T$，$\hat{x} = （\hat{x}_1, \ \hat{x}_2, \cdots, \ \hat{x}_k）^T$ 为 k 种资产初始持有资金量；x 为 n 种资产调整后的持有资金量：$x = （x_1, \ x_2, \cdots, \ x_k, \ x_{k+1}, \cdots, \ x_n）^T$；$p$ 和 q 分别为 n 种资产买入和卖出交易费用组成的向量，即 $p = （p_1, \ p_2, \cdots, \ p_n）^T$；$q = （q_1, \ q_2, \cdots, \ q_n）^T$；$r$ 为 n 种资产历史期望收益率组成的向量，$r = （r_1, \ r_2, \cdots, \ r_n）^T$；$e$ 为 n 维列向量。由约束（b）与（c），我们可得式（4-32）。

$$x = \begin{pmatrix} \hat{x} \\ 0 \end{pmatrix} + u - v = \begin{pmatrix} \hat{x} \\ 0 \end{pmatrix} + （I_n, \ -I_n） \begin{pmatrix} u \\ v \end{pmatrix} \qquad （4-32）$$

然后将式（4-32）代入约束（a）中，可化简得式（4-33）。

$$（e^T + p^T, \ q^T - e^T） \begin{pmatrix} u \\ v \end{pmatrix} = 0 \qquad （4-33）$$

同时约束（e）有式（4-34）。

$$u \geqslant 0, \ v \geqslant 0 \qquad （4-34）$$

对约束（d）中矩阵 V 进行 Cholesky 分解（$V = L^T L$），可得式（4-35）。

$$\| Lx \| \leqslant \sigma_{\max} \qquad （4-35）$$

然后将式（4-32）代入式（4-35）中可得式（4-36）。

$$\left\| L\binom{\hat{x}}{0} + L\ (I_n,\ -I_n)\ \binom{u}{v} \right\| \leqslant \sigma_{\max} \tag{4-36}$$

最后对模型目标函数项化简，可得式（4-37）。

$$(p^T - r^T)\ u +\ (q^T + r^T)\ v - r^T\binom{\hat{x}}{0} \tag{4-37}$$

注意到 $r^T\hat{x}$ 是常数项，目标项化简即为式（4-38）。

$$(p^T - r^T)\ u +\ (q^T + r^T)\ v \tag{4-38}$$

进一步地，令 $z = \binom{u}{v}$，$c = \binom{p-r}{q+r}$，$d = \binom{e+p}{q-e}$，$f = \binom{\hat{x}}{0}$，$Q =\ (I_n,$ $-I_n)$ 则式（4-32）和式（4-36）可分别转化为式（4-39）和式（4-40）。

$$x = f + Qz, \tag{4-39}$$

$$\| Lf + LQz \| \leqslant \sigma_{\max} \tag{4-40}$$

上述自调整模型可简化为式（4-41）。

$$\begin{aligned} \min \quad & c^T z \\ s.\,t. \quad & \| Lf + LQz \| \leqslant \sigma_{\max}, \\ & d^T z = 0, \\ & z \geqslant 0 \end{aligned} \tag{4-41}$$

其中，Q 为恒定矩阵，f，d 为常向量，当给定 r 时，c 也为恒定向量，所以模型的自变量只有 z，且目标函数为线性，第一个约束为二次锥约束，第二和第三个约束分别是等式约束和不等式约束，所以此模型为一个锥优化模型，可以用 Matlab 的软件包 SeDuMi 快速求解。

因为式（4-41）是由式（4-31）变量直接转化而来，所以式（4-41）和式（4-31）有相同的的最优解，由于转化过程中的省略，式（4-41）的最优值比式（4-31）大。

下面我们引入 L_1 稀疏正则化的思想，建立基于 L_1 的稀疏投资组合调整模型。其动机就是改善经典的均值方差模型的最优解不够稀疏的弊端。实际上，许多学者已经提出了基于 L_1 正则化的稀疏投资组合模型。例如，布罗迪（Brodie，2009）、多贝西和德莫尔（Daubechies and De

Mol，2004）等人分别提出了基于 L_1 正则化的稳定稀疏投资组合模型，实证发现基于 L_1 正则化的模型具有：（1）模型的最优解更加稀疏；（2）模型表现更加鲁棒；（3）更利于引入交易费用项等优点。基于此我们试图引入 L_1 正则项，建立稀疏组合调整模型。反观式（4-41）中未知量 u，V 分别对应资产的买入和卖出资金量，考虑稀疏正则化思想，为达到稀疏获取最大收益，通过控制频繁交易减少交易费用，需要在保证利益的前提下尽量少的买入和卖出。因此，在目标函数中引入 L_1 正则项，得到如式（4-42）的稀疏自调整模型。

$$\min \quad c^T z + \lambda \parallel z \parallel_1$$
$$s.\,t. \quad \parallel Lf + LQz \parallel \leq \sigma_{max},$$
$$d^T z = 0,$$
$$z \geq 0 \tag{4-42}$$

又由于 $z \geq 0$，所以 $\parallel z \parallel_1 = e^T z$，从而模型等价于式（4-43）。

$$\min \quad c^T z + \lambda e^T z$$
$$s.\,t. \quad \parallel Lf + LQz \parallel \leq \sigma_{max},$$
$$d^T z = 0,$$
$$z \geq 0 \tag{4-43}$$

4.3.2 模型求解

一般来说，在规范的金融市场中风险资产的期望收益向量 r 是随时间不断变化的，但方差协方差矩阵 V 却相对平稳。在随时间变动的过程中，导致初始投资组合不能持续最优，因此需要进行组合的调整，而调整即为买入或卖出资产，不可避免地会产生交易费用。因此，为避免无谓频繁的买卖而造成不必要的交易费用及本金损失，判断当前组合是否需要调整显得至关重要。对此，我们引入逆优化理论，衡量当前组合是否需要调整。具体思想如下所示。

当初始最优组合持有一段时期，此过程中收益率 r 会发生变化，因为 c 是由 r 表示成的向量，所以将 c 看成 r 的函数即 $c = c(r)$，r 变化时对应的 c 也发生变化。任取一组调整值，此种情况下买入和卖出的资金量分别为 $\hat{u}$，$\hat{i}$，当 $\hat{u} = 0$，$\hat{v} = 0$ 时，对应的 $\hat{z} = 0$，此时模型没有调整，即不会产生交易费用；当 $\hat{z} \neq 0$ 时，则意味着组合产生调整。所以是否变化及其变化程度是我们衡量组合是否调整的关键。借用逆优化的思想，参考伊恩加尔和康德（Iyengar and Kang，2005）的方法，将 $c = c(r)$ 看成是优化模型的变动参数。可令 $\Psi(\hat{z}=0)$ 表示所有使得式（4 -43）最优解为 0 的集合，即：$\Psi(\hat{z}=0) = \{c: \hat{z}=0$ 是式（4 - 14）的最优解$\}$。

给定一个当前收益率向量，对应有一个 $\bar{c}$，考虑式（4 - 43）的反问题式（4 - 44）。

$$\min_{r} \quad \sigma(c) = \| c - \bar{c} \|_{V^{-1}}^{2}$$
$$s.t. \quad c \in \psi(\hat{z}=0) \qquad\qquad (4-44)$$

其中，目标函数的度量选用马氏距离，有别于欧氏距离；$\psi(\hat{z}=0)$ 表示满足 $\hat{z}$ 为式（4 -43）的式（4 - 14）的最优解的所有 c 的集合，即 $\psi(\hat{z})$ $= \{c: \hat{z}=0$ 是式（4 - 14）的最优解$\}$。若 $\bar{c} \in \psi(\hat{z}=0)$，则式（4 - 44）最优值为 $\sigma(\bar{c}) = 0$，表明 $\hat{z}=0$ 是式（4 - 43）的最优解，投资者继续持有原组合，不需要调整。若 $c \in \psi(\hat{z}=0)$，则 $\sigma(\bar{c}) > 0$，此时根据逆优化思想给出一个准则决定是否调整，为了避免过度调整，达到调整成本与超额收益之间的平衡，取 C_{θ} 与求解出的 $\sigma(\bar{c})$ 进行比较，其中 C_{θ} 取决于投资者的置信水平 θ。当 $\sigma(\bar{c}) < C_{\theta}$ 时，可近似认为 $\bar{c}$ 离集合 $\psi(\hat{z}=0)$ 不是很远，$\hat{z}=0$ 可以近似认为是式（4 - 43）的最优解，此时对组合进行调整是不必要的，从而避免过度调整；当 $\sigma(\bar{c}) \geq C_{\theta}$ 时，此时 $\bar{c}$ 的变化就不能忽视，组合需要调整。对于 C_{θ} 的选取，我们有多种选择，可选取固定值或参照伊恩加尔和康德（Iyengar and Kang，2005）的方法，令 $C_{\theta} = \chi_{p}^{2}(\theta)/p$，其中 $\chi_{p}^{2}(\theta)/p$ 是一个自由度为 p 的 χ^{2} 分布下的 θ 的下侧分位数。

假设 4.1　至少存在一个 $z^{0} \geq 0$，满足 $d^{T} z^{0} = 0$，$Az^{0} \leq b$ 和 $\| If + LQz^{0} \| \leq \sigma_{max}$。

综上所述，我们在假设 4.1 的条件下，可以通过逆优化理论刻画 $c = c(r)$ 的变化程度来衡量组合是否调整。上述优化反式（4 - 44）目标函数项容易求解，但是自变量的约束集合 $\psi(\hat{z}=0)$ 较难刻画，参见伊恩加尔和康德（Iyengar and Kang，2005）的引理4.1，我们可以对集合 ψ $(\hat{z}=0)$ 进行简化。方法如定理4.2。

定理4.2 设集合 ψ $(\hat{z})$ 非空，对任意最优解 $\hat{z}$，式（5－15）是一个锥优化并且有解。

证明 首先我们先化简集合 ψ $(\hat{z})$，其中 $\hat{z}$ 是式（4－43）的一个任意一个可行解，由假设和最优性条件可知，当且仅当可行解 $\hat{z}$ 满足库恩－塔克（KKT）条件时，$\hat{z}$ 是式（4－43）的最优解，即 $\exists k_0$，$k_2 \in \mathbb{R}$，$k_1 \in \mathbb{R}^n$，$k_3 \in \mathbb{R}^{2n}$，使得 k_0，k_1，$k_3 \geq 0$，$k_0 \geq \parallel k_1 \parallel$，应用锥优化的拉格朗日方法，对 $\hat{z}$ 求偏导可得如式（4－45）。

$$c + \lambda e = Q^T L^T k_1 + d k_2 + k_3 \qquad (4-45)$$

同时需要满足式（4－46）和式（4－47）。

$$k_0 \sigma_{max} + (k_1)^T (Lf + LQ\hat{z}) = 0, \qquad (4-46)$$

$$(k_3)^T \hat{z} = 0 \qquad (4-47)$$

综上所述，式（4－44）可简化为式（4－48）。

$$\min_{c,k_0,k_1,k_2,k_3} \sigma(c) = (c-\bar{c}) V^{-1} (c-\bar{c})$$
$$s.t. \quad c + \lambda e = Q^T L^T k_1 + d k_2 + k_3,$$
$$k_0 \sigma_{max} + [k_1]^T (Lf + LQ\hat{z}) = 0,$$
$$[k_3]^T \hat{z} = 0,$$
$$k_0, k_1, k_3 \geq 0, k_0 \geq \parallel k_1 \parallel \qquad (4-48)$$

证毕。

4.3.3 实证分析

在本节中，我们选取德国股票市场 XETRA 中4个不同时期的实际数据，设置两组不同的实证检验，来验证我们提出的模型和算法的优越性。首先，在考虑逆优化的前提下，分别比较各组数据下稀疏组合调整模型和一般组合调整模型的表现，验证稀疏性的优势；然后，在同样稀疏的调整模型中，比较逆优化应用与否的差别。我们选用文献瓜斯塔罗巴（Guastaroba，2009）中所用数据，来自德国股票交易市场 XETRA，选取时间从 2005 年 4 月 1 日起共 100 只股票进入组合。为完整考虑市

场走势，根据股票指数样本内外表现不同选择四种类型数据，数据集上
—上表示数据在选取时间段内样本内上涨，样本外也有上涨趋势；上—
下特征是在样本内上涨，样本外却下降；下—上即样本内下降，样本外
上涨；最后下—下表示数据集样本内和样本外都下降。此外，每个数据
集共包含 6 个月的样本内收益率和 6 个月的样本外收益率，具体详情参
考文献。

不失一般性，假设初始投资资金总量为 1，同时设定资产买入和卖
出的单位交易费用，即 $p_i = 0.005$，$q_i = 0.008$。以下预处理上述数据集
的详细步骤，如下所示。

（1）首先在 100 种风险资产里选取前 90 种资产，利用其样本内 6
个月收益率构建初始最优组合，模型按照经典的均值方差模型构建（方
差协方差矩阵 V 由全部数据集估计求得，收益率 u 采用样本内 6 个月数
据估值得到），然后我们持有组合 3 个月。

（2）在持有初始组合 3 个月后，由于收益率的波动，组合可能不
再最优，此时增加另外 10 种风险资产到组合中，我们有更多选择，可
以在 100 种资产中选择进行调整。首先我们依照稀疏组合调整模型对组
合进行调整，分别取不同的 λ 和 C_θ，产生一系列的解，然后取出其中
最优的 λ^* 对应的值，同时采用一般组合调整模型进行调整，然后将组
合持有到样本外结束，最后同时与最初组合模型所得结果进行对比。

本小节实验均在计算机上完成，配置为 2.66 GHZ Inter CPU，2GB
内存。所有模型都采用 matlab 程序编程求解，其中二阶锥规划问题采用
matlab 软件包 SeDuMi 快速求解，二次规划问题采用 quadprog 软件包
求解。

1. 在逆优化策略下，比较一般调整模型和稀疏调整模型的差异

在允许卖空条件和相同的风险容忍程度下，对一般调整模型和稀疏
调整模型同时考虑逆优化，分别得到两组最优解；然后与一系列给定的
C_θ 进行比较，从而确定是否调整。为了充分说明模型的优劣，我们选
择以下 3 个指标进行比较：

（1）FW：组合调整后的最终的资金量（final wealth）。

（2）TN：调整过程中资产调整总数目（total number）。

（3）NN：调整过程中新增资产的调整数目（new number）。

已知，对调整策略而言，用越少的调整数目获得越大的收益越好。下面我们分别在 XETRA 市场下 4 个不同时期的实际数据中进行实证对比，每个数据集均选择三种风险容忍情况，即 C_θ 分别取 0.2，0.3，0.5；依次取 0，0.1，0.2，0.4，0.5，0.55，分别对应不同的置信度；λ 的上界限定为 0.3，即 λ 在（0.01，0.3）区间内取值，最小单位 0.01，依次增加 0.01。以下 4 张表格分别对应了四组数据集下稀疏调整模型和一般调整模型的对比结果。

首先，由表 4－1 所示，随着风险容忍度 σ^2_{max} 从 0.2 增大到 0.5，两种模型对应的最终收益 FW 均依次增大，即在组合投资理论中，风险越大收益越大，这和经典均值方差模型所得结论一致。当 $\sigma^2_{max}=0.2$ 时，比较一般调整模型（general model）和稀疏调整模型（sparse model）的表现（以下均简称 GM 和 SM），$C_\theta=0$ 表示不考虑逆优化，此时默认组合均调整，GM 所得结果依次：TN＝91，NN＝10，FW＝1.1230，SM 所得结果依次为：TN＝67，NN＝9，FW＝1.1415，比较 FW 和 TN 可知，SM 比 GM 经过更少的调整得到更大的收益；并且由 NN 的值可知，当考虑稀疏调整时，新增资产选取也是稀疏的，更进一步证明 SM 的优势。同样地，当 $\sigma^2_{max}=0.3$ 和 0.5，$C_\theta=0$ 时，FW 和 TN 的差异表现更加明显，特别是 $\sigma^2_{max}=0.5$ 时，FW 对比分别为 1.1504 和 1.1804，但 GM 需要调整 91 种资产，而 SM 只需要调整 54 种，并且 SM 情况下新增资产的调整数目 NN 只有 7，GM 中都是 10 种，更加表明 SM 的优势。

然后依次增大 C_θ 的值，可以发现 SM 相比 GM 能更灵敏地判断组合是否需要调整。3 种 σ^2_{max} 情况下，对于 GM，当 C_θ 从 0 增加到 0.4，判断结果一直是组合需要调整，只有 C_θ 取 0.5 和 0.55 时，组合才被判定不需要调整；而反观模型 SM，当 C_θ 取值为 0.1 及其以后，模型均被判定不需要调整。而实际上，上—上数据集的投资组合完全不需要调整，这正与 SM 判定结果相符合，即当我们加入稀疏性和逆优化时，能较灵敏的判定组合是否需要调整，而有别于传统情况下模型调整才会更好。

表 4 – 1　允许卖空条件下考虑逆优化应用时上—上数据集的两种模型对比

上一上	C_θ	一般调整模型			稀疏调整模型		
		TN	NN	FW	TN	NN	FW
$\sigma^2_{max}=0.2$	0.00	91	10	1.1230	67	9	1.1415
	0.10	91	10	1.1230	0	0	1.2765
	0.20	91	10	1.1230	0	0	1.2765
	0.40	91	10	1.1230	0	0	1.2765
	0.50	0	0	1.2765	0	0	1.2765
	0.55	0	0	1.2765	0	0	1.2765
$\sigma^2_{max}=0.3$	0.00	92	10	1.1339	64	8	1.1575
	0.10	92	10	1.1339	0	0	1.3114
	0.20	92	10	1.1339	0	0	1.3114
	0.40	92	10	1.1339	0	0	1.3114
	0.50	0	0	1.3114	0	0	1.3114
	0.55	0	0	1.3114	0	0	1.3114
$\sigma^2_{max}=0.5$	0.00	91	10	1.1504	54	7	1.1804
	0.10	91	10	1.1504	0	0	1.3632
	0.20	91	10	1.1504	0	0	1.3632
	0.40	91	10	1.1504	0	0	1.3632
	0.50	0	0	1.3632	0	0	1.3632
	0.55	0	0	1.3632	0	0	1.3632

其次，由表 4 – 2 所示，3 种风险容忍度下，以及 $C_\theta=0$ 时，均可看出 SM 的优势，特别是 $\sigma^2_{max}=0.2$ 时，SM 所得结果中 TN 只有 35 种，NN 只有 5 种，稀疏性表现很明显并且三种情况下 SM 所得的 FW 均比 GM 的大，跟上一组数据集结论吻合。此外，从总体看，该数据集的投资组合调整之后，利益会明显增大，即调整后的 FW 值更大，但 GM 中除了 $\sigma^2_{max}=0.2$ 时调整后会变好，其余情况调整后反而不如原模型；反观 SM，加入稀疏性后的逆优化调整不仅比 GM 灵敏，还基本保证调整后 FW 均比不调整时大。实验结果表明，稀疏性调整模型应用逆优化理论后，不仅灵敏还有效。

表4-2　　允许卖空条件下考虑逆优化应用时上—下数据集的两种模型对比

上—下	C_θ	一般调整模型			稀疏调整模型		
		TN	NN	FW	TN	NN	FW
$\sigma_{\max}^2 = 0.2$	0.00	96	10	0.9799	35	5	1.0089
	0.10	96	10	0.9799	35	5	1.0089
	0.20	96	10	0.9799	59	9	1.0005
	0.40	96	10	0.9799	88	10	0.9858
	0.50	96	10	0.9799	0	0	0.9697
	0.55	0	0	0.9697	0	0	0.9697
$\sigma_{\max}^2 = 0.3$	0.00	98	10	0.9942	61	8	1.0292
	0.10	98	10	0.9942	61	8	1.0292
	0.20	98	10	0.9942	66	8	1.0281
	0.40	98	10	0.9942	0	0	1.0082
	0.50	0	0	1.0082	0	0	1.0082
	0.55	0	0	1.0082	0	0	1.0082
$\sigma_{\max}^2 = 0.5$	0.00	97	9	1.0082	58	8	1.0511
	0.10	97	9	1.0082	58	8	1.0511
	0.20	97	9	1.0082	0	0	1.0550
	0.40	97	9	1.0082	0	0	1.0550
	0.50	0	0	1.0550	0	0	1.0550
	0.55	0	0	1.0550	0	0	1.0550

　　然后，由表4-3所示，三种 $\sigma_{\max}^2$ 取值情况下，不论 C_θ 取何值，SM 表现均优于 GM，即 SM 所得 FW 的值均高于 GM 的，所得 TN 的值均远远小于 GM 的，并且 NN 所表现出的稀疏度更加明显。此数据集和上—下数据集表现一致，调整之后收益明显增加，所以不同于上—上数据集中 C_θ 选择较大时就会判定不调整，此数据集 C_θ 选取结果更具分布性，对比每组 C_θ 的取值可知，SM 所得 FW 的值均不小于 GM 所得的 FW 值。

表 4-3　允许卖空条件下考虑逆优化应用时下-上数据集的两种模型对比

下—上	C_θ	一般调整模型			稀疏调整模型		
		TN	NN	FW	TN	NN	FW
$\sigma_{max}^2 = 0.2$	0.00	97	8	1.0755	55or53	4	1.0878
	0.10	97	8	1.0755	55or53	4	1.0878
	0.20	97	8	1.0755	55	4	1.0878
	0.40	97	8	1.0755	0	0	1.0515
	0.50	0	0	1.0515	0	0	1.0515
	0.55	0	0	1.0515	0	0	1.0515
$\sigma_{max}^2 = 0.3$	0.00	94	8	1.0926	52	4	1.1104
	0.10	94	8	1.0926	52	4	1.1104
	0.20	94	8	1.0926	62	5	1.1088
	0.40	94	8	1.0926	0	0	1.0545
	0.50	0	0	1.0545	0	0	1.0545
	0.55	0	0	1.0545	0	0	1.0545
$\sigma_{max}^2 = 0.5$	0.00	94	7	1.1152	52	4	1.1413
	0.10	94	7	1.1152	52	4	1.1413
	0.20	94	7	1.1152	64	6	1.1390
	0.40	94	7	1.1152	0	0	1.0587
	0.50	0	0	1.0587	0	0	1.0587
	0.55	0	0	1.0587	0	0	1.0587

最后，由表 4-4 所示，$C_\theta = 0$ 时，和前 3 个数据集表现完全相同，当 $\sigma_{max}^2 = 0.2$ 时，GM 表现要略微优于 SM，NN 均为 10，对比 TN 为 98 和 92，但 FW 对比为 1.0148 和 1.0140，这表明 GM 在得到几乎相同的收益时，需要更多调整；当 $\sigma_{max}^2 = 0.3$ 和 0.5 时，表现结果和之前结论一致，即 SM 通过较少的调整（TN 和 NN）获得更多收益（FW）。综上，我们可得：在逆优化策略下，SM 相比 GM 在判断组合是否调整时表现更加灵敏和有效。

表4-4 允许卖空条件下考虑逆优化应用时下—下数据集的两种模型对比

下—下	C_θ	一般调整模型			稀疏调整模型		
		TN	NN	FW	TN	NN	FW
$\sigma^2_{max}=0.2$	0.00	98	10	1.0148	92	10	1.0140
	0.10	98	10	1.0148	0	0	1.0427
	0.20	98	10	1.0148	0	0	1.0427
	0.40	98	10	1.0148	0	0	1.0427
	0.50	98	10	1.0148	0	0	1.0427
	0.55	0	0	1.0427	0	0	1.0427
$\sigma^2_{max}=0.3$	0.00	98	10	1.0300	70 or 61	10 or 9	1.0305
	0.10	98	10	1.0300	0	0	1.0719
	0.20	98	10	1.0300	0	0	1.0719
	0.40	98	10	1.0300	0	0	1.0719
	0.50	0	0	1.0719	0	0	1.0719
	0.55	0	0	1.0719	0	0	1.0719
$\sigma^2_{max}=0.5$	0.00	96	9	1.0505	69	9	1.0526
	0.10	96	9	1.0505	0	0	1.1101
	0.20	96	9	1.0505	0	0	1.1101
	0.40	96	9	1.0505	0	0	1.1101
	0.50	0	0	1.1101	0	0	1.1101
	0.55	0	0	1.1101	0	0	1.1101

2. 比较加入逆优化策略前后，对稀疏调整模型的影响

由1. 可知，稀疏调整模型在调整效果和灵活度上优于一般调整模型，下面我们比较逆优化策略对稀疏调整模型效果的影响。当 $C_\theta=0$ 时，默认组合是调整的，对此不必考虑逆优化；当 $C_\theta \neq 0$ 时，取不同置信度值，考察稀疏模型关于逆优化的表化。具体地，我们用 A 取1或0分别表示组合调整或不调整，λ^* 表示稀疏模型中获得最大收益时对应的 λ 值。FW，σ^2_{max} 和 λ 的取值规则与1. 相同。以下4张表格分别对应了4组数据集下稀疏调整模型关于逆优化的对比结果。

首先，由表4-5所示，当 $C_\theta=0$ 时，组合均需要调整，λ^* 的取值

依次为 0.02, 0.02, 0.03, FW 的值依次增大, 分别为 1.1415, 1.1575, 1.1804, 所以当风险容忍度 σ^2_{max} 变大时, 收益也增大; 当 $C_\theta \neq 0$ 时, σ^2_{max} 取不同的值时, λ^* 的取值是一个范围, 对应最大收益, 此时组合不调整较好。可见, 逆优化的引入可以有效避免盲目的调整, 从而避免无谓的损失。

表 4 - 5　允许卖空条件下稀疏模型在上—上数据集上关于逆优化的对比

C_θ	$\sigma^2_{max}=0.2$			$\sigma^2_{max}=0.3$			$\sigma^2_{max}=0.5$		
	FW	A	λ^*	FW	A	λ^*	FW	A	λ^*
0.00	1.1415	1	0.02	1.1575	1	0.02	1.1804	1	0.03
0.10	1.2765	0	[0.06, 0.3]	1.3114	0	[0.06, 0.3]	1.3632	0	[0.06, 0.3]
0.20	1.2765	0	[0.03, 0.3]	1.3114	0	[0.03, 0.3]	1.3632	0	[0.03, 0.3]
0.40	1.2765	0	[0.01, 0.3]	1.3114	0	[0.01, 0.3]	1.3632	0	[0.01, 0.3]
0.50	1.2765	0	[0.01, 0.3]	1.3114	0	[0.01, 0.3]	1.3632	0	[0.01, 0.3]
0.55	1.2765	0	[0.01, 0.3]	1.3114	0	[0.01, 0.3]	1.3632	0	[0.01, 0.3]

其次, 由表 4-6 和表 4-7 所示, 上—下数据集需要调整的幅度较大。当 $\sigma^2_{max}=0.2$ 时, C_θ 从 0 变化到 0.4 的过程, 组合均需调整, 而且当 C_θ 分别取 0.2 和 0.4 时, FW 值依次降低, $\sigma^2_{max}=0.3$ 时, 也存在这种情况, C_θ 取 0.2 时 FW 的值比取 0 和 0.1 时小, 可以发现 FW 的值与置信度的选取密切相关, 同时 C_θ 的取值继续增大, A 的值为 0, 组合不调整, 所得结果反而比调整的要低。下—上数据集也有上述类似结论, 当 $\sigma^2_{max}=0.3$ 时, C_θ 取 0.2 的 FW 比取 0 和 0.1 时小; 当 C_θ 继续增大时, 组合均不需要调整, 所得结果也都比调整的低。综上, 这两组数据充分说明, 当市场表现不好时, 过度的保守反而会损失更多, 积极地调整反而会挽回不必要的损失。最后, 由表 4-8 所示, 下—下数据集关于逆优化的对比结果与上-上数据集的实验结果类似, 不再累述。

表 4-6　允许卖空条件下稀疏模型在上一下数据集上关于逆优化的对比

C_θ	$\sigma^2_{max} = 0.2$			$\sigma^2_{max} = 0.3$			$\sigma^2_{max} = 0.5$		
	FW	A	λ^*	FW	A	λ^*	FW	A	λ^*
0.00	1.0089	1	0.11	1.0292	1	0.06	1.0511	1	0.06
0.10	1.0089	1	0.11	1.0292	1	0.06	1.0511	1	0.06
0.20	1.0005	1	0.06	1.0281	1	0.05	1.0550	0	$[0.06, 0.3]$
0.40	0.9858	1	0.01	1.0281	0	$[0.02, 0.3]$	1.0550	0	$[0.01, 0.3]$
0.50	0.9697	0	$[0.01, 0.03]$	1.0082	0	$[0.01, 0.3]$	1.0550	0	$[0.01, 0.3]$
0.55	0.9697	0	$[0.01, 0.03]$	1.0082	0	$[0.01, 0.3]$	1.0550	0	$[0.01, 0.3]$

表 4-7　允许卖空条件下稀疏模型在下一上数据集上关于逆优化的对比

C_θ	$\sigma^2_{max} = 0.2$			$\sigma^2_{max} = 0.3$			$\sigma^2_{max} = 0.5$		
	FW	A	λ^*	FW	A	λ^*	FW	A	λ^*
0.00	1.0878	1	0.06or0.07	1.1104	1	0.07	1.1413	1	0.07
0.10	1.0878	1	0.06or0.07	1.1104	1	0.07	1.1413	1	0.07
0.20	1.0878	1	0.06	1.1088	1	0.05	1.1390	1	0.05
0.40	1.0515	0	$[0.01, 0.3]$	1.0545	0	$[0.01, 0.3]$	1.0587	0	$[0.01, 0.3]$
0.50	1.0515	0	$[0.01, 0.3]$	1.0545	0	$[0.01, 0.3]$	1.0587	0	$[0.01, 0.3]$
0.55	1.0515	0	$[0.01, 0.3]$	1.0545	0	$[0.01, 0.3]$	1.0587	0	$[0.01, 0.3]$

表 4-8　允许卖空条件下稀疏模型在下一下数据集上关于逆优化的对比

C_θ	$\sigma^2_{max} = 0.2$			$\sigma^2_{max} = 0.3$			$\sigma^2_{max} = 0.5$		
	FW	A	λ^*	FW	A	λ^*	FW	A	λ^*
0.00	1.0140	1	0.01	1.0305	1	0.04 or 0.06	1.0526	1	0.04
0.10	1.0427	0	$[0.18, 0.3]$	1.0719	0	$[0.17, 0.3]$	1.1101	0	$[0.17, 0.3]$
0.20	1.0427	0	$[0.09, 0.3]$	1.0719	0	$[0.08, 0.3]$	1.1101	0	$[0.07, 0.3]$
0.40	1.0427	0	$[0.02, 0.3]$	1.0719	0	$[0.02, 0.3]$	1.1101	0	$[0.02, 0.3]$
0.50	1.0427	0	$[0.01, 0.3]$	1.0719	0	$[0.01, 0.3]$	1.1101	0	$[0.01, 0.3]$
0.55	1.0427	0	$[0.01, 0.3]$	1.0719	0	$[0.01, 0.3]$	1.1101	0	$[0.01, 0.3]$

　　综上，我们对允许卖空下的稀疏组合调整模型和一般调整模型，进

行了两组对比实验。首先，比较了逆优化情况下稀疏调整模型和一般调整模型的表现差异，实证结果表明稀疏逆优化模型对组合的调整判断更加灵敏有效，而且在绝大多数情况下能够以更少的调整量换取更多的收益；其次，比较稀疏调整情况下加入逆优化前后的效果差异，实证结果表明逆优化的应用是有效并且至关重要的，可以在很多情况下避免盲目调整，从而挽回很多不必要的损失。因此，逆优化和稀疏性地结合在实际金融组合调整中，是十分实用和有效的。

4.4 稀疏鲁棒投资组合调整

本节主要研究在均值方差框架下基于稀疏鲁棒约束下的不允许卖空的单期组合调整模型。首先，我们结合已有工作，同时引入 L_1 约束和椭球扰动约束，建立一个全新的稀疏鲁棒投资组合调整模型。其次，针对所得的稀疏鲁棒模型，提出高效的交替方向乘子法算法进行模型的求解。最后，选取中国市场的沪深 300 中 5 个不同时期的实际数据进行实证分析。

4.4.1 模型构建

下面我们建立一个全新的稀疏鲁棒投资组合调整模型，并给出它的鲁棒对等式。

我们首先回顾一个基于均值方差框架下的带有追加投资的调整模型。不失一般性，假设市场上存在 n 支风险资产，初始资金量 $S_0 \in \mathbb{R}_+$ 用于构建初始的投资组合 $x_0 \in \mathbb{R}_+^n$，并满足 $e^T x_0 = S_0$。定义 r_j 和 Δx_j 为第 j 个资产真实的收益率和调整量。那么，一个基于均值方差框架的一般调整模型为式 (4 – 49)。

$$\min_{\Delta x \in \mathbb{R}^n} \kappa \ (x_0 + \Delta x)^T \tilde{\Sigma} \ (x_0 + \Delta x) \ - \tilde{r}^T (x_0 + \Delta x)$$

$$s.\,t. \quad e^T \Delta x = \Delta S \qquad\qquad (4 – 49)$$

其中，$\kappa \in \mathbb{R}_+$ 是用于平衡投资组合收益与风险的风险厌恶因子，$\tilde{\Sigma} \in S_+^n$ 和 $\tilde{r} \in \mathbb{R}^n$ 分别是资产真实的协方差矩阵和收益率的期望，e 代表全 1 向量，$\Delta x = (\Delta x_1, \cdots, \Delta x_n)^T$ 表示 n 个资产的交易量的向量，$\Delta S \in \mathbb{R}$ 表

示增加的现金流，特别地，$\Delta S > 0$ 表示投资，$\Delta S < 0$ 表示撤资。

上述模型中如果市场参数是真实的、无偏的，那么基于均值方差框架下的调整是十分有效的。但是，金融市场瞬息万变，市场参数的估计通常都是有偏的，此时我们需要考虑如何降低这种估计误差带来的影响，下面我们基于稀疏与鲁棒优化的思想，建立一个稀疏鲁棒的投资组合调整模型。在建模之前，我们先对金融市场和投资者做一些基本的市场设定。

假设 4.2 市场是积极且稳定的，投资者是经济人且有充足的现金流。

市场部分的假设旨在更多地关注市场本身，而忽略了其他外生性的影响因素，比如经济佣金、税费等。与此同时，投资者的假设保证了投资者更多地关心的是利润，忽略了其他方面的影响因素，比如机构管理、人力资本等方面。此外，市场的积极性的含义是，我们认为交易是瞬时完成的，没有任何的时间成本。而且投资者拥有充足的现金流意味着对市场上的全部资产，没有任何的投资准入门槛的限制。这里我们聚焦于市场上的资产是指数的收盘价所反映的价值信息。下面我们对我们提出的模型进行一个详细的解释。

1. 椭球扰动约束

首先，假设 Σ 和 $\bar{r}$ 是真实的 Σ 和 $\bar{r}$ 的历史数据的样本估计值，并且满足 $\Sigma > 0$。令 $\Omega_{\bar{r}} \in S_+^n$ 是估计收益率样本均值 $\bar{r}$ 的残差的协方差矩阵。然后，对任意给定的不确定性水平 $\varepsilon \geq 0$，基于式（4-49），我们借助于马氏距离重新建立了一个鲁棒模型，即在资产收益率 r 最坏的扰动情况下构建最优的投资组合，其椭球扰动集合如式（4-50）。

$$\psi_r = \{r \in \mathbb{R}^n : (r - \bar{r})^T \Omega_{\bar{r}}^{-1} (r - \bar{r}) \leq \varepsilon\} \qquad (4-50)$$

如果资产收益率的样本是独立同分布的，那么 $\Omega_{\bar{r}}$ 就等于 Σ。这里我们只关注资产收益率期望的估计误差而并没有关注协方差矩阵的，这是因为投资组合的估计风险主要是由资产收益率的估计误差引起的，而协方差估计误差的影响相对较小。

2. 稀疏 L_0 约束

在稀疏投资组合选择中，已经详细介绍了 L_p （$p \in [0, 1]$）约束。在这里我们给出一个简单的金融例子，来说明 L_0 范数能够容易产生更稀疏的投资组合。首先，我们选取 2014 年 2 月 ~ 2017 年 5 月上海—深圳股票市场的 SH601299.csv 和 SZ002074.csv 两支股票的 823 个日收盘价，然后画出式（4 – 49）的目标函数（记为 $f(\Delta x)$）的等高线与 l_p（$p = 1, 1/2, 0$）范数单位圆上的交点。如图 4 – 1 所示。其中，图 4 – 1（1）是一个全局图，而图 4 – 1（2）是一个局部放大图。由图 4 – 1（1）不难看出，随着 p 值的减小，等高线与 L_0 范数的交点更容易落在坐标轴上。由图 4 – 1（2）所示，与 L_0 范数的最优交点（即点 A）并不稀疏，而与 L_0 范数的最优交点（即点 B）是稀疏的。因此，我们对调整规模考虑增加一个如式（4 – 51）的稀疏约束。

$$Card (\Delta x) \leqslant s \qquad (4 – 51)$$

其中，s 表示调整规模的上界。

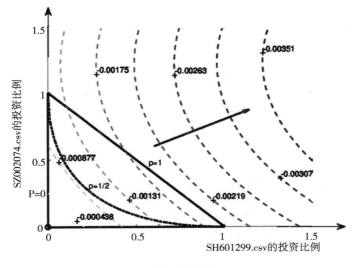

（1）全局图

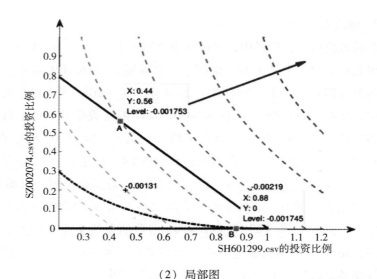

（2）局部图

图 4 - 1　随着 p 值的减小，优化问题的最优输出会变得越来越稀疏

3. 交易阈值约束

在实际交易中，我们考虑对于交易资产应该有一个最小的交易量下界和上界，以避免过小或者过大的交易比例。而且施加该交易阈值约束的另一个好处可以对有偏的均值和方差有一定的限制和修正作用。因此，我们引入式（4 - 52）的交易阈值约束。

$$\bar{l}_j \leq [x_0 + \Delta x]_j \leq \bar{u}_j, \quad j \in Supp\ (\Delta x) \qquad (4-52)$$

其中，$\bar{l} = (\bar{l}_1, \bar{l}_2, \cdots, \bar{l}_n)^T$，$\bar{u} = (\bar{u}_1, \bar{u}_2, \cdots, \bar{u}_n)^T$，$\bar{l}, \bar{u} \in \mathbb{R}^n_+$ 是投资组合持有量的上下界。而且，根据市场稳定性的假说，我们认为在调整前后对投资组合持有量的上下界应该保持不变。即初始的投资组合应该满足：$\bar{l}_j \leq x_0, j \leq \bar{u}_j, \forall j \in Supp\ (\Delta x)$。因此，对资产 j 的调整量可以被进一步写成式（4 - 53）。

$$\Delta x_j \begin{cases} \in [l_j, u_j], & \text{如果 } j \in Supp\ (\Delta x), \\ 0, & \text{其他} \end{cases} \qquad (4-53)$$

$l = (l_1, \cdots, l_n)^T$，$l_j = \bar{l}_j - x_0, j$；$u = (u_1, \cdots, u_n)^T$，$u_j = \bar{u}_j - x_{0,j}$。

总之，带有椭球扰动集合、基约束和交易阈值约束的稀疏鲁棒调整模型如式（4-54）。

$$\min_{\Delta x \in \Omega, \Delta S \in \mathbb{R}} \quad \max_{r \in \psi_r} \quad \kappa \left(x_0 + \Delta x\right)^T \sum \left(x_0 + \Delta x\right) - r^T \left(x_0 + \Delta x\right)$$

$$s.t. \qquad e^T \Delta x = \Delta S \qquad\qquad (4-54)$$

其中，

$$\Omega = \left\{ \Delta x \in \mathbb{R}^n : \|\Delta x\| \leq s; \ l_j \leq \Delta x_j \leq u_j, \ j \in Supp\left(\Delta x\right) \right\}$$

$$(4-55)$$

不难看出，对于任意固定的（Δx，ΔS），式（4-54）关于 r 的内层优化问题有一个显示表达式（4-56）。

$$r^* = \bar{r} - \frac{\sqrt{\epsilon}}{\sqrt{Var(\Delta x)}} \times \sum \left(x_0 + \Delta x\right) \qquad (4-56)$$

将式（4-56）代入式（4-54），我们能够得到式（4-54）的鲁棒对等式（robust counterpart）。

$$\min_{\Delta x \in \Omega, \Delta S \in \mathbb{R}} \quad \kappa Var\left(\Delta x\right) + \sqrt{\epsilon} \sqrt{Var\left(\Delta x\right)} - E\left(\Delta x\right) \qquad (4-57)$$

$$s.t. \qquad e^T \Delta x = \Delta S$$

其中，

$$Var\left(\Delta x\right) = \left(x_0 + \Delta x\right)^T \sum \left(x_0 + \Delta x\right); \ E\left(\Delta x\right) = \bar{r}^T \left(x_0 + \Delta x\right)$$

$$(4-58)$$

根据假设 4.2，现金流短缺的情况我们不予考虑，进一步地，我们通过定理 4.3 能够将式（4-57）转换为式（4-59）。

定理 4.3 式（4-57）的最优解能够通过求解如下优化问题获得。

$$\min_{\Delta x \in \Omega} \kappa Var\left(\Delta x\right) + \sqrt{\epsilon} \sqrt{Var\left(\Delta x\right)} - E\left(\Delta x\right) \qquad (4-59)$$

证明 设式（4-57）和式（4-59）的最优解分布为（Δx_1^*，ΔS^*）和 Δx_2^*。那么，不难看出 Δx_1^* 是式（4-59）的一个可行解。根据 Δx_2^* 最优解的性质，我们能够得到式（4-60）。

$$f\left(\Delta x_2^*\right) \leq f\left(\Delta x_1^*\right) \qquad (4-60)$$

此外，易知（Δx_2^*，$e^T \Delta x_2^*$）也是式（4-57）的一个可行解，类似地，我们可以得到式（4-61）。

$$f\left(\Delta x_1^*\right) \leqslant f\left(\Delta x_2^*\right) \qquad (4-61)$$

因此，$f\left(\Delta x_1^*\right) = f\left(\Delta x_2^*\right)$，证毕。

4.4.2 模型求解

我们针对式（4-59）提出一个高效的交替方向乘子法算法，其中算法的每一个子问题都有显示表达解。

不难看出，式（4-59）能够被等价地写成如式（4-62）的形式。

$$\min_{\Delta x \in \Omega, y \in \mathbb{R}^n} \{f(y): y = \Delta x\} \qquad (4-62)$$

其中，$f(y) = \kappa Var(y) + \sqrt{\epsilon}\sqrt{Var(y)} - \mathbb{E}(y)$。进一步地，它的增广拉格朗日函数为式（4-63）。

$$\mathcal{L}_\rho(\Delta x, y, \mu) = f(y) + \mu^T(y - \Delta x) + \frac{\rho}{2}\|y - \Delta x\|_2^2, \ \forall \Delta x \in \Omega, \ y \in \mathbb{R}^n$$

$$(4-63)$$

其中，$\rho > 0$ 为罚参数。那么，我们建立交替方向乘子法算法的基本迭代框架如式（4-64）。

$$\begin{cases} \Delta x^{k+1} = \arg \min_{\Delta x \in \Omega} \mathcal{L}(\Delta x, y^k, \mu^k) \\ y^{k+1} = \arg \min_{y \in \mathbb{R}^n} \mathcal{L}(\Delta x^{k+1}, y, \mu^k) \\ \mu^{k+1} = \mu^k + \rho(y^{k+1} - \Delta x^{k+1}) \end{cases} \qquad (4-64)$$

我们采用鲍德（Boyd，2010）等人提出的一种比较流行的交替方向乘子法的终止准则。具体如下：设原始残差和对偶残差分别为 r^k 和 s^k 且二者必须满足某一精度才能终止，即为式（4-65）。

$$\|r^k\|_2^2 \leqslant \epsilon^{pri} \ and \ \|s^k\|_2^2 \leqslant \epsilon^{dual} \qquad (4-65)$$

其中，

$$r^k = y^k - \Delta x^k; \ s^k = \rho(y^k - y^{k-1}),$$

$$\epsilon^{pri} = \sqrt{n}\epsilon^{abs} + \epsilon^{rel}\max\{\|\Delta x^k\|_2, \|y^k\|_2\},$$

$$\epsilon^{dual} = \sqrt{n}\epsilon^{abs} + \epsilon^{rel}\|y^k\|_2$$

$\epsilon^{abs} > 0$ 是一个给定的绝对误差界，而 $\epsilon^{rel} > 0$ 表示相对误差界。

从上述迭代框架中，不难看出，第一个子问题等价于：

$$\min_{\Delta x \in \Omega} \left\|\Delta x - \left(y^k + \frac{1}{\rho}\mu^k\right)\right\|_2^2。$$

该问题可以被写成一个更一般的稀疏投影问题，即如式（4 – 66）所示。

$$\min_{\Delta x \in \Omega} \| \Delta x - a \|_2^2 \tag{4 – 66}$$

其中，$a = (a_1, a_2, \cdots a_n)^T \in \mathbb{R}^n$，集合 Ω 在式（4 – 54）中有相同的定义。那么，我们可以得到如下定理。

定理 4.4　对任意的 $a \in \mathbb{R}^n$，式（4 – 66）的最优解，$\Delta x^*(a)$，有一个显示的表达，即式（4 – 67）

$$\left[\Delta x^*(a) \right]_j = \begin{cases} \left[\Pi_{[l,u]}(a) \right]_j, & j \in Supp\ \{I_s\ [\ \Pi_{[0, +\infty]}(b)]\} \\ 0, & \text{其他} \end{cases} \tag{4 – 67}$$

其中，

（1）$\Pi_{[l,u]}(a)$ 表示向量 a 在上下界上的投影算子，即

$$\left[\Delta x^*(a) \right]_j = \begin{cases} l_j, & a_j \leqslant l_j \\ a_j, & l_j < a_j < u_j \quad \forall j = 1, 2, \cdots, n \\ u_j, & a_j \geqslant u_j \end{cases}$$

同理，$\Pi_{[0, +\infty]}(b)$ 也是一个类似的表达。

（2）$b = (b_1, b_2, \cdots, b_n)^T \in \mathbb{R}^n$，$b_j = a_j^2 - (\Pi_{[l,u]}(a_j) - a_j)^2$，$\forall j = 1, 2 \cdots n$，我们把 b 称为因子影响向量（factor impact vector，FIV）。

（3）$I_s(\cdot)$ 表示某一个向量中前 s 个最大分类的下指标集合。

而对于另一个子问题，令 $z = y + x_0$，则它可以等价转换为如式（4 – 68）。

$$\min_{z \in \mathbb{R}^n}\ \kappa z^T \left(\sum + \frac{\rho}{2\kappa}E \right) z + \sqrt{\epsilon}\ \sqrt{z^T \sum z} - [\ \bar{r} + \rho\ (\Delta x^{k+1} + x_0)\ - \mu^k]^T z \tag{4 – 68}$$

借助于原始对偶理论，我们可以将上述问题转换为它的对偶形式，如式（4 – 69）所示。

$$\min_{w \in \mathbb{R}^n} \frac{1}{4}\ (d^{k+1} + 2w)^T \Gamma\ (d^{k+1} + 2w) \tag{4 – 69}$$

$$s.t. \quad w^T \sum\nolimits^{-1} w \leqslant \epsilon/4$$

转换之后的式（4 – 69）的最优解可以显示地求得式（4 – 70）。

$$w^* \eta = -\frac{1}{2}\ (\Gamma + \eta \sum\nolimits^{-1})^{-1} \Gamma d^{k+1} \tag{4 – 70}$$

其中, $\Gamma = \left(\sum + \dfrac{\rho}{2\kappa}E \right)^{-1}$, $d^{k+1} = \rho \ (\Delta x^{k+1} + x_0) + \bar{r} - \mu^k$, $\eta \geqslant 0$ 是约束 $w^T \sum^{-1} w \leqslant \epsilon/4$ 对应的拉格朗日乘子, 且满足式 (4-71)。

$$h \ (\eta) = w^* \ (\eta)^T \sum^{-1} w^* \ (\eta) - \epsilon/4 = 0 \qquad (4-71)$$

上述转换和求解过程可以详见引理 4.1 的证明过程。根据原始对偶过程, 可以得到原始问题式 (4-68) 的显示表达解。

定理 4.5 假设 $Q\Lambda \ (\sum) \ Q^{-1}$ 是协方差矩阵 $\sum$ 的特征值分解形式, 那么, 问题式 (4-68) 在第 $k+1$ 迭代的显示表达解为式 (4-72)。

$$y^{k+1} (\eta) = \dfrac{1}{2\kappa} QD(c(\eta)) Q^{-1} d^{k+1} - x_0 \qquad (4-72)$$

其中,

$$\Lambda \ (\sum) = D((\sigma_1)(\sum), \cdots, (\sigma_n)(\sum))^T, c(\eta) = (c_1(\eta), \cdots,$$
$$c_n(\eta))^T, c_j(\eta) = \dfrac{2\kappa\eta}{2\kappa(\eta+1)\sigma_j(\sum) + \rho\eta}, \forall_j = 1, 2, \cdots, n_\circ$$

根据定理 4.5, 我们不难发现, 现在只要求得拉格朗日乘子 $\eta \geqslant 0$ 满足 $h \ (\eta) = 0$, 上述问题就可以进行非常快速地求解。下面, 我们揭示函数 $h \ (\eta)$ 的一个重要性质。

定理 4.6 $h \ (\eta)$ 是关于 η 的一个连续且单调非增的函数。

证明 显然, $h \ (\eta)$ 是一个连续函数, 下面只需要证明单调性即可。为了证明单调性, 假设存在两个两个拉格朗日乘子 η_1 和 η_2, 对应模型式 (4-69) 的最优解分别为 $w^* \ (\eta_1)$ 和 $w^* \ (\eta_2)$。不失一般性, 我们假设 $\eta_1 \leqslant \eta_2$, 分别根据 $w^* \ (\eta_1)$ 和 $w^* \ (\eta_2)$ 的最优性, 我们可以得到式 (4-73) 和式 (4-74)。

$$g(w^*(\eta_1)) + \eta_1 h(\eta_1) \leqslant g(w^*(\eta_2)) + \eta_1 h(\eta_2) \qquad (4-73)$$
$$g(w^*(\eta_2)) + \eta_2 h(\eta_2) \leqslant g(w^*(\eta_1)) + \eta_2 h(\eta_1) \qquad (4-74)$$

结合上述两个不等式, 很容易得到式 (4-75)。

$$\eta_1 h \ (\eta_1) + \eta_2 h \ (\eta_2) \leqslant \eta_1 h \ (\eta_2) + \eta_2 h \ (\eta_1) \qquad (4-75)$$

进一步地, 有 $(\eta_1 - \eta_2) \ (h \ (\eta_1) - h \ (\eta_2)) \leqslant 0$, 证毕。

根据 $h \ (\eta)$ 的单调性, 我们可以借助于戴伟和弗莱彻 (2008) 提出的 S‐rf 算法快速地求解的 $h(\eta)=0$ 根。综上，我们建立了非常高效的交替方向乘子法迭代算法，而且每个子问题都有显示表达解。

4.4.3 实证分析

本节我们选取中国股票市场上的沪深 300 的实际数据，验证我们提出的交替方向乘子法算法的高效性。

1. 数据集

我们节选自上海—深圳股票市场的股票和沪深 300 指数的收盘价，并计算其对数收益率。为了可以更加充分地反应市场的变化，我们根据节选时间区间内样本内外的走势，将其分为上—上、上—下、下—上、下—下和持平 5 种类型，其具体含义如表 4 ‐9 所示。

表 4 ‐9　　　　　　　　　　5 类不同的数据的含义描述

数据集	备注
上—上	在样本内和样本外都是上升
上—下	在样本内增加，在样本外减少
下—上	在样本内下降，在样本外上升
下—下	在样本内和样本外都是下降
持平	在样本内和样本外期间保持稳定的变化

这 5 类数据所对应的时间截止点如图 4 ‐2 和表 4 ‐10 所示。

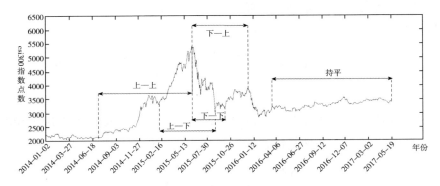

图 4 ‐2　沪深 300 指数变化趋势

表 4 - 10   **5 类数据集的起止时间点**

数据集	样本内			样本外		
	起时	终时	天数	起时	终时	天数
上一上	10/07/2014	22/12/2014	112	23/12/2014	9/06/2015	112
上一下	10/02/2015	22/05/2015	67	25/05/2015	26/08/2015	67
下一上	09/06/2015	14/09/2015	67	15/09/2015	23/12/2015	67
下一下	09/06/2015	14/09/2015	40	15/09/2015	08/10/2015	40
持平	21/03/2016	19/10/2016	142	20/10/2016	18/05/2017	142

2. 实证设计

如表 4 - 10 所示，我们将每一个数据集等分成两份：样本内（in-sample）和样本外（out-of-sample）数据集。然后，我们将样本内数据集又等分成两部分：训练集（training set）和测试集（test set），如图 4 - 3 所示。我们利用训练集得到初始的投资组合 x_0，此后将其投资到测试集并保持整个时期结束。在测试集结束时刻，我们认为初始的投资组合已经不再最优，需要对其进行调整，此时我们利用样本内的全部数据对其进行重新的调整，并将其投资到样本外并保持整个时期结束，最后比较调整前后的投资组合在样本外的表现。其中，计算初始投资组合的算法，我们选自徐凤敏（2016）提出的非单调投影梯度算法求解稀疏投资组合调整（SPR）模型，计算最优调整量，我们选自本节提出的交替方向乘子法算法求解型。样本外表现优劣我们用夏普比率的优越性进行比较，定义如下式（4 - 76）。

$$Sup\ (A,\ B)\ = \frac{SR\ (\Delta x_{srpr})\ - SR\ (\Delta x_{spr})}{abs\ (SR\ (\Delta x_{spr}))} \times 100\%$$

$$(4-76)$$

其中，A 代表 SPR 模型与非单调投影梯度算法，B 代表本节提出的 SPR 模型与交替方向乘子法算法，如式（4 - 77）所示。

$$SR\ (\Delta x)\ = \frac{E\ (\Delta x)}{\sqrt{Var\ (\Delta x)}} \qquad (4-77)$$

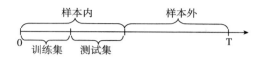

图 4 - 3   数据集分割方法的描述

3. 初始参数设置

在本节实验中，不失一般性，我们假设初始的资产为 1，令投资组合的上下界分别为 $\bar{l}_j = 0.01$，$\bar{\mu}_j = 0.5$ 稀疏度、风险厌恶因子和不确定性水平分别设置为 $s = 30$，$\kappa = 1$ 和 $\epsilon = 10^{-6}$。对于其他参数，而交替方向乘子法算法的初始点 y_0 随机生成，$\mu_0 = 0.1 \times e$，$\eta_0 = 1$，$\rho = 10^6$，$\epsilon^{abs} = 10^{-4}$ 和 $\epsilon^{real} = 10^{-3}$。

4. 样本外表现

针对 5 个数据集，我们分别比较了投资组合单日的收益率和累计收益率的曲线变化，并计算了 $Sup(A, B)$ 在不同数据集上的数值表现，如表 4 - 11 和图 4 - 4 所示。由图 4 - 4 和表 4 - 11 不难看出。

（1）SRPR 模型构造的投资组合的波动性在 5 个数据集上都要优于 SPR 模型。

（2）SRPR 模型在大部分的数据集合上的 $Sup(A, B)$ 都要优于 SPR 模型，尤其是在下—上数据上表现尤其突出。

表 4 - 11   5 个数据集的 Sup（A，B）数值比较结果

数据集	夏普比率		$Sup(A, B)$（%）
	SPR Model（A）	SPR Model（B）	
上—上	0.4169	0.3909	-6.22
上—下	-0.1857	-0.1572	15.37
下—上	0.0067	0.1652	2356.41
下—下	-0.3544	-0.1599	54.87
持平	-0.0674	-0.0270	59.88

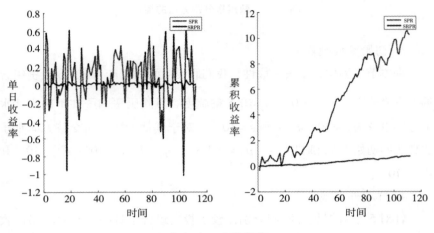

（1）上—上数据集

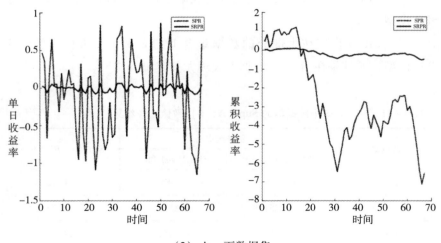

（2）上—下数据集

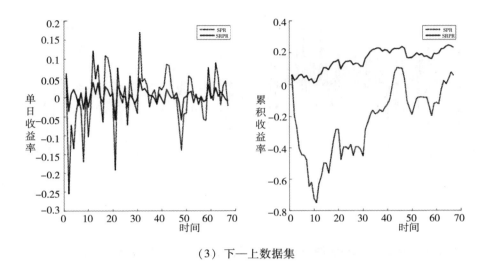

（3）下—上数据集

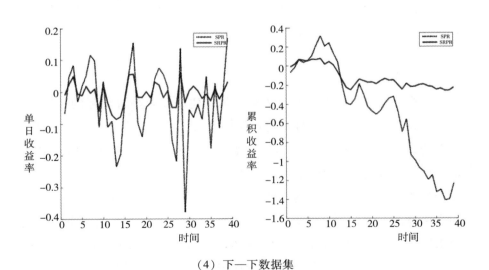

（4）下—下数据集

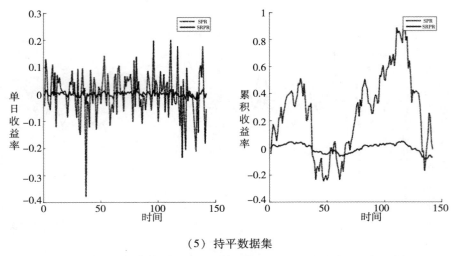

（5）持平数据集

图4-4　SRPR 和 SPR 模型在样本外关于 5 个数据集的单日收益率和累积收益率的对比

因此，我们不难看出，模型无论是在投资组合的样本外的波动性，还是在夏普比率的优越性上，都要优于模型。

4.5　小结

本章介绍了投资组合调整模型，其构建不仅要贴合实际的金融市场，还要考虑模型的复杂性和可计算性。除了基本的金融约束（比如，预算约束、上下界约束等），还要考虑交易费用和追加资产的约束限制，而对投资组合调整规模的限制最主要的原因就是限制投资组合调整过程中产生的交易费用和整体的调整量。并且在均值方差框架下构建的投资组合调整模型，对资产收益率的矩信息（协方差矩阵和收益率期望）要求极高，而普遍做法是用历史数据的样本均值和协方差矩阵来近似代替，这使得调整策略不具备抗市场冲击的稳定性。处理该问题的方法中，鲁棒和概率优化是目前最流行的两种手段。

本章针对目前的组合调整策略和方法选取其中静态多期的组合调整问题进行研究，模型背景选取考虑交易费用、风险和资金平衡约束，针对自调整下允许卖空组合的投资组合调整问题，建立一般组合调整模型和基于 L_1 的稀疏组合调整模型，并选取实际金融数据进行实证对比。特别地，在两个模型中考虑了逆优化的应用，分别进行两组实验对比，考虑逆优化时的一般调整模型和稀疏调整模型表现及考虑稀疏调整模型时加入逆优化前后的对比。最后，对每种情况均选取相同数据集进行实证分析。

在投资组合自调整策略下，即模型为自调整模型，组合调整所需交易费用由调整所得收益支付。此时，我们在允许卖空的情形下，分别建立一般组合调整模型和基于 L_1 的稀疏组合调整模型，同时考虑了逆优化应用。在实证分析时，我们进行了两组对比，考虑逆优化时的一般调整模型和稀疏调整模型表现对比及考虑稀疏调整模型时加入逆优化前后的对比。最后我们得出以下结论。

第一，稀疏模型加逆优化策略相比一般模型加逆优化策略，能够更灵敏有效的判断模型是否应该调整并且稀疏模型相比一般模型能够用更少的调整获得更大的收益。

第二，在研究稀疏模型时，考虑逆优化后，能够有效地判断是否进行组合调整，而不是传统的只调整的模型，当组合表现好的时候，能够有效避免组合盲目调整带来的损失，当组合表现不好时，能够快速有效地调整获得更大收益。

本章针对投资组合调整问题，考虑调整规模的稀疏约束和资产收益率的椭球扰动约束，构建了稀疏鲁棒的投资组合调整模型。针对提出的模型，设计了高效的交替方向乘子法求解算法，其中两个子问题均有显示表达解。第一个子问题实质是一个稀疏投影算子问题，我们建立的稀疏投影算子是对传统的投影算子的进一步发展，它可以被广泛应用各类稀疏投影梯度算法中。第二个子问题是一个凸的二次锥约束问题，我们根据原始对偶理论，通过对偶问题的显示表达解，建立起原问题的显示解。最后，我们节选上海—深圳市场的股票，以沪深 300 指数为标的物，进行实证分析。结果表明，我们提出是稀疏鲁棒调整模型无论是在投资组合的波动性上，还是在夏普比率的优越性上，都表现十分优异。

第 5 章

指数型基金管理—稀疏指数追踪

从 1884 年美国人查尔斯编制道琼斯工业指数以来，金融机构及个人投资者逐渐使用针对某一特定市场的股票价格指数来评价一定时期内总体价格及其变动趋势。目前主流的商业指数有美国道琼斯工业指数、标准普尔指数、纳斯达克指数、英国富时 100 指数、德国达克斯指数、日本日经 225 指数、中国上证 50、沪深 300、中证 500 指数等。股票价格指数以其广泛性、代表性和针对性获得了金融市场参与者（套期保值者，套利者，对冲者及投机者）的青睐，在资本市场发挥着日益重要的作用，影响资本市场的各个方面。以对冲市场为例，对冲者由套利定价原理（APT）或者资本资产定价模型（CAPM）得到反映市场系统性风险的 β 收益和个股特定风险的超额收益 α，为了对冲掉系统性风险以保持策略中性，投资者常采用买入具有高 α 的股票，卖出足以保持风险中性的股票价格指数，这样无论市场预期涨跌都可以获得稳定的 α 收益。市场需求促使了以追踪股票市场指数为目标的投资组合的产生。

5.1 指数追踪问题

股票价格指数，也称为股票指数，是由证券交易所或相关金融服务机构编制的反映一类股票、债券或其他金融资产总体价格信息的指示性数字，是评估股市市场行情的重要指标。按照包含的范围来分类，股票指数可以分为包含所有普通股的综合指数和包含部分股票的成份股指数。专业的第三方金融机构凭借其专业性和技术优势编制出可以反映特定市场总体涨跌情况的指数，为投资者提供了把握市场行情的便捷手段，成为衡量投资业绩的重要指标。以标准普尔 500 指数为例，该指数反映了由 500 只标的股票按照一定比例构建成的虚拟投资组合价格信息，可见股票指数不是可以直接买卖或者投资的金融工具，但是可以成为开发金融衍生品标的基础。

指数的编制分为成份股选择、基期确定及成份股赋权。成份股的选择依赖于指数所针对市场，需要综合考量行业分布、市场价值、流通状况、日成交额、是否违纪等因素，基期通常定为指数公示日。以沪深 300 为例，沪深 300 指数以 2004 年 12 月 31 日为基日，基点为 1000 点，指数样本是按照以下方法选择经营状况良好、无违法违规事件、财务报告无重大问题、股票价格无明显异常波动或市场操纵的公司：计算样本空间内股票最近一年（新股为上市第四个交易日以来）的 A 股日均成交金额与 A 股日均总市值；对样本空间股票在最近一年的 A 股日均成交金额由高到低排名，剔除排名后 50% 的股票；对剩余股票按照最近一年 A 股日均总市值由高到低排名，选取前 300 名股票作为指数样本①。

指数的价值依赖于其成份股，而不同成份股在指数中占比并不相同，目前市场主流指数的构成方式一般分为两类。

第一类，价格平均法。即将成份股的价格求和后除以特定的除数，道琼斯指数最早采用价格平均法（除数为成份股数量），优点是计算和维护简单，缺点是一旦发生除息、除权时指数会产生间断点，这种不规则跳跃使得指数缺乏平稳性。

第二类，市值加权法。即成份股在指数中的占比为其市值在所有股票总市值的比例，考虑到实际风格，也可采用股票成交量或者流通量计算市值。为了使得指数保持连续性，当成份股名单或者成份股的股本结构发生变化时，需要采用"除数修正法"修正原除数。

国际市场和国内市场的主要股票指数，除了道琼斯工业指数以外，均采用市值加权法确定成份股权重（如表格 5 - 1 所示），因此本书数值实验只关注市值加权类的股票指数，但是本书提出的模型及算法对所

① 来自中证指数有限公司沪深 300 指数编制方案，http：//www.csindex.com.cn/zh-CN/indices/index-detail/000300

有指数类型具有普遍适应性。

表 5-1   全球各大市场主要股票指数

股票指数	类型	国家（地区）
标准普尔 500 指数	市值	美国
富时 100 指数	市值	英国
罗素 2000 指数	市值	美国
沪深 300 指数	市值	中国
上证 50 指数	市值	中国
恒生指数	市值	中国香港
达克斯指数	市值	德国
纳斯达克综合指数	市值	美国
道琼斯工业指数	价格	美国

5.1.1 指数追踪

基金经理人遵循两类基本的投资管理策略，即主动型和被动型策略。与主动型投资相比，被动型投资只需要盯住市场，是一种缺乏灵活性，但是具有很强稳健性的投资策略。2008 年美国股票型基金资产规模下降接近 50%，而 ETF（exchange traded fund）产品则获得了巨额现金净流入，资产规模仅下降了 16%，成为 2008 年唯一实现资产净流入的产品类别。随着金融市场波动性风险加剧和非预期损失增大，市场对于指数型 ETF 有了更高的期待，目前全球 ETF 的规模已经超过 5.6 万亿美元，创历史新高。国内市场对于指数型基金也越发关注，投资者对其予以了极大的投资热情，截至 2009 年 9 月底陆续有 19 只指数型基金和 ETF 获准发行，占新发股票型基金总数的 26%，已发行指数型基金平均规模达 70 亿份，也大大超过了同期其他类型基金的发行规模。我国于 2010 年 4 月 16 日在中国金融期货交易所正式推出沪深 300 股指期货。

市场的有效性被大量的研究所证实，通过分析证券的历史数据来获得超额收益的方法是不可行的，巴伯和奥迪斯（Barber and Odean,

2000）和罗波提斯（Rompotis，2009）通过对历史信息的分析，发现大多数主动型投资管理基金无法长期战胜市场。此外当市场处于良好运行态势时，即便不采用主动型管理，盯住市场也可以获得足够的收益。以上的原因促使投资者将注意力集中在被动型投资策略上。

指数追踪（index tracking）又称指数复制（index replication），指用目标市场的部分或者全部股票构造一个投资组合使得它们在未来一段时间内在市场的表现与目标指数尽可能保持一致性，是最经典的被动型投资组合管理策略。这里的投资组合一般称为追踪组合（tracking portfolio，TP），而追踪组合和目标指数的差异称为追踪误差（tracking error，TE）。

指数追踪常用于指数型基金的构建和指数衍生品的套利。国内外多数 ETF 是盯住某一类指数的指数型基金，其实质是构建追踪指数的追踪组合。此外，当某一特定市场不存在 ETF 时，投资者同样可以用指数追踪方法构建投资组合获取市场平均收益。股指期货是股指的衍生金融产品，常用于期现套利。期现套利是指在某一时刻指数的现货和期货价格偏离无套利区间时，买入被低估的期货（现货）并卖出（买入）高估的现货（期货），在未来两者价格回复到无套利区间内后同时进行平仓操作以获取无风险的套利收益的套利模式。在实际市场上，股票指数没有现货可以供交易，投资者可以通过交易 ETF 达到和现货相同目的，当没有盯住该市场的 ETF 时，通过指数追踪的方法构建追踪组合，交易一揽子股票组合达到交易股票指数现货的目的。无论指数基金的构建还是衍生品套利，指数追踪都是核心的技术。

现代投资组合理论和资本资产定价理论认为投资者的有效投资组合是市场组合，而指数是市场变化的最佳代表，因此投资者的最优投资组合是跟踪复制市场指数，一般是投资于指数基金等指数产品。现代投资组合理论、资产定价理论及有效市场理论提供了指数跟踪管理的理论基础。

指数追踪的基本逻辑如图 5 - 1 所示，在"历史可以重演"的基本假设下，即样本内最优追踪组合在样本外仍然最优，通过对历史价格信息的分析得到追踪组合。

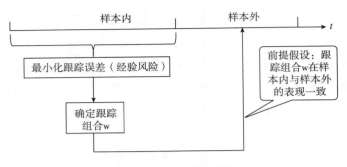

图 5-1　指数追踪逻辑

假设股票指数成份股的数量为 N，追踪组合的构建期为 T，P_{it}：股票 i 在时刻 t 的价格；I_t：指数在时刻 r 的价格；r_{it}：股票 i 在观察区间 $[t-1，t]$ 的收益率，当为对数收益率时 $r_{it} = \ln(P_{it}/P_{it-1})$；当为算术收益率时 $r_{it} = (P_{it} - P_{it-1})/P_{it-1}$；$R_t^I$：指数在观察区间 $[t-1，t]$ 的收益率，当为对数收益率时 $R_t^I = \ln(I_t/I_{t-1})$；当为算术收益率时 $R_t^I = (I_t - I_{t-1})/I_{t-1}$；$R_t$：追踪组合在时刻 t 的收益率，w_t；追踪组合在时刻 t 的投资比例，$w_t \in \mathbb{R}_+^N$；b_t：指数在时刻 t 成份股的比重，$b_t \in \mathbb{R}_{++}^N$。

指数追踪主要分为两类：第一类，一个很自然的想法是按照指数成份股的比例买入所有股票构建追踪组合，使得 $w_t = b_t$，$t = 1，\cdots，T$，一般称这种方法为完全复制法。当我们可以准确获得 b_t，$t = 1，\cdots，T$ 时，可以完美的追踪股票指数。完全复制法有很多弊端，比如必须要随着成份股名单的更新而不断调整。如果股票指数的成份股数量过大，完全买入会使得追踪组合的规模过于庞大，对每一只股票的交易会增加管理费用和交易费用，当追踪组合频繁调整的时候，会带来巨大的交易成本。存在某些股票占比较小不一定满足最小投资比例要求，或者流动性较差，增加了追踪组合的流动性风险并且在最后清算过程中带来额外冲击成本。此外，成份股比重 b_t 获得成本高昂，仅在 2006 年标准普尔、道琼斯、摩根士坦利和富时集团从提供市场指数一项业务中总营收达到

16.6 亿美元①。第二类，选择部分股票构建追踪组合，称为不完全复制。不完全复制分为两类，即分层抽样复制和优化复制。分层抽样复制按照行业信息、流通市值、交易量等指标，人为选择进入追踪组合的股票，而后通过建立优化模型确定追踪组合的权重。分层抽样复制依赖于管理者的主观判断，不同的经验会导致追踪组合的差异并且不一定满足追踪误差最小的要求。优化复制直接建立优化模型确定进入追踪组合的股票并计算投资权重，避免了主观偏差对追踪组合的影响，构造的追踪组合追踪误差小、精度高是目前业内流行的方法。

随着信息技术的飞速发展，优化复制方法构造复杂、计算成本高昂的弱点正在逐步消失，结合分层抽样复制思想的优化复制方法逐渐发展起来，因此优化复制技术得到了研究者和实际工作者的青睐。本书中主要论述优化复制方法，建立相应的指数追踪模型构造最优的追踪组合。

5.1.2 研究现状

国外的金融产品以及衍生品的发展较早，以指数追踪为代表的被动型投资策略的研究最早开始于 20 世纪 70 年代，一直到现在历经近 50 年的发展一直是业界和研究领域的热点问题。金融资产和交易的时间序列数据通常是非平稳的，典型的是股票、债券及期货的价格数据。而对数价格的一阶差分，对应对数收益率序列，通常是非平稳的。如果用指数和追踪组合的价格数据来建立指数追踪的优化模型，一个值得注意的问题是传统的基于最小二乘法的分析框架不再适用并且追踪组合在样本外容易出现剧烈波动。因此相比于价格序列，研究者因为收益率序列的平稳性，以及现实的适应性和稳健性考量，通常使用收益率信息刻画追踪误差，建立指数追踪模型。但是价格序列保留了经过一阶差分后损失的部分信息，且价格数据更接近于实际，表现更为直观更容易为业界所利用，因此在指数追踪问题建模发展中也有相当数量的研究者采用价格数据建立优化模型。无论从收益率角度还是价格角度，都需要考虑两个基本问题。首先，也是最为重要的是如何刻画指数和追踪组合的差异，

---

① 英国《金融时报》2017 – 05 – 04 刊登了 ETF 供应商提出建立自己市场指数的想法。

即如何建立追踪目标。其次，需要添加哪些约束才能得到满足投资条件的追踪组合，即考量添加什么约束。研究者在尝试建立优化模型的过程中主要通过以上两个角度对指数追踪问题展开了研究并扩展了其内涵，进一步地推进了指数追踪优化复制方法在业内的普及和应用。

以下从收益率角度和价格角度，介绍指数追踪问题的研究现状。对于收益率角度，具体而言我们从两个视角来阐述指数追踪的发展，即模型分类和约束发展。进一步地，对于指数模型，我们将其分为 4 类，分别是马科维茨均值方差类、收益偏差类、因子模型类以及效用函数类。对于约束，我们主要说明稀疏约束在指数追踪中的发展。利用价格数据构建指数追踪模型的研究相对较少，介绍一些相关文献。

1. 收益率视角—建模思路

首先从收益率测度的角度进行指数追踪文献对于如何定量描述追踪误差的综述。关于追踪误差的描述，按照应用方法和定量分析工具，可以分为四类，即马科维茨均值方差类、收益偏差类、因子模型类及效用函数类。以下具体介绍 4 类建模思路。

（1）马科维茨均值方差类。

基于均值方差模型基本框架的指数追踪问题早被研究者研究，也是定量化研究指数追踪问题的开端。这类指数追踪模型的本质是在给定收益的基础上极小化指数和追踪组合收益的波动或者在给定指数和追踪组合收益波动的基础上极大化超额收益。指数型基金投资者根据自身业务需求需要在超额收益和风险波动两者之间权衡。特雷诺尔和布莱克（Treynor and Black，1973）在研究中首先将追踪组合的收益率和标的指数的收益率序列进行回归，利用历史数据计算残差的标准差并将其定义为追踪误差，这也是最早用定量方法给出追踪误差的定义。霍奇（Hodges，1976）最早用均值方差模型研究了指数追踪问题，并和马科维茨均值方差模型的有效前沿进行了比较。贝霍尔德（Perold，1984）认为指数追踪问题是尽可能寻找和标的指数收益率一致的追踪组合并且说明了用均值方差问题研究指数追踪问题是可行的。罗尔（Roll，1992）是使用均值方差模型系统性研究指数追踪问题的代表人物，定义追踪误差

（Tracking Error Variance，TEV），即追踪组合和标的指数收益序列差的方差。罗尔（Roll，1992）主要考虑了三类约束：第一类是通过因子模型分析框架给出追踪组合相对于标的指数的 beta 值；第二类是预期超额收益条件，即给定追踪组合相对于标的指数的预期超额收益；第三类是无偏差约束，保证追踪组合和标的指数上半偏差和下半偏差的和式为 0。在以上约束的基础上极小化 TEV，罗尔（Roll，1992）建立了数学上求解难度相当于二次规划问题的优化模型并且进一步分析了该模型追踪组合的利用马科维茨均值方差模型求得的最优投资组合的关系，认为通过该模型得到的追踪组合并不总是在马科维茨有效前沿上，在收益水平一定的条件下追踪组合具有更大的方差。乔里奥（Jorion，2003）扩展了 Roll 的研究，提出了常数 TEV 准则，约束中假定 TEV 为某一定制，极大化预期超额收益，进一步发展了使用 TEV 准则研究指数追踪问题的范围。罗韦德（Rohweder，1998）在目标函数中考虑交易费用，建立了含有交易成本的均值方差指数追踪模型，并认为被动型投资策略在长期来看要好于主动型投资策略。王明义（1999）在约束中考虑交易成本，建立了一类多目标指数追踪模型。近年来以均值方差模型框架研究指数追踪问题的文章较少，虽然用均值方差模型在特定约束下可以得到闭式解，具有计算简单时间成本较低的优势。但方差的先天缺陷使得极小化 TEV 无法有效追踪包含非对称收益证券（可赎回债券和资产抵押证券等）的标的指数。

（2）收益偏差类。

收益偏差类方法的目标是在考虑投资约束的基础上寻找和标的指数收益率最为相似的追踪组合。米德（Meade，1989）最早用标的指数和追踪组合的收益序列差的 L_2 范数作为追踪误差，建立了一类求解指数追踪问题的二次规划模型，在求解难度上和均值方差模型相当。加维奥罗诺基（Gaivoronoski，2005）同样给出了类似的定义，一般将其称为均方误差或者均方根误差，受限于当时的计算机性能，高维的二次规划问题求解起来并不便捷并且均方根误差将追踪组合高于指数收益的部分和追踪组合低于指数收益的部分给予了等同的权重，投资人通常会关注负偏差，即低于标的指数收益的部分，这与人们的投资心理相违背。鲁道夫（Rudolf，1999）在前人研究基础上，给出了四种线性追踪误差，都是关于指数收益和追踪组合收益序列差的函数，分别是将正偏差和负偏差等同视之的平均绝对偏差（mean absolute deviations，MAD），只关注下半偏差的平均下半偏差（mean absolute downside deviations，MADD），考虑负偏差和正偏差的最大偏离的最大绝对偏差（max absolute deviation，MAX）以及只考虑下半偏差最大偏离的最大绝对向下偏差（max absolute downside deviation，DMAX），在多国股票市场指数的检验结果显示应用线性追踪目标的指数追踪模型优于均值方差模型。比斯利（Beasley，2003）给出了不考虑指数结构的未来一段时间内追踪误差的定义，对每一期的追踪误差给予不同的权重，给出了更为一般的关于指数和追踪组合收益序列差的矩函数。目前以收益偏差的函数构建追踪目标成为研究者应用的主要方法。

（3）因子模型法。

因子模型方法认为证券的收益和宏观经济因素及某些财务指标相关，经典的因子模型有威廉夏普（William Sharpe）的单指数模型，法码—弗兰奇的三因子模型等。路德（Rudd，1980）最早使用单指数模型研究指数追踪问题，假设股票指数收益代表市场平均收益，则标的指数的关于市场的系统性风险 bata 值为 1。路德（Rudd，1980）认为追踪组合的 bata 值同样应该为 1，在满足该约束条件下极小化追踪组合关于指数回归后的残差，建立了一类新的线性指数追踪模型。豪根和贝克（Haugen and Baker，1990）应用多因子模型扩展了路德的研究，在追踪组合和标的指数 beta 值都为 1 的条件下通过最小化两者序列收益差的方差，建立了多因子情形下的指数追踪模型。费力诺（Frino，2004）结合不同的追踪误差，利用多因子方法建立指数追踪模型研究了对指数基金管理的影响。卡纳科兹（Canakgoz，2009）认为追踪组合和标的指数的 bata 值应该都为 1，在指数追踪问题中追踪组合的 alpha 应该尽可能接近于 0，在增强指数问题中 alpha 值应尽可能地大，考虑限制卖空约束、投资规模约束及交易费用约束等，建立了具有线性目标的稀疏指数追踪模型。

（4）效用函数法。

基于效用最大化的指数追踪问题，一般而言都是假设理性投资者都是期望效用最大化，泽尼（Zeniou，1996）极大化追踪组合的期望效用，对相对于标的指数的下半偏差施加惩罚，将模型应用于可赎回债券的研究，并追踪该市场的指数。孔西利奥（Consiglio，2001）使用效用函数理论研究了固定收益证券市场的指数追踪问题，考虑资本预算约束和限制卖空约束，基于摩根斯坦—冯诺依曼（Morgenstern-von Neumann）效用函数建立了一类新的指数追踪模型，其中目标函数是关于收益序列差的对数函数。效用函数的选择根据标的指数的变化也需要不断变化，目前对于选择何种效用函数缺乏定量的描述方法，因此这也限制了效用函数方法再指数追踪问题的进一步研究和应用。

以上介绍了基于收益率测度对指数追踪问题追踪目标，也就是追踪误差的刻画。可以发现在指数追踪问题研究的初始阶段使用均值方差模型框架，并结合有效前沿理论与方法对指数追踪问题的分析占据主流，这也从侧面说明了均值方差模型在投资组合领域的适应性、灵活性和衍生性。但是由于方差在刻画追踪目标存在的先天不足，限制了均值方差方法的进一步发展。后来的研究者提出用追踪组合和标的指数序列收益差的矩函数来衡量追踪误差，这其中有以均方误差代表的二次规划问题，以线性目标代表的线性规划问题。线性目标的指数追踪问题以其计算简便和对模型的可解释性，在 20 世纪 90 年代取得了广泛的应用。几乎和均值方差模型应用在指数追踪问题的同一时间，使用因子模型研究指数问题也获得了研究者的关注，通过因子模型建立的指数追踪模型一般都是线性问题，其间有众多研究者做出了开创性工作，但是因子选取的主观性较强，不同操作人员、不同标的市场，甚至不同时间段内都需要对因子进行调整，这限制了追踪精度的进一步提高。效用函数和因子方法相似，主观的判断会对建模产生较大影响。综上所述，基于收益偏差的矩函数以其良好的数学性质和在实际中的优异表现逐渐成为主流的追踪目标函数，研究者可以根据实际建模需求选择不同计算难度和追踪效果的追踪目标，如一阶矩对应的绝对偏差函数，二阶矩对应的均方误差函数等。

2. 收益率视角—模型求解

进入 21 世纪以来，研究重点在于对约束的刻画，尤其是基约束的刻画。传统的指数追踪问题考虑的约束一般有：资本预算约束，即保证资金全部使用完毕；投资比例约束，即给定每个资产投资比例的上下界；交易费用约束等。当标的指数包含的成份股数量过多时，投资者一个自然的想法是持有少量数目的股票来追踪指数的趋势，这样可以避免持有小盘股或者流通性较差的股票并且减少了交易和持有期间的交易费用和管理费用。因此限制进入追踪组合的股票数目在现实中具有重要经济含义，我们将限制股票数目的约束称为基约束（cardinality constraint）或者稀疏约束（sparse constraint）。对于传统约束而言，大都是关于投资比例的线性或者二次约束，在数学上并没有改变问题求解的难度或者本质，但是在约束中加入限制追踪组合规模的约束后，原有的优化模型变成了 NP 难题，科尔曼（Coleman，2006）证明了带有基约束的稀疏指数追踪模型是 NP 难题，对于 NP 难题在有效时间能得到全局最优解有很大的挑战。对于处理基约束的方法主要分为两种：一种是将原问题等价转化成一类混合整数规划问题，然后运用启发式算法求解；另一种是用其他连续函数近似基约束，然后设计新算法求解。

首先介绍第一类方法，比斯利（Beasley，2003）等在指数领域做出了开创性的研究，考虑固定比例的交易费用、限制卖空约束以及基约束，将目标函数分为追踪误差和超额收益两部分，给出了一类新的混合整数规划模型，并应用进化算法求解该问题。鲁伊斯（Ruiz，2009）等将基约束等价写成了 0 ~ 1 整数约束，追踪误差取为均方误差，为这类 0 ~ 1 混合整数规划问题设计了两步式混合遗传算法：第一步是确定进入追踪组合的成份股，第二步是根据这些股票求解一类二次规划问题，其中目标函数的值视为进化中的适应度，在全球各主要股票市场的实证表明该方法的计算效率很高且能得到近似的全局最优解。王美花（2012）等在研究稀疏指数追踪问题中在约束里考虑了 CVaR 风险，建立了考虑 CVaR 风险的 $0 \sim 1$ 混合整数规划模型，并利用了以上提出的混合遗传算法在香港恒生和英国富时指数上进行实证研究，说明加入 CVaR 约束明显降低了下行风险。大多数文献的研究都是基于启发式算法，在求解高维问题有着不错的表现。

第二类方法是用一系列的函数近似基约束，戴克和詹森（Dijk and Jansen，2002）在均值方差模型框架下研究了带有基约束的指数追踪问题，并用可微函数近似替代了基约束，利用罚函数方法将近似约束放入到目标中考量，将原问题转化为一类凸问题。科尔曼（2006）利用连续可微的非凸二次函数来逼近基约束，并通过求解近似模型获得具有最小追踪误差的追踪组合。

除了用以上的连续函数来近似外，还有一种思路是用统计学习的正则化算子理论来保证追踪组合的稀疏性，即用 L_p（$p \geqslant 1$）范数代替 L_0。正则化算子理论最早用于均值方差模型框架下投资组合选择问题，通过引入 L_1 和 L_2 正则化参数，投资者可以获得更加稀疏的投资组合，这也意味着更好的样本外表现和更少的交易费用。德米格尔（Demiguel，2009）等在纳森（Jagannathan，2003）等人研究基础上进行了扩展，通过对投资比例施加 L_1 和 L_2 约束控制资产收益的协方差矩阵，实证结果表明和传统的方法比较，样本外的 Sharpe-Ratio 更高。布罗迪（Brodie，2009）等在均值方差模型下研究了稀疏投资组合选择问题，并给出了带有正则化算子 L_1 的无约束稀疏指数追踪模型作为扩展应用，在该模型中，目标函数是均方误差和 L_1 范数的加权和，布罗迪（2009）等认为使用最小绝对收缩和选择算子方法可以有效地提高追踪组合的稀疏性、增强样本外的表现并且降低交易费用。范剑青（2008）等从数学和统计的视角研究了总风险暴露约束，即关于收益的 L_1 范数约束，并说明了在限制卖空条件下投资组合具有稀疏性。以上的研究中，都是通过为 L_1 或者 L_2 范数添加上界，基于均值方差框架的经验性研究证明了使用 L_1 正则化算子在允许卖空条件下可以获得稀疏解。虽然使用 L_1 和 L_2 代替 L_0，可以将原问题近似转化为凸问题，这使得从数学上求解变得容易。在考虑中国市场限制卖空特征后，对于指数追踪问题而言资本预算约束和限制卖空约束都是不可缺少的，但是在目标函数中使用 L_1 或者 L_2 正则化子会存在一些问题。比如对于待求解变量的 L_1 范数始终是 1，这影响了模型进一步获得稀疏解的能力；此外如何选择正则化参数，应用罚函数方法时如何选择合适的罚因子也是一个开放性问题。仍然使用这种近似方法无法保证总是可以获得稀疏的追踪组合。

一个更自然的想法是使用 L_p（$0 < p < 1$）范数，费恩霍尔茨（Fernholz，1998）研究中证明了 $L_{1/2}$ 范数可以克服 L_1 范数的不足，从而获得更稀疏的追踪组合。$L_{1/2}$ 本身是个非凸、非光滑且非利普希茨连续的函数，在模型中快速准确求解并不容易。徐宗本（2012）提出了一种求解带有 $L_{1/2}$ 范数的无约束优化问题的迭代半阈值算法并且显示给出了正则化参数的迭代公式，数值实验证明了该算法可以快速有效求解 $L_{1/2}$ 正则化问题。徐凤敏（2015）应用 $L_{1/2}$ 正则化方法建立了一类新的稀疏指数追踪模型并且结合迭代半阈值方法设计了混合半阈值算法，该算法分为两步：第一步在于应用半阈值算法确定进入追踪组合的股票集合；第二步求解一个二次规划问题。OR-library 数值实验表明，该模型具有更高的样本外精度和样本内外一致性。

3. 价格视角

以下介绍基于价格信息的指数追踪问题。使用价格信息研究指数追踪问题的文献相对较少，主要应用协整方法对价格时间序列进行回归分析，从而根据价格间的长期均衡趋势建立协整模型。卢卡斯（Lucas，1997）和亚历山大（Alexander，1999）最早应用协整理论研究资产配置问题。卢卡斯（Lucas，1997）使用协整理论讨论了连续时间框架下的风险规避问题，证明了战略投资在长期趋势下可以获得稳定收益。亚历山大（Alexander，1999）提出一个协整分析框架研究了配对交易问题。亚历山大和迪米特留（Alexander and Dimitriu，2005，2010）根据协整理论建立了投资组合用以检验指数追踪和增强指数是否可以带来 alpha 收益，他们认为基于协整的追踪组合可以改善传统的追踪误差方差模型。亚历山大和迪米特留（2005）利用指数和股票的对数价格序列，使用协整方法给出了指数追踪问题两步分析框架：第一步在于选择进入追踪组合的资产；第二步是运用协整理论确定各成分的权重和并利用詹森（Johansen）检验确定序列残差是否平稳。李俭富和马永开根据研究中的不足，考虑了中国市场上的卖空约束和成份股样本股动态调整的特点，基于证券的价格信息建立了指数追踪模型，并和追踪误差最小化模型结合，给出了一种新的指数追踪策略。科里利和马塞里诺（Corielli and Marcellino，2006）考虑股票指数的样本股随着时间更迭这一特征，将股票 $L_{1/2}$ 的价格序列和预先设定的因子回归以便用多因子模型解释价格的动态变化特征，极小化定义好的损失函数以保证追踪组合和指数价值相符合，通过蒙特卡罗模拟方法模拟价格序列残差的变化，利用最小二乘法求解各资产权重。

5.1.3 指数追踪模型

本节介绍几类常见的指数追踪模型，包括收益偏差模型、因子模型、均值方差模型。

1. 收益偏差模型

假设资产池数量为 N，$w \in \mathbb{R}^N$ 是追踪组合权重向量，$R \in \mathbb{R}^{N \times T}$ 是成分股历史收益矩阵，收益矩阵的列元素记为 $R_t \in \mathbb{R}^N$，$t = 1, 2, \cdots, T$，$R^I \in \mathbb{R}^T$，是指数收益向量，$R_t^I \in \mathbb{R}$，$t = 1, 2, \cdots, T$ 表示 R^I 第 t 个元素，$e \in \mathbb{R}^N$ 是元素全为 1 的向量。对于追踪误差 TE，主要有均方根误差（RMSE）、均方误差（MSE）如式（5－1）和式（5－2）所示。

$$TE_{RMSE} = \sqrt{\frac{1}{T}\sum_{t=1}^{T}\left(R_t - R_t^I\right)^2} \tag{5－1}$$

$$TE_{MSE} = \frac{1}{T}\sum_{t=1}^{T}\left(R_t - R_t^I\right)^2 \tag{5－2}$$

在以上追踪误差定义中，无论追踪组合的收益率是高于指数的收益率（称为正偏差）或是低于指数的收益率（称为负偏差），都要计入跟踪误差且权重一样，这与人们的期望不符。一般人们对负偏差更加关注，对以上误差的最小化并不会使效用最大化，马林格给出了均方根误差的另一变形并称对它的最小化等于对效用的最大化，定义如式（5－3）所示。

131

$$TE = \sqrt{\frac{1}{T}\sum_{t=1}^{T}\left[(R_t - R_t^I)(1 + (\tau - 1)\mathfrak{I}_{R_t < R_t^I})\right]^2} \quad (5-3)$$

其中 τ 用于调整权重的参数，$\tau \geq 1$；$\mathfrak{I}_{R_t < R_t^I}$ 是 0–1 指示变量，当 $R_t < R_t^I$ 时为 1，否则为 0。

鲁道夫、格伦和齐默尔曼（Rudolf, Jürgrn and Zimmerman, 1999）在进行指数追踪问题研究时，定义了四个线性追踪误差：平均绝对偏差（MAD），平均绝对向下偏差（MADD），最大绝对偏差（Max），最大绝对向下偏差（DMAX），其定义分别为式（5–4）~式（5–7）。

$$TE_{MAD} = \frac{1}{T}\sum_{t=1}^{T}|R_t - R_t^I| \quad (MAD) \quad (5-4)$$

$$TE_{MADD} = \frac{1}{T}\sum_{t=1}^{T}|R_t - R_t^I|\mathfrak{I}_{R_t < R_t^I} \quad (MADD) \quad (5-5)$$

$$TE_{MAX} = \max|R_t - R_t^I| \quad (MAX) \quad (5-6)$$

$$TE_{DMAX} = \max|R_t - R_t^I|\mathfrak{I}_{R_t < R_t^I} \quad (DMAX) \quad (5-7)$$

此外，比斯利、米德（Beasley、Meade, 2003）给出一般追踪误差，定义如式（5–8）。

$$TE = \frac{1}{T}\left[\sum_{t \in S}\Delta_t|R_t - R_t^I|^p\right]^{1/p} \quad (5-8)$$

其中，Δ_t 表示追踪组合与指数之间收益率差异的权重系数；p 表示追踪组合与指数之间收益率差异的惩罚参数，$p > 0$；S 表示时间序列，当 $S = \{t \mid t = 1,2,\cdots T\}$ 时 S 代表所有的时间序列，当 $S = \{t \mid R_t < R_t^I, t = 1,2,\cdots T\}$ 时 S 代表追踪组合的收益率比指数收益率低的时间序列。

从式（5–8）可以看到，不同时间的收益率差异对最后的追踪误差的影响可以不一样，由权重系数 Δ_t 决定。参数 p 取值不同可以定义多个误差：在 $\Delta_t = 1$ 时，$p = 1$，即为线性追踪误差中的平均绝对偏差；在 $\Delta_t = 1$ 时，$p = 2$，即为均方根误差。

应用比斯利（Beasley, 2003）提出的追踪误差的定义，我们将基于收益偏差的指数追踪模型，写为式（5–9）。

$$\min \quad TE$$
$$s.t. \quad e^T w = 1,$$

$$L \leqslant Aw \leqslant U \qquad (5-9)$$

其中 $w\mathbb{R}^N$ 是待求解的追踪组合内各资产的投资比例。$L \in \mathbb{R}^N$ 和 $U \in \mathbb{R}^N$ 对应追踪组合特定股票组合的投资比例上下界,$A \in \mathbb{R}^{N \times N}$ 为 0-1 矩阵,当 A 为对角矩阵且对角线元素全为 1,则该约束对追踪组合内的每个资产投资比例上下界给出限定,此时如果 $L \geqslant 0$,则对每只股票限制卖空。

2. 因子模型

路德(Rudd,1980)最早将单因子模型应用于指数追踪问题,在追踪组合的 β 值为 1 的条件下,极小化追踪组合的波动性。豪根和贝克(Haugen and Baker,1990)将单因子模型扩展到多因子模型,在路德的框架下拓展了因子模型的内涵。使用因子法指数模型时,先在指数收益率与各股票收益率之间进行线性回归,求出各股票收益率关于指数收益率的截距和斜率,再用截距和斜率定义目标函数,具体过程如下:

设第 i 个股票收益率与指数收益率之间的回归方程为 $r_{it} = \alpha_i + \beta_i R_t^I$,定义追踪组合的收益率式(5-10)

$$R_t = \sum_{i=1}^{N} w_i r_{it} = \sum_{i=1}^{N} w_i \alpha_i + \sum_{i=1}^{N} w_i \beta_i R_t^I \qquad (5-10)$$

式中 w_i 表示股票 i 在追踪组合中所占的权重。

对于指数追踪问题,追踪组合收益率 R_t 关于指数收益率 R_t^I 的线性回归斜率 $\beta = \sum_{i=1}^{N} w_i \beta_i$ 应尽可能地接近 1,截距 $\alpha = \sum_{i=1}^{N} w_i \alpha_i$ 应尽可能地接近于零。因此定义的指数目标函数为式(5-11)

$$\begin{aligned} &\min |\beta - 1| \\ &\min |\alpha| \end{aligned} \qquad (5-11)$$

进一步地,引入平衡因子 $\lambda \geqslant 0$ 将模型记为式(5-12)。

$$\begin{aligned} \min \quad & |\beta - 1| + \lambda |\alpha| \\ s.t. \quad & e^T w = 1, \\ & L \leqslant Aw \leqslant U \end{aligned} \qquad (5-12)$$

其中以上变量和约束的解释和模型式(5-9)中的含义相同。

3. 均值方差模型

令 $\sum \in \mathbb{R}^{n \times n}$ 为 n 个资产收益序列的协方差矩阵，$w_b \in \mathbb{R}^n$ 为标的指数成份股的权重向量，资产的预期收益向量为 $r \in \mathbb{R}^n$，罗尔（Roll，1992）用追踪误差的方差衡量来衡量追踪误差的波动性，即 $(w - w_b)^T \sum (w - w_b)$，则在保证期望超额收益的前提下，可以将指数追踪模型记为式（5 – 13）。

$$\min (w - w_b)^T \sum (w - w_b)$$
$$s.t. \quad (w - w_b)^T r = ER,$$
$$e^T w = 1,$$
$$L \leqslant Aw \leqslant U \qquad\qquad (5 - 13)$$

对于第一个约束，当 $ER = 0$ 时，该模型可用于指数追踪问题的求解，其他变量和约束的含义和模型式（5 – 9）中相同。

5.2 基于分层抽样的稀疏指数追踪

5.1 节已经介绍了指数追踪的分层抽样复制法和优化复制法，本部分将分层抽样复制法的优势和优化复制法结合起来，建立基于分层抽样的稀疏指数追踪模型，即在模型中考虑股票或者其他证券的分层，保证每个群组内至少选择一只股票并且追踪组合的总数不大于给定规模。

5.2.1 分析和记号

假设 N 只成份股按照行业分为 M 个群组，$N_j (1 \leqslant j \leqslant M)$ 为前 j 个群组的股票总数，显然有 $N_0 = 0, N_M = N$，不妨将一组解释变量 $x \in \{0, 1\}^N$ 按照所属群组分类，记为式（5 – 14）

$$x = (x_1, \cdots, x_{N_1}, x_{N_1+1}, \cdots, x_{N2}, \cdots x_{N_{M-1}+1}, \cdots, x_N)^T \quad (5 - 14)$$

其中，式（5 – 15）

$$x_i = \begin{cases} 1, \text{第 } i \text{ 只股票在追踪组合中} \\ 0, \text{第 } i \text{ 只股票不在追踪组合中} \end{cases} \qquad (5 - 15)$$

对于 $1 \leqslant j \leqslant M$，第 j 个群组的股票数目为 $N_j - N_{j-1}$，并且第 j 个群

组中选取追踪组合的股票数目为 $\sum_{i=N_{j-1}+1}^{N_j} x_i$，进一步地 $w = (w_1, w_2, \cdots w_N)^T$ 和向量 x 具有相同的股票排序，表示投资比例向量，且 w_i 表示第 i 只股票在追踪组合的投资比例。

令 $l = (l_1, l_2, \cdots l_N)^T \in \mathbb{R}^N$，其中 l_i 表示第 i 只股票的投资下界；$u = (u_1, u_2, \cdots u_N)^T \in \mathbb{R}^N$，其中 u_i 表示第 i 只股票的投资上界；$L = (L_1, L_2, \cdots L_M)^T \in \mathbb{N}_+^M$，其中 L_j 表示第 j 个群组至少选出 L_j 只股票；$U = (U_1, U_2, \cdots U_M)^T \in \mathbb{N}_+^M U$，其中 U_j 表示第 j 个群组最多选出 U_j 只股票；μ_j 表示第 j 个群组样本内的平均收益；σ_j 表示 j 个群组样本内收益的标准差；μ_j 由第 j 个群组内进入追踪组合的股票计算得到，样本规模为 $\sum_{i=N_{j-1}+1}^{N_j} x_i$。$\sigma_j$ 由第 j 个群组内的所有股票计算得到，样本规模为 $N_j - N_{j-1}$，实际中首先计算每只股票的标准差，然后取 $N_j - N_{j-1}$ 只平均值。

5.2.2 目标函数

一般而言，指数追踪问题需要在目标中考虑追踪误差，在本模型中不仅考虑追踪误差，还考虑了由于加入分层抽样导致的估计精度。

对于分层抽样问题，如何决定每个群组的采样数目对于估计的准确性有重大影响。3 种常用的配置方法分别是：等数量分配法，即从每个群组中选择相同的数目；比例分配法，按照群组的大小决定每个群组的采样数目；最后一种是最优分配方法。最优分配法的优势在于当群组的方差比较大时可以选择更多的样本，提高估计的准确性。在指数追踪问题中，最优分配法可以帮助我们建立一个各资产关联更弱的追踪组合。简单来讲分在一个群组中的股票具有更多的相似特征，如收益相关性和趋势一致性。使用最优分配方法可以增强组合的多样性避免同质性资产的累计。因此，由此种方法获得的追踪组合有望获得更出色的样本外表现。

不妨令 N 只股票总体平均收益的无偏估计为 $\bar{\mu}$，则有 $\bar{\mu} = \sum_{j=1}^{M} (N_j - N_{j-1}) \mu_j / N$。更进一步 $\bar{\mu}$ 的方差可以表示为式（5 – 16）

$$V(x) = \sum_{j=1}^{M} \left(\frac{N_j - N_{j-1}}{N} \right)^2 \frac{\left(N_j - N_{j-1} - \sum_{i=N_{j-1}+1}^{N_j} x_i \right) \sigma_j^2}{(N_j - N_{j-1}) \sum_{i=N_{j-1}+1}^{N_j} x_i} \quad (5-16)$$

可以发现 $V(x)$ 是关于解释变量 x 的函数，$V(x)$ 越小代表的估计精度越高。对于追踪误差，采用均方误差 $TE(w) = \frac{1}{T} \parallel R^l - Rw \parallel^2$，引入参数 $\lambda \in (0,1)$，权衡追踪误差 TE 和估计精度 $V(x)$，目标函数记为式（5 - 17）

$$f(w,x) = (1 - \lambda)V(x) + \lambda \frac{1}{T} \parallel R^l - Rw \parallel^2 \qquad (5 - 17)$$

以上的目标函数由两个独立部分组成，第一个部分是关于 0 ~ 1 向量 x 的函数，第二个是传统指数追踪问题中的追踪误差，通过引入参数 λ 将这两个目标纳入一个模型内考量，于传统的指数追踪模型相比，充分考虑了分层抽样方法对追踪效果的影响。

5.2.3 分层抽样的指数追踪模型

一些实际中的约束需要在建模中考虑，比如关于变量 w 的资金预算约束，即所有的资金都投资到追踪组合中。

$$\sum_{i=1}^{N} w_i = 1 \qquad (5 - 18)$$

考虑实际中管理需要，需要限制追踪组合中股票的数目为 K，于是添加稀疏约束，记为式（5 - 19）

$$\sum_{i=1}^{N} x_i = K.$$

$$L_j \leqslant \sum_{i=N_{j-1}+1}^{N_j} x_i \leqslant U_j, j = 1, 2, \cdots M \qquad (5 - 19)$$

其中，第一个约束限制整个追踪组合的股票数目，保证追踪组合的稀疏性；第二个约束限制每个群组的股票数目，保证每个群组的稀疏性，其中 K、L_j、U_j 都是正整数。

对进入追踪组合的股票添加合适约束，即给定最小和最大的投资比例范围，记为式（5 - 20）

$$l_i x_i \leqslant w_i \leqslant u_i x_i, i = 1, 2, \cdots N \qquad (5 - 20)$$

如果 $x_i = 1$，即该只股票进入追踪组合，且投资比例 w_i 在 $[l_i, u_i]$ 之间取值，当 $l_i \geqslant 0$ 时，对于第 i 只股票限制卖空。

根据以上的分析，建立基于最优分层抽样策略的指数追踪模型式 (5-21)

$$\min(1-\lambda)V(x) + \lambda TE(w)$$

$$s.t. \quad \sum_{i=1}^{N} w_i = 1$$

$$\sum_{i=1}^{N} x_i = K$$

$$L_j \leqslant \sum_{i=N_{j-1}+1}^{N_j} x_i \leqslant U_j, j = 1,2,\cdots M$$

$$l_i x_i \leqslant w_i \leqslant u_i x_i, i = 1,2,\cdots N$$

$$x_i \in \{0,1\}, i = 1,2,\cdots N \qquad (5-21)$$

式 (5-21) 是一类 $0 \sim 1$ 混合整数凸规划问题，以下进行可行性分析并给出有效求解算法。

为了确保式 (5-21) 可行域非空，需要多模型中设计的参数进行限制。首先，出于实际的需要，每个群组至少选择一只股票，即 $L_j \geqslant 1, j = 1,2,\cdots M$ 并且每个群组的股票数目上界不得超过 $K+1-\sum_{j=1}^{M} L_j$，以及该群组的总数 $N_j - N_j - 1$；最后，追踪组合的数目 K 应该在每个群组最小数目之和以及最大数目之和两者之间。综上所述，可以限制记为式 (5-22) ~式 (5-25)。

$$1 \leqslant L_j \leqslant U_j, \qquad (5-22)$$

$$l_i \leqslant u_i, \ i = 1,2,\cdots N, \qquad (5-23)$$

$$U_j \leqslant K, \quad U_j \leqslant K+1-\sum_{j=1}^{M}, \quad j = 1,2,\cdots M, \qquad (5-24)$$

$$\sum_{j=1}^{M} L_j \leqslant K \leqslant \sum_{j=1}^{M} U_j \qquad (5-25)$$

注意到有 N 个 $0 \sim 1$ 变量和 N 个连续变量，以及 $N+M+2$ 个整数、连续以及混合整数约束。与鲁伊斯（Ruiz, 2009）的稀疏指数追踪模型相比，多处了 M 个整数约束，但没有多余的变量引入。因此可见本模型计算复杂度并没有本质的变化，但是却包含了更多的信息。除了基于行业的分组方式，基于市值、换手率等的其他分类方式也可以应用到本模型中。

使用传统的整数规划求解算法，诸如分支定界法或者割平面法，并不能有效求解该问题，尤其是当涉及资产数目很多时。正则化方法对于本问题也不再适用，因此在下面设计新的求解算法。

5.2.4 分层混合遗传算法

考虑到模型中的分层结构，直接应用优化求解器如 Gurobi 或者 CPLEX 并不能有效求解，而传统的遗传算法忽略了该问题特殊的分层结构，因此我们将要设计一种有效的遗传算法，即分层混合遗传算法（stratified hybrid genetic algorithm，SHG），即算法 9，其中每一步迭代中只需要求解一个连续的优化问题。

交叉算子在遗传算法中对最后结果有着直接影响，鲁伊斯（Ruiz，2010）评价了不同交叉算法对带有基约束优化问题的表现，他认为 RAR 算子表现最佳。直接应用 RAR 并不适用式（5-21）中的分层抽样结构，为此我们设计了具有分层结构的 s-RAR 交叉算法，使得在进化中满足模型给定的约束条件。在步骤 1 中，和传统的 RAR 方法不同，我们为每一群组都给定了需要的集合；在第 2 步中，保证每个群组选择 L_j 只股票；在第 4 步中，将剩余的 $K - \sum_{j=1}^{M} L_j$ 只股票分配到各个群组中；最后，如果选择的股票数目不足 K，则从剩下的集合中任意选择使得变量 x 满足式（5-21）的约束。

算法 8：基于分层随机分配的重组交叉算子

（1）构造辅助集合。

① A_j：两个父代在第 j 个群组位置上编码都为 1 的股票，$j = 1,2,\cdots M$。

② B_j：两个父代在第 j 个群组位置上编码都为 0 的股票，$j = 1,2,\cdots M$。

③ $C_j = D_j$：两个父代在第 j 个群组位置上编码不相同的股票，$j = 1,2,\cdots M$。

④ E：空集合。

⑤构造集合 G_j，$j = 1,2,\cdots M$。

⑥ τ 包含 A_j 和 B_j 中的元素。

⑦ l 包含 C_j 和 D_j 中的元素。

（2）当 $j = 1,2,\cdots M$，重复以下步骤直到群组 j 中股票数目为 L_j 或者 G_j 是空集。

①从 G_j 中提取一个元素。

②如果这个元素来自 A_j 或者 C_j，并且不是 E 的元素，则将该元素加入子代染色体中；如果这个元素来自 B_j 或者 D_j，则将该元素加入集合 E。

（3）对于每一个空集 G_j，从第 j 个群组中随机选择尚未包含在内的股票加入子代，直到该群组满足约束要求。

（4）将剩余的集合令为 $G = U_{j=1}^{M} G_j$，$A = U_{j=1}^{M} G_j$，$B = U_{j=1}^{M} B_j$，$C = U_{j=1}^{M} C_j$，$D = U_{j=1}^{M} D_j$；当 $i = 1,2\cdots,K - \sum_{j=1}^{M} L_j$，重复如下步骤，直到子代染色体选择完毕，或者集合 G 是空集。

①如果该元素来自 A 或者 C，且不是 E 中的元素，并且加入该元素后所在群组的数目没有超过模型要求，则将该元素加入子代染色体。

②如果该元素来自 B 或者 D，则将该元素加入集合 E。

（5）如果该股票加入后没有超过该群组上界 U，则将该股票随机加入子代染色体。

分层混合遗传算法具体描述了计算细节，在初始化阶段，初始解必须满足式（5-21）对于每个群组和总体的稀疏要求，如果种群满足终止条件，我们选择具有最优适应度的 x 作为最后的结果。否则遗传算法将继续执行直到满足终止条件。经过选择、交叉和变异步骤，种群得到新的子代和相对应适应度，如果子代比种群中最差的个体表现优异，则更新种群进入下一步迭代。

算法 9：分层混合遗传算法

输入：按照以上分析对 N 只股票编号，每只股票代表一个基因，N 只股票中有 K 个编码为 1，代表选入追踪组合，且每个群组中编码为 1 的数目满足模型要求，其余为 0；随机生成一个包含 P 个个体的种群，其中每个个体都是迭代的初始点；令初始迭代次数 iter $= 0$，交叉概率为 M_u，最大迭代次数为 Max_{iter}，迭代精度为 ϵ；当满足精度 ϵ 或者 iter $= Max_{ite}$ 时，停止迭代，否则继续迭代；

（1）进化，如果 iter $\geqslant Max_{iter}$，或者种群中最大适应度和最小适应度小于 ε 则停止迭代，否则直接进入步骤（3）。

（2）选择，从种群中选择两个个体作为父代。

（3）重组，通过 s-RAR 交叉算法生成子代。

（4）变异，按照给定的变异率 M_{it} 对子代进行变异操作，并使得变异后的子代满足模型中的约束。

（5）计算，对于新的子代，计算式（5－21）适应度并替换种群中最差的个体，iter = iter + 1，回到步骤（2）。

输出：最优个体。

5.2.5　实证研究

这部分尝试使用式（5－21）研究中国市场的指数追踪问题，将提出的 SHG 算法和 s-RAR 交叉算子应用到问题的求解中。实证第一部分研究了三种策略（S-Strategy，O-Strategy，SO-Strategy）对上证 50 指数（SSE50）的追踪问题，并证明了 SHG 算法的有效性和求解效率；第二部分使用 SO-Strategy 和 O-Strategy 策略研究了中国市场的其他指数追踪问题，并给出了数值结果和部分结论。

1. 上证 50 指数

本节尝试研究上证 50 指数的追踪问题，首先比较 SHG 算法和 Gurobi 的计算效率，证明了 SHG 算法的性能；然后比较了不同三种策略，S-Strategy，O-Strategy，SO-Strategy 样本内外的表现，多数指标显示 SO-Strategy 策略在指数追踪问题的优越性。

首先介绍三种不同的指数追踪策略：S-Strategy，按照各个群组的市值占比，通过比例分配原则确定每个群组的采样数量 x，然后求解一个连续变量的二次规划问题得到最优投资比例；O-Strategy，按照介绍的混合遗传算法求解混合 0－1 二次规划问题得到最优的投资组合；SO-Strategy，使用 SHG 算法求解式（5－21）得到最优的 x 和 w。

数值实验数据集为上证 50 指数及成份股的每日价格数据，考虑到停牌因素共有 N = 49 只成份股，时间从 2014/07/04 到 2015/04/01，共计 180 条日收益率数据，采用前 120 条记录作为训练集，剩余 60 条记录作为测试集。我们在训练集上得到追踪组合，并在测试集上检验追踪效果。

为了保证模型的可行，令 $1 \leqslant K \leqslant N$，在 S-strategy 和 SO-strategy 中，考虑两个群组的情形 $M = 2$，每层的数量为，$N_0 = 0, N_1 = 22, N_2 = 49$。对于模型的其他参数，投资比例上下界为 $u_i = 0.5, l_i = 0.01, i = 1, 2, \cdots N$，每个群组的采样上下界为 $L_j = 1, U_j = K - M + 1, j = 1, 2, \cdots M$。在模型中考虑 5 个不同稀疏度 K，每个 K 连续且远小于 N。每个群组的方差 σ_j^2 由群组内所有股票的方差得到。对于 SHG 算法，种群的规模取为 $P = 100$，最大迭代次数 $Max_{iter} = 5000$，终止条件 $\varepsilon = 1.0e - 3$，交叉算子中的 $\tau = 2$，变异概率 $M_u = 0.1$。所有 MATLAB 和 Gurobi（Gurobi 是一款成熟的整数规划求解软件）中的参数设置为默认值。

（1）SHG 算法性能。

我们想要通过比较穷举法和 SHG 算法对于 O-strategy 策略的结果证明本文提出算法有效性。但是当 O-strategy 策略考虑 K 取较大值的情形时该方法并不可行。需要遍历的组合数 C_{49}^K 会呈现指数增长，直接比较穷举法和 SHG 算法需要高昂的计算成本。因此比较穷举法和 Gurobi 的结果，通过比较 Gurobi 和 SHG 说明本文算法的有效性。表 5 - 2 列举了这两种方法求解 O-strategy 策略下一般指数追踪模型所需计算时间和最后选择的股票。可以发现当 $K = 4$ 时，Gurobi 的 CPU 时间只需要 3.83 秒，但是穷举法在 30 分钟内得不到最优解。当 $K = 2, 3$ 时，穷举法和 Gurobi 选择了相同的股票。

表 5 - 2　　　　　　　　　穷举法和 Gurobi 计算结果对比

稀疏度	组合数 C_{49}^K	穷举法		Gurobi	
		资产	运行时间	资产	运行时间
$K = 2$	1.18E + 03	(12, 20)	11.27	(12, 20)	0.32
$K = 3$	1.84E + 04	(9, 20, 35)	223.76	(9, 20, 35)	1.38
$K = 4$	2.12E + 05	–	–	(1, 9, 20, 35)	3.83

Gurobi 可以处理 0 ~ 1 混合整数线性或者二次规划问题，表 5 - 3 列

出了在 O-strategy 和 SO-strategy 策略下，两种算法的计算结果。观察表格可以发现，当稀疏度从 3 变化到 7 时，SHG 算法所需的迭代次数和计算时间都在一个数量级，而 Gurobi 的计算时间从 1.38 秒增加到 261.68 秒。实验中当 K 值相同时，两种方法获得的追踪组合包含相同的股票和对应投资比例，因此可以证明 SHG 算法对式（5 – 21）是快速有效的。

表 5 – 3   SHG 算法和 Gurobi 计算结果对比

策略	稀疏度	Gurobi 运行时间（秒）	SHG	
			运行时间（秒）	迭代次数
O-Strategy	$K = 3$	1.38	6.24	1386
	$K = 4$	3.89	5.56	1116
	$K = 5$	29.53	6.44	1268
	$K = 6$	72.12	7.01	1269
	$K = 7$	261.68	8.31	1472
SO-Strategy	$K = 3$	1.28	4.76	892
	$K = 4$	3.67	7.63	1367
	$K = 5$	18.62	11.23	2085
	$K = 6$	65.88	11.37	1988
	$K = 7$	211.54	12.67	2076

（2）三种策略的比较分析。

这一部分比较 S-trategy、O-strategy、SO-strategy 三种策略在样本内外的指数追踪效果。按照之前的介绍，O-strategy、SO-tratey 两种策略构造的追踪组合都由 SHG 算法求解得到，S-strategy 则由比例法确定 x，然后求解二次规划问题得到追踪组合。

除了追踪误差 TE 为均方误差外，为了评价追踪组合的性能定义如下指标。

① Std_{TE} ，衡量追踪误差的鲁棒性。

追踪误差的鲁棒性是受到投资者关注的指标之一，首先将 t 阶段的追踪误差定义为式（5 - 26）。

$$TE_t = (I_t - R_t w)^2 \qquad (5 - 26)$$

追踪误差的鲁棒性可以由样本内外的关于 TE_t 的标准差得到，记为 Std_{TE} ，该值越小意味着误差的波动性越小，追踪组合的鲁棒性更强。

② $Mean_{corr}$ ，测量相关系数的绝对值。

我们希望将分组信息嵌入模型中可以使得追踪组合中任意两资产的相关性尽可能小。$Mean_{corr}$ 是任意两个股票相关系数求和的平均值，反映了追踪组合的多样性。该值越大则资产的相关性越高，组合的分散化越低。

③ $Cons$ ，测量样本内外追踪误差一致性。

$Cons$ 是样本内追踪误差和样本外追踪误差的绝对值。追踪组合在样本内表现出色不代表在样本外一定有好的追踪效果。该值越小意味着样本内外的一致性越强。

表 5 - 4 和表 5 - 5 列出了三种策略样本内外的实验结果。因为 O-Strategy应用较多，将其作为其他策略的比较对象。从表 5 - 4 可以发现 O-Strategy 策略在追踪误差 TE 上优于其他两种策略，这个观察是显然的，因为我们的模型考虑了更多的约束和信息。在 $Mean_{corr}$ 这一指标下，SO-Strategy 表现最好，说明该策略获得的追踪组合更加符合分散化投资的理念。表 5 - 5 展示了在样本外的表现，除了 $K = 3$ 时的个别例子，SO-Strategy 策略在追踪误差 TE 、鲁棒性 Std_{TE} 、相关性 $Mean_{corr}$ 、一致性 $Cons$ 指标上全面胜出。S-Strategy 虽然在样本外一致性上战胜了 O-Strategy，但其余指标均落后于 O-Strategy 和 SO-Strategy。

由此可得以下几点。

表 5 - 4 三种策略样本内计算结果对比

策略	稀疏度	资产	TE^{in}	Std_{TE}^{in}	$Mean_{TE}^{in}$	样本大小
O-Strategy	$K=3$	$(9,20,35)$	1.804E−05	4.663E−05	0.138	[2;1]
	$K=4$	$(1,9,20,35)$	9.030E−06	1.503E−05	0.179	[3;1]
	$K=5$	$(1,9,13,20,35)$	6.435E−06	1.014E−05	0.202	[4;1]
	$K=6$	$(1,9,13,20,26,35)$	5.260E−06	7.787E−06	0.189	[4;2]
	$K=7$	$(1,9,12,13,20,26,35)$	4.320E−06	6.810E−06	0.214	[5;2]
S-Strategy	$K=3$	$(13,28,29)$	1.168E−04	3.324E−04	0.408	[1;2]
	$K=4$	$(5,13,28,29)$	1.169E−04	3.331E−04	0.410	[2;2]
	$K=5$	$(5,13,28,29,31)$	8.292E−05	2.245E−04	0.370	[2;3]
	$K=6$	$(5,11,13,28,29,31)$	8.301E−05	2.257E−04	0.370	[3;3]
	$K=7$	$(5,11,13,28,29,31,47)$	6.491E−05	1.409E−04	0.320	[3;4]
$\lambda=0.1$ SO-Strategy	$K=3$	$(9,28,39)$	3.990E−05	7.868E−05	0.239	[1;2]
	$K=4$	$(1,9,31,35)$	1.265E−05	2.086E−05	0.161	[2;2]
	$K=5$	$(1,9,31,35,42)$	1.106E−05	1.898E−05	0.128	[2;3]
	$K=6$	$(4,9,20,26,29,35)$	5.824E−06	7.342E−06	0.173	[3;3]
	$K=7$	$(4,9,20,26,29,35,47)$	4.938E−06	6.251E−06	0.184	[3;4]
$\lambda=0.9$ SO-Strategy	$K=3$	$(9,20,35)$	1.804E−05	4.663E−05	0.138	[1;2]
	$K=4$	$(1,9,31,35)$	1.265E−05	2.086E−05	0.161	[2;2]
	$K=5$	$(1,9,20,29,35)$	6.792E−06	1.017E−05	0.198	[3;2]
	$K=6$	$(4,9,20,26,29,35)$	5.824E−06	7.342E−06	0.173	[3;3]
	$K=7$	$(4,9,12,20,26,29,35)$	4.344E−06	6.068E−06	0.198	[4;4]

表 5 - 5 三种策略样本外计算结果对比

策略	稀疏度	TE^{in}	Std_{TE}^{in}	$Mean_{TE}^{in}$	$Cons$
O-Strategy	$K=3$	9.332E−05	1.477E−04	0.173	7.528E−05
	$K=4$	7.095E−05	1.067E−04	0.185	6.192E−05
	$K=5$	5.885E−05	8.909E−05	0.235	5.242E−05
	$K=6$	4.722E−05	7.451E−05	0.242	4.196E−05
	$K=7$	3.807E−05	5.846E−05	0.267	3.375E−05

续表

策略	稀疏度	TE^{in}	Std_{TE}^{in}	$Mean_{TE}^{in}$	$Cons$
S-Strategy	$K=3$	1.096E−04	2.675E−04	0.407	7.200E−06
	$K=4$	1.093E−04	2.668E−04	0.407	7.600E−06
	$K=5$	9.553E−05	3.177E−04	0.408	1.261E−05
	$K=6$	9.600E−05	3.222E−04	0.409	1.299E−05
	$K=7$	1.140E−04	4.526E−04	0.382	4.909E−05
$\lambda=0.1$ SO-Strategy	$K=3$	5.938E−05	1.388E−04	0.216	1.948E−05
	$K=4$	6.041E−05	9.095E−05	0.181	4.776E−05
	$K=5$	4.962E−05	7.986E−05	0.170	3.856E−05
	$K=6$	3.361E−05	4.986E−05	0.227	2.779E−05
	$K=7$	2.651E−05	3.574E−05	0.227	2.157E−05
$\lambda=0.9$ SO-Strategy	$K=3$	9.332E−05	1.477E−04	0.173	7.528E−05
	$K=4$	6.041E−05	9.095E−05	0.181	4.776E−05
	$K=5$	5.258E−05	7.773E−05	0.209	4.579E−05
	$K=6$	3.361E−05	4.986E−05	0.227	2.779E−05
	$K=7$	2.557E−05	3.512E−05	0.253	2.123E−05

第一，Strategy 在样本内可以获得最小的追踪误差，但是可能存在过拟合现象；资产之间相关性介于另外两种算法之间；追踪误差的鲁棒性和 SO-Strategy 相当。在样本外追踪误差、相关性和鲁棒性介于另外两种算法之间，一致性表现最差。

第二，S-Strategy 在样本内追踪误差和相关性最大并且鲁棒性最差。在样本外追踪误差和鲁棒性仍然是三种策略中表现最差的并且组合内的相关性最强。

第三，SO-Strategy 在样本内追踪误差方面仅次于 O-Strategy，并且组合内相关性最低。在样本外具有最低的追踪误差和最小的组内相关性，且一致性和鲁棒性指标是三种策略中表现最好的。总而言之，SO-Strategy 策略能够得到最有效的追踪组合，在样本外的表现优于另外两种策略。

2. 其他指数

本节研究了中国股票市场上其他指数的追踪问题，分别是深证 100 指数（SZSE 100），上证 100 指数（SSE100）和沪深 300 指数（CSI300）。基于以上的测试结果，S-Strategy 策略比不上另外两种，因此只检测 O-Strategy 和 SO-Strategy 两种策略的追踪效果。相关的模型都采用本文提出的 SHG 算法求解，最终的实验结果也证明了 SO-Strategy 策略及相关式（5-21）在指数追踪问题上的优越性。

数据处理和上证 50 指数的处理方式相同，采用三种指数和其成份股 2014/07/04 到 2015/04/01 的收盘价数据，并剔除停牌股。其中深证 100 指数有 98 只成份股，上证 100 指数有 96 只成份股，沪深 300 指数有 300 只成份股。经过对价格数据处理，采用前 120 条收益率数据组成训练集，剩余 60 条记录构成测试集。在实验中将深证 100 和上证 100 指数分为 3 个群组，对应的股票数目为 [36；27；35]，[31；34；31]；将沪深 300 指数分为 5 类，类型数目为 [64；59；67；47；43]。参数 $\lambda = 0.1$，其余参数设置与上证 50 指数的实验部分相同。

比较 SO-Strategy 和 O-Strtegy 策略追踪效果，表 5-6、表 5-7 和表 5-8 展示了 O-Strategy 和 SO-Strategy 策略在中国股票市场上其他指数的实验结果。SO-Strategy 在 $Mean_{Corr}^{in}$、TE^{out} 和 $Cons$ 指标方面表现均优于 O-Strategy 策略。不同策略在群组数目的选择上并不一样，表 5-6 的 O-Strategy 策略从第一个群组中选择了最多数目的股票。可以计算深证 100 指数每个群组的方差为 $\sigma_1^2 = 4.142E-04$、$\sigma_2^2 = 3.650E-04$、$\sigma_3^2 = 5.453E-04$。SO-Strategy 策略在群组 2 中选择的股票数目最少。由于 SO-Strategy 策略引入了 $V(x)$ 函数，在每个群组内选择股票时除了考虑整体的追踪误差，还会考虑组内方差的大小，当组内方差相对大时会选择更多的股票，这一定程度上揭示了该策略相比于 O-Strategy 具有更小的组合内相关性，更好的样本外追踪精度和样本外一致性。

表 5 - 6 深证 100 指数追踪结果

策略	稀疏度	$Mean_{corr}^{in}$	TE^{out}	$Cons$	运行时间（秒）	样本大小
O-Strategy	$K = 6$	0.174	5.171E-05	3.674E-05	12.3	[3;1;2]
	$K = 7$	0.177	3.819E-05	2.613E-05	12.4	[3;2;2]
	$K = 8$	0.171	3.493E-05	2.454E-05	12.9	[3;3;2]
	$K = 9$	0.145	3.372E-05	2.534E-05	16.2	[5;2;2]
	$K = 10$	0.149	2.998E-05	2.273E-05	18.5	[5;3;2]
SO-Strategy	$K = 6$	0.152	5.518E-05	3.952E-05	20.9	[2;2;2]
	$K = 7$	0.140	3.656E-05	2.272E-05	44.4	[2;2;3]
	$K = 8$	0.162	2.936E-05	1.913E-05	34.8	[3;2;3]
	$K = 9$	0.144	3.122E-05	2.125E-05	44.9	[3;2;4]
	$K = 10$	0.128	2.673E-05	1.843E-05	41.5	[4;2;4]

表 5 - 7 上证 100 指数追踪结果

策略	稀疏度	$Mean_{corr}^{in}$	TE^{out}	$Cons$	运行时间（秒）	样本大小
O-Strategy	$K = 6$	0.174	9.276E-05	7.750E-05	26.6	[2;1;3]
	$K = 7$	0.157	9.300E-05	7.988E-05	11.8	[3;1;3]
	$K = 8$	0.164	8.761E-05	7.625E-05	10.0	[4;1;3]
	$K = 9$	0.143	4.243E-05	3.381E-05	12.5	[5;1;3]
	$K = 10$	0.134	3.260E-05	2.528E-05	15.3	[5;1;4]
SO-Strategy	$K = 6$	0.170	1.109E-04	9.418E-05	23.2	[2;2;2]
	$K = 7$	0.145	3.527E-05	2.107E-05	25.0	[2;3;2]
	$K = 8$	0.146	4.655E-05	3.455E-05	29.4	[2;3;3]
	$K = 9$	0.157	3.028E-05	2.030E-05	39.6	[3;3;3]
	$K = 10$	0.124	2.789E-05	2.027E-05	39.0	[3;4;3]

表 5 – 8　　　　　　　　　　　沪深 **300** 指数追踪结果

策略	稀疏度	$Mean^{in}_{corr}$	TE^{out}	$Cons$	运行时间（秒）	样本大小
	$K = 8$	0.169	3.143E – 05	2.333E – 05	15.3	[1 ; 2 ; 1 ; 3 ; 1]
	$K = 9$	0.145	3.539E – 05	2.928E – 05	16.7	[1 ; 1 ; 2 ; 3 ; 2]
O-Strategy	$K = 10$	0.150	3.351E – 05	2.812E – 05	19.3	[4 ; 0 ; 1 ; 4 ; 1]
	$K = 11$	0.148	3.583E – 05	3.139E – 05	20.5	[2 ; 0 ; 2 ; 4 ; 3]
	$K = 12$	0.141	2.215E – 05	1.735E – 05	25.8	[2 ; 1 ; 2 ; 4 ; 3]
	$K = 8$	0.138	4.458E – 05	3.420E – 05	45.3	[2 ; 2 ; 2 ; 1 ; 1]
	$K = 9$	0.137	3.149E – 05	2.232E – 05	47.3	[2 ; 2 ; 2 ; 2 ; 1]
SO-Strategy	$K = 10$	0.154	2.396E – 05	1.678E – 05	49.9	[2 ; 2 ; 2 ; 2 ; 2]
	$K = 11$	0.144	3.223E – 05	2.496E – 05	54.3	[3 ; 2 ; 2 ; 2 ; 2]
	$K = 12$	0.127	1.837E – 05	1.119E – 05	57.8	[3 ; 2 ; 3 ; 2 ; 2]

　　总而言之，在中国市场主要股票指数上的实验说明了嵌入分层信息的 SO-Strategy 策略和式（5 – 21）是合理的，并且可以有效提高追踪组合的多样性、样本外追踪效果和预测性能。

5.3　基于 L_0 的稀疏指数追踪

5.3.1　模型及算法

　　基于第一节的收益偏差框架，使用均方误差刻画追踪误差，在约束中考虑资产的上下界约束、资金约束及稀疏约束，则带有 L_0 约束（基约束）的稀疏指数追踪模型可以写为式（5 – 27）。

$$\min \quad \frac{1}{T} \sum_{t=1}^{T} \left(\sum_{i=1}^{N} r_{it} w - R_t^l \right)^2$$

$$s.t. \quad \sum_{i=1}^{N} w_i = 1,$$

$$l_i \leqslant w_i \leqslant u_i, i \in Supp(w), i = 1,2,\cdots,N,$$

$$w_i = 0, i \notin Supp(w), i = 1,2,\cdots,N,$$

$$\| w \|_0 = K \qquad (5-27)$$

其中 $Supp(w)$ 是权重向量的支撑集，当 $i \in Supp(w)$ 表示该资产选入追踪组合。式（5-27）是 NP 难题，因此高效找到一个全局最优解是很有挑战性的问题。我们先考虑下面的式（5-28）。

$$\min_{x \in \Delta_r^u} f(x) \qquad (5-28)$$

其中，$\Delta_r^u = (x \in \mathbb{R}^n, \sum_{i=1}^n x_i = 1, \| x \|_0 \leqslant r, 0 \leqslant x_i \leqslant u, i = 1; \cdots, n)$，$f$: $\mathbb{R}^n \to \mathbb{R}$ 是利普希兹连续可微函数。

可以看出，式（5-28）包含式（5-27）（有些符号不同，但是这不影响它们之间的关系）。式（5-28）可以应用非单调梯度投影算法求解，在本书第 2 章已经有过介绍，这里不再赘述。

一些学者尝试用近似方法求解式（5-27）。法斯特里希（Fastrich，2014）使用 $L_p (1 \leqslant p \leqslant 1)$ 来替代式（5-27）中的 L_0 约束。徐凤敏（Xu，2015）考虑了 $L_{1/2}$ 正则项下的松弛模型，并给出了混合半阈值算法来求解式（5-29）。

$$\begin{aligned} \min \quad & \| Rw - R^I \|_2^2 + \lambda \| w \|_{1/2}^{1/2} \\ s.t. \quad & e^T w = 1, \\ & l_i \leqslant w_i \leqslant u_i, i \in Supp(w), \\ & w_i = 0, i \notin Supp(w) \end{aligned} \qquad (5-29)$$

其中，$\lambda \geqslant 0$ 是正则化参数。混合半阈值算法分为两步，即选定 $L_{1/2}$ 正则化问题的支撑集以及求解在固定的 K 下的 QP 问题。我们在此先介绍无约束的例子，也就是说只考虑式（5-29）的目标函数极小化问题，然后再考虑如何处理约束条件。首先，我们先考虑求解式（5-29）的目标函数极小化问题式（5-30）。

$$\min \| Rw - R^I \|_2^2 + \lambda \| w \|_{1/2}^{1/2} \qquad (5-30)$$

显然，如果将 $L_{1/2}$ 正则化问题里面的参数 A 和 b 替换成 R 和 R^I，则模型（5-30）以看作是一个 $L_{1/2}$ 正则化问题，因此可以用介绍的半阈值迭代算法求解。假设 w^n 是当前迭代点，则迭代步很自然地是式（5-31）。

$$w_{n+1} = H_{\lambda_n, \mu_n}^{1/2} [w_n + \mu_n R^T (R^I - Rw_n)] \qquad (5-31)$$

它被称为关于 $L_{1/2}$ 正则化问题的半阈值算法。此外，如果我们需要用 K 只股票来追踪目标指数，那就意味着模型可以看作一个稀疏度为 K 的稀疏优化问题。我们按照式（5-32）~式（5-34）的方法来确定参数。

$$\mu_n = \mu_0 = \frac{1-\varepsilon}{\|R\|^2}, \lambda_n = \min\left\{\lambda_{n-1}, \frac{\sqrt{96}}{9}\|R\|^2 |[B_{\mu_n}(w_n)]_{K+1}|^{\frac{3}{2}}\right\}$$

$$(5-32)$$

其中，$H_{\lambda,\mu}^{1/2}(x) = (h_{\lambda,\mu}^{1/2}(x_1), h_{\lambda,\mu}^{1/2}(x_2), \cdots h_{\lambda,\mu}^{1/2}(x_N))$ 是半阈值算子，$i=1, \cdots, N$。

$$h_{\lambda\mu}^{1/2}(x_i) = \begin{cases} \frac{2}{3}|x_i|(1+\cos(\frac{2\pi}{3}-\frac{2\varphi\lambda(x_i)}{3})), & |x_i| \geqslant \frac{\sqrt[3]{54}}{4}(\lambda\mu)^{\frac{2}{3}} \\ 0, & \text{其他} \end{cases}$$

$$(5-33)$$

且

$$\cos\varphi_\lambda(x_i) = \frac{\lambda}{8}(\frac{|x_i|}{3})^{-\frac{3}{2}} \qquad (5-34)$$

对于任意的 $\varepsilon \in (0,1)$，$B_{\mu_n}(w_n) = w_n + \mu_n R^T(R^I - Rw_n)$ 以及 K。当我们按照如上步骤操作时，迭代算法是合适的，正则化参数的选择是随意的。接下来第二步，通过选择投资比例 w 的支撑集，我们得到最优投资比例，当 $i \in Supp(w)$ 时，$w_i = 0$ 剩下的投资比例不为 0 的资产的投资比重可以通过求解下面的问题来得到式（5-35）。

$$\min \quad \|\overline{R}w - R^I\|_2^2$$
$$s.t. \quad e^T w = 1,$$
$$l_i \leqslant w_i \leqslant \mu_i, i \in Supp(w) \qquad (5-35)$$

其中，$\overline{R} \in \mathbb{R}^{K \times T}$ 是投资比例不为 0 的相关股票的收益率矩阵。这里存在一个可以非常有效求解式（5-35）的算法，实证中我们使用 Matlab 软件中自带二次函数求解器来计算该模型。

5.3.2 实证分析

在本节，我们对非单调投影梯度算法、混合半阈值算法以及混合进化算法进行了实证分析，比较了三者的在求解指数追踪问题中的表现。

其中非单调投影梯度算法求解了一个投资比例上限为 $u = 0.5$ 时的 L_0 约束优化问题，混合进化算法求解的是一个混合整数规划，即中的 Torru-biano 模型，混合半阈值算法求解的是 5.2 节介绍的 $L_{1/2}$ 正则化问题。

本节所用的数据主要来自 OR-library 以及沪深 300。对于前者，我们主要采用了从 1992 ~ 1997 年的恒生、达克斯 100、富时、标准普尔 100、日经 225、标准普尔 500、罗素 2000 以及罗素 3000 指数；对于后者，我们采用了沪深 300 从 2011 ~ 2013 年的数据。根据数据的规模，我们将上面的的数据集分为大数据集以及小数据集，其中小数据集有恒生、达克斯 100、富时、标准普尔 100 以及日经 225 指数，大数据集有沪深 300、标准普尔 500、罗素 2000 以及罗素 3000 指数。像托鲁比亚诺和阿尔伯托（Torrubiano and Alberto，2009）所说的那样，将数据集分为训练集和测试集，其中训练集称为样本内集集合，用来计算样本内的最优投资比例，而测试集称为样本外集合，用来检测模型的解的好坏。我们使用 TEI 表示追踪组合在样本内的追踪误差，TEO 表示追踪组合在样本外的追踪误差，并将每种方法得到的追踪组合的真实稀疏度记为 S_{true}。

接下来我们介绍用来判断三种方法的样本外表现以及一致性的判断准则。

一致性判断准则：我们沿用上节中 $Cons$ 的定义，具体表达式为式（5 – 36）。

$$Cons(A) = | TEI_A - TEO_A | \qquad (5 - 36)$$

其中 TEI_A 和 TEO_A 是方法 A 在样本内和样本外的投资组合的追踪误差。$Cons(A)$ 的值越小，意味着方法 A 的一致性越高。

方法优劣判断准则：首先，我们定义式（5 – 37）。

$$SupO(A,B) = \frac{TEO_B - TEO_A}{TEO_B} \times 100\% \qquad (5 - 37)$$

其中 TEO_A 和 TEO_B 是方法 A 和方法 B 在样本外的追踪误差。显然，当 $SupO(A,B) > 0$，TEO_B 比 TEO_A 更大，也就是说方法 A 比方法 B 在测试集上的表现更好。

对于非单调投影梯度算法，我们设 $L_{\min} = 10^{-8}$，$L_{\max} = 10^{8}$，$\tau = 2$，$c = 10^{-4}$，对于小数据集我们设 $M = 3$，对于大数据集我们设 $M = 5$。对于混合半阈值算法，其上下界分别为 0 和 0.5。对于混合进化算法，其上下界仍为 0 和 0.5，初始种群数为 100，变异概率为 1%，交叉概率为 50%。此外，当相邻两次迭代解的差的绝对值小于 10^{-6}（仅对于前两种方法）或迭代步数达到 10000 步是迭代停止，而且三种方法取得初始解都相同。

最后，我们给出实证结果。我们比较了非单调投影梯度算法、混合进化算法以及混合半阈值算法在小数据集以及大数据集上的表现，为了方便计，我们将这三种方法简记为 L_0，MIP 以及 $L_{1/2}$ 方法（因为三种方法分别针对 L_0，MIP 以及 $L_{1/2}$ 模型）。为了更客观的比较三种方法，我们在三种方法取相同的股票数量去追踪指数。

1. 小数据集的实验结果

在 5.3 节中，我们首先比较非单调投影梯度算法与混合遗传算法和混合半阈值算法在恒生指数、达克斯 100、富时指数、标准普尔 100、日经 225 指数这 5 个小数据集上的性能。为了公平地比较这些方法的性能，我们调整了它们的模型参数，使得到的投资组合具有相同的资产规模。

数值结果如表 5-9 和表 5-10 所示，其中 N 为数据集中的资产数量。表 5-9 中展示了上述三种方法产生的追踪组合的样本内误差和样本外误差。可以发现，在给定不同稀疏度下，三种方法的真实稀疏度和给定水平相同。在表 5-11，我们展示三种方法样本内误差和样本外误差的一致性 Cons，以及 L_0 方法和 $L_{1/2}$ 以及 L_0 方法和 MIP 的比较结果。从表 5-10 中，我们可以得出以下观察结果。

第一，观察一致性指标，基于非单调投影梯度算法的 L_0 比其他两种方法的一致性更高：L_0 与 MIP 方法在所有 30 个算例（100%）中都有关系 $Cons(L_0) < Cons(MIP)$，L_0 和 $L_{1/2}$ 方法在 30 个算例中的 22 个算例（77.3%）中都有关系 $Cons(L_0) < Cons(L_{1/2})$。

第二，根据方法优劣判断准则，基于非单调投影梯度算法的 L_0 样本外表现也更好：L_0 与 MIP 方法在 30 个算例中的 27 个算例（90%）都有关系 SupO$(L_0, MIP) > 0$，L_0 和 $L_{1/2}$ 方法在 30 个算例中的 28 个算例（93.3%）中都有关系 SupO$(L_0, L_{1/2}) > 0$。

2. 大数据集的实验结果

我们比较非单调投影梯度算法与混合遗传算法和混合半阈值算法在沪深 300 指数、标准普尔 500、罗素 2000 以及罗素 3000 这 4 个大数据集上的性能。为了公平地比较这些方法的性能，我们调整了它们的模型参数，使得到的投资组合具有相同的资产规模。

数值结果如表 5–11 和表 5–12 所示，其中 N 为数据集中的资产数量。表 5–11 中展示了上述三种方法产生的追踪组合的样本内误差和样本外误差。可以发现，在给定不同稀疏度下，三种方法的真实稀疏度和给定水平相同。在表 5–12 我们展示三种方法在大数据集上的计算时间，样本内误差和样本外误差的一致性 $Cons$，以及 L_0 方法、$L_{1/2}$、L_0 方法和 MIP 的比较结果。从表 5–12 中，我们可以得出以下观察结果。

（1）观察一致性指标，基于非单调投影梯度算法的 L_0 比其他两种方法的一致性更高：L_0 与 MIP 方法在所有 28 个算例（100%）中都有关系 $Cons(L_0) < Cons(MIP)$，L_0 和 $L_{1/2}$ 方法在 28 个算例中的 25 个算例（89.3%）中都有关系 $Cons(L_0) < Cons(L_{1/2})$。

（2）根据方法优劣判断准则，基于非单调投影梯度算法的 L_0 样本外表现也更好：L_0 与 MIP 方法在 28 个算例中（100%）都有关系 SupO$(L_0, MIP) > 0$，L_0 和 $L_{1/2}$ 方法在 28 个算例中的 26 个算例（92.9%）中都有关系 SupO$(L_0, L_{1/2}) > 0$。

（3）在大数据计算问题上，NPG 算法最具效率，其次是 $L_{1/2}$，最没有效率的方法是 MIP。

表5-9 三种方法在小数据集上样本内外计算结果

Index	S_{true}	稀疏度	L_0		MIP		$L_{1/2}$	
			TEI	TEO	TEI	TEO	TEI	TEO
Hang Seng (N=31)	5	5	6.23E−05	5.17E−05	5.69E−05	8.87E−05	8.36E−05	7.07E−05
	6	6	4.29E−05	3.45E−05	4.85E−05	7.82E−05	8.58E−05	7.19E−05
	7	7	2.37E−05	3.83E−05	3.26E−05	5.38E−05	6.45E−05	4.59E−05
	8	8	2.38E−05	2.50E−05	2.06E−05	3.09E−05	3.20E−05	2.95E−05
	9	9	2.00E−05	2.16E−05	1.95E−05	2.80E−05	3.96E−05	2.44E−05
	10	10	1.58E−05	1.55E−05	1.86E−05	2.77E−05	2.33E−05	2.34E−05
DAX (N=85)	5	5	4.10E−05	1.08E−04	2.21E−05	1.02E−04	4.88E−05	1.18E−04
	6	6	3.07E−05	1.00E−04	1.82E−05	9.43E−05	3.86E−05	1.13E−04
	7	7	2.56E−05	9.68E−05	1.47E−05	1.02E−04	2.47E−05	1.04E−04
	8	8	1.68E−05	8.71E−05	1.48E−05	8.78E−05	2.66E−05	1.04E−04
	9	9	1.54E−05	8.23E−05	1.05E−05	8.63E−05	3.44E−05	9.36E−05
	10	10	1.88E−05	8.11E−05	8.21E−06	7.76E−05	2.23E−05	9.72E−05

续表

Index	S_{true}	稀疏度	L_0		MIP		$L_{1/2}$	
			TEI	TEO	TEI	TEO	TEI	TEO
FTSE (N=89)	5	5	1.05E-04	8.43E-05	6.92E-05	9.87E-05	1.22E-04	8.80E-05
	6	6	7.29E-05	8.74E-05	5.50E-05	9.14E-05	1.04E-04	8.78E-05
	7	7	6.83E-05	8.18E-05	4.15E-05	1.02E-04	6.70E-05	9.67E-05
	8	8	5.81E-05	6.00E-05	3.50E-05	7.44E-05	6.11E-05	7.10E-05
	9	9	6.51E+05	5.67E-05	2.49E-05	8.59E-05	7.08E-05	5.72E-05
	10	10	6.70E-05	6.94E-05	2.18E-05	8.01E-05	5.43E-05	7.27E-05
S&P (N=98)	5	5	8.74E-05	8.94E-05	4.50E-05	1.14E-04	1.02E-04	1.14E-04
	6	6	5.87E-05	8.47E-05	3.37E-05	1.01E-04	7.93E-05	8.88E-05
	7	7	3.51E-05	7.69E-05	3.36E-05	8.93E-05	6.70E-05	7.58E-05
	8	8	5.50E-05	5.75E-05	2.51E-05	7.35E-05	6.41E-05	6.58E-05
	9	9	3.71E-05	5.09E-05	2.11E-05	5.92E-05	5.78E-05	6.56E-05
	10	10	2.93E-05	4.57E-05	1.85E-05	5.10E-05	5.22E-05	5.07E-05
Nikkei (N=225)	5	5	1.34E-04	1.32E-04	6.02E-05	1.44E-04	1.22E-04	1.43E-04
	6	6	9.48E-05	9.92E-05	5.13E-05	1.20E-04	8.26E-05	9.71E-05
	7	7	7.72E-05	9.77E-05	3.93E-05	1.11E-04	6.89E-05	1.11E-04
	8	8	9.24E-05	8.70E-05	3.12E-05	1.18E-04	7.09E-05	9.09E-05
	9	9	4.87E-05	7.68E-05	2.78E-05	1.18E-04	4.52E-05	8.22E-05
	10	10	6.39E-05	6.75E-05	2.36E-05	8.25E-05	5.37E-05	6.77E-05

表 5 - 10   三种方法在小数据集上的比较结果

Index	稀疏度	$Cons(L_0)$	$Cons(MIP)$	$Cons(L_{1/2})$	$SupO(L_0;MIP)$	$SupO(L_0;L_{1/2})$
Hang Seng (N=31)	5	1.05E-05	3.18E-05	1.29E-05	41.70	26.80
	6	8.37E-06	2.97E-05	1.39E-05	55.90	52.10
	7	1.46E-05	2.13E-05	1.86E-05	28.80	16.40
	8	1.23E-06	1.03E-05	2.43E-06	19.00	15.30
	9	1.66E-06	8.50E-06	1.52E-05	22.90	11.40
	10	3.54E-07	9.15E-06	8.50E-08	44.30	33.90
DAX (N=85)	5	6.72E-05	7.97E-05	6.94E-05	-6.28	8.47
	6	6.95E-05	7.61E-05	7.49E-05	-6.27	11.70
	7	7.12E-05	8.69E-05	7.96E-05	4.72	7.26
	8	7.03E-05	7.30E-05	6.70E-05	0.79	6.96
	9	6.69E-05	7.58E-05	6.28E-05	4.68	15.30
	10	6.23E-05	6.94E-05	8.11E-05	-4.52	21.60

续表

Index	稀疏度	$Cons(L_0)$	$Cons(MIP)$	$Cons(L_{1/2})$	$SupO(L_0;MIP)$	$SupO(L_0;L_{1/2})$
FTSE ($N=89$)	5	2.11E−05	2.95E−05	3.40E−05	14.60	4.27
	6	1.45E−05	3.64E−05	1.66E−05	4.41	0.42
	7	1.35E−05	6.05E−05	2.98E−05	19.80	15.40
	8	1.85E−06	3.94E−05	9.95E−06	19.30	15.50
	9	8.39E−06	6.11E−05	1.36E−05	34.00	0.74
	10	2.46E−06	5.83E−05	1.85E−05	13.30	4.52
S&P ($N=98$)	5	2.10E−06	6.93E−05	1.17E−05	21.70	21.30
	6	2.60E−05	6.70E−05	9.48E−06	15.90	4.66
	7	4.18E−05	5.57E−05	8.80E−06	13.90	−1.40
	8	2.58E−06	4.83E−05	1.70E−06	21.70	12.60
	9	1.38E−05	3.81E−05	7.81E−06	14.00	22.40
	10	1.64E−05	3.25E−05	1.49E−06	10.40	9.96
Nikkei ($N=225$)	5	2.10E−06	8.39E−05	2.14E−05	8.28	7.81
	6	4.38E−06	6.83E−05	1.46E−05	17.00	−2.11
	7	2.05E−05	7.16E−05	4.19E−05	11.90	11.80
	8	5.40E−06	8.64E−05	2.00E−05	26.10	4.20
	9	2.81E−05	8.98E−05	3.70E−05	34.80	6.60
	10	3.60E−06	5.89E−05	1.39E−05	18.10	0.23

表 5 - 11　三种方法在大数据集上样本内外计算结果

Index	S_{true}	稀疏度	L_0		MIP		$L_{1/2}$	
			TEI	TEO	TEI	TEO	TEI	TEO
CSI 300 (N=300)	5	5	3.34E-05	2.19E-05	1.21E-05	2.43E-05	2.39E-05	1.99E-05
	6	6	2.34E-05	2.11E-05	1.17E-05	2.37E-05	1.91E-05	2.11E-05
	7	7	1.86E-05	1.98E-05	7.84E-06	2.36E-05	1.51E-05	2.09E-05
	8	8	1.67E-05	1.68E-05	7.68E-06	2.04E-05	1.42E-05	1.92E-05
	9	9	1.67E-05	1.54E-05	7.23E-06	1.85E-05	1.26E-05	1.63E-05
	10	10	1.13E-05	1.21E-05	6.42E-06	1.51E-05	1.32E-05	1.33E-05
	20	20	6.29E-06	7.29E-06	2.92E-06	7.65E-06	6.40E-06	7.64E-06
	30	30	3.72E-06	5.14E-06	2.07E-06	5.20E-06	4.15E-06	5.55E-06
	40	40	2.39E-06	4.17E-06	1.58E-06	7.63E-06	3.05E-06	5.30E-06
	50	50	2.87E-06	3.28E-06	1.90E-06	5.00E-06	2.03E-06	4.53E-06
S&P (N=457)	80	80	2.85E-06	7.82E-05	2.65E-06	9.98E-05	1.37E-05	9.85E-05
	90	90	2.43E-06	7.52E-05	3.01E-06	1.24E-04	1.08E-05	9.98E-05
	100	100	2.13E-06	7.39E-05	2.50E-06	9.69E-05	9.08E-06	1.04E-04
	120	120	1.66E-06	7.59E-05	2.58E-05	1.04E-04	6.42E-06	9.35E-05
	150	150	1.52E-06	7.95E-05	5.64E-06	1.25E-04	5.18E-06	1.07E-04
	200	200	1.57E-06	7.94E-05	2.13E-06	9.80E-05	2.72E-06	9.09E-05

续表

Index	S_{true}	稀疏度	L_0		MIP		$L_{1/2}$	
			TEI	TEO	TEI	TEO	TEI	TEO
Russell2000 (N=1318)	80	80	4.02E-06	2.07E-04	3.62E-06	2.89E-04	2.92E-05	2.34E-04
	90	90	3.51E-06	2.08E-04	4.95E-06	2.76E-04	2.76E-05	2.45E-04
	100	100	3.18E-06	1.70E-04	2.61E-06	2.60E-04	2.09E-05	2.13E-04
	120	120	2.32E-06	1.68E-04	2.80E-06	2.49E-04	1.71E-05	2.61E-04
	150	150	1.99E-06	1.94E-04	1.16E-05	2.68E-04	1.20E-05	2.66E-04
	200	200	9.83E-07	2.28E-04	1.42E-06	3.31E-04	6.89E-06	3.18E-04
Russell3000 (N=2151)	80	80	6.24E-06	1.34E-04	3.90E-06	1.70E-04	2.62E-05	1.64E-04
	90	90	5.49E-06	1.14E-04	3.33E-06	1.21E-04	1.99E-05	1.47E-04
	100	100	4.10E-06	1.05E-04	3.48E-06	1.05E-04	1.87E-05	1.37E-04
	120	120	2.78E-06	9.82E-05	3.01E-06	1.06E-04	1.66E-05	1.26E-04
	150	150	1.63E-06	1.00E-04	2.48E-06	1.10E-04	1.46E-05	1.23E-04
	200	200	1.41E-06	1.06E-04	3.22E-06	1.09E-04	1.03E-05	1.57E-04

表 5 - 12　三种方法在大数据集上的比较结果

Index	稀疏度	Time MIP	L_0	$L_{1/2}$	$Cons(L_0)$	$Cons(MIP)$	$Cons(L_{1/2})$	$SupO$ $(L_0;MIP)$	$SupO$ $(L_0;L_{1/2})$
CSI 300 (N=300)	5	26.70	0.0114	1.96	4.05E-06	1.22E-05	5.65E-060	18.20	-5.24
	6	36.00	0.0113	2.17	2.32E-06	1.20E-05	1.96E-06	10.90	-0.080
	7	42.1	0.0039	2.31	1.22E-06	1.58E-05	5.83E-06	16.30	5.41
	8	13.50	0.0097	2.18	1.91E-07	1.27E-05	4.94E-06	17.30	12.10
	9	17.10	0.0078	2.50	1.35E-06	1.12E-05	3.66E-06	16.70	5.44
	10	14.60	0.0053	2.71	7.95E-07	8.67E-06	1.28E-07	19.70	8.72
	20	2.84	0.0078	4.30	1.00E-06	4.73E-06	1.23E-06	4.65	4.49
	30	1.97	0.006	6.47	1.42E-06	3.13E-06	1.40E-06	1.21	7.43
	40	2.20	0.0064	6.85	1.78E-07	6.05E-06	2.25E-06	45.40	21.40
	50	1.76	0.0083	7.65	4.10E-07	3.11E-06	2.50E-06	34.50	27.80
S&P (N=457)	80	63.60	0.0271	8.64	7.53E-05	9.72E-05	8.48E-05	21.70	20.70
	90	49.00	0.0207	10.20	7.28E-05	1.21E-04	8.90E-05	39.10	24.60
	100	77.00	0.0199	15.30	7.17E-05	9.44E-05	9.47E-05	23.70	28.80
	120	86.90	0.0187	13.30	7.42E-05	1.02E-04	8.71E-05	27.30	18.80
	150	58.70	0.0184	13.50	7.80E-05	1.20E-04	1.01E-04	36.60	25.40
	200	689.30	0.0197	13.70	7.78E-05	9.58E-05	8.82E-05	19.00	12.70

续表

Index	稀疏度	Time			$Cons(L_0)$	$Cons(MIP)$	$Cons(L_{1/2})$	$SupO$ $(L_0;MIP)$	$SupO$ $(L_0;L_{1/2})$
		L_0	MIP	$L_{1/2}$					
Russell 2000 (N=1318)	80	0.153	577.70	35.70	2.03E−04	2.85E−04	2.05E−04	28.30	11.60
	90	0.137	352.60	27.50	2.04E−04	2.71E−04	2.17E−04	24.70	15.00
	100	0.148	657.80	38.40	1.67E−04	2.58E−04	1.92E−04	34.60	20.10
	120	0.149	449.10	47.20	1.65E−04	2.46E−04	2.44E−04	32.60	35.60
	150	0.113	50.60	56.50	1.92E−04	2.56E−04	2.54E−04	27.60	27.30
	200	0.095	1352.70	46.40	2.27E−04	3.29E−04	3.11E−04	30.90	28.20
Russell 3000 (N=2151)	80	0.626	861.10	37.10	1.28E−04	1.66E−04	1.38E−04	21.00	18.60
	90	0.267	1039.50	47.90	1.08E−04	1.18E−04	1.27E−04	6.00	22.30
	100	0.269	913.10	48.50	1.01E−04	1.02E−04	1.19E−04	0.05	23.50
	120	0.248	658.70	88.00	9.54E−05	1.03E−04	1.09E−04	7.26	21.80
	150	0.216	878.70	74.90	9.83E−05	1.08E−04	1.09E−04	9.34	18.90
	200	0.342	1999.90	97.90	1.05E−04	1.05E−04	1.47E−04	2.30	32.40

5.4　小结

本章内容在系统性总结指数追踪问题起源、发展及现状的基础上，介绍了两类新的稀疏指数追踪模型，并给出了求解算法和实证分析。指数追踪问题的发展伴随着金融产品的创新，尤其是股指期货的产生，是股指期货套利及 ETF 基金管理的基石性问题。无论是业界还是学界都投入了相当多的精力去研究指数追踪问题，使得指数追踪问题的发展朝向应用化。多元化发展。本章在总结指数追踪问题的时候，按照两条主线即以收益率建模的指数追踪模型和以价格数据建模的指数追踪模型，分别进行了综述。其中以收益率建模的指数追踪模型是研究的主流方向，因此笔者按照目标函数和约束两个角度，进一步地将按照资产收益建模的指数追踪模型进行细化。本章列举了一些指数追踪问题的经典模型，包括收益偏差模型、因子模型和均值方差模型。进入 21 世纪，研究者试图将指数追踪模型和实际应用更加契合，因此一些更接近实际的约束，如交易费用约束、行业约束、稀疏约束等等，被引入到指数追踪模型之中。其中稀疏指数追踪模型因为可以通过少部分资产取得和利用全部资产相似的追踪效果，获得了更多的关注，逐渐成为研究热点。加入稀疏约束的指数追踪模型是 NP 难题，如何有效求解该问题是十分具有挑战性的。本章在 5.2 节和 5.3 节给出了 2 个稀疏指数追踪的模型，其中 5.2 节是考虑了分层情况的稀疏指数追踪模型，其原理是要保证追踪组合在行业层面上的应用多样性，并由此提出了考虑行业水平的 SHG 算法；5.3 节考虑了更一般的稀疏指数追踪模型，应用本书在第 2 章提出的非单调投影梯度算法，可以高效求解此类问题。5.2 节和 5.3 节中的实证分析验证了我们提出的稀疏指数追踪模型及算法的有效性。

第6章

指数型基金管理—稀疏超越指数

指数追踪作为重要的消极投资策略，其实质是构建一个投资组合，使之与标的指数表现尽可能一致。超越指数作为重要的积极投资策略，则是通过适时地把握市场时机和有技巧地选取追踪组合，获得比标的指数更高的收益回报，即战胜市场。显然，指数追踪只能获得一个与目标指数相似的收益，这样往往会导致指数追踪的回报低于追踪成本。而超越指数能够给投资者带来比目标指数收益更大的收益。由于越来越多的投资者已经不单单满足于消极的指数追踪投资策略，而是寻求收益更大的投资策略，因此超越指数问题的研究受到越来越多的关注。值得注意的是，超越指数是一个相对收益策略，它只能保证相对标的指数更大的收益，而并不能保证一个正的收益率。对于选择了超越指数策略的投资者来说，选择尽可能少的股票数量获得尽可能高的超额收益可以降低其投资组合的复杂性，因此一般来讲稀疏超越指数较超越指数的实践意义更大。

当投资者采取超越指数策略时，他不仅要考虑追踪误差这一要素，还要考虑指数复制的超额收益问题以及这两者之间的权衡关系。如果仅以追踪误差作为指数追踪的目标函数，所得追踪组合不一定能充分拟合指数的走势，因此必须同时考虑追踪误差和超额收益。基于上述思想，本章将对超越指数这一问题做详细阐述。

本章的具体安排如下：6.1 节介绍了超越指数的相关概念和研究现状；6.2 节介绍了稀疏超越指数的模型及相应的算法并且进行了实证检验；6.3 节介绍了稀疏随机超越指数的模型及相应算法，这里分别对单概率约束和双概率约束进行了阐述并且进行了实证检验，说明了模型和算法的有效性。

6.1 超越指数问题

超越指数技术在金融领域中主要有以下两个方面的应用：指数增强型基金管理和指数衍生产品套利。指数型基金起源于美国，2001 年 11月 8 日，我国成立了首只开放型指数基金，即华安 180 指数增强型基金，从此国内市场也开始正式引进指数化的投资理念。指数型基金具有很多优点，比如透明的管理模式、较低的管理成本、多样化以及分散化程度高等，因此受到了许多基金投资者的青睐。指数型基金可以分为以下两种：指数复制型基金和指数增强型基金（或称超越指数基金）。前者是指完全复制对应的目标指数组合，它的跌涨起伏都基本上和指数保持同步，对应于第 5 章的指数追踪策略；后者是将指数化投资和积极投资两个方面的优势有效地结合起来，在进行投资时，灵活性比较强，除了把指数作为标的物以外，还采取了许多积极的投资策略，通过适当的调整投资组合，使投资风险和收益尽可能达到平衡的状态，促使基金取得超过目标指数的投资收益，进一步达到资产长期稳定增值的目的，对应于本章的超越指数策略。迪巴托罗米奥（DiBartolomeo，2000）指出，指数增强型基金对于积极的基金管理者来说，是一个更好的投资选择。与传统的组合策略相比，指数增强型基金能够减少资本化偏见，而且能够更好地利用管理预测技巧。

由于证券市场的迅速发展，指数增强型基金的规模也在不断地壮大。从长期的业绩来看，自 2010 年以来，超过 70% 的指数增强型基金获得了超额收益，甚至一些基金的超额收益率能达到 10% 以上，为基金投资者提供了良好的工具。此外，股指期货也引起了投资者的关注，我国在 2010 年 4 月 16 日正式推出了第一支股指期货，即沪深 300 股指期货，这在一定程度上推进了超越指数技术的发展。

许多基金管理者都期望能够取得比目标指数更高的收益，为此他们往往会采用更多的新技术和开发更多的新策略来达到这一目的。这些策略一般可以分为以下 4 种：择股增强策略，增大收益率曲线，市场中性投资策略，金融衍生产品的投资和杠杆策略。艾哈迈德（Ahmed，2005）在这 4 种策略中，择股增强策略和基于衍生产品策略是超越指数投资的两种主要形式，它们都包含了积极管理策略的形式，即将一定比例的基金资产采取消极投资的方式，将剩余的基金资产采取积极投资的方式。但是，用于积极投资的那部分基金资产，有可能给投资者带来的回报高于指数收益率，也有可能低于指数收益率，他们能够成功选取股票可能是由于幸运，并且不能长期维持。因此，寻找一种有效的投资策略既能够长期持有，又保证投资者获得高于指数的超额收益率，是许多投资管理者正在努力追求的目标。

6.1.1 超越指数问题研究现状

超越指数问题是一个比较新的研究领域，在过去的 10 年中发展比较迅速，它能够有效地将消极和积极投资技术结合起来，是众多研究者关注的热点，人们对超越指数的研究成果主要集中在超越指数模型的建立和求解方面。比斯利、米德（Beasley，Meade，2003）将超越指数模型的目标函数定义为一个追踪误差和超额收益的加权函数，同时服从投资规模上限、投资比例上下界等约束，并通过启发式算法求解此问题。已有的超越指数模型主要分为以下几种：混合整数规划模型（目标为非线性或线性）、稀疏超越指数模型（含 L_0 或 $L_{1/2}$ 束）、机会约束下的超越指数模型（不含稀疏约束）等；相应的模型求解方法也很多，可以分为以下几类：多目标免疫算法、回归方法、随机控制方法、参数方法、聚类分析方法、启发式算法和协整分析方法等。下面我们对已有的模型以及相应的算法作一下简要介绍。

就目标函数为比率函数的超越指数模型发展来看，通常以夏普比率（Sharp Ratio）、索提诺比率（Sortino Ratio）以及 欧米伽比率（Omega Ratio）等作为模型的目标函数。然而由于夏普比率是基于均值方差所提出的比率，碍于均值方差模型本身的缺陷，研究者通过用下半标准差替代夏普比率中的标准差，得到修正后的索提诺比率作为超越指数模型的目标函数。如比斯利、米德（Beasley，Meade，2011）便通过极大化此比率建立了非线性超越指数模型。然而，同样作为评判投资组合表现的比率指标，由基廷、沙特威克（Keating，Shadwick，2002）提出的欧米伽比率显然具有更好的评判投资表现的能力。极大化欧米伽比率是一个非凸、非光滑问题，因此存在很多局部最优解。目前关于欧米伽比率的研究并不充分，其中部分研究通过设计启发式算法进行求解。瓜斯塔罗巴（Guastaroba，2016）提出了两个新的基于欧米伽比率的超越指数模型，其中第一个基于标准欧米伽比率的定义，第二个则考虑将欧米伽比率中的基准目标设为随机目标。此文献证明了欧米伽比率在一定变化下等价于调整后的索提诺比率，并证明了该非凸超越指数模型可在一定条件下转化为一个线性模型，降低了求解难度，且引入了投资组合的实际约束，如基约束、禁止卖空约束等约束。

在以往的模型中，通常通过混合整数规划控制投资股票个数，并没有将金融市场的随机性考虑在模型中。但是随着稀疏优化与概率约束规划的发展，超越指数模型得到了进一步的完善。通常，概率约束求解难度大，一般的解决方法是将其在某特殊分布下转化为一确定的优化问题或者由 CVaR、DC 等函数进行凸逼近替代概率约束。随着概率约束处理方法的发展，一种基于数据驱动的有效的概率约束转化方法得以提出，即分布式鲁棒法。而在实际投资中，基金经理往往会由多种原因如交易费用等，考虑投资组合规模的问题，也称稀疏约束问题。就此问题已有很多学者进行研究，促进了稀疏优化在超越指数中的应用，如勒热纳（Lejeune，2012）从博弈论角度提出了一个凸二阶锥规划超越指数模型。该模型能够在高概率下实现超额收益极大化，同时将风险控制在一定范围内。但是该模型并没有考虑投资组合规模的问题，在随后的研究中，徐凤敏等人（2018）提出了基于概率约束及基约束的稀疏超越指数模型，通过分布式鲁棒方法将概率约束转化为易于求解的二阶锥规划与半定规划，最终通过混合遗传算法求解此 NP 难题。实证分析表明在国际市场与中国市场上，该模型均有良好表现。由此，基于稀疏优化与概率约束规划的超越指数模型得到长足发展。

此外方勇（2005）以追踪误差最小化和超额收益最大化为目标，通过引入模糊关系函数建立了一个双目标的模糊指数追踪组合选择模型。吴梁川（2007）通过定义超额收益和追踪误差的预期值，构建超越指数模型为一个双目标规划问题，第一个目标是限制追踪误差低于3%，第二个目标是最大限度地获取超额收益。查韦斯—贝多亚和伯奇（Chávez-Bedoya，Birge，2014）以追踪组合收益与指数收益之间的相关系数、追踪组合收益的波动与指数收益的波动的比值以及追踪组合收益超过指数收益的期望值三者的线性组合为目标函数，建立了带参数的超越指数模型，给出了一个多目标非线性优化模型。勒吉恩（Lejeune，2012）从博弈理论的角度讨论了超越指数，其目标是最大限度地获取超额收益，同时确保相对市场风险不超过指定限制。瓜斯塔罗巴和斯佩兰扎（Guastaroba，Speranza，2012）给出了指数追踪和超越指数问题的混合整形线性规划模型，以追踪误差最小化为目标建立指数追踪模型，超越指数模型以战胜市场为目标，即寻求一个投资组合可以获得比指数更高的收益，同时保证追踪误差低于一个给定的阈值。罗曼（Roman，2013）等基于二阶随机占优构建超越指数模型。

6.1.2　超越指数模型

超越指数是一个相对较新的研究领域，研究工具和方法在最近 10 年中不断更新变化，研究内容也在不断深化。为此，6.1 节首先对已有超越指数模型进行简单介绍，在已有模型的基础上，通过引入稀疏性，建立了稀疏超越指数问题的模型。

超越指数是指构造一个投资组合，在保证追踪组合的收益率与目标指数的收益率尽量一致的条件下获得超额收益，即战胜市场。超越指数模型的建立，首先需要一个用于度量追踪组合与目标指数关系的指标，将其作为目标函数。然后在一定的约束条件下对目标函数进行最优化，便得到所需要的追踪组合。

P_{it}：股票 i 在时刻 t 的价格；I_t：指数在时刻 t 的价格；r_{it}：股票 i 在观察区间 $[t-1, t]$ 的收益率，当为对数收益率时 $r_{it} = \ln(P_{it}/P_{it}-1)$；当为算术收益率时 $r_{it} = (P_{it} - P_{it-1})/P_{it-1}$；$R_t^I$：指数在观察区间 $[t-1, t]$ 的收益率，当为对数收益率时 $R_t^I = \ln(I_t/I_{t-1})$；当为算术收益率时 $R_t^I = (I_t - I_{t-1})/I_{t-1}$；$R_t$：追踪组合在时刻 t 的收益率。下面我

们从目标函数、约束条件以及已有模型三个方面讨论。

1. 目标函数

（1）基于追踪误差和超额收益的目标函数。

超越指数的实质是构建一个投资组合，在最小化风险的同时，获得一个比目标指数尽可能高的收益，即最大化超额收益，最小化追踪风险。因此，在所有的目标函数定义中，最常见的是追踪误差最小化与超额收益最大化，即式（6－1）。

$$\min \quad TE$$
$$\min \quad ER \qquad (6-1)$$

式（6－1）中：TE 表示追踪组合与指数在样本内的追踪误差，主要有均方根误差（RMSE）、均方误差（MSE）等三种；ER 追踪组合与指数在样本内的超额收益；对于 ER，其定义如式（6－2）。

$$ER = \frac{1}{T} \sum_{t=1}^{T} (R_t - R_t^I) \qquad (6-2)$$

（2）基于回归的目标函数。

卡纳科兹、比斯利（Canakgoz，Beasley，2009）分别就线性回归和分位数回归建立了超越指数模型。如果先在指数收益率与各股票收益率之间进行线性回归，求出各股票收益率关于指数收益率的截距和斜率，再用截距和斜率定义目标函数，具体过程如式（6－3）。

若第 i 个股票收益率与指数收益率之间的回归方程为 $r_{it} = \alpha_i + \beta_i R_t^I$，定义追踪组合的收益率

$$R_t = \sum_{i=1}^{N} w_i r_{it} = \sum_{i=1}^{N} w_i \alpha_i + \sum_{i=1}^{N} w_i \beta_i R_t^I \qquad (6-3)$$

式（6－3）中 w_i 表示股票 i 在追踪组合中所占的权重。如果构建的追踪组合能获得超额收益的话，那么追踪组合收益率 R_t 关于指数收益率 R_t^I 的线性回归斜率 $\beta = \sum_{i=1}^{N} w_i \beta_i$ 应尽可能地接近 1，截距 $\sum_{i=1}^{N} w_i \alpha_i$ 应尽可能地大。

在线性回归情形下超越指数目标函数为式（6－4）。

$$\min |\beta - 1|$$
$$\max \alpha \qquad\qquad\qquad (6-4)$$

在建立超越指数模型时，如果先在指数收益率与各股票收益率之间进行分位数回归，求出各股票收益率关于指数收益率的截距和斜率，再用截距和斜率定义目标函数，具体过程如下：在 τ 分位数水平下，设第 i 个股票收益率与指数收益率之间的回归方程为 $r_{it} = \alpha_{i\tau} + \beta_{i\tau} R_t^I$，定义追踪组合的收益率为式（6-5）。

$$R_t = \sum_{i=1}^{N} w_i r_{it} = \sum_{i=1}^{N} w_i a_{i\tau} + \sum_{i=1}^{N} w_i \beta_{i\tau} R_t^I \qquad (6-5)$$

式（6-5）中 w_i 表示股票 i 在追踪组合中所占的权重。在分位数回归意义下，如果想要构建的追踪组合获得超额收益，那么应在 $\tau <$ 0.5 分位数水平下，追踪组合收益率 R_t 关于指数收益率 R_t^I 的线性回归斜率 $\beta = \sum_{i=1}^{N} w_i \beta_{i\tau}$ 尽可能地接近 1，截距 $\sum_{i=1}^{N} w_i \alpha_{i\tau}$ 尽可能地接近 0。

（3）基于欧米伽比率的目标函数。

欧米伽比率是由基庭、沙特威克（Keating、Shadwick，2002）首次提出的比率，该比率反映了收益分布的高阶信息的信息，是刻画投资表现的一种新的度量方式，对资产的上升和下降潜力进行了直观的描绘。欧米伽比率可以表示为式（6-6）。

$$\Omega(r_p) = \frac{\int_{r_p}^{b} [1 - F(r)] dr}{\int_{a}^{r_p} F(r) dr} = \frac{E[\{r - r_p\}_+]}{E[\{r - r_p\}_-]} \qquad (6-6)$$

其中，r_p 为预期收益，$[a, b]$ 为资产收益可能的取值范围，$F(r)$ 为资产收益的概率分布函数。

2. 约束条件

（1）资金平衡约束：资本预算约束是指所有可用的资金必须全部进行投资，不能有剩余，常见的约束表达形式为 $\sum_{i=1}^{N} w_i = 1$ 或者 $e^T w = 1$。其中，N 为股票总数目，w_i 为股票 i 在投资组合中所占的权重。

（2）投资权重的上下界约束：总资金投资在股票 i 上的比例一般有

一定的限制范围，不能过多也不能过少，常见约束表达为 $\varepsilon_i \leqslant w_i \leqslant \delta_i$。其中，$\varepsilon_i$ 为股票 i 在追踪组合中所占权重的下界，δ_i 为股票 i 在追踪组合中所占权重的上界。另外，通常要求 $\varepsilon_i > 0$，$\delta_i > 0$，即禁止对股票进行卖空操作。

（3）投资规模约束：为减少交易费用，通常要求购买的股票数量不能超过事先给定的某个数目，即 $\sum_{i=1}^{N} Z_i \leqslant K_{max}$ 或者 $\sum_{i=1}^{N} Z_i = K_{max}$。其中，变量 $Z_i = 0$ 或者 1，$i = 1, 2, \cdots, N$。

（4）交易费用约束：如果考虑交易费用，通常要求交易费用不超过初始资金量的某个比例，如 $c \leqslant \gamma C_0$。其中，c 为交易费用，γ 为比例系数，C_0 为初始资金量。

除以上约束条件外，通常还有流动性等约束。约束条件越多，所建立的模型越符合实际情况，当然模型越复杂，求解难度也越大。

3. 超越指数模型

在研究超越指数问题时，目前主要的超越指数模型有单目标模型和多目标模型等。

多斯、钦科蒂（Dose、Cincotti，2005）在研究超越指数时将目标函数定义为均方根误差与超额收益的线性组合，给出了如式（6-7）的超越指数模型。

$$\min \quad \tau \sqrt{\frac{1}{T} \sum_{i=1}^{T} (R_t - R_t^I)^2} - (1 - \tau) \frac{1}{T} \sum_{i=1}^{T} (R_t - R_t^I)$$

$$s.t. \quad \sum_{i=1}^{N} w_i = 1,$$

$$\sum_{i=1}^{N} sgn(w_i) = K,$$

$$0 \leqslant \alpha_i \leqslant w_i \leqslant \beta_i \qquad\qquad (6-7)$$

其中，τ 是用于平衡追踪误差与超额收益的调节参数，$0 \leqslant \tau \leqslant 1$；$sgn$ 为符号函数；K 追踪组合中股票的数目。当参数 $\tau = 0$ 时，只注重收益最大化；当参数 $\tau = 0$ 时，只注重追踪误差最小化；$0 < \tau < 1$ 时，则同时考虑超额收益和追踪误差，在两者之间作出平衡。具体求解时，τ 的取

值根据投资者的偏好而定。

在式（6-7）的基础上建立如式（6-8）稀疏超越指数模型。

$$\min \quad \tau \frac{1}{T} \sum_{t=1}^{T} \left(\sum_{i=1}^{N} r_{it} w - R_t^I \right)^2 - (1-\tau) \frac{1}{T} \sum_{t=1}^{T} \left(\sum_{i=1}^{N} r_{it} w - R_t^I \right)$$

$$s.t. \quad \sum_{i=1}^{N} w_i = 1,$$

$$0 \leqslant w_i \leqslant \delta_i, i \in Supp(w), i = 1, 2, \cdots, n,$$

$$w_i = 0, \ i \notin Supp(w), i = 1, 2, \cdots, n,$$

$$\| w \|_0 = K \tag{6-8}$$

在计算时，本书采用算术收益率，即第 i 只股票及指数在观察区间 $[t-1, t]$ 的收益率分别为：$r_{it} = \dfrac{P_{it} - P_{it-1}}{P_{it-1}}, R_t^I = \dfrac{I_t - I_{t-1}}{I_{t-1}}$ ，追踪组合在时刻 t 的收益率定义为：$R_t = \sum_{i-1}^{N} r_{it} w_i, t = 1, 2, \cdots, T$ ，$Supp(w) = \{i \mid w_i \neq 0\}$ 。

6.2 稀疏超越指数

在超越指数的研究当中，一般要求投资组合的规模越小越好，因为标的资产之间发生的任意资金流动都将产生交易成本，其重要性已经被一些研究者在实际投资案例中加以阐释。6.2 节介绍两种稀疏超越指数模型，分别是基于 $L_{1/2}$ 的稀疏超越指数和稀疏鲁棒超越指数模型。

6.2.1 基于 $L_{1/2}$ 的稀疏超越指数

对超越指数问题中的投资组合规模加以控制的一种常用策略是引入稀疏诱导的正则函数，即式（6-9）。

$$\min_{w \in W} \quad \tau TE - (1-\tau) ER + h(w) \tag{6-9}$$

其中，$W = \{w \in \mathbb{R}^N : e^T w = 1, 0 \leqslant w_i \leqslant \delta_i, i = 1, 2, \cdots, N\}$，$\delta_i \in \mathbb{R}_+$ 和 $K \in \mathbb{Z}_+$ 分别是投资组合权重的上界和规模。$TE = \dfrac{1}{T} \sum_{t=1}^{T} \left(\sum_{i=1}^{N} r_{it} w - R_t^I \right)^2$，$ER = \dfrac{1}{T} \sum_{t=1}^{T} \left(\sum_{i=1}^{N} r_{it} w - R_t^I \right)$，这里的 $h(w)$ 是一个稀疏诱导的正则函数，其

常用的形式列举如下所示。

（1） L_1 正则化（or LASSO）为式（6-10）。

$$h(w) = \lambda \sum_{i=1}^{N} w_i \text{对于所有} w_i \geqslant 0 ; \qquad (6-10)$$

（2）（ $L_{1/2}$ 正则化）为式（6-11）。

$$h(w) = \lambda \sum_{i=1}^{N} \sqrt{w_i} \text{ 对于所有} w_i \geqslant 0 ; \qquad (6-11)$$

（3） L_0 （基数）正则化为式（6-12）。

$$h(w) = \lambda \sum_{i=1}^{N} I(w_i) \text{ 对于所有} w_i \geqslant 0 。 \qquad (6-12)$$

这里 $\lambda > 0$ 是一个正则化参数，而且 I （·）是一个示性函数；也就是说，如果 $x=0$ ， I （ x ） $=0$ ；否则， I （ x ） $=1$ 。

不难观察得到，一个被称为基约束二次规划（CCQP）的超越指数模型满足投资组合规模的稀疏性要求，该模型可以表示为式（6-13）和式（6-14）。

$$\min_{w \in W} \quad \tau TE - (1 - \tau)ER \qquad (6-13)$$

$$s.t. \qquad \| w \|_0 \leqslant K \qquad (6-14)$$

伦（Lwin, 2013）发展了与之对应的正则形式，即式（6-15）。

$$\min_{w \in W} \quad \tau TE - (1 - \tau)ER + \lambda \| w \|_0 \qquad (6-15)$$

然而，函数 $\| w \|_0$ 是不连续的，这就为进一步分析模型与算法造成了困难。在稀疏逼近与表示领域， L_p （ $0 < p < 1$ ）范数已经被用作 $\| w \|_0$ 的连续逼近函数。不仅如此，受到 $L_{1/2}$ 正则方法在诸如图像识别、半监督学习等众多领域成功应用的启示，6.2 节考虑基于 $L_{1/2}$ 正则项的稀疏超越指数模型。

$$\min_{w \in W} \quad \tau TE - (1 - \tau)ER + \lambda \| w \|_{1/2}^{1/2} \qquad (6-16)$$

模型中引入 $L_{1/2}$ 正则方法的两大优点分别是： $L_{1/2}$ 范数能够取得与 L_0 范数几乎相同的效果，而且由于 L_0 范数的不连续性， $L_{1/2}$ 范数的计算成本将会更低； L_0 范数在样本的表现非常好，但是往往存在过拟合的情况，而这会造成样本外的表现不佳，减少样本内外的一致性， $L_{1/2}$ 范数在这一点上也将胜过 L_0 范数。模型（6-16）的目标函数中带有 $L_{1/2}$ 正则项，因此目标函数是非光滑且非利普希茨连续的，传统的基于梯度信息的优化算法不再适用。为了求解稀疏 $L_{1/2}$ 模型，主要有两种类型的逼近方法。第一种是在原始目标中优化二次项的一系列容易处理的上界函数，如夏玉森（2014）；另一种是建立正则项的光滑逼近，如 $\sum_{i=1}^{N} \sqrt{wi + \epsilon}(\epsilon > 0)$。我们采用第一种逼近方法。特别地，我们提出了一种二次罚上界函数，通过更新罚参数来逼近目标函数，然后将逼近问题分成两个可处理的块交替求解。也就是说，我们建立了一种用来求解超越指数问题的交替二次罚方法。在展开叙述这种方法之前，我们先做一些必要的变换。令 $\sqrt{w_i} = t_i$ 且 $t = \{t_1, t_2, \cdots, t_N\}$，那么式（6-16）就可以重新写成式（6-17）和式（6-18）。

$$\min_{w \in W, t \in \Omega} \quad \tau TE - (1-\tau)ER + \lambda e^T t \qquad (6-17)$$

$$s.\,t. \quad w_i = t_i^2, i = 1, 2, \cdots, N \qquad (6-18)$$

其中 $\Omega = \{t \in \mathbb{R}^N : t_i \geqslant 0, i = 1, 2, \cdots, N\}$。

为了求解式（6-17），我们提出一种交替二次罚（AQP）方法，其中每个子问题通过调整块坐标下降方法（BCD）来解决。不难发现，（6-17）关于罚因子 $\sigma > 0$ 的二次罚函数可以写成式（6-19）。

$$q_\sigma(wt) = g(w) + \lambda e^T t + \frac{\sigma}{2} \sum_{i=1}^{N} (w_i - t_i^2)^2, \forall w \in W, t \in \Omega$$

$$(6-19)$$

其中，$g(w) = TE - (1-\tau)ER$，用来求解 $L_{1/2}$ 正则超越指数式（6-17）的 AQP 方法可以被描述如算法 10。

算法 10：AQP 方法

输入：初始化：给定一个正的单调递减序列 $\{\epsilon_k\}$，初始值 $\sigma_0 > 0$ 和 $\rho > 1$，以及任意选定的常数 $t^{0,0} \in \Omega$ 和 $k = 0$。

（1）令 $l = 0$ 且采用如下的块坐标下降（BCD）方法来获得一个最优逼近解 $(w^k, t^k) \in W \times \Omega$ 式（6-20）

$$\min_{w, t}\{q_{\sigma_k}(w, t), w \in W, t \in \Omega\} \qquad (6-20)$$

①获得一个最优解 $w^{k,l+1} \in \underset{w \in W}{\arg\min} q_{\sigma_k}(w, t^{k,l})$。通过求解子问题式（6-21）。

$$\min_{w \in W} g(w) + \frac{\sigma_k}{2} \sum_{i=1}^{N} \left[w_i - (t_i^{k,l})^2 \right]^2 \qquad (6-21)$$

②令 $t^{k,l+1} \in \underset{t \in \Omega}{\arg\min} q_{\sigma_k}(w^{k,l+1}, t)$。是如下子问题的一个最优解式（6-22）。

$$\min_{t \in \Omega} \lambda e^T t + \frac{\sigma_k}{2} \sum_{i=1}^{N} (w_i^{k,l+1} - t_i^2)^2 \qquad (6-22)$$

③设置 $(w^k, t^k) := (w^{k,l+1}, t^{k,l+1})$。如果投影条件式（6-23）

$$\| P_W(w^k - \nabla_w q_{\sigma_k}(w^k, t^k)) - w^k \| \leqslant \varepsilon_k \qquad (6-23)$$

得到满足，那么执行 2。否则，设置 $l \leftarrow l+1$，并且执行①。

（2）令 $\sigma_{k+1} := \rho \sigma_k$。

（3）设置 $t^{k+1,0} := t^k$。

（4）设置 $k \leftarrow k+1$，然后执行 1。

对于 AQP 算法，主要的计算是求解子问题式（6-21）和子问题式（6-22）。对于给定的 σ_k，$t^{k,l}$，子问题式（6-21）是一类标准的二次规划问题，可以由软件包高速求解。对于子问题式（6-22），定理给出了显示解的表达式。

定理 6.1　对于给定的 $\tau, \lambda, \sigma_k, w^{k,l+1}$，子问题式（6-22）具有唯一解 $t^{k,l+1}$，具体表达式为式（6-24）。

$$t_i^{k,l+1} = \begin{cases} 2\sqrt{\dfrac{w_i^{k,l+1}}{3}} \cos(\dfrac{\pi}{3} - \dfrac{\varphi}{3}), & if\ w_i^{k,l+1} \geqslant \dfrac{3}{4}\left(\dfrac{2\lambda}{\sigma_k}\right)^{\frac{2}{3}} \\ 0, & if\ \ 0 \leqslant w_i^{k,l+1} \leqslant \dfrac{3}{4}\left(\dfrac{2\lambda}{\sigma_k}\right)^{\frac{2}{3}} \end{cases} \qquad (6-24)$$

其中，$\varphi_i = \arccos\left(\dfrac{\lambda}{4\sigma_k} \left(\dfrac{w_i^{k,l+1}}{3} \right)^{-\frac{3}{2}} \right)$。

我们可以证明在满足合适的条件下，AQP 算法生成的聚点都是式（6-17）的 KKT 点，具体证明过程不再赘述。

6.2.2　稀疏鲁棒超越指数

超越指数问题已经取得了长足的进展，这主要得益于优化技术，特别是稀疏优化的发展。但是，在实际当中，未来市场风险的不确定性是无法用历史数据完全替代和模拟的，一味地依赖历史数据，可能会导致追踪效果不理想，甚至会造成很大的损失。此时就需要引入鲁棒优化的思想，即在历史数据中加入扰动集合以模拟未来不确定性的风险波动，然后在最坏扰动下求出最好的追踪策略。这样才能使投资者在未来不确定的风险波动下，立于不败之地。为了更加清晰地揭示上述现象，不妨考虑这样一个简化的金融市场：不失一般性，设市场上共有 3 支资产，已知它们 3 期的历史收益率和标的指数收益率分别为 $(0.15, 0.25, 0.35)^T$，$(0.15, 0.2, 0.3)^T$，$(0.35, 0.15, 0.2)^T$，$(0.15, 0.25, 0.3)^T$，而这三只股票的投资比例上界分别为 0.5，0.7，0.9，下界均为 0；要求投资规模不超过 2 支，不妨设投资权重为 $w \in R^3$，则易知追踪组合的超额收益表达式：$0.75w_1 + 0.65w_2 + 0.7w_3 - 0.7$。又由于 w 需要满足自然的约束：$e^T w = 1$，其中 e 为全 1 向量，结合投资上下界和投资规模约束，易知最优投资策略 $w_0^* = (0.5, 0, 0.5)^T$，对应的超额收益为 0.025。若第三只股票的第 3 期收益率 r_{33} 不是平稳的，它满足一个扰动，妨设扰动量 Δr_{33} 的扰动范围满足式（6-25）。

$$\Delta \| r_{33} \| \leqslant 0.01 \qquad (6-25)$$

那么，r_{33} 应该在 $[0.1, 0.3]$ 区间内扰动，我们很容易得到，在最坏情况下，最优投资策 $w_1^* = (0.5, 0.5, 0)^T$，对应的超额收益为 0；若按照 w_0^* 的投资策略保持不变，对应的超额收益为 -0.025，则此时造成的直接损失为 0.025，因此，考虑稀疏鲁棒超越指数问题是十分必要的、有意义的。本节采用鲁棒优化的思想，提出了稀疏鲁棒超越指数模型，并精确给出鲁棒对等式。本节重点考虑的是针对未来市场风险的不确定性，利用鲁棒优化的思想，克服一般超越指数模型对历史数据的过分依赖性，使之具有更好的稳健性和更高的抗风险性。具体地，假定未来市场合理的波动范围，并体现在对历史收益率加入的扰动集合上，然后在扰动集合最坏的情况下对模型进行最优求解，即得最优鲁棒解。首先，定义历史收益率矩阵 R 的一个扰动集合如式（6-26）。

$$U = \{\Delta R = (\Delta R_1, \Delta R_2, \cdots, \Delta R_n) : \| \Delta R_i \| \leqslant c_i, i = 1, 2, \cdots, n\}$$
$$(6-26)$$

其中，$\Delta R_i = (\Delta r_{i,1}, \Delta r_{i,2}, \cdots, \Delta r_{i,T})^T, c_i \in \mathbb{R}_+$ 然后，在扰动集合 U 的基础上，定义鲁棒追踪误差和鲁棒超额收益分别如式（6-27）~式（6-29）。

$$TE_{robust} = \frac{1}{T} \| (R + \Delta R)w - R^I \|_2^2 \qquad (6-27)$$

$$ER_{robust} = \frac{1}{T} e^T ((R + \Delta R)w - R^I) \qquad (6-28)$$

$$\min_{w \in \mathbb{R}^n} \{ \max_{\Delta R \in U} \{ \lambda TE_{robust} - (1-\lambda) ER_{robust} \} \} \qquad (6-29)$$

其中，λ 为加权系数。在建立了上述的目标函数后，还需满足资本预算约束、投资权重的上下界约束以及投资规模约束，可得本节提出的稀疏鲁棒超越指数式（6-30）。

$$\min_{w \in \mathbb{R}^n} \{ \max_{\Delta R \in U} \{ f(w, \Delta R) \} \} \qquad (6-30)$$

其中，

$$f(w, \Delta R) = \frac{1}{T} [\lambda \| (R + \Delta R)w - R^I \|_2^2 - (1-\lambda) e^T ((R + \Delta R)w - R^I)]$$
$$(6-31)$$

$$\Omega = \{ w : l \leqslant w \leqslant u, i = 1, 2, \cdots, n, e^T w = 1, \| w \|_0 \leqslant K \}$$
$$(6-32)$$

由上可知，本节建立的式（6-30）是一个双层的极小极大化非凸优化问题，直接求解难度极大。因此，我们把该模型严格等价于一个单层的非凸优化问题，即精确给出其鲁棒对等式。首先，对目标函数进行如式（6-33）等价变换。

$$f(w, \Delta R)$$
$$= \frac{\lambda}{T} \| (R + \Delta R)w - R^I - \frac{1-\lambda}{2\lambda} e \|_2^2 - \frac{(1-\lambda)^2}{4\lambda T}$$
$$\triangleq g^2 (R + \Delta R) - \frac{(1-\lambda)^2}{4\lambda T} \qquad (6-33)$$

其中，$g(R + \Delta R) = \sqrt{\frac{\lambda}{T}} \| (R + \Delta R)w - R^I - \frac{1-\lambda}{2\lambda} e \|_2$ ，因此式（6-30）

等价于式（6-34）

$$\min_{w\in\mathbb{R}^n}\{\max_{\Delta R\in U}\{g(w,\Delta R)\}\} \tag{6-34}$$

下面，我们证明在扰动集式（6-26）下，式（6-34）严格等价于如下的单层优化问题，即它的鲁棒对等式为式（6-35）。

$$\min_{w\in\Omega}\sqrt{\frac{\lambda}{T}}\{\|(R+\Delta R)w-R^I-\frac{1-\lambda}{2\lambda}e\|_2+c^Tw\} \tag{6-35}$$

其中，$c=\{c_1,c_2,\cdots,c_n\}$ 是扰动集（6-26）中的定义。

定理 6.2 在不确定集（6-26）的条件下，式（6-34）的鲁棒对等式为式（6-35）。

证明 不妨令 $g_{max}(w)=\sqrt{\frac{\lambda}{T}}\{\|(R+\Delta R)w-R^I-\frac{1-\lambda}{2\lambda}e\|_2+c^Tw\}$，我们只需要证明对任意的 $w\in\Omega$，都有式（6-36）

$$\{\max_{\Delta R\in U}\{g(w,\Delta R)\}\}=g_{max}(w) \tag{6-36}$$

一方面，式（6-37）

$$\max_{\Delta R\in U}g(w,\Delta R)$$

$$=\max_{\Delta R\in U}\sqrt{\frac{\lambda}{T}}\|(Rw-R^I-\frac{1-\lambda}{2\lambda}e)+\sum_{i=1}^{N}w_i\Delta R_i\|_2$$

$$\leqslant\max_{\Delta R\in U}\sqrt{\frac{\lambda}{T}}\{\|(Rw-R^I-\frac{1-\lambda}{2\lambda}e)\|_2+\sum_{i=1}^{N}\|w_i\Delta R_i\|_2\}$$

$$\leqslant\sqrt{\frac{\lambda}{T}}\|(Rw-R^I-\frac{1-\lambda}{2\lambda}e)\|_2+c^Tw$$

$$\triangleq g_{max}(w)$$

$$\tag{6-37}$$

另一方面，令式（6-38）

$$u=\begin{cases}\dfrac{Rw-R^I-\dfrac{1-\lambda}{2\lambda}e}{\left\|Rw-R^I-\dfrac{1-\lambda}{2\lambda}e\right\|_2},\text{如果 }Rw\neq R^I+\dfrac{1-\lambda}{2\lambda}e\\[4mm]\text{任意单位向量，\qquad\qquad 其他}\end{cases} \tag{6-38}$$

$$\Delta R_i^*=c_iu,i=1,2,\cdots,n \tag{6-39}$$

则已知 $\Delta R_i^* = (\Delta R_1^*, \Delta R_2^*, \cdots, \Delta R_n^*)^T \in U$。那么，对任意 $w \in \Omega$ 都有式（6-40）

$$
\max_{\Delta R \in U} g(w, \Delta R)
$$

$$
\geqslant g(w, \Delta R^*)
$$

$$
= \sqrt{\frac{\lambda}{T}} \parallel (Rw - R^I - \frac{1-\lambda}{2\lambda}e) + \sum_{i=1}^{N} w_i \Delta R_i^* \parallel_2
$$

$$
= \sqrt{\frac{\lambda}{T}} \parallel (Rw - R^I - \frac{1-\lambda}{2\lambda}e) + \sum_{i=1}^{N} c_i w_i u \parallel_2
$$

$$
= \sqrt{\frac{\lambda}{T}} \parallel (Rw - R^I - \frac{1-\lambda}{2\lambda}e) \parallel_2 + c^T w
$$

$$
\triangleq g_{max}(w) \tag{6-40}
$$

由此，可得式（6-41）

$$
\max_{\Delta R \in U} g(w, \Delta R) = g_{max}(w) \tag{6-41}
$$

综上所述，证毕。

已知，式（6-35）可以转换为如下一个带有 L_0 约束的 SOCP 形式式（6-42）。

$$
\min_{w \in \mathbb{R}^n, \alpha \in \mathbb{R}_+} \sqrt{\frac{\lambda}{T}} (\alpha + c^T w)
$$

$$
s.t. \quad \parallel (Rw - R^I - \frac{1-\lambda}{2\lambda}e) \parallel_2 \leqslant \alpha,
$$

$$
w \in \Omega \tag{6-42}
$$

根据我们所知，针对带凸约束 SOCP 的优化理论及其算法已经相对完备。但是，针对带有 L_0 约束的 SOCP 的优化理论却相对匮乏，这是因为带有 L_0 约束非凸、非光滑、非利普希斯连续的特性，使得无法像传统优化问题一样设计其理论算法，即使设计出来了理论算法，也必须要在相对较强的假设前提下，才能保证其收敛性。甚至，关于 L_0 约束优化问题的一般的最优性条件等基本问题还没有被彻底解决。因此，在求解模型上述时，我们采用进化类算法与传统优化算法相结合的混合遗传算法。这样既可以继承进化类算法易编程、移植性强等优点，又使得其在局部计算时，具有传统优化算法的理论保证。具体算法可以参见本书第 2 章中的约束稀疏优化算法部分。

6.2.3　实证分析

在这一部分，我们在真实的数据集上进行了数值实验，从而比较第 3 节中提出的使用 AQP 方法的式（6 – 17）与鲁伊斯 – 托鲁比亚诺与苏亚雷斯（Ruiz-Torrubiano，Suárez，2009）所用的基于遗传算法的式（6 – 13）的表现。

1. 数据生成过程

我们采用了 OR-Library 提供的 5 个典型公开数据集。这些数据集依次是 HangSeng 指数、DAX100 指数、FTSE100 指数、&P100 指数和 Nikkei225 指数，均为对应股指及成分股的周价格数据集。经过计算，我们可以得到这些指数和对应成分股 290 周的周收益率，并将前 145 周数据作为样本内数据，其余部分作为样本外数据。我们通过样本内数据集来分别得到式（6 – 13）和式（6 – 17）的最优超越指数组合，继而在样本外数据集上测试其表现。

2. 参数设定

令式（6 – 43）

$$OBJ = \tau \times TE - (1 - \tau) \times ER \qquad (6 - 43)$$

表示相应模型的最优目标函数值来度量我们所提模型和方法的优越性。OBJ_A 给出了基于遗传算法的式（6 – 13）的最优目标值，OBJ_B 给出了使用 AQP 方法的式（6 – 17）的最优目标值。那么 B 对于 A 的优越性就可以定义为式（6 – 44）。

$$Sup(A,B) = \frac{OBJ_B - OBJ_A}{abs(OBJ_A)} \times 100\% \qquad (6 - 44)$$

其中，$abs(\cdot)$ 是绝对值函数。显然，如果 $Sup(A,B) < 0$，则 OBJ_B 就小于 OBJ_A，即方法 B 得到的投资组合优于方法 A 得到的投资组合；否则，方法 A 得到的投资组合优于方法 B 得到的投资组合。值得一提的是，模型与算法的样本外表现更值得关注，因为在某种意义上它代表了投资组合在未来的可能收益。在测试中，我们设置初始参数值对每个 i

均有 $\delta_i = 0,5$。对于 AQP 方法，我们设置内部容忍度 $\varepsilon_I = 1e-3$，外部容忍度 $\varepsilon_0 = 1e-5, \sigma_0 = 0.5$，且 $\rho = \sqrt{10}$。

3. 样本内结果

基数约束 K 和参数 τ 是数值实验中的 2 个主要参数，因此我们列举了一系列的 $K = 5$，10，15，20，25 和固定值 $\tau = 0.8$ 的结果。表 6－1 展示了两种模型的样本内表现及各自的计算成本。从中可以看出，用于求解稀疏 $L_{1/2}$ 模型的 AQP 算法的计算成本（耗时）远远低于用于求解 CCQP 模型的 HGO 算法。因此，稀疏 $L_{1/2}$ 型及所提的 AQP 算法是有效的也是有效率的。

4. 样本外结果

表 6－2 展示了两种模型的样本外表现及各自的计算成本。从表 6－2的最后一列可以看出，根据指标 $Sup（A，B）$ 的计算结果，我们所提模型及算法的结果有 60%（25 个算例当中的 15 个）优于由 HGO 算法求解的 CCQP 模型。更特别的是，稀疏 $L_{1/2}$ 模型的追踪误差 TE 有 84%（25 个算例当中的 21 个）小于 CCQP 模型，同时稀疏 $L_{1/2}$ 模型在样本外的超额收益 ER 有 36% 优于 CCQP 模型。但是，在表 6－2 中，有极少量的极端例子存在 $Sup（A，B）$ 取值非常大的情况，依次是在 S&P 数据集下，$K = 5$ 时有 $Sup（A，B）$ 为 275.896，在 Nikkei 数据集下，$K = 5$ 和 $K = 25$ 时，$Sup（A，B）$ 分别为 69.760 和 53.089。这说明我们提出的方法并不是在所有的金融市场下都是有效的。这也在情理之中，说明在 S&P 数据集和 Nikkei 数据集下，投资规模的最优区间分别是 ［15，25］ 和 ［10，15］。

表 6－1　　CCQP 和稀疏 $L_{1/2}$ 模型的样本内结果

指数	稀疏度 K	一般模型（A）			稀疏 $L_{1/2}$ 模型（B）			$Sup(A,B)$（%）
		TE	ER	运行时间	TE	ER	运行时间	
Hang Seng（N＝31）	5	5.742E－04	6.662E－03	21.26	2.943E－04	5.069E－03	0.35	10.837
	10	5.648E－04	6.627E－03	7.69	4.348E－04	6.033E－03	1.58	1.704
	15	5.646E－04	6.626E－03	16.06	4.209E－04	5.972E－03	1.44	1.813
	20	5.645E－04	6.625E－03	23.58	4.252E－04	5.992E－03	1.41	1.755
	25	5.641E－04	6.624E－03	10.65	4.242E－04	5.986E－03	1.42	1.784
DAX 100（N＝85）	5	5.590E－04	6.772E－03	76.16	5.785E－04	6.622E－03	1.46	5.032
	10	5.382E－04	6.711E－03	28.67	3.930E－04	5.992E－03	2.55	3.027
	15	5.385E－04	6.712E－03	13.22	4.443E－04	6.271E－03	4.02	1.420
	20	5.385E－04	6.712E－03	11.78	4.433E－04	6.262E－03	3.85	1.529
	25	5.385E－04	6.712E－03	26.89	4.438E－04	6.263E－03	3.79	1.543

续表

指数	稀疏度 K	一般模型(A)			稀疏 $L_{1/2}$ 模型(B)			$Sup(A,B)$ (%)
		TE	ER	运行时间	TE	ER	运行时间	
FTSE 100 (N=89)	5	3.771E-04	6.774E-03	51.83	4.659E-04	6.583E-03	2.22	10.364
	10	3.624E-04	6.726E-03	17.73	3.279E-04	6.553E-03	1.15	0.658
	15	3.623E-04	6.726E-03	11.98	2.436E-04	6.047E-03	3.47	3.865
	20	3.623E-04	6.726E-03	13.58	2.507E-04	6.092E-03	3.74	3.556
	25	3.623E-04	6.726E-03	14.76	2.494E-04	6.082E-03	4.24	3.641
S&P 100 (N=98)	5	6.132E-04	7.531E-03	83.09	8.506E-04	8.201E-03	2.68	5.501
	10	5.062E-04	7.251E-03	40.64	5.153E-04	7.265E-03	3.72	0.425
	15	5.057E-04	7.249E-03	30.09	4.454E-04	6.965E-03	3.85	0.805
	20	5.054E-04	7.247E-03	26.06	4.756E-04	7.103E-03	4.93	0.484
	25	5.052E-04	7.246E-03	32.16	4.758E-04	7.102E-03	4.82	0.507

续表

指数	稀疏度 K	一般模型（A）			稀疏 $L_{1/2}$ 模型（B）			$Sup(A,B)$（%）
		TE	ER	运行时间	TE	ER	运行时间	
Nikkei 225 （N=225）	5	2.829E－04	4.606E－03	96.67	2.975E－04	4.605E－03	70.03	1.732
	10	1.910E－04	4.325E－03	53.09	2.354E－04	4.102E－03	22.62	11.253
	15	1.891E－04	4.318E－03	48.30	1.571E－04	3.804E－03	11.42	10.838
	20	1.889E－04	4.317E－03	77.17	1.279E－04	3.618E－03	8.98	12.775
	25	1.892E－04	4.318E－03	102.73	1.368E－04	4.006E－03	68.79	2.876

表 6－2　CCQP 和稀疏 $L_{1/2}$ 模型的样本外性能

指数	稀疏度 K	一般模型（A）		稀疏 $L_{1/2}$ 模型（B）		$Sup(A,B)$（%）
		TE	ER	TE	ER	
Hang Seng （N=31）	5	3.940E－04	－1.338E－03	1.972E－04	－4.856E－04	－56.264
	10	3.938E－04	－1.393E－03	3.044E－04	－1.046E－03	－23.723
	15	3.938E－04	－1.394E－03	3.026E－04	－1.101E－03	－22.174
	20	3.937E－04	－1.393E－03	3.058E－04	－1.110E－03	－21.407
	25	3.934E－04	－1.384E－03	3.052E－04	－1.110E－03	－21.214

续表

指数	稀疏度 K	一般模型(A)		稀疏 $L_{1/2}$ 模型(B)		$Sup(A,B)$
		TE	ER	TE	ER	(%)
DAX 100 ($N=85$)	5	5.363E−04	3.537E−03	4.938E−04	2.698E−03	48.059
	10	4.979E−04	2.944E−03	3.819E−04	2.520E−03	−4.227
	15	4.986E−04	2.950E−03	4.149E−04	2.685E−03	−7.264
	20	4.985E−04	2.949E−03	4.139E−04	2.676E−03	−6.854
	25	4.985E−04	2.949E−03	4.140E−04	2.668E−03	−6.020
FTSE 100 ($N=89$)	5	1.758E−04	2.117E−03	2.205E−04	2.992E−03	−49.299
	10	1.701E−04	2.159E−03	1.528E−04	2.061E−03	1.939
	15	1.701E−04	2.158E−03	1.126E−04	1.690E−03	16.118
	20	1.701E−04	2.159E−03	1.143E−04	1.727E−03	14.134
	25	1.701E−04	2.159E−03	1.138E−04	1.722E−03	14.346
S&P 100 ($N=98$)	5	3.795E−04	1.626E−03	4.212E−04	1.494E−03	275.896
	10	2.962E−04	8.786E−04	2.966E−04	8.557E−04	8.042
	15	2.961E−04	8.776E−04	2.691E−04	8.316E−04	−20.222
	20	2.961E−04	8.768E−04	2.806E−04	8.896E−04	−24.253
	25	2.961E−04	8.765E−04	2.808E−04	8.918E−04	−24.739
Nikkei 225 ($N=225$)	5	2.889E−04	1.927E−03	2.532E−04	1.246E−03	69.760
	10	1.749E−04	1.212E−03	2.207E−04	1.513E−03	−23.054
	15	1.742E−04	1.195E−03	1.108E−04	1.001E−03	−11.916
	20	1.741E−04	1.193E−03	1.049E−04	8.150E−04	20.390
	25	1.743E−04	1.196E−03	1.130E−04	6.859E−04	53.089

6.3 稀疏随机超越指数

6.3 节内容介绍稀疏随机超越指数模型，首先，建立基于欧米伽比率与概率约束的稀疏超越指数模型（SPSOR），并结合分布式鲁棒法与对偶理论对 SPSOR 模型进行分析与转化；其次，针对转化后的模型应用混合遗传算法进行求解；最后，对本章内容进行小结。

6.3.1 单概率约束下的稀疏超越指数模型

在以往对超越指数的研究中，通常用历史数据的均值对股票收益期望进行估计，但是由于金融市场的不确定性，这显然会对投资组合样本外的表现带来很大影响。在基金经理构建投资组合的过程中，保证投资者的资产稳定是至关重要的，而能够准确地估计股票期望收益对管理投资组合起着关键性的作用。因此，在对股票期望收益进行估计时需要将其随机性考虑在内。

在构建超越指数的过程中，如何将随机性考虑到模型中成为众多研究人员关注的问题。在徐凤敏（2018）的研究中，通过多因子法将影响股票走势的各因子与其预期收益联系起来，对预期收益进行估计，保证投资组合收益在一个很大的概率下能够超越指数收益，从而达到超越指数的目的，构建了基于概率约束的超越指数模型。为了控制在调整投资组合时的交易费用以及便于管理，模型通过稀疏约束与投资比例约束分别对投资股票个数与投资比例上下界进行控制，最终构建稀疏超越指数模型如式（6-45）。

$$\min \quad d$$

$$s.t. \quad P(r^T w \geqslant d) \geqslant 1 - \varepsilon,$$

$$p^T s \leqslant \eta,$$

$$s_m \geqslant r_{n+1,m} - \sum_{i=1}^{N} w_i r_{i,m}, m = 1, 2, \cdots, M,$$

$$s_m \geqslant 0, m = 1, 2, \cdots, M,$$

$$w \in W \tag{6-45}$$

其中，d 为超额收益，r 为各成分股期望收益，w 为投资比例向量，ε 为安全系数，w_i 为第 i 只股票对应的投资比例，$r_{i,m}$ 为第 i 只股票第 m 期下的收益率，p 为投资组合收益低于指数收益对应情况的概率向量，η 为投资组合风险上界，s 为下半偏差。W 为投资比例 w 对应的基约束与上下界约束的集合为式（6–46）。

$$W = \{w \in \mathbb{R}^{n+1} : 0 \leqslant w_i \leqslant \delta_i, i = 1, 2, \cdots, n, w_{n+1} = -1, e^T w = 0,$$
$$\|w\|_0 \leqslant K + 1\} \tag{6–46}$$

上述模型中，其目标为极大化超额收益，并控制风险在 η 以内。但是并没有考虑到投资组合超额收益与风险之间的内在联系，因此不能够很好的比较不同投资组合的投资表现。这可能会导致所选投资组合虽然能够获得很高超额收益，但是其风险也将趋近于 η 而未被选中的投资组合超额收益与其相当，但是风险相对却小很多。超越指数的目标是击败市场，利用市场的短期失效性，寻求在相同风险下能够获得更高收益的投资组合，因此在构建模型时将风险与超额收益的相对评判指标考虑到模型中能够更加准确的比较不同投资组合的表现，从而选出最优投资组合。基廷和沙特威克（Keating and Shadwick，2002）首次提出了欧米伽比率的概念，相比于夏普比率与索提诺比率，其判断能力更准确，同时计算也更便捷，此原因已在上述章节处进行分析，不再赘述。而后在瓜斯塔罗巴（Guastaroba，2016）等人的研究中提出了两个新的基于欧米伽比率的超越指数模型（即 OR 与 EOR），并将其转化为易于求解的混合整数规划问题进行求解。但是在此模型中，对于投资组合超额收益期望以及损失期望的度量部分均仅用历史均值对其进行度量，这显然削弱了很多极端事件对投资表现的影响，并没有将金融市场的随机性考虑到模型当中。对于此问题，模型中的概率约束即为很好的解决方法，令收益向量为随机变量，保证其在一定概率下能够达到超越指数的目标即可，更符合金融市场的实际情况。然而，在投资过程中，基金经理还会有很多实际需求，如限制投资组合投资种类、对于不同资产投资比例的限制等。因此还需要在模型中加入基约束、上下界约束等，以达到实际要求。然而在本章的模型中对投资种类限制采用 L_0 范数约束，是 NP 难题，我们最终采用混合遗传算法对模型进行求解。我们构建如式（6 - 47）的稀疏欧米伽比率超越指数模型（SPSOR）。

$$\max \quad \frac{d}{L_{max}}$$

$$s.t. \quad P(r^T w \geqslant d) \geqslant 1 - \varepsilon_1,$$

$$p^T s \leqslant L_{max},$$

$$s_m \geqslant r_{n+1,m} - \sum_{i=1}^{N} w_i r_{i,m}, m = 1, 2, \cdots, M,$$

$$s_m \geqslant 0, m = 1, 2, \cdots, M,$$

$$w \in W \qquad\qquad (6 - 47)$$

其中，L_{max} 为投资组合损失上界，ρ 为投资组合预期收益率，ε_1 为超额收益安全系数。

由于式（6 - 47）为比率优化模型，难以求解，需要将其转化为易于求解的线性模型。所以令 $L_{max} \geqslant \frac{1}{L}$，其中 L 任意大，当 L_{max} 趋近于 $\frac{1}{L}$ 时，可以相应提高预期收益。同时令 $\nu = \frac{d}{L_{max}}$，且 $\nu_0 = \frac{1}{L_{max}}$，则目标函数转换为极大化 ν。除此之外，其他变量也进行变换：$\tilde{s}_m = \frac{s_m}{L_{max}}$，$m = 1, \cdots, M$，且 $\tilde{w}_i = \frac{w_i}{L_{max}}, i = 1, \cdots, n$，最终得到转化后模型如式（6 - 48）。

$$\max \quad \nu$$

$$s.t. \quad P(r^T w \geqslant \nu) \geqslant 1 - \varepsilon_1,$$

$$p^T \tilde{s} \leqslant 1,$$

$$s_m \geqslant r_{n+1,m} \nu_0 - \sum_{i=1}^{N} w_i r_{i,m}, m = 1, 2, \cdots, M,$$

$$s_m \geqslant 0, m = 1, 2, \cdots, M,$$

$$w \in W \qquad\qquad (6 - 48)$$

其中，W 为 w 的约束集合，其形式如式（6-49）。

$$W = \{w \in R^{n+1} : 0 \leqslant w_i \leqslant \delta_i \nu_0, i = 1,2,\cdots,n, e^T w = 0, \|w\|_0 \leqslant K\}$$

$$(6-49)$$

式（6-48）虽然是目标为线性的模型，但是由于约束中包含概率约束与 L_0 范数稀疏约束，该模型仍为 NP 难题。因此，需要对概率约束进行近似转化。下面将介绍如何处理此概率约束，并将其转化为易于求解的二阶锥规划与半定规划。

由于 SPSOR 模型包含概率约束与稀疏约束，所以在模型转化过程中，需对概率约束进行转化，本节将基于分布式鲁棒法与对偶理论对概率约束进行转化，并通过定理进行证明其等价性。在该模型中由于考虑股票收益的随机性，因此将影响股票走势的各随机因子与其预期收益联系起来，对预期收益进行估计，从而得到如式（6-50）的因子模型公式。

$$r(\xi) = \beta_0 + \sum_{i=1}^{k} \beta_j \xi_j \qquad (6-50)$$

其中，k 为影响收益向量因子的个数，当 $k=1$ 时，上式为 CAPM 模型，$k=3$ 时，式（6-50）为 Fama-French 三因子模型；$\xi_j, j = 1,2,\cdots,k$ 代表影响收益向量的 k 个随机因子的收益，$\beta_j, j = 1,2,\cdots,k$ 为其对应系数。由于本书将通过徐凤敏（2018）基于分布式鲁棒与对偶理论的方法对概率约束进行转化，在此过程中需要用到随机变量 ξ 的分布信息。因此，首先假设其分布为 F，并引入辅助函数 $y^j : \mathbb{R}^n \to \mathbb{R}$，则有式（6-51）和式（6-52）。

$$y^j(x) = (\beta_j)^T x \qquad (6-51)$$

$$y(x) = [y^1(x), y^2(x), \cdots, y^k(x)]^T \qquad (6-52)$$

由此式（6-48）中的概率约束可写为式（6-53）。

$$P_F\{y^0(x) + y(x)^T \xi - (\rho + d) \geqslant 0\} \geqslant 1 - \varepsilon_1 \qquad (6-53)$$

令 $\rho + d = c$，则有式（6-54）。

$$P_F\{y^0(x) + y(x)^T \xi - c \geqslant 0\} \geqslant 1 - \varepsilon_1 \qquad (6-54)$$

通过分布式鲁棒法对式（6-54）进行处理，首先假设 Λ 为与 F 具有相同一阶矩和二阶矩的分布的集合，则式（6-54）的分布式鲁棒形式如式（6-55）。

$$\inf_{F \in \Lambda} P_F \{ y^0(x) + y(x)^T \xi - c \geq 0 \} \geq 1 - \varepsilon_1 \qquad (6-55)$$

显然式（6-55）可以作为式（6-54）的一个保守近似，本书考虑将概率约束分别转化为二阶锥约束和半定约束，因此假设 Λ 的两种分布形式为式（6-56）和式（6-57）。

$$\Lambda_1 = \{ F : E F[\xi_j] = \mu_j, E_F[\xi_j^2] = \mu_j^2 + \sigma_j^2 \} \qquad (6-56)$$

$$\Lambda_2 = \{ F : E F[\xi] = \mu, E_F[\xi\xi^T] = \sum + \mu\mu^T \} \qquad (6-57)$$

其中 $\mu_j, \sigma_j \in \mathbb{R}^1, \mu \in \mathbb{R}^k, \sum \in S^{k \times k}$。$\mu_j$ 为 ξ_j 对应均值，σ_j 为 ξ_j 对应方差，μ 为 ξ 对应均值向量，σ 为 ξ 对应协方差对称矩阵。在不同分布信息 Λ_1 与 Λ_2 下，概率约束分别可以转化为二阶锥约束与半定约束两种形式，下面将通过两个定理分别对其进行证明。在证明定理之前，首先定义 n 维二阶锥 L^k 的形式如式（6-58）。

$$L^k = \{ x = (x_1, x_2, \cdots, x_k)^T \in \mathbb{R}^k : x_k \geq \sqrt{x_1^2 + x_2^2 + \cdots + x_{k-1}^2} \}, k \geq 2 \qquad (6-58)$$

并令 $z = (z_1, z_2, \cdots, z_k)^T$ 为随机变量 $\xi = (\xi_1, \xi_2, \cdots, \xi_k)^T$ 对应的实际值，并考虑式（6-58）在支撑集 $Z = \{ z : l_j \leq z_j \leq u_j, j = 1, 2, \cdots, k \}$ 下对任意 x，有式（6-59）。

$$S_x = \{ z : y^0(x) + y(x)^T z - c \geq 0 \} \qquad (6-59)$$

则 S_x 的示性函数如式（6-60）。

$$I_{S_x}(z) = \begin{cases} 1 & , z \in S_x \\ 0 & , \text{其他} \end{cases} \qquad (6-60)$$

下面将分别基于两种分布，通过拉格朗日对偶方法对概率约束进行保守近似，并得出两个定理。具体的证明过程可以参见本书第2章算法部分。

定理6.3 式（6-47）中概率约束在分布集合 Λ_1 下能够被保守近似为如式（6-61）二阶锥约束的形式。

$$\begin{cases} \theta + \mu^T\alpha + (\,^{\mu^2} + \sigma^2\,)T\gamma \geqslant (1 - \varepsilon_1)\varphi_1, \\[2mm] \theta - \varphi_1 + \sum_{j=1}^{k} k_{1\,j}(\, + \bar{\nu}_{1j}\mu_j - \nu_{1j}l_j) \leqslant 0, \\[2mm] (\alpha_j + \nu_{1j} - \nu_{\bar{1}j}, k_{1j} + \gamma_j, k_{1j} - \gamma_j)T \in L^3, j = 1,2,\cdots,k, \\[2mm] \theta - [\,y^0(x) - \rho b - \alpha\,] + \sum_{j=1}^{k} (k_{2j} + \nu_{\bar{2}j}\mu_j - \nu_{2j}l_j) \leqslant 0, \\[2mm] [\,\alpha_j - y^j(x) + \nu_{2j} - \nu_{\bar{2}j}, k_{2j} + \gamma_j, k_{2j} - \gamma_j\,]^T \in L^3, j = 1,2,\cdots,k, \\[2mm] \theta \in \mathbb{R}^1, \alpha, \gamma \in \mathbb{R}^k, \gamma_j < 0, \nu_{1j}, \bar{\nu}_{1j}, \nu_{2j}, \nu_{\bar{2}j}, k_{1j}, k_{2j} \geqslant 0, j = 1,2,\cdots,k \end{cases}$$
$$(6-61)$$

定理 6.4 式（6-47）中概率约束在分布集合 Λ_2 下能够被保守近似为如式（6-62）半定约束的形式。

$$\begin{cases} \theta + \mu^T\alpha + \langle Y, \Sigma + \mu\mu^T \rangle \geqslant (1 - \varepsilon_1)\varphi_2, \\[2mm] \begin{pmatrix} Y & \frac{1}{2}(\alpha + \nu_3 - \overline{\nu_3}) \\[2mm] \frac{1}{2}(\alpha + \nu_3 - \overline{\nu_3})^T & \theta - \varphi_2 + \overline{\nu_3}^T u - \nu_3^T l \end{pmatrix} \leqslant 0, \\[4mm] \begin{pmatrix} Y & \frac{1}{2}[\alpha - y(x) + \nu_4 - \overline{\nu_4}] \\[2mm] \frac{1}{2}[\alpha - y(x) + \nu_4 - \overline{\nu_4}]^T & \theta - [\,y^0(x) - c\,] + \overline{\nu_4}^T u - \nu_4^T l \end{pmatrix} \leqslant 0, \\[4mm] \theta \in \mathbb{R}^1, \alpha \in \mathbb{R}^k, Y \in S^{k \times k}, Y \leqslant 0, \varphi_2 \geqslant 0, \nu_{3j}, \bar{\nu}_{3j}, \nu_{4j}, \nu_{\bar{4}j} \geqslant 0, j = 1,2,\cdots,k \end{cases}$$
$$(6-62)$$

上述两个定理分别给出了在不同分布信息 Λ_1 与 Λ_2 下，概率约束的转化形式。由定理 6.4 能够得到在分布信息集 Λ_1 下式（6-50）转化后的二阶锥规划形式（SPSOR1）为式（6-63）。

$max \ \nu$

$s.t. \quad \theta + \mu^T \alpha + (\mu^2 + \sigma^2)^T \gamma \geqslant (1 - \varepsilon_1) \varphi_1,$

$$\theta - \varphi_1 + \sum_{j=1}^{k} (k_{1j} + \bar{\nu}_{1j}\mu_j - \nu_{1j}l_j) \leqslant 0,$$

$$(\alpha_j + \nu_{1j} - \bar{\nu}_{1j}, k_{1j} + \gamma_j, k_{1j} - \gamma_j)^T \in L^3, j = 1, 2, \cdots, k,$$

$$\theta - [y^0(x) - \rho\nu_0 - \nu] + \sum_{j=1}^{k} (k_{2j} + \bar{\nu}_{2j}\mu_j - \nu_{2j}l_j) \leqslant 0,$$

$$[\alpha_j - y^j(x) + \nu_{2j} - \bar{\nu}_{2j}, k_{2j} + \gamma_j, k_{2j} - \gamma_j]^T)^T \in L^3, j = 1, 2, \cdots, k,$$

$$\widetilde{s_m \geqslant \rho\nu_0} - \sum_{i=1}^{N} \widetilde{w_i r_{i,m}}, m = 1, 2, \cdots, M,$$

$$\sum_{m=1}^{M} \widetilde{s_m p_m \leqslant 1},$$

$$\nu_0 \leqslant L,$$

$$\widetilde{w \in W, \theta \in \mathbb{R}^1}, \alpha, \gamma \in \mathbb{R}^k, \gamma_j < 0, \nu_{1j}, \bar{\nu}_{1j}, \nu_{2j}, \bar{\nu}_{2j}, k_{1j}, k_{2j} \geqslant 0, j = 1, 2,$$

$$\cdots, k, \tag{6-63}$$

同理，由定理 6.4 能够得到在分布信息集 Λ_2 下，式（6 - 50）转化后的半定规划形式（SPSOR2）为式（6 - 64）。

$max \ \nu$

$s.t. \quad \theta + \mu^T \alpha + \langle Y, \sum + \mu\mu^T \rangle \geqslant (1 - \varepsilon_1) \varphi_2,$

$$\begin{pmatrix} Y & \frac{1}{2}(\alpha + \nu_3 - \bar{\nu}_3) \\ \frac{1}{2}(\alpha + \nu_3 - \bar{\nu}_3)^T & \theta - \varphi_2 + \bar{\nu}_3^T u - \nu_3^T l \end{pmatrix} \leqslant 0,$$

$$\begin{pmatrix} Y & \frac{1}{2}[\alpha - y(x) + \nu_4 - \bar{\nu}_4] \\ \frac{1}{2}[\alpha - y(x) + \nu_4 - \bar{\nu}_4]^T & \theta - [y^0(x) - c] + \bar{\nu}_4^T u - \nu_4^T l \end{pmatrix} \leqslant 0,$$

$$s_m \geqslant \rho\nu_0 - \sum_{i=1}^{N} w_i r_{i,m}, m = 1, 2, \cdots, M, s_m \geqslant 0$$

$$\sum_{m=1}^{M} \overline{s_m p_m \leqslant 1},$$

$$\nu_0 \leqslant L,$$

$$\overline{w \in W, \theta \in \mathbb{R}^1, \alpha \in \mathbb{R}^k, Y \in S^{k \times k}, Y \leqslant 0, \varphi_2 \geqslant 0, \nu_{3j}, \bar{\nu}_{3j}, \nu_{4j}, \nu_{4j}^- \geqslant 0,}$$

$$j = 1, 2, \cdots, k \tag{6-64}$$

以上为单概率约束下的稀疏欧米伽比率超越指数模型的两种转化形式，通过令投资组合收益率为随机变量，保证其在一个很高的概率下达到超越指数收益的目的，从而构建超越指数模型。

6.3.2 双概率约束下的稀疏超越指数模型

在以往的研究中，通常使用方差、绝对偏差或者下半偏差控制超越指数的风险。通过投资组合小于指数的部分的均值对风险进行度量，控制其在一个可以接受的范围内。这虽然能够很方便地对小的波动损失加以控制，但是同时也很容易忽略了极端损失风险在投资过程中的影响。基于此，本节提出了带双概率约束的超越指数模型，将概率约束应用到风险控制上，并结合超额收益的概率约束构建基于欧米伽比率的双概率稀疏超越指数模型 DPSOR。

$$\begin{aligned}
\max \quad & \frac{\rho_1}{\rho_2} \\
s.t. \quad & P(r^T w \geqslant \rho_1) \geqslant 1 - \varepsilon_1, \\
& P(r^T w \leqslant -\rho_2) \leqslant \varepsilon_2, \\
& p^T s \leqslant L_{max}, \\
& s_m \geqslant \rho - \sum_{i=1}^{N} w_i r_{i,m}, m = 1, 2, \cdots, M, \\
& s_m \geqslant 0, m = 1, 2, \cdots, M, \\
& w \in W
\end{aligned} \tag{6-65}$$

其中，W 和其他变量的含义与式（6-47）相同。式（6-65）具有两个概率约束：第一个概率约束表示在概率 $1 - \varepsilon_1$ 下获得超额收益 ρ_1；第二个概率约束表示在概率 ε_2 损失为 ρ_2。需要注意的是，参数 ε_1 和 ε_2 不能随便取，需要满足累计概率分布小于 1 的条件，即 $1 - \varepsilon_1 + \varepsilon_2 \leqslant 1$。

令 $\rho_2 \geqslant 1/L$，其中 L 任意大，当 ρ_2 趋近于 $1/L$ 时，可以相应提高期望阈值。同时令 $a = \rho_1/\rho_2$，$b = 1/\rho_2$，则目标函数转化为极大 a。除此以外，其他变量也进行类似变换，则转化后结果为式（6-66）。

$$
\begin{aligned}
\max \quad & a \\
s.t. \quad & P(r^T w \geqslant a) \geqslant 1 - \varepsilon_1, \\
& P(r^T w \leqslant -1) \leqslant \varepsilon_2, \\
& w \in W
\end{aligned}
\tag{6-66}
$$

其中，W 为 w 的约束集合，其形式如式（6-67）。

$$
W = \{w \in R^{n+1} : 0 \leqslant w_i \leqslant \delta_i b, i = 1, 2, \cdots, n, e^T w = 0, \|w\|_0 \leqslant K + 1\}
\tag{6-67}
$$

由于式（6-66）中包含概率约束，该模型仍为 NP 难题。因此，需要对概率约束进行近似转化。在 6.3 节中已经介绍了如何将概率约束转化为二阶锥约束与半定约束，但由于式（6-66）含有两个概率约束，因此下面将概率约束转化为确定形式，然后得到模型在两种分布集合下转化后的二阶锥规划式（6-68）与半定规划式（6-69）。由定理 6.3 能够得到在分布信息集 Λ_1 下式（6-66）转化后的二阶锥规划形式（DPSOR1）为式（6-68）。

$$
\begin{aligned}
\max \quad & a \\
s.t. \quad & \theta^1 + \mu^T \alpha^1 + (\mu^2 + \sigma^2)^T \gamma^1 \geqslant (1 - \varepsilon_1)\varphi_3, \\
& \theta - \varphi_3 + \sum_{j=1}^{k}(k_{3j} + \bar{\nu}_{5j}\mu_j - \nu_{5j}l_j) \leqslant 0, \\
& (\alpha_j^1 + \nu_{5j} - \nu_{5j}^-, k_{3j} + r_i^1, k_{3j} - \gamma_j^1)^T \in L^3, j = 1, 2, \cdots, k, \\
& \theta^1 - [y^0(w) - r^l b - a] + \sum_{j=1}^{k}(k_{4j} + \nu_{6j}^-\mu_j - \nu_{6j}l_j) \leqslant 0, \\
& [\alpha_j^1 - y^j(w) + \nu_{6j} - \nu_{6j}^-, k_{4j} + \gamma_j^1, k_{4j} - \gamma_j^1]^T \in L^3, j = 1, 2, \cdots, k, \\
& \theta^2 + \mu^T \alpha^2 + (\mu^2 + \sigma^2)^T \gamma^2 \geqslant (1 - \varepsilon_2)\varphi_4, \\
& \theta^2 - \varphi_4 + \sum_{j=1}^{k}(k_{5j} + \bar{\nu}_{7j}\mu_j - \nu_{7j}l_j) \leqslant 0,
\end{aligned}
$$

$$(\alpha_j^2 + \nu_{7j} - \nu_{7j}^-, k_{5j} + \gamma_j^2, k_{5j} - \gamma_j^2)^T \in L^3, j = 1,2,\cdots,k,$$

$$\theta^2 - [\widetilde{y^0(w)} - r^l b + 1] + \sum_{j=1}^k (k_{6j} + \nu_{8j}\nu_{8j}^-\mu_j - \nu_{8j}l_j) \leqslant 0,$$

$$[\alpha_j^2 - \widetilde{y^j(w)} + \nu_{8j} - \nu_{8j}^-, k_{6j} + \gamma_j^2, k_{6j} - \gamma_j^2]^T \in L^3, j = 1,2,\cdots,k,$$

$$\widetilde{w \in W, \theta^1}, \theta^2 \in R^1, \alpha^1, \alpha^2, \gamma^1, \gamma^2 \in R^k, \gamma_j^1, \gamma_j^2 < 0, \varphi_3, \varphi_4 > 0,$$

$$\nu_{5j}, \nu_{5j}^-, \nu_{6j}, \nu_{6j}^-, \nu_{7j}, \nu_{7j}^-, \nu_{8j}, \nu_{8j}^-, k_{3j}, k_{4j}, k_{5j}, k_{6j}, \geqslant 0, j = 1,2,\cdots,k$$

$$(6-68)$$

同理，由定理6.4能够得到在分布信息集 Λ_2 下，式（6-66）转化后的半定规划形式（DPSOR2）为式（6-69）。

$$\max \quad a$$

$$s.t. \quad \theta^1 + \mu^T\alpha^1 + \langle Y^1, \sum + \mu\mu^T \rangle \geqslant (1 - \varepsilon_1)\varphi_5,$$

$$\begin{pmatrix} Y^1 & \frac{1}{2}(\alpha^1 + \nu_9 - \overline{\nu_9}) \\ \frac{1}{2}(\alpha^1 + \nu_9 - \overline{\nu_9})^T & \theta^1 - \varphi_5 + \overline{\nu_9}^T u - \nu_9^T l \end{pmatrix} \leqslant 0,$$

$$\begin{pmatrix} Y^1 & \frac{1}{2}(\alpha^1 - y(w) + \nu_{10} - \overline{\nu_{10}}) \\ \frac{1}{2}[\alpha^1 - y(w) + \nu_{10} - \overline{\nu_{10}}] & \theta^1 - [y^0(w) - r^l b - a] + \overline{\nu_{10}}^T u - \nu_{10}^T l \end{pmatrix} \leqslant 0,$$

$$\theta^2 + \mu^T\alpha^2 + \langle Y^2, \sum + \mu\mu^T \rangle \geqslant (1 - \varepsilon_2)\varphi_6,$$

$$\begin{pmatrix} Y^2 & \frac{1}{2}(\alpha^2 + \nu_{11} - \overline{\nu_{11}}) \\ \frac{1}{2}(\alpha^2 + \nu_{11} - \overline{\nu_{11}})^T & \theta^2 - \varphi_6 + \overline{\nu_{11}}^T u - \nu_{11}^T l \end{pmatrix} \leqslant 0,$$

$$\begin{pmatrix} Y^2 & \frac{1}{2}[\alpha^2 - y(w) + \nu_{12} - \overline{\nu_{12}}] \\ \frac{1}{2}[\alpha^2 - y(w) + \nu_{12} - \overline{\nu_{12}}] & \theta^2 - [y^0(w) - r^l b + 1] + \overline{\nu_{12}}^T u - \nu_{12}^T l \end{pmatrix} \leqslant 0,$$

$$w \in W, \theta^1, \theta^2 \in \mathbb{R}^1, \alpha^1, \alpha^2 \in R^k, Y^1, Y^2 \in S^{k \times k}, Y^1, Y^2 \leqslant 0, \varphi_5, \varphi_6 \geqslant 0, b \leqslant L,$$

$$\nu_{9j}, \overline{\nu_{9j}}, \nu_{10j}, \overline{\nu_{10j}}, \nu_{11j}, \overline{\nu_{11j}}, \nu_{12j}, \overline{\nu_{12j}} \geqslant 0, j = 1,2,\cdots,k$$

$$(6-69)$$

本节介绍的两种稀疏随机超越指数模型都可以转化为二阶锥规划或者半定规划问题求解，详细的算法在本书第 2 章已经有过详细介绍，本节后续的实验内容都是应用混合遗传算法来求解 SPSOR1，SPSOR2，DPSOR1，DPSOR2 4 个模型。

6.3.3 实证分析

本节将在沪深 300 数据集上检验上文提出的 SPSOR1，SPSOR2，DPSOR1，DPSOR2 4 个模型及混合遗传算法的有效性。特别的，为了检验模型对极端风险的应对能力，我们选择了 2014～2016 年股灾前后沪深 300 数据集进行试验。本节实证主要分为四部分，第一部分介绍数据来源，第二部分介绍应用的评价指标，第三部分检验模型在极端市场下超越能力，第四部分检验模型在正常市场（OR-library）下的超越能力。

1. 数据生成过程

本节选取的数据集为沪深 300 数据集：（1）选取范围为 2014 年 1 月 2 日～2016 年 6 月 8 日的周收盘价，共计 120 周的周收益率数据，本节令样本内数据区间与样本外数据区间比为 2∶1，选取前 60 周数据作为训练数据集，同时选取第 61 周至 90 周数据作为测试数据集；（2）OR-Library 准数据集：选取范围为 1992～1997 年的周收盘价，共计 291 周的周收益率数据，本节选取前 194 周的数据作为训练数据集，同时选取第 195～291 周数据作为测试数据集。另外，在本节数据集中存在数据缺失的状况，本节通过对缺失位置补 0 的方法对收益率向量进行补充。

2. 评价指标

试验中的评价方法为对投资组合的追踪误差与超额收益进行比较，在计算追踪误差与超额收益过程中的收益率是由股票收盘价计算的算术收益率。同时，指数收益率也按照算术收益率计算得到，均不考虑派息的情况。评判指标为投资组合在测试集中的追踪误差 TE 与超额收益 ER，其定义为式（6－70）和式（6－71）。

$$TE = \frac{1}{T} \sum_{i=1}^{T} \left(\sum_{i=1}^{N} r_{it} w - R_t^I \right)^2 \qquad (6-70)$$

$$ER = \frac{1}{T} \sum_{i=1}^{T} \left(\sum_{i=1}^{N} r_{it} w - R_t^I \right) \qquad (6-71)$$

其中 T 为测试集总长度。后面通过调整模型中控制投资组合包含股票个数的约束值 K 对模型进行多次试验，并最终由追踪误差和超额收益评判各模型表现。我们用 TEI 和 TEO 分别表示样本内外的追踪误差，用 ERI 和 ERO 分别表示样本内外的超额收益。

3. 沪深 300 数据集

在本节中，令 SPSOR1 与 SPSOR2 模型中的 L = 10000，且投资比例上下界分别为 $u = 0.5$ 和 $l = 0.01$，同时令最大迭代次数为 1000 次，变异概率为 0.01，交叉概率为 0.3，然后通过调整在 $K = 5$，6，7，8，9，10 的范围内的取值，分别在 $\varepsilon_1 = 0.05$ 和 $\varepsilon_1 = 0.15$ 两种情况下，得出两模型在沪深 300 数据集下追踪误差 TE 与超额收益 ER 的表现，具体结果如表 6 − 3 所示。

由表 6 − 3 可以得出在给定 $\varepsilon_1 = 0.05$ 和 $\varepsilon_1 = 0.15$ 的情况下有以下结论：第一，SPSOR2 模型总体表现比 SPSOR1 模型好；第二，在 $\varepsilon_1 = 0.15$ 情况下样本外超额收益普遍较高；第三，对 SPSOR2 模型而言，三因子模型表现最稳定。SPSOR1 模型而言，单因子模型表现更稳定。由此可见，对于不同 SPSOR 模型，因子数目有着不一样的影响。

下面对双概率因子模型 DPSOR1 与 DPSOR2 分别进行试验，并得出其在不同参数设置与不同因子个数下的追踪误差与超额收益表。令 DPSOR1 与 DPSOR2 模型中的 $L = 10000$，且投资比例上下界分别为 $u = 0.5$ 和 $l = 0.01$，同时令最大迭代次数为 1000 次，变异概率为 0.01，交叉概率为 0.3，然后通过调整 $K = 5$，6，7，8，9，10 的范围内的取值，分别在 $\varepsilon_1 = 0.05$，$\varepsilon_2 = 0.01$ 和 $\varepsilon_1 = 0.15$，$\varepsilon_2 = 0.03$ 两种情况下，得出两模型在沪深 300 数据集下的追踪误差与超额收益的表现，如表 6 − 4 所示。

由表 6 − 4 可以看出，有以下结论：第一，DPSOR 模型在应对极端风险时均表现优异，样本外超额收益均为正值。第二，在 $\varepsilon_1 = 0.05$，$\varepsilon_2 = 0.01$ 的情况下样本外超额收益普遍比 $\varepsilon_1 = 0.15$，$\varepsilon_2 = 0.03$ 时的高，由此可见在应对极端风险的情形下，过高的要求可能导致 DPSOR 模型过拟合，从而减少样本外超额收益；第三，就因子来说，单因子模型表现比三因子模型更好并且单因子 DPSOR1 的样本外超额收益更高，但是单因子 DPSOR2 的样本外表现更稳定。单因子 DPSOR 模型在应对极端风险的情况下表现比三因子 DPSOR 模型更好；第四，相比于 DSPSOR 模型，DPSOR 的各个模型均有更好的收益表现与应对极端市场行情时的稳定性。综上可知，DPSOR 模型更能够应对极端市场，并在极端市场行情下获得正的超额收益。

4. OR-library 数据集

本节中，通过 OR-Library 标准数据集对模型进行试验分析。特别的，由于标准数据集缺失三因子所需数据，所以在本节中仅考虑各模型单因子情况。令 SPSOR1 与 SPSOR2 模型中的 $L=10000$，且投资比例上下界分别为 $u=0.5$ 和 $l=0.01$，同时令最大迭代次数为 1000 次，变异概率为 0.01，交叉概率为 0.3，然后通过调整在 $K=5，6，7，8，9，10$ 的范围内的取值，分别在 $\varepsilon_1=0.05$ 和 $\varepsilon_1=0.15$ 两种情况下，得出两模型在 OR-library 数据集下追踪误差 TE 与超额收益 ER 的表现，具体结果如表 6 – 5 和表 6 – 6 所示。

由表 6 – 5 与表 6 – 6 可以得出以下结论：第一，SPSOR2 模型总体表现优于 SPSOR1 模型，且两模型仅在 S&P 数据集下出现样本外超额收益为负值的情况；第二，$\varepsilon_1=0.05$ 的情况下两模型表现稍好于 $\varepsilon_1=0.15$ 的情况；第三，在 S&P 市场下，PSOR2 的表现明显优于 SPSOR1 的表现。结合上节结果可知，PSOR2 模型无论各种市场行情下的适应性均优于 SPSOR1 模型。

表 6 – 7 和表 6 – 8 对双概率因子模型 DPSOR1 与 DPSOR2 分别进行试验，并得出其在不同市场指数下的追踪误差与超额收益表。

由表 6 – 7 与表 6 – 8 可以得出以下结论：第一，在正常市场行情下，DPSOR2 模型更具优势，在各个国际市场数据集下，样本外超额收益均为正，且基本高于 DPSOR1 模型；第二，在 $\varepsilon_1=0.15$，$\varepsilon_2=0.03$ 下各模型的表现均稍好于 $\varepsilon_1=0.05$，$\varepsilon_2=0.01$ 的表现，可见在正常市场行情下，如果对模型要求过于苛刻也可能获得不到收益最高的投资组合；第三，结合表 6 – 4，表 6 – 7 与表 6 – 8 可知，单因子模型在应对极端风险的市场行情下具有更优越的表现并且单因子 DPSOR1 变现最好。但在正常市场行情下，PSOR2 更具优势，能够更加稳定的获取超额收益。

表6-3 SPSOR模型沪深300指数实验结果

指数	稀疏度 K	$\varepsilon_1=0.05$				$\varepsilon_1=0.15$			
		TEI	ERI	TEO	ERO	TEI	ERI	TEO	ERO
SPSOR1 CAPM	5	4.45E−03	1.61E−02	6.94E−03	2.97E−03	4.99E−03	1.75E−02	7.72E−03	5.39E−03
	6	4.85E−03	1.99E−02	5.31E−03	3.98E−03	4.57E−03	1.96E−02	6.50E−03	2.63E−04
	7	4.81E−03	1.78E−02	7.40E−03	1.78E−03	4.71E−03	1.80E−02	6.96E−03	−2.46E−03
	8	4.31E−03	1.70E−02	6.89E−03	5.19E−03	5.22E−03	1.82E−02	6.87E−03	−1.35E−03
	9	4.55E−03	1.89E−02	6.64E−03	1.92E−03	4.46E−03	1.70E−02	7.19E−03	6.65E−03
	10	4.38E−03	1.76E−02	6.35E−03	5.91E−03	4.42E−03	1.82E−02	6.26E−03	2.86E−03
SPSOR1 FF3	5	3.34E−04	−4.83E−03	8.68E−04	−3.58E−03	4.60E−03	1.15E−02	7.24E−03	1.82E−02
	6	6.13E−03	3.76E−03	9.75E−03	2.79E−02	2.61E−02	7.67E−03	4.70E−02	1.95E−02
	7	9.75E−04	1.34E−03	9.61E−04	−2.08E−03	2.34E−03	7.59E−04	4.86E−03	−5.10E−03
	8	1.05E−03	5.77E−03	2.56E−03	6.84E−03	4.19E−03	1.14E−02	6.62E−03	1.81E−02
	9	8.66E−04	−3.14E−03	1.42E−03	3.14E−03	5.05E−04	−3.87E−04	3.83E−03	3.78E−03
	10	4.29E−03	1.11E−02	6.69E−03	1.74E−02	3.92E−02	1.20E−02	8.86E−02	−2.97E−02

续表

指数	稀疏度 K	$\varepsilon_1 = 0.05$				$\varepsilon_1 = 0.15$			
		TEI	ERI	TEO	ERO	TEI	ERI	TEO	ERO
SPSOR2 CAPM	5	7.98E-04	1.39E-02	1.17E-03	5.33E-03	2.02E-03	1.99E-02	2.40E-03	3.91E-03
	6	8.55E-04	1.64E-02	1.38E-03	1.60E-03	1.69E-03	1.85E-02	3.13E-03	-3.50E-03
	7	1.55E-03	1.81E-02	4.17E-03	8.80E-04	1.40E-03	1.88E-02	1.98E-03	1.10E-03
	8	1.40E-03	1.90E-02	1.80E-03	4.22E-04	1.41E-03	1.71E-02	3.20E-03	6.90E-03
	9	1.46E-03	1.66E-02	2.04E-03	-7.53E-04	9.78E-04	1.71E-02	1.36E-03	9.71E-03
	10	1.11E-03	1.63E-02	1.45E-03	5.52E-03	9.92E-04	1.65E-02	2.40E-03	3.69E-03
SPSOR2 FF3	5	1.09E-03	2.49E-03	4.01E-03	3.24E-03	4.59E-04	2.55E-03	1.03E-03	6.81E-03
	6	2.01E-03	1.30E-02	2.32E-03	7.31E-03	2.73E-04	1.59E-03	7.50E-04	2.14E-03
	7	8.71E-04	7.05E-03	3.41E-03	1.13E-02	2.77E-04	5.62E-03	1.76E-03	5.19E-03
	8	2.27E-04	2.22E-03	9.02E-04	1.17E-03	7.80E-04	1.35E-03	1.32E-03	5.76E-03
	9	5.01E-04	2.01E-03	1.62E-03	5.46E-03	3.40E-04	3.74E-03	9.75E-04	2.64E-03
	10	7.61E-04	7.88E-03	2.98E-03	3.90E-03	4.37E-04	6.31E-04	1.03E-03	1.91E-03

表 6-4

DPSOR 模型沪深 300 指数实验结果

指数	稀疏度 K	$\varepsilon_1=0.05, \varepsilon_2=0.01$				$\varepsilon_1=0.15, \varepsilon_2=0.03$			
		TEI	ERI	TEO	ERO	TEI	ERI	TEO	ERO
DPSOR1 CAPM	5	7.59E−03	2.46E−02	7.08E−03	1.60E−02	6.36E−03	2.24E−02	6.39E−03	2.82E−03
	6	7.52E−03	2.46E−02	7.06E−03	1.62E−02	6.92E−03	2.45E−02	8.35E−03	1.79E−02
	7	7.49E−03	2.45E−02	6.89E−03	1.60E−02	7.39E−03	2.45E−02	6.98E−03	1.56E−02
	8	7.33E−03	2.43E−02	7.13E−03	1.61E−02	7.26E−03	2.46E−02	7.23E−03	1.66E−02
	9	6.68E−03	2.38E−02	7.91E−03	1.68E−02	7.95E−03	2.22E−02	4.82E−03	1.26E−02
	10	7.14E−03	2.40E−02	6.77E−03	1.64E−02	7.10E−03	2.36E−02	6.67E−03	1.56E−02
DPSOR1 FF3	5	1.15E−03	−1.68E−03	3.19E−03	9.51E−03	9.36E−04	2.14E−06	4.02E−03	1.41E−02
	6	1.70E−03	1.63E−03	3.00E−03	8.70E−04	1.52E−03	1.03E−02	2.50E−03	4.66E−03
	7	1.50E−03	−3.27E−04	1.94E−03	9.31E−03	1.10E−03	2.03E−03	9.32E−03	2.92E−02
	8	4.65E−04	−2.95E−04	1.56E−03	1.06E−02	5.12E−04	1.46E−03	3.30E−03	7.50E−03
	9	4.79E−04	7.18E−04	2.64E−03	3.00E−03	6.55E−04	7.94E−04	8.67E−04	1.98E−03
	10	4.79E−04	7.18E−04	1.85E−03	1.22E−03	4.79E−04	−5.47E−03	1.17E−03	8.52E−03

续表

指数	稀疏度 K	$\varepsilon_1=0.05, \varepsilon_2=0.01$				$\varepsilon_1=0.15, \varepsilon_2=0.03$			
		TEI	ERI	TEO	ERO	TEI	ERI	TEO	ERO
DPSOR2 CAPM	5	7.55E-03	2.61E-02	8.87E-03	1.39E-02	7.50E-03	2.59E-02	8.88E-03	1.40E-02
	6	7.45E-03	2.59E-02	8.85E-03	1.45E-02	7.50E-03	2.62E-02	8.74E-03	1.33E-02
	7	7.44E-03	2.62E-02	8.58E-03	1.27E-02	7.31E-03	2.60E-02	8.55E-03	1.26E-02
	8	7.29E-03	2.59E-02	8.54E-03	1.36E-02	7.27E-03	2.58E-02	8.55E-03	1.39E-02
	9	7.21E-03	2.59E-02	8.65E-03	1.30E-02	7.18E-03	2.57E-02	8.44E-03	1.31E-02
	10	7.09E-03	2.57E-02	8.28E-03	1.36E-02	5.03E-03	1.99E-02	7.16E-03	1.08E-02
DPSOR2 FF3	5	2.33E-03	9.34E-03	2.99E-03	2.46E-02	6.28E-04	-3.53E-03	1.43E-03	1.10E-02
	6	7.06E-04	1.82E-04	2.24E-03	6.21E-03	4.29E-04	-4.80E-03	2.72E-03	2.01E-02
	7	1.29E-03	-3.43E-03	3.99E-03	5.68E-03	1.05E-03	2.97E-03	1.92E-03	8.92E-03
	8	1.43E-03	3.78E-03	4.06E-03	6.34E-03	4.61E-04	2.75E-03	8.91E-04	4.08E-04
	9	1.95E-04	6.56E-04	8.49E-04	7.12E-03	1.29E-03	-1.64E-03	3.24E-03	6.94E-03
	10	4.33E-04	3.49E-04	1.20E-03	2.96E-03	7.07E-04	1.73E-03	3.28E-03	1.70E-02

表 6－5　SPSOR1 模型 OR-Library 数据集实验结果

指数	稀疏度 K	$\varepsilon_1 = 0.05$				$\varepsilon_1 = 0.15$			
		TEI	ERI	TEO	ERO	TEI	ERI	TEO	ERO
Hang Seng (N=31)	5	1.11E－03	8.01E－03	7.52E－04	1.37E－03	1.11E－03	7.98E－03	7.54E－04	1.38E－03
	6	1.08E－03	7.96E－03	7.32E－04	1.22E－03	1.09E－03	7.94E－03	7.37E－04	1.30E－03
	7	1.07E－03	7.87E－03	7.20E－04	1.24E－03	1.07E－03	7.87E－03	7.20E－04	1.24E－03
	8	1.05E－03	7.78E－03	7.04E－04	1.08E－03	1.05E－03	7.77E－03	7.05E－04	1.14E－03
	9	1.03E－03	7.76E－03	6.90E－04	1.13E－03	1.03E－03	7.69E－03	6.91E－04	1.10E－03
	10	1.01E－03	7.63E－03	6.77E－04	9.95E－04	1.01E－03	7.66E－03	6.76E－04	1.08E－03
DAX (N=85)	5	1.18E－03	7.90E－03	9.60E－04	8.28E－03	8.10E－04	4.74E－03	8.60E－04	4.67E－03
	6	1.17E－03	7.90E－03	9.49E－04	8.18E－03	1.17E－03	7.85E－03	9.49E－04	8.19E－03
	7	1.16E－03	7.84E－03	9.39E－04	8.09E－03	1.16E－03	7.84E－03	9.39E－04	8.09E－03
	8	1.14E－03	7.76E－03	9.25E－04	7.98E－03	1.14E－03	7.76E－03	9.25E－04	7.98E－03
	9	1.13E－03	7.72E－03	9.15E－04	7.90E－03	1.13E－03	7.72E－03	9.15E－04	7.90E－03
	10	1.12E－03	7.66E－03	9.05E－04	7.89E－03	1.12E－03	7.64E－03	9.02E－04	7.83E－03

续表

指数	稀疏度 K	ε₁ = 0.05				ε₁ = 0.15			
		TEI	ERI	TEO	ERO	TEI	ERI	TEO	ERO
FTSE (N=89)	5	1.09E-03	6.14E-03	5.87E-04	7.19E-04	1.09E-03	6.14E-03	5.87E-04	7.19E-04
	6	1.06E-03	5.94E-03	5.73E-04	5.99E-04	1.07E-03	6.13E-03	5.74E-04	6.67E-04
	7	5.09E-04	4.87E-03	2.66E-04	5.22E-05	1.05E-03	6.12E-03	5.63E-04	6.81E-04
	8	1.02E-03	6.06E-03	5.54E-04	6.16E-04	4.65E-04	4.64E-03	2.55E-04	9.24E-04
	9	9.87E-04	5.93E-03	5.47E-04	6.48E-04	1.01E-03	6.04E-03	5.42E-04	6.37E-04
	10	9.90E-04	6.00E-03	5.31E-04	6.29E-04	9.90E-04	5.97E-03	5.31E-04	6.46E-04
S&P (N=98)	5	1.05E-03	6.95E-04	7.60E-04	-6.47E-04	1.05E-03	6.95E-04	7.60E-04	-6.47E-04
	6	1.04E-03	7.50E-04	7.49E-04	-6.52E-04	1.04E-03	7.50E-04	7.49E-04	-6.52E-04
	7	1.03E-03	7.98E-04	7.41E-04	-7.07E-04	1.03E-03	6.97E-04	7.41E-04	-6.91E-04
	8	1.03E-03	7.88E-04	7.33E-04	-6.97E-04	1.03E-03	8.14E-04	7.32E-04	-7.29E-04
	9	1.02E-03	8.36E-04	7.25E-04	-7.52E-04	1.02E-03	8.36E-04	7.25E-04	-7.52E-04
	10	1.01E-03	8.22E-04	7.17E-04	-8.36E-04	1.01E-03	8.43E-04	7.17E-04	-8.14E-04

表6-6　　　　　SPSOR2模型 OR-Library 数据集实验结果

指数	稀疏度 K	$\varepsilon_1 = 0.05$				$\varepsilon_1 = 0.15$			
		TEI	ERI	TEO	ERO	TEI	ERI	TEO	ERO
Hang Seng ($N=31$)	5	1.10E−03	8.03E−03	7.49E−04	1.41E−03	1.09E−03	7.96E−03	7.40E−04	1.12E−03
	6	9.79E−04	7.77E−03	6.68E−04	1.15E−03	9.89E−04	7.78E−03	6.75E−04	1.09E−03
	7	1.05E−03	7.83E−03	7.17E−04	1.19E−03	9.43E−04	7.70E−03	6.44E−04	1.25E−03
	8	9.90E−04	7.78E−03	6.76E−04	1.24E−03	1.03E−03	7.81E−03	7.04E−04	1.17E−03
	9	9.78E−04	7.72E−03	6.67E−04	1.19E−03	9.98E−04	7.78E−03	6.85E−04	1.19E−03
	10	9.60E−04	7.65E−03	6.54E−04	1.36E−03	9.83E−04	7.72E−03	6.70E−04	1.21E−03
DAX ($N=85$)	5	2.22E−04	4.34E−03	3.24E−04	3.45E−03	2.02E−04	4.52E−03	2.70E−04	2.65E−03
	6	2.55E−04	3.85E−03	2.90E−04	1.48E−03	1.40E−04	3.96E−03	2.01E−04	2.75E−03
	7	9.60E−05	3.31E−03	1.87E−04	3.21E−03	9.60E−05	3.31E−03	1.87E−04	3.21E−03
	8	7.90E−05	3.17E−03	1.66E−04	2.88E−03	6.70E−04	6.35E−03	6.57E−04	2.17E−03
	9	7.01E−05	3.21E−03	1.56E−04	2.80E−03	7.01E−05	3.21E−03	1.56E−04	2.80E−03
	10	6.45E−05	3.14E−03	1.50E−04	2.46E−03	6.46E−05	3.10E−03	1.55E−04	2.72E−03

续表

指数	稀疏度 K	$\varepsilon_1 = 0.05$				$\varepsilon_1 = 0.15$			
		TEI	ERI	TEO	ERO	TEI	ERI	TEO	ERO
FTSE (N=89)	5	3.41E−04	6.32E−03	1.36E−04	1.42E−03	3.41E−04	6.32E−03	1.36E−04	1.42E−03
	6	3.41E−04	6.32E−03	1.36E−04	1.42E−03	2.80E−04	5.92E−03	1.15E−04	9.41E−04
	7	2.20E−04	5.73E−03	9.79E−05	1.38E−03	2.72E−04	4.35E−03	1.66E−04	8.20E−04
	8	1.89E−04	5.41E−03	1.07E−04	1.44E−03	1.96E−04	5.14E−03	9.67E−05	1.61E−03
	9	1.48E−04	4.99E−03	7.25E−05	1.37E−03	1.71E−04	4.96E−03	8.45E−05	1.36E−03
	10	1.15E−04	4.23E−03	6.66E−05	1.56E−03	1.54E−04	4.86E−03	7.27E−05	1.28E−03
S&P (N=98)	5	2.73E−04	4.97E−03	1.50E−04	1.49E−03	3.38E−04	5.67E−03	2.13E−04	9.74E−04
	6	2.06E−04	4.82E−03	2.12E−04	−1.24E−04	2.02E−04	4.61E−03	1.88E−04	−9.35E−05
	7	5.08E−04	6.00E−03	2.96E−04	2.38E−03	1.43E−04	4.39E−03	8.79E−05	7.33E−04
	8	1.14E−04	4.09E−03	8.57E−05	1.31E−03	1.58E−04	4.70E−03	1.55E−04	−2.10E−04
	9	1.29E−04	4.37E−03	8.74E−05	4.81E−04	3.18E−04	5.25E−03	1.80E−04	1.01E−03
	10	1.23E−04	4.17E−03	8.86E−05	6.06E−04	1.13E−04	4.04E−03	8.63E−05	8.30E−04

表6-7　　DPSOR1 模型 OR-Library 数据集实验结果

指数	稀疏度 K	$\varepsilon_1=0.05, \varepsilon_2=0.01$				$\varepsilon_1=0.15, \varepsilon_2=0.03$			
		TEI	ERI	TEO	ERO	TEI	ERI	TEO	ERO
Hang Seng (N=31)	5	1.10E-03	8.03E-03	7.48E-04	1.26E-03	1.11E-03	8.00E-03	7.50E-04	1.38E-03
	6	1.08E-03	7.97E-03	7.35E-04	1.28E-03	1.07E-03	7.93E-03	7.28E-04	1.22E-03
	7	1.06E-03	7.86E-03	7.18E-04	1.09E-03	1.07E-03	7.87E-03	7.21E-04	1.23E-03
	8	1.04E-03	7.79E-03	7.03E-04	9.99E-04	1.05E-03	7.78E-03	7.09E-04	1.21E-03
	9	1.03E-03	7.71E-03	6.93E-04	1.15E-03	1.03E-03	7.68E-03	6.92E-04	1.05E-03
	10	1.00E-03	7.60E-03	6.76E-04	8.80E-04	1.01E-03	7.66E-03	6.78E-04	9.99E-04
DAX (N=85)	5	1.18E-03	7.90E-03	9.60E-04	8.28E-03	1.19E-03	7.85E-03	9.52E-04	8.14E-03
	6	1.17E-03	7.85E-03	9.49E-04	8.19E-03	1.17E-03	7.85E-03	9.49E-04	8.19E-03
	7	1.16E-03	7.77E-03	9.36E-04	8.08E-03	1.45E-03	5.51E-03	1.35E-03	7.59E-03
	8	1.14E-03	7.76E-03	9.25E-04	7.98E-03	1.14E-03	7.76E-03	9.25E-04	7.98E-03
	9	1.13E-03	7.72E-03	9.15E-04	7.90E-03	1.13E-03	7.72E-03	9.15E-04	7.90E-03
	10	1.12E-03	7.66E-03	9.08E-04	7.92E-03	1.12E-03	7.64E-03	9.04E-04	7.81E-03

续表

指数	稀疏度 K	$\varepsilon_1=0.05, \varepsilon_2=0.01$				$\varepsilon_1=0.15, \varepsilon_2=0.03$			
		TEI	ERI	TEO	ERO	TEI	ERI	TEO	ERO
FTSE (N=89)	5	1.09E−03	6.17E−03	5.86E−04	6.78E−04	1.08E−03	6.16E−03	5.88E−04	7.11E−04
	6	1.07E−03	6.14E−03	5.76E−04	7.33E−04	1.07E−03	6.14E−03	5.76E−04	7.33E−04
	7	1.05E−03	6.12E−03	5.63E−04	6.81E−04	1.05E−03	6.12E−03	5.63E−04	6.81E−04
	8	1.03E−03	6.09E−03	5.53E−04	6.41E−04	1.03E−03	6.09E−03	5.53E−04	6.41E−04
	9	1.01E−03	6.04E−03	5.42E−04	6.37E−04	1.01E−03	6.04E−03	5.42E−04	6.37E−04
	10	9.90E−04	6.00E−03	5.31E−04	6.29E−04	9.90E−04	6.00E−03	5.31E−04	6.29E−04
S&P (N=98)	5	1.05E−03	6.95E−04	7.60E−04	−6.47E−04	1.05E−03	6.95E−04	7.60E−04	−6.47E−04
	6	1.04E−03	7.50E−04	7.49E−04	−6.52E−04	1.04E−03	7.43E−04	7.51E−04	−7.02E−04
	7	1.03E−03	7.98E−04	7.41E−04	−7.07E−04	1.03E−03	7.98E−04	7.41E−04	−7.07E−04
	8	1.03E−03	8.14E−04	7.32E−04	−7.29E−04	1.03E−03	8.14E−04	7.32E−04	−7.29E−04
	9	1.02E−03	8.27E−04	7.26E−04	−7.92E−04	1.02E−03	8.31E−04	7.24E−04	−7.95E−04
	10	1.01E−03	8.53E−04	7.17E−04	−8.17E−04	1.01E−03	8.43E−04	7.17E−04	−8.14E−04

表6-8　　DPSOR2 模型 OR-Library 数据集实验结果

指数	稀疏度 K	$\varepsilon_1=0.05, \varepsilon_2=0.01$				$\varepsilon_1=0.15, \varepsilon_2=0.03$			
		TEI	ERI	TEO	ERO	TEI	ERI	TEO	ERO
Hang Seng (N=31)	5	1.10E-03	8.05E-03	7.48E-04	1.28E-03	1.10E-03	8.06E-03	7.50E-04	1.28E-03
	6	1.08E-03	7.98E-03	7.35E-04	1.23E-03	1.08E-03	8.00E-03	7.34E-04	1.34E-03
	7	1.06E-03	7.91E-03	7.18E-04	1.10E-03	1.07E-03	7.92E-03	7.20E-04	1.24E-03
	8	1.04E-03	7.84E-03	7.01E-04	1.06E-03	1.04E-03	7.83E-03	7.02E-04	1.19E-03
	9	1.02E-03	7.77E-03	6.90E-04	1.16E-03	1.02E-03	7.77E-03	6.89E-04	1.18E-03
	10	1.01E-03	7.66E-03	6.76E-04	1.01E-03	1.01E-03	7.67E-03	6.73E-04	1.04E-04
DAX (N=85)	5	1.18E-03	7.95E-03	9.56E-04	8.19E-03	1.18E-03	7.95E-03	9.56E-04	8.19E-03
	6	1.15E-03	7.70E-03	9.45E-04	7.97E-03	1.15E-03	7.27E-03	9.37E-04	7.96E-03
	7	1.15E-03	7.88E-03	9.40E-04	8.19E-03	1.15E-03	7.88E-03	9.41E-04	8.18E-03
	8	1.14E-03	7.84E-03	9.29E-04	8.08E-03	1.14E-03	7.84E-03	9.29E-04	8.08E-03
	9	1.12E-03	7.54E-03	9.01E-04	7.78E-03	1.13E-03	7.80E-03	9.19E-04	8.00E-03
	10	1.11E-03	7.50E-03	8.89E-04	7.72E-03	1.11E-03	7.75E-03	9.10E-04	7.95E-03

续表

指数	稀疏度 K	$\varepsilon_1 = 0.05, \varepsilon_2 = 0.01$				$\varepsilon_1 = 0.15, \varepsilon_2 = 0.03$			
		TEI	ERI	TEO	ERO	TEI	ERI	TEO	ERO
FTSE (N=89)	5	7.02E−04	7.35E−03	3.31E−04	3.73E−03	6.98E−04	7.35E−03	3.29E−04	3.78E−03
	6	6.84E−04	7.35E−03	3.24E−04	3.78E−03	6.89E−04	7.34E−03	3.22E−04	3.78E−03
	7	6.57E−04	7.34E−03	3.16E−04	3.78E−03	6.75E−04	7.34E−03	3.16E−04	3.78E−03
	8	6.67E−04	7.32E−03	3.11E−04	3.75E−03	6.66E−04	7.32E−03	3.11E−04	3.81E−03
	9	6.64E−04	7.29E−03	3.06E−04	3.79E−03	6.59E−04	7.30E−03	3.06E−04	3.79E−03
	10	6.52E−04	7.28E−03	3.01E−04	3.75E−03	6.52E−04	7.28E−03	3.01E−04	3.75E−03
S&P (N=98)	5	1.36E−03	8.32E−03	7.01E−04	3.96E−03	2.11E−03	9.75E−03	1.46E−03	6.83E−03
	6	2.07E−03	9.71E−03	1.43E−03	6.76E−03	2.07E−03	9.71E−03	1.43E−03	6.76E−03
	7	2.05E−03	9.68E−03	1.42E−03	6.73E−03	2.04E−03	9.67E−03	1.41E−03	6.63E−03
	8	2.02E−03	9.63E−03	1.40E−03	6.61E−03	2.03E−03	9.64E−03	1.41E−03	6.61E−03
	9	2.00E−03	9.60E−03	1.39E−03	6.50E−03	2.00E−03	9.60E−03	1.39E−03	6.50E−03
	10	1.98E−03	9.54E−03	1.38E−03	6.36E−03	1.96E−03	9.54E−03	1.37E−03	6.36E−03

6.4 小结

本章介绍了指数型基金中的主动型投资方式，即超越指数。在 6.1 节，我们给出了超越指数的应用背景及相关研究现状，从目标函数、约束条件以及已有模型 3 个方面概述了超越指数模型。考虑到资产间资金的流动会带来额外的交易成本，我们要求在约束中考虑稀疏，因此专门给出了一节介绍两类稀疏超越指数模型，分别是基于 $L_{(1/2)}$ 的稀疏超越指数模型和稀疏鲁棒超越指数模型。对于稀疏超越指数模型，我们提出了 AQP 算法用于求解该模型，并在实证分析中运用国内外数据证明了模型及算法的有效性。对于稀疏鲁棒超越指数模型，我们运用鲁棒对等式将其转化为带有 L0 约束的 SOCP 问题，并利用 6.2 节提出的通用算法，混合遗传算法，求解该问题。在 6.3 节，我们考虑收益的不确定性，基于欧米伽比率与概率约束建立了两类稀疏超越指数模型，并运用无限对偶理论和分布式鲁棒原理将其转化为稀疏二次锥和半定规划问题，最终应用混合遗传算法求解该问题。值得注意的是，在单概率稀疏超越指数模型中，我们使用概率约束刻画超额收益，在双概率模型中，我们除了使用上述概率约束外，还使用概率约束刻画下半偏差的不确定性。数值实验中，我们在沪深 300 数据集下检验了模型的抗风险能力，并在 OR-library 数据下检验了模型的超越能力。

第7章

最优负债管理

7.1 负债问题概述

2015 年至今，中国政府在金融领域一直强调对宏观杠杆水平的控制。从表格 7 - 1 的数据不难发现，我国杠杆率水平处于一个较高的水平，"去杠杆"问题变得迫在眉睫。本书的研究对象是金融部门。金融企业涉及高杠杆业务的操作，极易积累系统性风险，也是系统风险的主要来源。对于金融企业，如何售卖自己的资产，在保障自身权益最大的条件下达到偿还负债、释放流动性和降低杠杆的目标，是一个管理者需要认真考虑的问题。

表 7 - 1　2016 年 1 季度 ~ 2017 年 2 季度中国各部门杠杆数据　　　　单位:%

类别	分项	2016 年 4 季度	2017 年 1 季度	2017 年 2 季度
实体	居民	44.8	46.1	47.2
	非金融企业	155.1	157.1	156.3
	政府—中央	16.1	15.7	15.8
	政府—地方	22.7	22.0	22.0
金融	银行—负债端	72.4	71.2	69.9
	银行—负债端	78.1	77.3	74.2

显然，只凭直观的感觉和经验很容易出现操作失误，造成权益资金的极大损失，因此需要根据实际经济背景进行数学建模，用定量的方法进行描述和解答去杠杆问题。迈伦斯科尔斯针对金融企业，尤其是金融机构投资者，提出"最优投资组合负债管理"（又称为"去杠杆化"）

问题，描述当投资者面对资产流动的不确定性和未知风险时，如何处理已有的投资组合，如何出售资产以降低债务风险，尽量减少损失。

本章主要进行金融企业通过售卖资产偿还负债，达到降低杠杆水平的数理分析。针对国内外市场的一般化"去杠杆"过程，对买卖资产的价格变化进行抽象和简化，以自身权益资产最大化为"去杠杆"化的一般目标，在满足预期杠杆率约束的基础上，构建最优投资组合负债管理模型；进一步地，在价格影响矩阵的具体凸性结构和非凸结构的假设下，分析模型的可行性，并设计高效求解算法。

7.2　最优负债问题的研究现状

20 世纪末期，由于金融危机的频繁发生和带来的巨大损失，许多专家学者开始针对市场的变化规律和资产的最优执行策略进行研究，二者相辅相成、相互促进。而对最优投资组合负债管理问题（"去杠杆化"问题）的研究，大致分为两个阶段：第一阶段主要集中对单一资产进行研究；第二阶段是对投资组合进行研究。

在对市场的变化规律研究方面，许多学者做了很多有意义的工作。例如，休伯曼和斯坦兹（Huberman and Stanzl，2004）在假定交易量会影响证券价格且交易被提交时价格是不确定的交易环境下，研究准套利（又称半套利）情况下的价格影响函数。研究表明：当价格影响因素是永久的并且是时间独立的时候，只有线性价格冲击函数会排出准套利的可能，从而支持可行的市场价格；当价格影响因素分为永久和临时影响因素并且二者线性无关时，永久价格影响因素必须为线性形式而临时价格影响因素可以是一个更一般的形式。布伦内梅尔和佩德森（Brunnermeier and Pedersen，2005）建立了掠夺性交易下的市场变化模型，通过对参数的定量分析，刻画出如下的市场变化：在交易者纷纷抛售资产的市场环境下，如果通过先出售资产随后又买回出售资产的手段来增加市场流动性的话，会导致价格过高和降低资产的价值。书中得出如下的金融结论：当市场缺乏流动性时，最重要的是流动资金。此外，如果交易者从另一个交易者的危机中获利，这种危机将会波及整个市场的交易者，甚至跨市场传播。卡林、洛沃、维斯瓦纳坦（Carlin, Lobo and Viswanathan, 2007）发展了一个理论模型来描述从交易者之间的合作破裂之后市场偶发的非流动性是如何出现的。利用由交易价格因素组成的资产定价方程，分别刻画了连续时间下单阶段和多阶段交易框架下的市场平衡状态。

此外在资产的最优执行策略研究方面也取得了很多重大突破。按照资产种类的规模可以分为两个阶段，即单一资产的清算管理和投资组合的去杠杆化问题。

在单一资产方面：伯特西马斯和洛沃（Bertsimas and Lobo, 1998）利用动态规划思想，通过给定固定交易时期内固定交易份额下的不同类型的价格冲击函数，作为股票交易和市场条件下的执行价格函数，并在某个确定的价格函数下，最小化期望成本，得到该市场条件下的最优交易序列函数。在一些特殊情况下，可以得到最优交易序列的显式解。胡伯曼和斯坦兹（Huberman and Stanzl, 2005）在只有一个价格因素影响交易规模的交易框架内，研究"时间连续"下的最优清算交易策略问题。假定一个清算资产的交易者在固定时间范围内对特定份额的资产进行交易，通过最小化交易成本的均值和方差得到最优交易策略的显式解。通过显式解得到如下金融结论：规避风险的清算交易者会随着时间的推移减少其订单规模，而在价格波动或者市场流动性增强的早期，总是执行一个与总交易量比例较高的订单规模；在考虑交易费用的情况下，无论是当市场价格波动或者市场流动性上升时，还是当价格回归速度下降时，交易者都会降低交易频率。在投资组合方面：阿尔姆格伦和克里斯（Almgren and Chriss, 2001）建立波动风险和交易成本的加权模型。在执行策略中，定义有效边缘是由最低预期成本的策略构成，并在线性成本模型下，明确表达出有效边缘；然后，通过最小化二次效用函数或者最小化风险价值（VaR）来选择实际最优的交易策略。谢德、施内伯恩（Schied、Schneborn, 2009）和盖思勒尔、席德（Gatheral、Schied, 2011）利用与阿尔姆格伦（Almgren R, 2001）等人相同的资产定价公式，将阿尔姆格伦（Almgren R, 2001）等人的模型延伸到连续时间上，利用不同的效用函数和风险评估准则，研究了最优资产组合的去杠杆化问题。

然而，上述研究都只是建立在将资产全部卖出的前提下，不能很好地满足机构投资者追求最大净利润的实际需求，比如说，机构投资者可能只需要卖出投资组合中的部分资产或者某个资产的一部分，而继续持有剩余资产，以寻求未来更好的交易机会。鉴于此，2010 年，在永久和临时价格影响因子线性无关的假设下，布朗、卡林、洛沃（Brown、Carlin、Lobo，2010）将卡林（Carlin，2007）等人的资产定价函数推广到高维情况，并在给定债务杠杆（债务/净资产）限制的情况下，最大化资产净值，建立最优负债比模型，在凸性条件（2 倍的临时价格影响因子大于永久影响因子）下，把原问题退化成一个凸二次规划，得出显式解。并在此基础上，进行最优交易策略的结果分析，这些结果在投资者面对市场震荡，决定哪些资产应该被卖掉以满足需求时，具有实际的指导意义。但是，上述凸性条件并不总是成立，甚至会出现永久价格影响参数对执行价格起决定作用。因此，陈靖楠（Jingnan Chen，2014）去掉了这个凸性条件，并利用拉格朗日理论，提出一个基于断点学习的拉格朗日算法。该算法在某些特定的条件下，通过求解原问题对应的拉格朗日问题可以得到原问题的局部最优解。当条件不满足时，得到一个可行解来逼近最优解。从研究现状中，我们不难看出如下几点的发展趋势：最优负债问题从单一资产的清算发展到整个投资组合的负债管理；从资产完全卖出发展为部分卖出；从单一的资产定价公式发展到高维的投资组合的情况；从价格影响因子相互独立发展到相互关联；从与时间无关的交易框架发展到与时间相关等。

7.3 最优负债问题的模型与算法

考虑一个风险中性的机构投资者在初始时刻持有一个大宗的投资组合，由于市场震荡（比如，金融危机或某些不可抗拒因素等）或者自身经营原因面临一个巨大的债务压力而必须平仓以满足一个确定的债务需求而且没有任何直接的补仓资金注入的情况。设交易区间为 T，资产种

类为 n 。对任意的 $t \in [0, T]$ ，$x_t \in \mathbb{R}^n$ 表示投资者在 t 时刻的资产持有量，假设资产的初始持有量 $x_0 > 0$ ；$y_t \in R^n$ 表示投资者交易这 n 个资产的速率，且 y_t 是 L^2 可积，则为式（7 – 1）。

$$x_t = x_0 + \int_0^t y_t ds \qquad (7-1)$$

不失一般性，可以取 $T = 1$ ，那么 $t = 0$ 和 $t = 1$ 分别表示交易前后的两个时刻。令交易前后的交易量变化为 $y = x_1 - x_0$ ，在这里由于交易假设的前提，我们只考虑投资者出售资产以偿还债务而且不允许任何的卖空操作，因此 y 的取值范围为式（7 – 2）。

$$-x_0 \leqslant y \leqslant 0 \qquad (7-2)$$

根据布朗、卡林、洛沃（Brown、Carlin、Lobo，2010）的资产定价公式，t 时刻和 1 时刻资产的执行价格为式（7 – 3）。

$$p_t = p_0 + \Gamma(x_t - x_0) + \Lambda y_t p_1 = p_0 + \Gamma y \qquad (7-3)$$

其中 $\Gamma \in \mathbb{R}_+^{n \times n}$ 是永久价格影响因子矩阵，$\gamma_{i,j}$ 表示资产 i 的累计交易量对资产 j 的价格影响；$\Lambda \in \mathbb{R}_+^{n \times n}$ 是临时价格影响因子矩阵，$\lambda_{i,j}$ 表示资产 i 的交易频率对资产 j 的价格影响。

考虑这样一种情况：投资者面临巨大的债务压力，出售资产所得现金将全部用于偿还债务；且投资者采取恒定交易频率的交易策略，即 $y_t = \dfrac{y}{T}$ 。

由上可计算，交易产生的现金总量为式（7 – 4）。

$$\int_0^1 p_t^T y_t dt = -p_0^T y - y^T(\Lambda + \frac{1}{2}\Gamma)y \qquad (7-4)$$

考虑初始负债为 l_0 ，交易之后的负债水平 l_1 为式（7 – 5）。

$$l_1(y) = l_0 + p_0^T y + y^T(\Lambda + \frac{1}{2}\Gamma)y \qquad (7-5)$$

则交易之后的权益资产（equity）e_1 价值（资产 – 负债）为式（7 – 6）。

$$e_1(y) = p_1^T x_1 - l_1 = p_0^T x_0 - l_0 + x_0^T \Gamma y^T - y^T(\Lambda - \frac{1}{2}\Gamma)y \qquad (7-6)$$

财务报表中有一些重要金融杠杆比率，如资产负债比率（资产/负债）、权益比率（资产/权益）和负债权益比率（负债/权益），这三类比率的增大都反映了公司债务水平的提高。特别地，本章选择负债权益比率作为衡量投资者债务水平的指标（债务杠杆）。为了控制债务风险，需要预先给定一个债务杠杆的上限 ρ_1，要求交易之后的债务杠杆不得高于给定的上限，即式（7-7）。

$$\frac{l_1}{e_1} \leq \rho_1 \qquad (7-7)$$

另外，在我们之后的分析中，假设发生交易前并不满足债务杠杆要求，即假设 7.1。

假设 7.1　目标企业面临降杠杆需求，即杠杆必须要小于初始杠杆，$\frac{l_0}{e_0} > \rho_1$。

如果以上假设不成立，那么导致的结果就是：要么该机构资不抵债，面对清盘和破产；要么该机构已经满足债务要求。对于第一种情况，破产清算有另外一套严密的计算流程，我们在此不做研究；对于第二种情况，我们认为该机构的执行策略是不理智的，适当可控的债务水平对机构的发展和壮大是十分重要的，该类机构被排除在研究范围内。

因此，根据以上的金融约束要求和基本假设，我们得到最优投资组合负债管理问题的模型为式（7-8）。

$$\max_y e_1(y) = p_1^T x_1 - l_1 = p_0^T x_0 - l_0 + x_0^T \Gamma y^T - y^T(\Lambda - \frac{1}{2}\Gamma)y$$

$$s.t. \quad \rho_1 p_0^T x_0 - (\rho_1 + 1)l_0 + (\rho_1 x_0^T \Gamma - p_0^T)y - y^T(\rho_1(\Lambda - \frac{1}{2}\Gamma) + \Lambda +$$

$$\frac{1}{2}\Gamma)y \geq 0, \ -x_0 \leq y \leq 0 \qquad (7-8)$$

式（7-8）中第一个约束为边际约束，第二个为盒式约束。另外，可以计算目标函数的一阶导函数为式（7-9）。

$$\frac{\partial e_1}{\partial y} = \Gamma x_0 - 2(\Lambda - \frac{1}{2}\Gamma)y = \Gamma(x_0 + y) - \Lambda(2y) \geq 0 \quad (7-9)$$

根据盒式约束可知，对于每一个单分量 y_i 而言，其导函数都是非负的，即目标函数对每一个单分量都是单调递增的。如果假设条件式（7 - 1）不满足，式（7 - 8）就存在平凡解，此时也就失去了研究问题的意义。因此，要求初始时刻的债务杠杆大于给定的上限也是十分合理的。进一步假设式（7 - 8）至少存在一个严格可行点，即假设 7.2 成立。

假设 7.2 式（7 - 8）严格可行且 $\dfrac{l_0}{e_0} > \rho_1$。

7.3.1 二次凸规划模型

布朗、卡林和洛沃（Brown、Carlin and Lobo，2010）考虑临时价格影响因子 Λ 和永久价格影响因子 Γ 的对角形式，即不考虑交易资产 $j(j \neq i)$ 对资产 i 的临时或者永久价格影响，并引入凸性假设，具体而言 $\Lambda > 0, \Gamma > 0$，且 Λ 和 Γ 均为对角矩阵。

由式（7 - 8）的目标函数 $\max\limits_{y} e_1(y)$ 可知，模型是关于交易量 y 的二次函数，当二次项部分满足 $\Lambda - \dfrac{1}{2}\Gamma \geq 0$ 的时候，目标函数转化为一个凸二次函数。

同样地，式（7 - 8）的边际（债务）约束也是一个关于 y 的二次函数，当 $\Lambda \geq \dfrac{\rho_1 - 1}{2(\rho_1 + 1)}\Gamma$ 时，该约束转化为凸二次约束问题。对此可以总结如假设 7.3。

假设 7.3 当 $\Gamma \in \mathbb{R}_+^{n \times n}, \Lambda \in \mathbb{R}_+^{n \times n}$ 是对角矩阵，且满足 $\Lambda - \dfrac{1}{2} \geq 0$ 和 $\Lambda > \dfrac{\rho_1 - 1}{2(\rho_1 + 1)}\Gamma$ 的凸性假设，则式（7 - 8）等价于一类凸二次问题。

在以上价格因子是对角矩阵和约束、目标凸性满足假设的基础上，得到定理 7.1。

定理 7.1 当假设 7.2 满足时，式（7 - 8）的最优解 y^* 一定在边界约束上取到，即 $\dfrac{l_1(y^*)}{e_1(y^*)} = \rho_1$，且存在 $z > 0$，显示解形式为式（7 - 10）。

$$y_{1,i}^* = \max \left[-x_{0,i}, \min(0, \frac{1}{2} \times \frac{(1 + z\rho_1)\gamma_i x_{0,i} - zp_{0,i}}{(1 + z\rho_1)(\lambda_i - \frac{1}{2}\gamma_i) + z(\lambda_i + \frac{1}{2}\gamma_i)}) \right]$$

$$(7-10)$$

其中，$y_{1,i}^*$ 随着 ρ_1 单调递增，l_0 单调递减，一般而言对于 $x_{0,i}$、λ_i、γ_i 没有单调关系。

证明 引入乘子 $z > 0$，将负债杠杆约束罚到目标函数上，则有式（7-11）。

$$\max_y \quad e_1(y) + z(\rho_1 e_1(y) - l_1)$$
$$s.t. \quad -x_0 \leqslant y \leqslant 0 \qquad (7-11)$$

考虑到 Λ 和 Γ 的对角形式，目标函数可以写为 $\sum_{i=1}^n a_i y_i - b_i y_i^2$，其中 $a_i = (1 + z\rho_1 \gamma_i x_{0,i} - zp_{0,i})$，$b_i = (1 + z\rho_1)(\lambda_i - \frac{1}{2}\gamma_i) + z(\lambda_i + \frac{1}{2}\gamma_i)$，结合约束集中的盒式约束，式（7-11）中变量 y 的每个分量 y_i 都可以拆解为一个单变量的二次规划问题式（7-12）。

$$\max_{y_i} \quad a_i y_i - b_i y_i^2$$
$$s.t. \quad -x_{0,i} \leqslant y_i \leqslant 0 \qquad (7-12)$$

研究式（7-12）的一阶最优性条件，结合盒式约束，可以得到式（7-13）。

$$y_{1,i}^* = \max \left[-x_{0,i}, \min(0, \frac{1}{2} \times \frac{(1 + z\rho_1)\gamma_i x_{0,i} - zp_{0,i}}{(1 + z\rho_1)(\lambda_i - \frac{1}{2}\gamma_i) + z(\lambda_i + \frac{1}{2}\gamma_i)}) \right]$$

$$(7-13)$$

对于参数变量 ρ_1、$x_{0,i}$、λ_i、γ_i 计算一阶导数、二阶导数，可以证明单调性。ρ_1 的增加意味着 l_0 的相对减少，故可以说明 y 和 l_0 的单调关系，证毕。

定理 7.1 中的结果显示：当临时价格和永久价格因子矩阵满足凸性假设下，最优解一定在杠杆约束的边界处取得；且由于价格矩阵具有对角形式，y 的各个分量彼此独立，由此可以得到每个分量的显式解。

218

在降杠杆中，投资者需要了解哪种资产在降杠杆中具有较高的优先级。换言之我们希望通过模型的分析，获得具有较高优先级的资产所具有的特质，定理7.2就回答了这个问题。

定理7.2 对于式（7-8），具有更低价格影响因子的资产在清算中拥有更高的优先级，对于资产 i、j，如果 $p_{0,i} = p_{0,j}$，$\gamma_i \leq \gamma_j$，$\lambda_i \leq \lambda_j$，且 $x_{0,i} = x_{0,j}$，则有 $y_i^* \leq y_j^*$。

证明 采用反证法，假设结论不成立，即 $-x_{0,i} = -x_{0,j} \leq y_j^* < y_i^* \leq 0$，考虑一个方向 $\Sigma = (\Sigma_1, \cdots, \Sigma_n)$，其中 $\Sigma_i = -1, \Sigma_j = 1, \Sigma_k = 0, k \neq i,j$，计算资产和负债关于 y 的导数式（7-14）

$$\nabla l_1(y) = p_0 + (2\Lambda + \Gamma)y, \quad \nabla e_1(y) = \Gamma x_0 - (2\Lambda - \Gamma)y$$

$$(7-14)$$

由条件可得式（7-15）

$$\Sigma^T \nabla l_1(y^*) = (2\lambda_j + \gamma_j)y_j^* - (2\lambda_i + \gamma_i)y_i^* \leq (2\lambda_j + \gamma_j)(y_j^* - y_i^*) < 0$$

$$(7-15)$$

只需证明 $\Sigma^T \nabla e_1(y^*) = (\gamma_j - \gamma_i)x_{0,i} + (2\lambda_i - \gamma_i)y_i^* - (2\lambda_j - \gamma_j)y_j^* > 0$，就可以构造一个新的 $y^{**} = y^* + \sigma\Sigma$，其中 $\sigma > 0$，$-x_0 \leq y^{**} \leq 0$。当 σ 充分小的时候，y^{**} 相比于 y^*，可以减少负债，增加资产，与 y^* 是最优解矛盾，故原结论成立。由凸性假设，$2\lambda_i > \gamma_i$，且 $\lambda_i < \lambda_j$，则有式（7-16）

$$\Sigma^T \nabla e_1(y^*) \geq (\gamma_j - \gamma_i)x_{0,i} + (2\lambda_i - \gamma_i)y_i^* - (2\lambda_j - \gamma_j)y_j^*$$

$$= (\gamma_j - \gamma_i)(x_{0,j} + y_j^*) + 2(\lambda_i - \lambda_j)y_j^* > 0$$

$$(7-16)$$

当 $\lambda_i = \lambda_j$，则有式（7-17）

$$\Sigma^T \nabla e_1(y^*) = (\gamma_j - \gamma_i)x_{0,i} + (2\lambda_i - \gamma_i)y_i^* - (2\lambda_i - \gamma_j)y_j^*$$

$$\geq -(\gamma_j - \gamma_i)y_j^* + (2\lambda_i - \gamma_i)y_i^* - (2\lambda_i - \gamma_j)y_j^*$$

$$= (2\lambda_i - \gamma_i)(y_i^* - y_j^*) > 0$$

$$(7-17)$$

与假设矛盾，即原结论成立，证毕。

以上结论不难看出，当资产其他属性相同时（持有比例，初始价格等），投资者会优先考虑卖出流动性较强的资产。这与现实也是相符的，因为更高的流动性意味着该类资产有着更稳健的现货市场，一笔交易按照预期要求达成的概率更高，交易费用和冲击成本显著降低，意味着与资产的账面价值相比，资产损失相对较少，和债务清偿的一般规律和原则相一致。

7.3.2 二次非凸模型及拉格朗日算法

陈靖楠（Jingnan Chen，2014）中去掉了凸性假设（$\Lambda \geq \frac{1}{2}\Gamma$），只要求 Λ 和 Γ 是对角矩阵，且 $\lambda_i > 0$，$\gamma_i > 0$。在假设7.2的条件下，书中的定理7.1和定理7.2是否仍然成立呢？答案是显然的，我们应用陈靖楠（2014）的定理7.3和定理7.4回答了这两个问题。

定理7.3 当只有假设7.2满足时，式（7-8）的最优解 y^* 在仍在边界约束上取到。

证明 由于式（7-8）的可行集为有界闭集，则一定存在最优解 y^*，假设最优解不在债务杠杆约束边界上取到。通过一阶最优性条件，则存在参数 $\mu^* = (\mu_0^*, \mu_1^*, \cdots, \mu_m^*, \mu_{m+1}^*, \cdots, \mu_{2n}^*) \geq 0$，使得式（7-18）~式（7-21）。

$$\mu_0^*(\rho_1 e_1(y^*) - l_1(y^*)) = 0 \qquad (7-18)$$

$$\mu_i^* y_i^* = 0, \ i = 1,2\cdots,n \qquad (7-19)$$

$$\mu_{n+i}^*(y_i^* + x_{0,i}) = 0, \ i = 1,2,\cdots,n \qquad (7-20)$$

$$-\nabla e_1(y^*) + \mu_0^* \nabla g_0(y^*) + \sum_{i=1}^{n}[\mu_i^* \nabla g_i(y^*) + \mu_{n+i}^* \nabla g_{m+i}(y^*)] = 0$$
$$(7-21)$$

其中，$g_0(y) = l_1(y) - \rho_1 e_1(y)$，$g_i(y) = y_i$，$g_{n+i} = -y_i - x_{0,i}$，$i = 1,2,\cdots,n$。由假设条件，$\mu_0^* = 0$，于是对于 $i = 1,2,\cdots,n$，有式（7-22）。

$$2(\lambda_i - \frac{1}{2}\gamma_i)y_i^* - \gamma_i x_{0,i} + \mu_i^* - \mu_{n+i}^* = 0 \qquad (7-22)$$

已知 $x_0 > 0$，故 μ_i^* 和 μ_{n+i}^* 不能同时为正。

当 $\mu_i^* = 0, \mu_{n+i}^* \neq 0$ 时，可知 $y_i^* = -x_{0,i}$，代入上式可得 $\mu_{n+i}^* =$

$-2\lambda_i x_{0,i} < 0$ ，与 μ 非负性矛盾。当 $\mu_i^* = 0, \mu_{n+i}^* = 0$ 时，代入上式计算可得 $y_i^* = \dfrac{\gamma_i x_{0,i}}{2\lambda_i - \gamma_i} < 0$ ，则 $y_i^* + x_{0,i} = \dfrac{2\lambda_i x_{0,i}}{2\lambda_i - \gamma_i} < 0$ ，与 $y^* + x_0 \geq 0$ 矛盾。则必有 $\mu_i^* \neq 0, \mu_{n+i}^* = 0$ ，由以上 KKT 条件推得 $y^* = 0$ ，则杠杆约束可以简化为 $\dfrac{l_0}{e_0} \leq \rho_1$ ，这与假设 7.2 矛盾。

综上讨论，假设错误，定理 7.3 正确，证毕。

以上的分析，去掉凸性假设定理 7.3 仍然成立。直观的理解，当达到杠杆要求后，由于交易价格受到交易成本（冲击成本）的冲击，继续卖出资产虽然可以进一步降低杠杆，但却会给净资产带来损失，这与最大化净资产的目标违背。需要注意的是，由于凸性假设不再成立，原问题变成了一个 QCQP 问题，无法像定理 7.1 中一样写出变量 y 各分量的显示解。

定理 7.4 对于资产 i 和 j ，$p_{0,i} = p_{0,j}$ ，$\gamma_i \leq \gamma_j$ ，$2\gamma_j > \lambda_i$ ，$\lambda_i \leq \lambda_j$ ，且 $x_{0,i} = x_{0,j}$ ，则有 $y_i^* \leq y_j^*$ 。即具有较低价格影响因子的资产有更高的卖出优先级。

证明 与定理 7.2 证明思路一致，同样采用反证法，只需要说明 $\Sigma^T \nabla e_1(y^*) = (\gamma_j - \gamma_i)x_{0,i} + (2\lambda_i - \gamma_i)y_i^* - (2\lambda_j - \gamma_j)y_j^* > 0$ 即可，定理 7.2 只分析了 $2\lambda_i > \gamma_i$ 的情形，下面其他可行情形进行分析。

当 $2\lambda_i \leq \gamma_i, 2\lambda_j > \gamma_j$ 时，有 $\Sigma^T \nabla e_1(y^*) \geq -(2\lambda_j - \gamma_j)y_j^* > 0.$

当 $2\lambda_i \leq \gamma_i, 2\lambda_j \leq \gamma_j$ 时，由 $2\lambda_j > \gamma_i$ ，可以得到

$$\Sigma^T \nabla e_1(y^*) \geq (\gamma_j - \gamma_i)x_{0,i} + (2\lambda_i - \gamma_i)y_i^* + (2\lambda_j - \gamma_j)x_{0,i}$$

$$= (2\lambda_j - \gamma_i)x_{0,i} + (2\lambda_i - \gamma_i)y_i^* > 0$$

$$(7-23)$$

与假设条件矛盾，故反证法可以说明定理 7.4 成立，证毕。

与定理 7.2 的结果相比，定理 7.4 去掉了凸性假设 $2\lambda_i > \gamma_i$ ，取而代之的是 $2\lambda_j > \gamma_i$ ，可以发现，当资产 i 和 j 满足定理 7.2 中的要求时，$2\lambda_j > 2\lambda_i > \gamma_i, i = 1, \cdots, n$ ，包含了定理 7.4 的条件，由此可见凸性假设是一个极强的条件。而定理 7.4 降低了对于价格因子的要求，对于资

产的交易优先级，可以有这样一个更简化的断言：当资产 i 和 j 拥有相同的初始状态时（起初价格、持有比例），如果 i 的永久价格影响因子更小，瞬时价格影响因子更小，且永久价格影响因子小于两倍的瞬时价格影响因子的条件成立，那么资产 i 相比于 j 更优先被考虑卖出。

由于式（7-8）不再具有凸性结构，尝试构建求解式（7-8）的拉格朗日方法框架。由定理 7.1 的证明过程，可以得到模型的拉格朗日形式，考虑到目标函数和约束的变量可分性质，得到一类单变量的二次规划式（7-12），在具有凸性假设的条件下，我们已经通过式（7-12）的一阶最优性条件给出了显示解表达式。在去掉凸性条件 $\Lambda > \frac{1}{2}\Gamma$ 后，尝试重新推导式（7-12）的显示表达解，过程如定理 7.5 所示。

定理 7.5　拉格朗日问题式（7-11）的最优解一般表达式为式（7-24）和式（7-25）。

$$y_i^*(z) = \begin{cases} \max\left(-x_{0,i}, \min\left(0, \frac{a_i}{2b_i}\right)\right), \ b_i > 0 \\ 0, \ b_i \le 0, a_i + x_{0,i}b_i > 0 \\ -x_{0,i}, \ b_i \le 0, a_i + x_{0,i}b_i < 0 \\ 0 \text{ 或者 } -x_{0,i}, b_i < 0, a_i + x_{0,i}b_i = 0 \\ [-x_{0,i}, 0] \text{ 中的任意点}, \ a_i = b_i = 0 \end{cases} \qquad (7-24)$$

其中，对于任意的 $i = 1, 2, \cdots n$

$$a_i = (1 + z\rho_1\gamma_i x_{0,i} - zp_{0,i}), b_i = (1 + z\rho_1)\left(\lambda_i - \frac{1}{2}\gamma_i\right) + z\left(\lambda_i + \frac{1}{2}\gamma_i\right) \qquad (7-25)$$

证明　讨论目标函数 $a_i y_i - b_i y_i^2$ 中二次项 b_i 的正负性，确定二次函数的凹凸性；通过讨论一次项 a_i 的正负，确定二次函数的分布特征；结合在盒式约束 $-x_{0,i} \le y_i \le 0$ 上的投影，可以给出定理 7.5 的结果，证毕。

拉格朗日问题式（7-11）对于任意的乘子 z，可能不存在唯一最优解，对于任意的 $z > 0$，将所有最优解对应 $f(y)(f(y) = \rho_1 e_1(y) -$

$l_1(y)$）值的集合记为 f_z^*。这里的 f_z^* 是一个关于 z 的值的集合函数。为了方便分析 f_z^* 的性质，首先定义断点的概念：如果 f_z^* 至少有两个不同的值，那么称 z 是 f_z^* 的一个断点。

定理 7.6 z 是 f^* 的一个断点的充要条件是，存在 $0 \leqslant i \leqslant m$，满足式（7－26）和式（7－27）

$$\left((1 + \rho_1)(\lambda_i + \frac{1}{2}\gamma_i)x_{0,i} - p_{0,i}\right)z + (\lambda_i + \frac{1}{2}\gamma_i)x_{0,i} = 0$$

$$(7-26)$$

$$p_{0,i} \geqslant (6 + 4\sqrt{2})x_{0,i}\lambda_i \qquad (7-27)$$

其中，$\gamma_i \in [\theta_1, \theta_2]$，$\theta_1, \theta_2$ 是方程 $x^2 + (2\lambda_i - \frac{p_{0,i}}{x_{0,i}})x + \frac{2p_{0,i}\lambda_i}{x_{0,i}} = 0$ 的两个根。

可以发现，由于等式约束的单调性，断点的个数不超过 m 个，于是可以得到定理 7.7。

定理 7.7 $f^*(z)$ 是一个分段连续的非减值集合函数，断点的个数不超过 m 个，那么 $f^*(0) < 0$，$\exists z' > 0$，使得 $f^*(z') > 0$。

对于非凸最优负债问题，结合关于断点的讨论，陈靖楠（2014）设计拉格朗日算法求解该问题。可以证明当不存在断点的时候，拉格朗日问题和原问题是等价的，即定理 7.8 的结果；当存在断点的时候，模型返回一个次优解，但是可以定量确定权益损失的上界。

定理 7.8 如果存在一个非断点 $z^* > 0$，使得 $f^*(z^*) > 0$，那么拉格朗日式（7－11）（$z = z^*$）等价于式（7－8）。

当 $z^* > 0$ 是个断点，并且零元素在值集 f^*，可以推得以下结果。假设拉格朗日问题的最优解使得杠杆约束为零，即 $f(y^*(z^*))$，那么 $y^*(z^*)$ 也是原问题的最优解。基于此，我们给出原问题的拉格朗日算法。

算法 11：拉格朗日算法。

（1）使用定理 7.6，找到所有的断点，使得 $z_1 < z_2 < \cdots < z_k$。

（2）如果 $k = 0$，即没有断点，那么令 $a = 0$，找到一个充分大的

b，使得 $f^*(b) > 0$，转到 7。

（3）使用定理 7.5，对于任意的 z_i，计算得到 $f^*(z_i)$ 的两个不同数值，记为 $f_1^*(z_i) = f(y^*(z_i)) < f_2^*(z_i) = f(y^{**}(z_i))$，其中 $y^*(z_i)$ 和 $y^{**}(z_i)$，是在拉格朗日乘子 z_i 下的两个最优解。

（4）如果存在 z_i，使得 $f^*(z_i)$ 其中一个值为 0，那么令 $y^L = y^*(z_i)$，如果 $f(y^*(z_i)) = 0$，或者 $y^L = y^{**}(z_i)$，如果 $f(y^{**}(z_i)) = 0$，结束循环。

（5）否则，如果存在 z_i，对应于第 i 个资产，如果 $f_1^*(z_i) < 0 < f_2^*(z_i)$，那么令 $y_k^{**}(z_i)$，对于任意的 $k = 1,2,\cdots,m, k \neq i$，$y_i^L$ 为使得 $f(y^L) = 0$ 的最优值，在集合 $(-x_{0,i},0)$，结束循环。

（6）否则，为 a 和 b 赋值：如果 $f^*(z_k) < 0$，则令 $a = z_k$，令 b 充分大，满足 $f^*(b) > 0$；如果 $f^*(z_1) > 0$，则令 $a = 0$，且 $b = z_1$；如果都不满足，寻找 z_i，使得 $f_2^*(z_i) < 0 < f_1^*(z_{i+1})$，令 $a = z_i$，$b = z_{i+1}$。

（7）对于以上定义的 a 和 b，使用二分法寻找零点，伪代码如下

当 $\left(\left|f^*\left(\dfrac{a+b}{2}\right)\right| > \epsilon\right)$ 时，如果 $f^*\left(\dfrac{a+b}{2}\right) > \epsilon$，令 $b \leftarrow \dfrac{a+b}{2}$，否

则 $a \leftarrow \dfrac{a+b}{2}$。

令 $z^* = \dfrac{a+b}{2}, y^L = y^*(z^*)$ 其中 $y^*(z^*)$ 是参数 z^* 下的最优解。

从上面呈现的理论分析中，不难发现当拉格朗日算法在第五步终止的时候，算法 11 返回的是一个次优解；在其他情形下，假设足够小，算法 11 可以返回最优解。虽然算法有概率得到次优解，但定理 7.9 量化了当算法得到次优解时给投资者造成的最大损失。

定理 7.9　假设对于第 i 个资产，存在一个间断点 $z^* > 0$，使得 0 包含在值集 $f^*(z_i)$ 中，如果采用算法 11 计算得到了次优解，那么由这个次优解导致的权益损失的上界为 $\left(\lambda_i + \dfrac{1}{2}\gamma_i\right)x_{0,i}^2$，进一步地，上界可以由 $p_{0,i}x_{0,i}\min\left(\dfrac{1}{1+\rho_1} + \dfrac{1+\gamma_i/2\lambda_i}{6+4\sqrt{2}}\right)$ 控制。

7.3.3 二次非凸模型及贪婪算法

假设临时价格因子和永久价格影响因子都是对角的情况下，考虑债务杠杆约束和盒式约束可以建立最优负债管理模型。本节与布朗（Brown，2010）等人的经典模型相比，去掉了关于临时价格因子和永久价格因子的凸性假设，通过模型的可行性分析得出模型可行和严格可行的充要条件，并在基础上得出最优债务杠杆上限的制定策略；通过边际约束函数和债务杠杆函数的单调性分析，推导出了单个资产最优交易量的阈值区间，并基于此设计出了高效的预处理策略，从贪婪的角度出发，根据模型的最优交易状态，设计出高效的求解算法，其中算法的每一步迭代都有显示解，而且整个算法的计算复杂度为 $O(Mn)$。以下介绍贪婪算法的预处理和算法流程。

在去杠杆化的过程中，投资者希望边际约束函数 $F(y) = \sum_{i=1}^{n} f(y_i) + \rho e_0 - l_0$ 或者债务杠杆函数 $\rho(y) = \dfrac{l_1(y)}{e_1(y)}$ 会随着资产的不断出售而不断地下降，否则就意味着在执行的交易策略中浪费了部分的出售资产。不妨设原问题的最优解为 $y^* = (y_1^*, \cdots, y_n^*)^T$，那么对于每一个资产的最优交易量 y_i^* 而言，都应该存在一个自然的交易量阈值。一旦低于或者超过某个阈值，资产将不再出售，否则就会造成浪费。

已知 $f(y_i) = c_i y_i^2 + d_i y_i$，其中 $c_i = -(\rho_1 + 1)\lambda_i - \dfrac{1}{2}(1 - \rho_1)\gamma_i$，$b_i = \rho_1 \gamma_i x_{0,i} - p_{0,i}$。我们就通过讨论每个资产的贡献函数 $f(y_i)$ 的单调性，来确定其对边际约束函数 $F(y)$ 的贡献度，并给出相应的交易量阈值。关于交易量阈值的金融结论如定理 7.10 所示。

定理 7.10 对于一个确定的投资组合，债务杠杆上限 ρ 给定，则对任意资产 i，有式（7-28）

$$y_i^* = \begin{cases} [-I_i x_{0,i} + (1 - I_i)\bar{y}_i], \text{若 } p_{0,i} > e_i \\ 0, \text{其他} \end{cases} \quad (7-28)$$

其中，$e_i = \min\{\rho\gamma_i x_{0,i}, 2(\rho_1 + 1)\lambda_i x_{0,i} + \gamma_i x_{0,i}\}$

$$I_i^* = \begin{cases} 1, 若\dfrac{\lambda_i}{\gamma_i} < \dfrac{\rho_1 - 1}{2(\rho_1 + 1)} \\ 0, 其他 \end{cases} \qquad (7-29)$$

事实上，布朗、卡林和洛沃（Brown，Carlin and Lobo，2010）也有类似的要求，他们要求投资组合中的每一个资产都要满足 $p_{0,i} \geqslant \rho_1\gamma_i x_{0,i}$。根据上述分析过程，不难发现定理 7.10 实际上是布朗、卡林和洛沃（Brown、Carlin and Lobo，2010）中资产要求的进一步深入刻画。这一结论在初始时刻之前，即投资者选购资产时，有一定的实际指导意义。

定理 7.11　假设债务杠杆上限 ρ 给定且投资组合中的任意资产 i 都满足 $p_{0,i} \geqslant \rho_1\gamma_i x_{0,i}$，则有式（7-30）

$$y_i^* \in \left[-I_i x_{0,i} + (1 - I_i)\,\hat{y_i}, I_i\hat{y_i} \right] \qquad (7-30)$$

其中，有式（7-31）。

$$\hat{y_i} = \prod_{[-x_{0,1},0]}\left\{ \frac{\rho_1\gamma_i x_{0,i} - p_{0,i}}{2(\rho_1 + 1)\lambda_i + (1 - \rho_1)\gamma_i} \right\} \qquad (7-31)$$

不难看出，定理 7.11 是对定理 7.10 中 $y_i^* \neq 0$ 的情况进行更进一步的讨论，其得到的区间比定理 7.10 的更紧，是对定理 7.10 补充和更深入的刻画。

基于贪婪的思想，根据式（7-8）的最优交易状态，设计高效的求解算法，并根据形态分析得出的金融结论给出一些预处理策略，使算法更加高效。

我们将给出一个有效的两阶段预处理策略（以下简记为预处理策略）：一个称为非精确阶段，另一个称为精确阶段。非精确阶段主要是利用定理 7.10 和定理 7.11，对式（7-8）中的盒式约束做一些粗略的预处理。例如，对于一个由 N 个资产组成的投资组合，初始时刻的上下界分别为 0 和 $-x_0$，而经过非精确预处理之后可能会筛选出那些不用出售或者必须要全部卖出的资产，即不妨设资产的下指标全集为 $U = 1$，$2, \cdots, n$，经过非精确预处理之后的上下界分别为 $l = (l_1, \cdots, l_n)^T$ 和

$u = (u_1, \cdots, u_n)^T$，令 $I = i \in U : l_i = U_i, J = U/I$，那么，式（7-8）就可能被降维，即只需要在一个子指标集 J 上求解。

精确阶段主要是在陈靖楠（2014）的基础上，对最优解进行更细致的推导而得到的。首先，根据陈靖楠（2014）的结论，易知模型最优解如（7-8）所示。将 $y^*(z)$ 代入边际约束函数 $F(y)$ 可以得到关于一维变量 z 的函数，不妨记 $F^*(z) = F(y^*(z))$。而陈靖楠（2014）给出了 $F^*(z)$ 一个很重要的性质，即 $F^*(z)$ 关于 z 是一个分段连续且单调非减的集值函数且至多有 n 个断点。此外，$F^*(0) < 0$ 并且必然存在一个 $z' > 0$ 使得 $F^*(z') > 0$。因此陈靖楠（2014）提出的拉格朗日算法的工作量主要集中在寻找方程 $F^*(z) = 0$ 的根 z^*。他们采用二分法求根，然而由于 $F^*(z)$ 是一个二次集值函数，二分求根的代价可能会很大或者方程的根 z^* 不存在。下面，我们想避免求解 z^* 以确定 y_i^* 的值或者一个紧的区间。按照临时价格因子与永久价格因子的比值，分类进行讨论，结论如定理 7.12。

定理 7.12　假设债务杠杆上限 ρ 给定，那么对于投资组合的任意资产 i 都有：

①当 $\dfrac{\lambda_i}{\gamma_i} \leqslant \dfrac{\rho_1 - 1}{2(\rho_1 + 1)}$ 时，有式（7-32）。

$$
y_i^* = \begin{cases} 0, & \text{若 } p_{0,i} \leqslant (\rho_1 + 1)(\lambda_i + \frac{1}{2}\gamma_i)x_{0,i} \text{ 或 } F^*(z_i) > 0 \\ -x_{0,i}, & \text{若 } p_{0,i} < (\rho_1 + 1)(\lambda_i + \frac{1}{2}\gamma_i)x_{0,i} \text{ 和 } F^*(z_i) = 0 \\ -x_{0,i} \text{ 或 } 0, & \text{若 } p_{0,i} > (\rho_1 + 1)(\lambda_i + \frac{1}{2}\gamma_i)x_{0,i} \text{ 和 } F^*(z_i) < 0 \end{cases}
$$

$$(7-32)$$

②当 $\dfrac{\lambda_i}{\gamma_i} > \dfrac{\rho_1 - 1}{2(\rho_1 + 1)}$ 时，有式（7-33）。

$$
y_i^* = \begin{cases} 0, & \text{若 } p_{0,i} \leqslant \rho_1 \gamma_i x_{0,i} \text{ 或 } F^*(\bar{z_i}) > 0 \\ -x_{0,i}, & \text{若 } p_{0,i} < 2(\rho_1 + 1)\lambda_i x_{0,i} + \gamma_i x_{0,i} \text{ 和 } F^*(\bar{z_i}) \leqslant 0 \end{cases}
$$

$$(7-33)$$

　　将定理 7.10 ~ 定理 7.12 进行比较。不难发现：定理 7.11 是定理 7.10 的进一步的补充，可以通过缩小交易量的上下界筛选出某些不出售的或者完全卖出的资产，从而可能降低问题的规模；而定理 7.12 则表明当单个资产的初始参数满足某些特定的条件时，其最优交易量就可以直接给定，这样也可以降低问题的规模，甚至某些特殊问题经过精确预处理之后，债务杠杆一旦满足小于等于给定的上限，则问题的最优解直接就可以得，但不能说精确预阶段可以代替非精确阶段。

　　我们针对式（7-8）提出一个有效的贪婪算法。算法的主要思想是将整个连续化的去杠杆化过程剖分成尽可能密集的串联化的区间进行优化。每个剖分区间的长度对应当前优化过程中债务杠杆下降的幅度。即不妨设投资者初始时刻的债务杠杆为 ρ_0，剖分区间个数为 m 个，令 $\delta\rho = \rho_0 - \rho_1$。那么，我们就是将 ρ_0 到 ρ_1 整个去杠杆化过程，需要注意的是剖分的区间不要求是等距的但必须是两两不相交的。不妨设每个区间的长度分别为 $\delta\rho_1, \cdots, \delta\rho_m$ 则满足 $\sum_{i=1}^{m} = \delta\rho$。在算法的第 k 次迭代中，只要求债务杠杆的下降量为 $\delta\rho_k$，并且我们需要根据投资组合中资产的属性，确定出在债务杠杆下降幅度为 $\delta\rho_k$ 时的最优单个资产的交易量。我们不难发现：当剖分密度越大越逼近整个连续化过程。

　　那么，根据上述思想，贪婪算法主要包括两个步骤：一个是确定算法中第 k 步迭代的一个最优的债务杠杆下降量 $\delta\rho_k$。$\delta\rho_k$ 的选择很关键，如果 $\delta\rho_k$ 的选择过大，那么势必会造成离散程度不够，导致最后求得的最优解和真解差距很大；如果 $\delta\rho_k$ 的选择过小，那么会造成剖分过细，导致算法的效率不高、应用性很差。另一个是在合适的 $\delta\rho_k$ 下确定最优单个资产的交易量，而这个最优交易量是有显式解的。

　　我们将详细阐述上述两个步骤。在此之前，我们做一些符号说明。令 $U = 1, 2, \cdots, n, \delta\rho_0 = \dfrac{\delta\rho}{M}$ 其中 $M \in N$，不妨设当前迭代次数为 k，第 $k-1$ 次迭代确定的最优交易量为 $y_{opt}^{k-1} = (y_{opt,1}^{k-1}, y_{opt,2}^{k-1}, \cdots, y_{opt,n}^{k-1})^T$，相对应的债务杠杆为 $\bar{\rho} = \dfrac{l_1(y_{opt}^{k-1})}{e_1(y_{opt}^{k-1})}$。对任意固定资产 i，令 $\bar{y} = (\bar{y_1}, \bar{y_2}, \cdots, \bar{y_n})^T$

且满足 $\bar{y}_i = 0$, $\bar{y}_j = y_{opt,j}^{k-1}$, $\forall j \neq i$ 。则可得以下两点。

步骤 1：确定第 k 步迭代中的最优债务杠杆下降量。确定的下降量 $\delta\rho_k$ 应该对于投资组合中的每个资产都是公平的，即应该尽可能地让每个资产都可以获得"竞选" $\delta\rho_k$ 的资格。那么，我们首先应该清楚每个资产可以贡献的债务杠杆的最大下降量是多少，然后再决定 $\delta\rho_k$ 的取值。因此，对任意资产 i 考虑如式（7-34）的优化问题。

$$\rho_i^k = \min_{y_i \in R} \rho(y_i) = \frac{l_1(y)}{e_1(y)} : -x_{0,i} \leqslant y_i \leqslant 0, y_j = y_{opt,j}^{k-1}, \forall j \neq k$$

$$(7-34)$$

然后对目标函数求导，可得式（7-35）。

$$e_1^2(y)\,\nabla\rho(y_i) = a_i^k y_i^2 + b_i^k y_i + c_i^k \qquad (7-35)$$

其中，$a_i^k = (\lambda_i - \frac{1}{2}\gamma_i)p_{0,i} + (\lambda_i + \frac{1}{2}\gamma_i)\gamma_i x_{0,i}$, $b_i^k = 2(\lambda_i + \frac{1}{2}\gamma_i)\gamma_i e_1(\bar{y})$

$+ 2(\lambda_i - \frac{1}{2}\gamma_i)l_1(\bar{y})$

$c_i^k = p_{0,i}e_1(\bar{y}) + \gamma_i x_{0,i} l_1(\bar{y})$ 。若 $a_i^k = 0$ 或 $(b_i^k)^2 - 4a_i^k c_i^k \leqslant 0$ ，则最优值在端点 $-x_{0,i}$ 或 0 处取得；若 $a_i^k \neq 0$ 且 $(b_i^k)^2 - 4a_i^k c_i^k > 0$ ，不妨设两根分别为 $y_{i,1}^k$ 和 $y_{i,2}^k$ ，则最优值在 $-x_{0,i}$, 0 或 $\prod_{[-x_{0,0}]}(y_{i,1}^k)$, $\prod_{[-x_{0,0}]}(y_{i,2}^k)$ 处取得，因此可得式（7-36）。

$$\rho_i^k = \begin{cases} \min\{\rho(-x_{0,i}),\rho(0),\rho(\prod_{[-x_{0,0}]}(y_{i,1}^k)),\rho(\prod_{[-x_{0,0}]}(y_{i,2}^k))\} \\ \min\{\rho(-x_{0,i}),\rho(0)\} \end{cases}$$

$$(7-36)$$

令 $\sigma^k = (\hat{\rho} - \rho_1^k, \cdots, \hat{\rho} - \rho_n^k)$, $\text{sup}p(\sigma^k) = \{i \in U : \sigma_i^k > 0\}$ 易知指标集 $\text{sup}p(\sigma^k)$ 上的资产都是对债务杠杆下降起积极作用的。那么，这些积极资产中使债务杠杆下降的最小值 $\delta\rho_k$ 。而为了让尽可能多的资产获得"竞选"资格，一个合适的 $\delta\rho_k$ 应该不大于 $\delta\rho_k$ ，也应该不大于初始的细分密度 $\delta\rho_0$ 。因此，得到式（7-37）。

$$\delta\rho_k = \min\{\delta\rho_0, \delta\sigma_k, \hat{\rho} - \rho_1\} \qquad (7-37)$$

步骤 2：在 $\delta\rho_k$ 基础上，确定单个资产的最优交易量。对于任意资产 $i \in \text{supp}(\sigma^k)$ 来说，我们需要确定那个资产可以在保证负债杠杆 $\delta\rho_k$ 的下降量的同时，使资产净值最大。令 $\bar{\rho} = \hat{\rho} - \delta\rho_k$，即求解式（7-38）的优化问题。

$$\max_{y_i \in R} - \left(\lambda_i - \frac{1}{2}\gamma_i\right)y_i^2 + x_{0,i}\gamma_i y_i + e_1(\bar{y})$$

$$s.t. \quad -\left[(\bar{\rho}+1)\lambda_i + \frac{1}{2}(1-\bar{\rho})\gamma_i\right]y_i^2 + (\bar{\rho}\gamma_i x_{0,i} - p_{0,i})y_i - l_1(\bar{y}),$$

$$-x_{0,i} \leq y_i \leq 0$$

$$(7-38)$$

不妨设模型的最优解和最优值分别为 y_i^k 和 $e_{1,i}^k$，其边际约束的两根分别为 $y_{i,1}$ 和 $y_{i,2}$。那么，根据步骤 1 中 $\delta\rho_k$ 的选择方法，模型的可行域一定是非空的，而且至少有一个属于区间 $[-x_{0,i},0]$。又由于模型的目标函数是单调递增的，因此可得模型的最优解式（7-39）。

$$y_i^k = \begin{cases} \max_{j=\{1,2\}}\{y_{i,j}\}, \text{如果} \prod_{j=\{1,2\}}(I_{[-x_{0,i},0]}(y_{i,j})) = 1 \\ \min_{j=\{1,2\}}\{y_{i,j}I_{[-x_{0,i},0]}(y_{i,j})\}, \text{其他} \end{cases} \quad (7-39)$$

其中，$I_{[-x_{0,i},0]}(\cdot)$ 表示区间 $[-x_{0,i},0]$ 的示性函数，在区间内取值 1，否则取 0。

自然地，对每一个资产 i 都可以计算相应的最优值 $e_{1,i}^k$。则第 k 步迭代的最优解为式（7-40）。

$$y_{opt,j}^k = \begin{cases} y_j^k, \text{如果} j = \arg\max_{i \in \text{supp}(\sigma^k)}\{e_{1,i}^k\} \\ y_{opt,j}^{k-1}, \text{其他} \end{cases} \quad (7-40)$$

如此循环，直到 $\delta\rho_k \leq 0$ 算法迭代终止。

算法 12：贪婪算法（greedy algorithm）。

输入：价格影响因子矩阵 Γ 和 Λ；初始价格和持有量 p_0, x_0；债务杠杆上限和初始债务 $\rho_1, l_0, M \in N$ 和 $k = 0$。

（1）（降维）进行精确或非精确预处理，确定降维之后的优化指标集 J。

（2）（确定债务杠杆下降量）在指标集 J 上计算 $\delta\rho_k$。

（3）（更新最优交易量）如果 $\delta\rho_k \leqslant 0$，令 $y^* = y_{opt}^k, e_1^* = e_1(y^*)$，停机；否则，利用更新 y_{opt}^k，令 $k \to k+1$，返回步骤 2。

输出：最优交易量 y^* 和对应的资产净值 e_1^*。

7.3.4 二次非凸模型及增广拉格朗日算法

本节尝试去掉凸性假设 $\Lambda \geqslant \frac{1}{2}\Gamma$，只保留 Λ 和 Γ 是对角矩阵，且 $\lambda_i > 0, \gamma > 0$ 的假设。在本章第二节，我们介绍了陈靖楠（2014）提出的拉格朗日方法，但在某些情况该方法只能找到次优解。本节介绍另一种求解思路，即运用增广拉格朗日函数求解最优负债清算问题，考虑式（7–8）的增广拉格朗日函数式（7–41）

$$\mathcal{L}(y, \mu, \sigma) = e_1(y) + \mu f(y) + \frac{\sigma}{2}[f(y)]^2 \qquad (7-41)$$

其中 $f(y) = \rho_1 e_1(y) - l_1(y)$。$\mathcal{L}(y)$ 的海森矩阵由如式（7–42）的方式计算，

$$\nabla_{yy}^2 \mathcal{L}(y, \mu, \sigma) = \nabla^2 e_1(y) + \mu \nabla^2 f(y) + \sigma[f(y) \nabla^2 f(y) + \nabla f(y)$$
$$(\nabla f(y))^T] = A + \sigma u u^T \qquad (7-42)$$

并且 $u = \nabla f(y)$，式（7–43）

$$A = 2(\Lambda - \frac{1}{2}\Gamma) + 2\mu[\rho_1(\Lambda - \frac{1}{2}\Gamma) + \Lambda + \frac{1}{2}\Gamma] + 2\sigma[\rho_1(\Lambda - \frac{1}{2})$$

$$+ \Lambda + \frac{1}{2}\Gamma]f(y) \qquad (7-43)$$

因此海森矩阵 $\nabla_{yy}^2 \mathcal{L}(y, \mu, \sigma)$ 由一个对角矩阵 A 加上向量 u 的外积组成，我们可以通过 *Sherman-Morrison* 公式求解 $\nabla_{yy}^2 \mathcal{L}(y, \mu, \sigma)$ 的逆矩阵。

$$[\nabla^2 \mathcal{L}(y^{(k)})]^{-1} = A^{-1} - \frac{\sigma A^{-1} u u^T A^{-1}}{1 + \sigma u^T A^{-1} u} \qquad (7-44)$$

现在尝试建立牛顿迭代法的框架，具体的迭代步骤为式（7–45）

$$y^{(k+1)} = \prod_{[-x_{0,i}, 0]} \{y^{(k)} - [\nabla^2 \mathcal{L}(y^{(k)})]^{-1} \nabla \mathcal{L}(y^{(k)})\} \qquad (7-45)$$

算法 13：增广拉格朗日算法。

输入：选择参数 $\tau > 1$，$\sigma > 1$，$\varepsilon > 0$；初始迭代算子 $k = 0$ 和初始点 $y^0 \in [-x_0, 0]$；

（1）求解 $y^{(k+1)} = \prod_{[-x_0, 0]} \{y^{(k)} - [\nabla^2 \mathcal{L}](y^k)]^{-1} \nabla \mathcal{L}[y^{(k)}]\}$。

（2）如果 $y^{(k+1)}$ 满足 $|f[y^{(k+1)}]| \leqslant \frac{1}{4}|f[y^{(k)}]|$ 然后执行下一步；否则，令 $\sigma = \tau\sigma$，返回步 2。

（3）如果 $y^{(k+1)}$ 满足 $|f[y^{(k+1)}]| \leqslant \varepsilon$，令为最优解 y^*，结束该算法；否则令 $\mu = \mu + \sigma f[y^{(k+1)}]$，$k = k + 1$，返回步 2。

输出：最优解 y^*。

将拉格朗日函数应用到以上算法框架可以得到原问题的最优解，但要得到问题的最优解或者使牛顿投影算法收敛到最优解，依赖于初始迭代点的选取。只有当初始迭代点接近最优解时，才能保证增广拉格朗日算法能迭代收敛至最优解。因此徐凤敏（2017）又设计了一种初始迭代点的选取方法：通过构造原模型最优解的上下界并将其中点（平均值）作为初始迭代点，并证明该种初始迭代点选取方法能使增广拉格朗日算法收敛到最优解。以下介绍初始点的确认方式。

不妨令 $A_i = -\lambda_i + \frac{1}{2}\gamma_i, B_i = \gamma_i x_{0,i}, C_i = \lambda_i + \frac{1}{2}\gamma, D_i = p_{0,i}, i = 1$，$2, \cdots, N$，利用临时价格因子和永久价格因子的对角形式，可以将原问题的目标函数和约束改写成二次函数和式的形式，如式（7-46）所示。

$$\max e_0 + \sum_{i=1}^{n} (A_i y_i^2 + B_i y_i)$$

$$s.t. \quad \sum_{i=1}^{n} [(C_i - \rho_1 A_i) y_i^2 + (D_i - \rho_1 B_i) y_i] \leqslant \rho_1 e_0 - l_0,$$

$$-x_{0,i} \leqslant y_i \leqslant 0, i = 1, \cdots, n \qquad (7-46)$$

这里简记 $f(y_i) = (C_i - \rho_1 A_i) y_i^2 + (D_i - \rho_1 B_i) y_i$。如果 $C_i - \rho_1 A_i \geqslant 0$，则 $f(y_i)$ 是凸函数，因此利用凸函数的性质有式（7-47）成立。

$$f(y_i) = f(y_i) - f(0) \geqslant f'(y_i)(y_i - 0) = (D_i - \rho_1 B_i)y_i$$

$$(7-47)$$

同理，当 $C_i - \rho_1 A_i < 0$ ，$f(y_i)$ 是凹函数，有式（7-48）成立。

$$f(y_i) \geqslant \frac{f(0) - f(-x_{0,i})}{0 - (-x_{0,i})} y_i \qquad (7-48)$$

综上考虑，一定存在 $m_i, i = 1, 2, \cdots, N$ ，使得 $f(y_i) \geqslant m_i y_i$ 。

基于以上分析，我们得到原式（7-46）的近似式（7-49），可以发现近似模型的可行域比原模型更大，因此近似模型可以得到原模型最优解的一个上界。

$$\max \ e_0 + \sum_{i=1}^{n} (a_i y_i^2 + b_i y_i)$$

$$s.t. \quad \sum_{i=1}^{n} m_i y_i \leqslant \rho e_0 - l_0,$$

$$-x_{0,i} \leqslant y_i \leqslant 0, i = 1, \cdots, n \qquad (7-49)$$

同样地，我们可以得到 $M_i, i = 1, 2, \cdots, N$ ，使得 $f(y_i) \leqslant M_i y_i$ 成立。和初始式（7-46）相比，近似式（7-50）的可行域更小，因此可以得到最优原模型最优解的一个下界。

$$\max \ e_0 + \sum_{i=1}^{n} (a_i y_i^2 + b_i y_i)$$

$$s.t. \quad \sum_{i=1}^{n} M_i y_i \leqslant \rho e_0 - l_0,$$

$$-x_{0,i} \leqslant y_i \leqslant 0, i = 1, \cdots, n \qquad (7-50)$$

以上提出的近似式（7-49）和式（7-50）都是二次规划问题，可以通过 MATLAB 自带的函数求解，实际中我们通常使用两个近似模型最优解的加权和最为增广拉格朗日算法的初始点。

增广拉格朗日算法对非凸价格矩阵情形下的最优去杠杆化问题求解结果优于文章中的拉格朗日算法，更加接近最优解。考虑一个一维的特殊算例，令资产的初始持有量为 $x_0 = 1$ ，初始杠杆为 $\frac{l_0}{e_0} = \rho_0 = \rho_1 + \varepsilon$ ，其中 $\varepsilon > 0$ 足够小，且对于任意 $\lambda > 0, \gamma = (2 + 2\sqrt{2})\lambda$ 。不妨令预期的

杠杆目标为 $\rho_1 = 4 + \dfrac{81}{8}\sqrt{2}$ ，该资产的初始价格为 $p_0 = (2 + 2\sqrt{2})\rho_1\lambda = \rho_1\gamma$ 。对于以上提出的算例，可以证明算法 11 是失效的。应用拉格朗日算法得到原始问题的最优解为 $y = -1$ ，即资产全部清算，此时杠杆为式（7-51）

$$\frac{l_1(y)}{e_1(y)}\Big|_{y=-1} = \frac{l_0 - p_0 + (2 + 2\sqrt{2})\lambda}{-(2 + 2\sqrt{2})\lambda + p_0 - l_0} = -1 \qquad (7-51)$$

资产的减少量为式（7-52）

$$e_1(-1) - e_1(0) = [p_0 - l_0 - (2 + 2\sqrt{2})\lambda] - (p_0 - l_0) = -(2 + 2\sqrt{2})\lambda$$

$$(7-52)$$

不妨假设该算例的最优解为 y^* ，且满足式（7-53）

$$\frac{l_1(y^*)}{e_1(y^*)} = \rho_1 \qquad (7-53)$$

令 $\delta = l_0 - \rho(p_0 - l_0) = \varepsilon(p_0 - l_0)$ ，我们知道式（7-54）

$$(y^*)^2[(2 + 2\sqrt{2}) - \rho\sqrt{2}]\lambda + \delta = 0 \qquad (7-54)$$

因此最优解 y^* 为式（7-55）

$$y^* = -\frac{\sqrt{\delta}}{\sqrt{\sqrt{2}\lambda[\rho_1 - (\sqrt{2} + 1)]}} = -\frac{\sqrt{2\delta}}{\sqrt{\lambda}(6 + \frac{1}{2}\sqrt{2})} \qquad (7-55)$$

并且式（7-56）

$$e_1(y^*) - e_1(0) = \frac{\delta}{\rho_1 - (\sqrt{2} + 1)} - \frac{(4 + 2\sqrt{2}\sqrt{\lambda\delta})}{\sqrt{6\sqrt{2} + \frac{73}{2}}} \qquad (7-56)$$

当 $\varepsilon \to 0$ 时，两种算法下资产变化量的比例为式（7-57）

$$\frac{e_1(-1) - e_1(0)}{e_1(y^*) - e_1(0)} \to +\infty \qquad (7-57)$$

通过以上的分析不难看出，拉格朗日算法存在失效的风险；同样地使用增广拉格朗日算法求解该算例，当 $\varepsilon \to 0$ 时，$y \to 0$ ，逐渐逼近于最优解 y^* 。

更进一步地，考虑多维的算例，计算结果如表 7-2 所示。拉格朗

日算法求得的最优解对应的净资产价值为 1.9363，增广拉格朗日算法
求得的最优解对应的净资产价值为 1.9383，结果显示增广拉格朗日算
法更优。因此可以认为徐凤敏（2017）提出的增广拉格朗日算法一定程
度上优于拉格朗日算法，尤其是拉格朗日算法在某些算例下存在失效的
风险，而基于牛顿步的增广拉格朗日算法则表现出了更强的适用性。但
增广拉格朗日算法的核心是局部收敛的投影牛顿法，是否收敛于最优解
和收敛后的误差依赖于初始迭代点的选择，这说明增广拉格朗日仍是在
逼近最优解。表 7 - 2 中显示的最优解中，所有的资产都进行了操作，
且清算的数量大小不同，实际交易中通过对投资组合中所有资产进行交
易操作显然是不合理的，这就引出了从稀疏角度对于最优负债问题的研
究。在下一部分中将重点介绍考虑稀疏约束的最优负债问题。

表 7 - 2　　　　　　　　　十维算例的比较结果

编号	初始价格	临时价格影响因子	永久价格影响因子	拉格朗日最优解	增广拉格朗日最优解
1	5	0.026	0.076	0	- 0.0076
2	5	0.016	0.042	0	- 0.0024
3	5	0.012	0.041	0	- 0.0009
4	5	0.018	0.037	0	- 0.0271
5	5	0.02	0.04	0	- 0.0053
6	5	0.028	0.018	- 0.3823	- 0.4490
7	4.6	0.017	0.037	0	- 0.0236
8	4.8	0.017	0.048	0	- 0.0034
9	5.2	0.017	0.013	- 0.9866	- 0.9983
10	5.4	0.017	0.013	- 1	- 0.9978

7.3.5　QCQP 模型及自适应拉格朗日算法

前面几节的研究都考虑的是定价公式中的永久价格影响矩阵 Γ 和瞬
时价格影响矩阵 Λ 为对角矩阵的情形，其中布朗（Brown，2010）等人
要求满足凸性假设，文献去除了凸性假设，但仍保留了其对角矩阵的假

设。徐凤敏（2017）在研究中采取了更为一般的假设，即只要求因子矩阵为对称矩阵，给出了和布朗（Brown，2010）等人相仿的结论，如最优解在何处取得，以及清算的优先级等，并提出了求解该问题的自适应拉格朗日算法。

对角矩阵意味着资产 i 的价格只与自身的交易情况有关，即任意资产 $j(j \neq i)$ 的交易结果都不会对资产 i 的价格产生影响，在实际中这个结论往往是不成立的。当资产 i 和 j 是互补品或者替代品的时候，如能源行业中从事石油贸易的公司 I 和制造业中从事传统汽车制造的公司 J，I 公司的股票和 J 公司的股票虽然不处于同一行业分区，但由于传统汽车的销售和生产依赖于原油价格，并且在石油价格下跌时，消费者通常会有更强的消费汽车的欲望，因此 I 股价的下跌常常会推高 J 公司股票的价格。而当资产 i 和 j 处于同一行业，如农产品、新能源等，这一互相影响的现象更加显著。

因此本章节中，我们考虑更加实际的情况，要求因子矩阵 $\Gamma \in \mathbb{R}_{+}^{n \times n}$ 和 $\Lambda \in \mathbb{R}_{+}^{n \times n}$ 为对称矩阵。这里有一个隐含的假设，资产 i 对 j 的价格影响和资产 j 对 i 的价格影响相同，与对角矩阵的假设相比，这是一种更加贴近实际的抽象概括。

总体而言，这部分考虑定价公式中的长期和短期价格影响矩阵为对称矩阵的情形，将式（7-8）定义一个带二次约束和边界约束的 QCQP 问题。在一些合理的假设条件下，推导出关于最优交易顺序和最优解形态的结论。最后为解决最优交易数量的问题，提出自适应拉格朗日算法对模型进行求解。由于价格影响矩阵为对称矩阵，使得求解拉格朗日乘子的难度增加，为保证拉格朗日乘子的存在性，假设模型为凸规划问题，并提出分片二次求根法用于求解拉格朗日乘子。

假设 7.4　　$e_1(-x_0) \geqslant 0$，此条件下 $l_1/e_1 \leqslant \rho_1$ 可以转化为 $\rho_1 e_1(y) - l_1(y) \geqslant 0$。

假设 7.5　　$\rho_1 e_0 - l_0 \geqslant 0, \rho_1 e_1(-x_0) - l_1(-x_0) \geqslant 0$。

假设 7.6　　$\Lambda - \dfrac{1}{2}\Gamma$ 和 $\Lambda + \dfrac{1}{2}\Gamma$ 是正定矩阵。

其中假设 7.4 要求资产全部被卖出以后, 净资产仍为正值, 即保证了投资者拥有完全偿债能力; 假设 7.5 说明期初不满足杠杆约束, 期末完全卖出可以满足杠杆约束; 假设 7.6 保证了 (7-8) 是凸 QCQP 问题。

对于最优负债清算问题, 研究资产的交易优先级对于实际操作具有指导性意义, 下面的定理给出了资产最优清算顺序的一个策略, 该策略表明具有较低长期和短期价格影响的资产将被优先卖出。

定理 7.13 假设资产 i 和资产 j 具有相同的初始价格, 资产 i 的初始持有量大于等于资产 j 的初始持有量, 即 $P_{0,i} = P_{0,j}, x_{0,i} \geqslant x_{0,j}$, 当下列两个条件之一成立的时候, 则资产 i 优先于资产 j 被卖出, 即 $y_i^* \leqslant y_j^*$。

(1) $\gamma_{i,k} \leqslant \gamma_{j,k}, \lambda_{i,k} \leqslant \lambda_{j,k} (k \neq i, j), \lambda_{i,i} < \lambda_{j,i}, \lambda_{i,j} < \lambda_{j,j}$。

(2) $\lambda_{i,k} \leqslant \lambda_{j,k}, \gamma_{i,k} \leqslant \gamma_{j,k}, (k \neq i, j), \gamma_{i,i} < \gamma_{j,i}, \gamma_{i,j} < \gamma_{j,j}$。

证明 不妨使用反证法, 假设结论不成立则有 $-x_{0,i} \leqslant x_{0,j} \leqslant y_j^* < y_i^* \leqslant 0$。考虑向量 $\Sigma = (\sigma_1, \sigma_2, \cdots, \sigma_n)$, 其中 $\sigma_i = -1, \sigma_j = 1, \sigma_k = 0 (k \neq i, j)$。

如果条件 (1) 成立, 则有式 (7-58) 和式 (7-59)。

$$\Sigma^T \nabla l_1(y^*) = \sum_{k=1}^n \left[\gamma_{j,k} - \gamma_{i,k} + 2(\lambda_{j,k} - \lambda_{i,k}) \right] y_k^* \leqslant 2 \sum_{k=1}^n (\lambda_{j,k} - \lambda_{i,k}) y_k^* < 0 \tag{7-58}$$

$$\Sigma^T \nabla e_1(y^*) = \sum_{k=1}^n (\gamma_{j,k} - \gamma_{i,k})(y_k^* + x_{0,k}) + \sum_{k=1}^n (\lambda_{i,k} - \lambda_{j,k}) y_k^* \geqslant 2 \sum_{k=1}^n (\lambda_{i,k} - \lambda_{j,k}) y_k^* > 0 \tag{7-59}$$

同样地, 当条件 (2) 成立的时候, 也存在式 (7-60) 和式 (7-61)。

$$\Sigma^T \nabla l_1(y^*) = \sum_{k=1}^n \left[\gamma_{j,k} - \gamma_{i,k} + 2(\lambda_{j,k} - \lambda_{i,k}) \right] y_k^* \leqslant \sum_{k=1}^n (\gamma_{j,k} - \gamma_{i,k}) y_k^* < 0 \tag{7-60}$$

$$\Sigma^T \nabla e_1(y^*) = \sum_{k=1}^n (\gamma_{j,k} - \gamma_{i,k})(y_k^* + x_{0,k}) + \sum_{k=1}^n (\lambda_{i,k} - \lambda_{j,k}) y_k^* \geqslant$$

$$\sum_{k=1}^{n} (\gamma_{j,k} - \gamma_{i,k})(y_k^* + x_{0,k}) > 0 \qquad (7-61)$$

存在一个足够小的 $\delta > 0$，使得 $-x_0 \leq y^* + \delta\Sigma \leq 0$，且交易策略 $y^* + \delta\Sigma$ 相比于 y^*，负债更低，且权益水平得到提高，这与 y^* 是最优解的假设矛盾，故原结论成立，证毕。

接下来在对称矩阵的假定下研究模型的最优解，在永久价格影响因子矩阵和瞬时价格因子影响矩阵满足一定数量关系假设下，可以证明当卖出资产恰好使负债杠杆达到给定水平 ρ_1，模型取到最优解。这和前面凸性假设条件下，对角矩阵假设下的结论是相同的。联系实际情况可以发现，受限于市场的流动性，资产卖出的越多，权益的损耗将越大，故一旦达到边界条件，应该停止操作。

定理 7.14 假设因子矩阵阵 Γ 和 Λ 所有元素非负，且是对称矩阵，满足 $2\lambda_{i,j} \geq \gamma_{i,j}$，则最优解 y^* 一定在负债约束等号成立的条件下取得，即 $l_1(y^*) - \rho_1 e_1(y^*) = 0$。

证明 同样地，采用反证法，假设最优解 y^* 使得 $l_1(y^*) - \rho_1 e_1(y^*) \neq 0$，则模型的 KKT 条件如下给出，存在参数 $\mu^* = (\mu_0^*, \mu_1^*, \cdots, \mu_m^*, \mu_{m+1}^*, \cdots, \mu_{2n}^*) \geq 0$ 使得式 (7-62) ~ 式 (7-65)。

$$\mu_0^* [\rho_1 e_1(y^*) - l_1(y^*)] = 0 \qquad (7-62)$$

$$\mu_i^* y_i^* = 0, i = 1, 2, \cdots, n \qquad (7-63)$$

$$\mu_{n+i}^* (y_i^* + x_{0,i}) = 0, i = 1, 2, \cdots, n \qquad (7-64)$$

$$-\nabla e_1(y^*) + \mu_0^* \nabla g_0(y^*) + \sum_{i=1}^{n} (\mu_i^* \nabla g_i(y^*) + \mu_{n+i}^* \nabla g_{m+i}(y^*)) = 0 \qquad (7-65)$$

其中，$g_0(y) = l_1(y) - \rho_1 e_1(y), g_i(y) = y_i, g_{n+i} = -y_i - x_{0,i}, i = 1, 2, \cdots, n$。由假设条件，$\mu_0^* = 0$，于是对于 $i = 1, 2, \cdots, n$，有式 (7-66)

$$\sum_{k=1}^{n} 2(\lambda_{i,k} - \frac{1}{2}\gamma_{i,k}) y_k^* - \sum_{k=1}^{n} \gamma_{i,k} x_{0,k} + \mu_i^* - \mu_{n+i}^* = 0 \qquad (7-66)$$

已知 $x_0 > 0$，故 μ_i^* 和 μ_{n+i}^* 不能同时为正。

当 $\mu_i^* = 0, \mu_{n+i}^* \neq 0$ 时，可知 $y_i^* = -x_{0,i}$，代入上式可得 $\mu_{n+i}^* \leq 0$，与 μ 非负性矛盾。

当 $\mu_i^* = 0, \mu_{n+i}^* = 0$ 时，代入上式计算可得 $y_i^* > 0$ ，与清偿的要求矛盾。

则必有 $\mu_i^* \neq 0, \mu_{n+i}^* = 0$ ，由以上 KKT 条件推得 $y_i^* = 0$ ，则杠杆约束可以简化为 $\dfrac{l_0}{e_0} \leq \rho_1$ ，这与假设 7.2 矛盾。

综上讨论，假设错误，定理 7.14 正确，证毕。

由定理 7.14 的内容，可以将债务约束等价 $\rho_1 e_1(y) - l_1(y) \geq 0$ 的写为 $\rho_1 e_1(y) - l_1(y) = 0$ ，对此提出求解该类 QCQP 问题的自适应拉格朗日方法。

拉格朗日函数可以写为式（7-67）

$$
\begin{aligned}
L(y,\mu) &= -e_1(y) + \mu[\rho_1 e_1(y) - l_1(y)] \\
&= -e_0(1 + \mu\rho_1) + \mu l_0 + [\mu P_0 - (1 + \mu\rho_1)\Gamma x_0]^T y + y^T \big[(1 + \\
&\quad \mu\rho_1)(\Lambda - \tfrac{1}{2}\Gamma) + \mu(\Lambda - \tfrac{1}{2}\Gamma)\big] y \\
&= c + By + y^T Q y \qquad\qquad (7-67)
\end{aligned}
$$

其中，

$$
c = -e_0(1 + \mu\rho_1) + \mu l_0, B = (b_1, b_2, \cdots, b_n)^T, Q = (q_{i,j})_{n\times n} \tag{7-68}
$$

且 $b_i = \big(P_{0,i} - \rho_1 \sum_{i=1}^{n} \gamma_{i,j} x_{0,j}\big)\mu - \sum_{j=1}^{n} \gamma_{i,j} x_{0,j} = b_i^1 \mu + b_i^2$ ，

$q_{i,j} = \big[\rho_1\big(\lambda_{i,j} - \tfrac{1}{2}\gamma_{i,j}\big) + \big(\lambda_{i,j} + \tfrac{1}{2}\gamma_{i,j}\big)\big]\mu + \lambda_{i,j} - \tfrac{1}{2}\gamma_{i,j} = q_{i,j}^1 \mu + q_{i,j}^2$

将拉格朗日函数 $L(y,\mu)$ 线性展开，运用龚平华（2013）提出的迭代收缩阈值算法，将原来的优化问题转化为一系列子问题，通过构造迭代序列 $y^k (k \in N)$ 来逼近模型的最优解，具体如算法 14 所示。

算法 14：自适应拉格朗日算法

输入：初始条件，给定 $\tau > 1, c > 0, \epsilon > 0, t^0 = 1$ ，任意取 $y^0 \in [-x_0, 0]$ ，令 $k = 0$ 。

（1）利用公式计算 t^k 和 μ^k 。

（2）求解式（7-69）

$$y^{k+1} = \underset{y \in [-x_0,0]}{\operatorname{argmin}} L(y^k) + (\nabla L(y^k), y - y^k) + \frac{t^k}{2} \| y - y^k \|^2$$

$$(7-69)$$

（3）如果线性搜索准则满足 $L(y^{k+1}) \leqslant L(y^k) - \frac{c}{2} \| y^{k+1} - y^k \|^2$，则转到 4；否则令 $t^k \leftarrow \tau^k$ 返回 1。

（4）如果终止条件 $\| y^{k+1} - y^k \| < \in$，则取 $y^* = y^{k+1}$，结束循环；否则令 $k \leftarrow k+1$，返回 1。

算法 14 的外部迭代中步长的选取对于线性搜索的复杂度有很大影响，一个合适的初始步长可以加快算法的收敛速度。这里的 t^k 选择巴齐莱和博尔温（Barzilai and Borwein，1988）提出的 BB 步长准则。令 $S^{k-1} = y^k - y^{k-1}, h^{k-1} = \nabla L(y^k) - \nabla L(y^{k-1})$，则步长 $t^k = \frac{(s^{k-1})^T s^{k-1}}{(s^{k-1})^T h^{k-1}}$。

对于算法 14 中第二步的子问题，可以将问题简化为式（7-70）

$$y^{k+1} = \underset{y \in [-x_0,0]}{\operatorname{argmin}} \| y - \mu^k \| \qquad (7-70)$$

其中 $\mu^k = y^k - \frac{\nabla L(y^k)}{t^k} = y^k - \frac{1}{t^k}(2Qy^k + B)$，注意到式（7-70）的目标函数和约束条件是变量可分离的，所以第 $i(i = 1,2,\cdots,n)$ 个分量 y_i^{k+1} 是单变量二次规划式（7-71）的解。

$$\max_{y_i^{k+1}} (y_i - \mu_i^k)^2$$

$$s.t. \quad -x_{0,i} \leqslant y_i \leqslant 0 \qquad (7-71)$$

以上的分析说明子问题式（7-70）的最优解可以等价为拉格朗日乘子 μ^k 在线性约束 $[-x_0,0]$ 上的投影，即 $y^{k+1} = \prod_{[-x_0,0]}(\mu^k)$，只有确定 μ^k 的值才能确定下一步迭代的 y^{k+1}。下面给出拉格朗日乘子的求解方法。

由（7.6）的假设可知拉格朗日乘子 μ 必然存在。不妨记 $f(y) = \rho_1 e_1(y) - l_1(y)$，其中 $y = y(\mu)$，定理（7.15）说明了 $f[y(\mu)]$ 的单调性。

定理 7.15　$f(y(\mu))$ 是关于 μ 的分段连续非减函数。

证明 由于 g 关于 y 是连续函数，且 y 关于 μ 是分段连续函数，可知 g 关于 μ 是分段连续的。

不妨假设 $\mu_1 < \mu_2$，则 μ_1 和 μ_2 下的拉格朗日问题的最优解记为 $y^*(\mu_1)$ 和 $y^*(\mu_2)$，由最优解的性质可以得到式（7-72）和式（7-73）。

$$e_1(y^*(\mu_1)) + \mu_1 f(y^*(\mu_1)) \geq e_1(y^*(\mu_2)) + \mu_1 f(y^*(\mu_2))$$
$$(7-72)$$

$$e_1(y^*(\mu_2)) + \mu_2 f(y^*(\mu_2)) \geq e_1(y^*(\mu_1)) + \mu_2 f(y^*(\mu_1))$$
$$(7-73)$$

上下两式相加，可以得到 $(\mu_1 - \mu_2)[f(y^*(\mu_1)) - f(y^*(\mu_2))] > 0$，即 $f(y^*(\mu_1)) \leq f(y^*(\mu_2))$，证毕。

由于 y^{k+1} 是 μ^k 在 $[-x_0, 0]$ 上的投影，可知当 $\mu \to -\infty$ 时，$f \to -\infty$；当 $\mu \to \infty$ 时，$f \to \infty$，根据 f 的分段连续性和非减性，存在 μ^*，使得 $f(y^{k+1}(\mu^*)) = 0$，下面利用分片二次求根法求解 μ^k。

算法 15：分片二次求根法

（1）对于 $f(y^{k+1}(\mu))$，存在断点 $\mu_i = 0$ 和 $\mu_i = -x_{0,i}(i = 1, 2, \cdots, n)$，假设有 k 个有效断点 $\mu'_1, \mu'_2, \cdots, \mu'_k$。

（2）如果存在某一个 $\mu'_i(1 \leq i \leq k)$，使得 $f(y^{k+1}(\mu'_i)) = 0$，则令 $\mu^k = \mu'_i$，输出 μ^k；否则执行 3。

（3）找到一组 μ'_j 和 $\mu'_{j-1}(1 \leq j \leq k)$，满足 $f(y^{k+1}(\mu'_{j-1})) < 0$ 和 $f(y^{k+1}(\mu'_j)) > 0$，在区间 $[\mu'_{j-1}, \mu'_j]$ 上令 $f(y^{k+1}(\mu)) > 0$，计算得到 μ^k。

7.4 稀疏最优负债模型与算法

本节将通过举例说明在价格矩阵为对角矩阵情形下无效（清算）资产的存在，进一步阐述从稀疏角度研究最优负债问题的意义，并在最优去杠杆化问题的模型基础上建立稀疏模型，设计资产清算的稀疏策略，给出稀疏最优负债模型的求解算法。

7.4.1 无效清算资产

本节主要是希望通过举出无效资产的例子，说明投资组合中确实会存在类似无效清算资产、增加去杠杆化问题求解难度但又不参与最优解构成的资产，从而说明在负债清算过程中添加稀疏约束的必要性。

在前几节的分析中，我们假设资产的清算都是有效的，即卖出任意的资产都可以使得债务杠杆下降，但在实际中投资组合可能存在清算后反而使得债务杠杆上升的资产。比如考虑某一金融公司持有的资产组合为：包含 13 种不同资产，总价值为 65，资产的初始持有数量为 $x_0 = (1,1,1,1,1,1,1,1,1,1,1,1,1)$，初始价格向量为 $p_0 = (1,9,1,9,1,9,5,5,5,5,5,5,5)$，临时价格因子矩阵为 $\Lambda = diag\{0.08,0.08,0.07,0.07,0.03,0.02,0.08,0.06,0.04,0.02,0.02,0.02,0.16\}$，永久价格因子矩阵为 $\Gamma = diag\{0.07,0.07,0.08,0.08,0.02,0.03,0.02,0.02,0.02,0.02,0.04,0.08,0.08\}$。并且公司的总负债为 $l_0 = 60$，初始债务杠杆为 $\rho_0 = 12$，如表 7-3 所示。

表 7-3 单项资产完全出售结果

出售资产编号	资产总价值 e_1	负债价值 l_1	资产净值 $e_1 - l_1$	债务杠杆 ρ_1
1	64	59.1150	4.8850	12.1013
2	56	51.1150	4.8850	10.4637
3	64	59.1100	4.8900	12.0879
4	56	51.1100	4.8900	10.4519
5	64	59.0400	4.9600	11.9032
6	56	51.0350	4.9650	10.2790
7	60	55.0900	4.9100	11.2200
8	60	55.0700	4.9300	11.1704
9	60	55.0500	4.9500	11.1212

续表

出售资产编号	资产总价值 e_1	负债价值 l_1	资产净值 $e_1 - l_1$	债务杠杆 ρ_1
10	60	55.0300	4.9700	11.0724
11	60	55.0400	4.9600	11.0968
12	60	55.0600	4.9400	11.1457
13	60	55.2000	4.8000	11.5000

假设资产只有两种状态，即全部出售（状态 1）或者不出售（状态 0），不存在一种资产只出售部分的情况，在负债管理模型的基础上，通过简单的枚举算法确定清算结果，共有 8192 种清算策略，出售单一资产的结果如下：清算后债务杠杆水平上升的是出售第 1 项资产和出售第 3 项资产，对此进行比较分析。

（1）第 1 项资产与第 2 项资产相比，第 3 项资产与第 4 项资产相比，可以知道资产初始单位价值 0 远低于投资组合所有资产的平均水平是清算后债务杠杆上升的原因之一。

（2）第 1 项和第 3 项同时和第 5 项比较，可知价格因子矩阵也是影响因素，且和资产初始单位价值共同起作用，缺一不可。

（3）从第 7 项到第 10 项相互比较，第 10 项到第 12 项相互比较，可知临时价格因子对永久价格因子的比值越小，债务杠杆下降得越多；比值相同时，永久价格因子越小，债务杠杆下降得越多。

利用拉格朗日非凸一节中的结论 7.5，可以得到在非凸假设下最优解 y_i^* 的表达式。由此可以推得单独清算某一资产的无效清算区间类似 1 号和 3 号资产这样清算后会导致债务杠杆上升的资产，如表 7-4 所示，进一步可以通过稀疏清算策略进行排除。本节即是希望通过用稀疏的方法处理原问题，缩减问题规模，也减小迭代产生的误差，再通过拉格朗日算法和增广拉格朗日算法求解问题，保证净资产最大化的同时减少被完全出售的资产的数目，使资产清算更加分散化，保证资产组合多样性，由此给出资产组合中各资产的清算优先级，为投资者提供清算建议。

表 7 - 4 单项资产无效清算区间

出售资产编号	无效清算区间	
	下界	上界
1	- 1	- 0. 2443
2	—	—
3	- 1	- 0. 0851
4	—	—
5	—	—
6	—	—
7	—	—
8	—	—
9	—	—
10	—	—
11	—	—
12	—	—
13	—	—

7.4.2 最优负债问题的稀疏建模

传统的负债清算模型为上节介绍的式（7 - 8），考虑稀疏约束，其中 $1 \leqslant K \leqslant N$ 为参与清算的资产数目，为式（7 - 74）

$$\| y \|_0 = K \qquad (7 - 74)$$

引入 0 - 1 变量 $s_i, i = 1, 2, \cdots, N$，对零范数进行等价转化，则稀疏最优负债清算模型为式（7 - 75）

$$\max_{y} e_1(y) = p_1^T x_1 - l_1 = p_0^T x_0 - l_0 + x_0^T \Gamma y^T - y^T (\Lambda - \frac{1}{2}\Gamma) y$$

$$s.\,t. \qquad \rho_1 p_0^T x_0 - (\rho_1 + 1) l_0 + (\rho_1 x_0^T \Gamma - p_0^T) y - y^T (\rho_1 (\Lambda - \frac{1}{2}\Gamma) + \Lambda$$

$$+ \frac{1}{2}\Gamma) y \geqslant 0,$$

$$- x_0 \cdot s \leqslant y \leqslant 0,$$

$$\sum_{i=1}^{N} s_i = K,$$

$$s_i = \{1,0\}, i = 1,2,\cdots,N \qquad\qquad (7-75)$$

在凸对角价格矩阵假设下，布朗（Brown，2010）已经证明最优负债问题有显式解。式（7-75）在明确稀疏位置后只需要求解凸二次规划问题。如果在凸对角价格矩阵情形下的某问题求得最优解 y^*，y^* 的零范数为 K^*，当稀疏模型中 K 取值为 $K^* \leq K \leq N$，稀疏模型求得解与最优解相同，且由于有 $N-K$ 项资产不需要加入凸二次规划求解，所以求解效率得到提高。但当稀疏模型中 K 取值为 $1 \leq K \leq K^*$ 时，稀疏模型则无法求得原问题的最优解，而是当前所选 K 项资产对应的局部最优解。

在去掉凸性假设后，陈靖楠（2014）说明了最优负债问题是 NP-难题，无法精确获得原问题最优解并且在某个允许的误差范围内可能存在多个近似最优解。上面介绍了拉格朗日算法和增广拉格朗日算法都是通过递进或迭代的方式逼近最优解，其中拉格朗日算法在某种情况下会失效，求得的解是次优解，而且与最优解间的差距会比较大，而增广拉格朗日算法所求解逼近最优解的程度取决于初始迭代点与最优解的接近程度，所以当初始迭代点的选取有误时，所求解也与最优解相差过大。两种算法都依赖对问题的二次规划的求解，而当二次规划问题的维度越小，求解也更加准确。所以从这个角度来说，稀疏模型有助于拉格朗日算法和增广拉格朗日算法降低求解难度和消减算法结果与最优解间的差距。甚至在某个允许的误差范围内可能存在多个最优解。

7.4.3 清算策略及混合算法

最优负债问题的稀疏模型是对对角价格矩阵情形下原问题模型的优化，将求解原问题时采用逼近最优解所导致的误差大部分转移到求解二次规划之前，即用稀疏的方法对对角价格矩阵进行预处理，设定稀疏度后选出资产组成清算资产组合，在清算资产组合所限定的资产范围内对原问题进行求解。

当原问题的资产组合规模和对角价格矩阵非凸程度越大时，稀疏模型的优化提升效果就越明显。但同时随着零范数的减小，资产的清算可能将变得更加集中，不利于保证资产组合的多样性，因此在选择最优解时，需要将清算策略对组合多样性的影响也考虑在内，即多个最优解中，被完全出售的资产的数目越少的最优解更优。

在求解最优解时我们仍采用拉格朗日算法和增广拉格朗日算法，当原问题数据规模较小时，完全可以采取枚举的方法，即资产组合有 N 项资产时，设定稀疏度为 K，枚举共有 C_N^K 种情况；但当原问题数据规模较大时，用枚举的方法生成清算资产组效率十分低下，因此为了保证策略的时效性，采用遗传算法生成清算资产组合，通过种群基因库记录基因的方式减少遗传算法可能产生的冗余（例如重复计算，资产规模较小时的过度遗传演变）。

我们设计的稀疏清算策略如下：

（1）预处理资产组合，标记无效清算的资产，进行价格影响矩阵预处理，逐个取零范数 $K = N, N-1, \cdots, 1$，依次带入遗传算法计算稀疏模型的最优解，直到出现无解情况。

（2）对于每个零范数进行一次生物种群演变，遗传的每一代通过基因重组、突变生成若干个体，每个个体对应一个清算资产组。

（3）对于种群每一代的个体用拉格朗日算法进行原问题的求解，将求解结果和对应个体基因信息记入种群基因库。

（4）当对于种群的所有个体对应的求解都是无解时，说明在当前零范数下，原问题无解，遗传算法结束，并将已经算出的不同零范数对应最优解整合，比较得出资产组合中各资产的清算优先级，从而给出清算建议。

对于确定的清算规模 K，算法 16 给出混合遗传算法。

算法 16：混合遗传算法。

输入：给定稀疏度 $K \leqslant N$，进化代数 $T = N$，最大进化次数 T_{end}，基因重组概率 $0 < ep < 1$，基因突变概率 $0 < ep < 1$，其中 N 为资产组合的资产数目。

（1）随机生成初代种群 H_0，对生成个体进行基因合法性判断，若基因特征不满足条件，则重新生成个体，直到种群中所有个体的基因合法，进入下一步（个体基因采取二进制编码，即一个个体基因为 N 位的二进制数，当个体基因中"1"的个数加和为 K，则该个体基因合法）。

（2）逐一取当代种群 H_T 中的个体，将个体遗传基因编码转码为序列 S，进入下一步〔如 $Z(i) = j$，意为基因中按从首位至末位顺序的第 i 个"1"在基因中的位置 j，即资产组合中编号为 j 的资产加入清算资产组合〕。

（3）若序列 S 在种群基因库中有记录，则直接提取记录；否则，序列 S 及其对应价格影响矩阵作为独立的最优去杠杆化问题用拉格朗日算法进行求解，若拉格朗日算法失效，则使用增广拉格朗日算法求解，将结果记录入种群基因库。完成当代种群所有个体的求解运算后，进入下一步。

（4）当 $T \geqslant T_{end}$ 时，生物种群演变到指定遗传代数，种群基因库中的生存适应度最高的个体基因为稀疏模型的最优解，算法结束；当种群基因库中个体基因的数目满足 C_N^K，算法结束；否则进入下一步。

（5）将清算后的净资产作为个体的生存适应度，计算当代种群所有个体的生存概率（个体生存适应度/当代种群总生存适应度），根据生存概率按比例抽取 $ceil(\dfrac{N}{4})$ 组双亲，对于每一组双亲，通过生成（0，1）内的随机数，进行基因重组和基因突变的判断，通过则进行相应的基因重组或基因突变，个体基因改变前后保持基因合法性，生成两个子代。完成后进入下一步。

（6）$T = T + 1$ 将所有子代加入新一代种群 H_T，返回至第 2 步。

输出：最优个体。

7.4.4 清算优先级

这里需要对资产的清算优先级进行一定的说明。资产清算优先级的意义在于目标债务杠杆不确定的情况下，需要降低债务杠杆，确定应该优先被出售的资产。资产清算优先级是相对于资产组合内的其他资产的，可以通过两种方式确定：第一种是通过理论分析对属性大部分相同或相似的资产进行直接判断；第二种是根据最优解对应的清算策略中各资产进行比较得出。第一种方式的优点是可以在问题求解前就判断出优先被出售资产，但资产组合中资产属性大部分相同的情况始终是少数，使用该方式的机会较少。第二种方式需要先求解原问题再进行比较，而所需要的信息通常不是单一的全局最优解能够提供的，这就需要用稀疏模型求得原问题的多个局部最优解，以满足比较分析的需要。

而对于凸与非凸对角价格矩阵不同的情形下，资产清算优先级具有不同的性质。凸对角价格矩阵情形下，原问题具有唯一的最优解，稀疏模型下不同稀疏度对应的最优解也是唯一的，所以最优解中各资产的出售数量在当前约束下也是最优的，这说明各资产的清算优先级已经固定，最优解中被出售的资产比未被出售的资产清算优先级高。而随着稀疏度减小，对于相同的目标债务杠杆，资产进入资产数目减少的最优清算资产组的门槛更高，又因为最优解中被出售的资产的清算优先级更高，依次可以得出原问题最优解中各资产的清算优先级。

非凸对角价格矩阵情形下，不论是全局最优解还是局部最优解都可能存在多个，即存在等价的资产清算情况，在此情况下，最优解中被出售的资产的清算优先级不一定比未被出售的资产高。但是若所有的等价最优解中存在相同的被出售的资产，由于最优解的性质，这部分资产的清算优先级显然比在部分最优解中被出售的资产更高，而在部分最优解中被出售的资产的清算优先级比在所有最优解中都未被出售的资产更高。

基于以上的分析，我们经验性的认为：

1. 凸对角价格矩阵情形下存在

（1）最优解中被出售的资产的清算优先级比未被出售的资产高。

（2）稀疏模型不同稀疏度 K 对应的局部最优解可能互不相同，但各资产的清算优先级不改变。

（3）资产的清算优先级不会因目标债务杠杆变化而改变。

（4）最优解中被完全出售的资产清算优先级比其他资产高。

2. 非凸对角价格矩阵情形下存在

（1）若稀疏模型对应的局部最优解唯一，则最优解中被出售的资产的清算优先级比未被出售的资产高；若存在多个最优解，被出售的资产的清算优先级高于从未被出售的资产，在所有最优解中都被出售的资产的清算优先级高于在部分最优解中被出售的资产。

（2）最优解中被完全出售的资产清算优先级比其他资产高。

7.5 最优清算案例

本文数值实验的系统环境为 Windows 10 系统（64 位），硬件配置为 8G 内存和英特尔酷睿 i5 – 4210M CPU（2.60GHz），实验平台为 Visual Studio 2013 和 Matlab 2016a。通过对同一问题的运行结果比较，分析说明在价格矩阵为对角矩阵情形下的稀疏模型和稀疏清算策略的作用。

7.5.1 凸对角价格矩阵算例

在本小节中，将进行几组凸对角价格矩阵的数值实验，通过程序运行结果分析目标债务杠杆和资产初始价格变化对清算策略的影响。

1. 债务杠杆因素

考虑某公司持有这样一个资产组合：资产数量为 7，总价值为 79。其中某公司债务为 68，净资产价值为 2，初始债务杠杆为 34，初始价格、持有数量及价格因子矩阵如下并且因子矩阵 Λ 和 Γ 满足凸性假设。

（1）$p_0 = (10,10,10,10,10,10,10)$。

（2）$x_0 = (1,1,1,1,1,1,1)$。

（3）$\Lambda = diag\{0.050,0.045,0.040,0.035,0.030,0.025,0.020\}$。

（4）$\Gamma = diag\{0.040,0.040,0.040,0.040,0.040,0.040,0.040\}$。

考虑目标债务杠杆为 30 和 20 的情况下，不同稀疏度 K 下使用混合遗传算法的结果如表 7 – 5 和表 7 – 6 所示。

表 7 – 5　　　　　目标债务杠杆为 20 时的稀疏清算最优解

资产编号	资产清算数量 y			
1	– 0.14336	0	0	0
2	– 0.17181	– 0.18481	0	0
3	– 0.21435	– 0.23056	– 0.25355	0

资产编号	资产清算数量 y			
4	− 0.28489	− 0.30642	− 0.33696	− 0.43472
5	− 0.42462	− 0.45667	− 0.50213	− 0.64756
6	− 0.83339	− 0.89608	− 0.984937	− 1
7	− 1	− 1	− 1	
零范数	7	6	5	4
遗传编码基因	1111111	0111111	0011111	0001111
净资产价值	1.86834	1.86759	1.86654	1.86468
债务杠杆	20	20	19.9999	20

表 7 – 6　　　　　　目标债务杠杆为 30 时的稀疏清算最优解

资产编号	资产清算数量 y					
1	− 0.05488	0	0	0	0	0
2	− 0.06578	− 0.07070	0	0	0	0
3	− 0.08208	− 0.08822	− 0.09690	0	0	0
4	− 0.10913	− 0.11729	− 0.12883	− 0.14688	0	0
5	− 0.16278	− 0.17493	− 0.19214	− 0.21905	− 0.26919	0
6	− 0.32012	− 0.34399	− 0.37779	− 0.43060	− 0.52896	− 0.80276
7	− 1	− 1	− 1	− 1	− 1	− 1
零范数	7	6	5	4	3	2
遗传编码基因	1111111	0111111	0011111	0001111	0000111	0000011
净资产价值	1.92692	1.92681	1.92665	1.92641	1.92595	1.92467
债务杠杆	25.9999	26.0001	26.0001	26	26	26

在这个清算实例中所有资产的初始价格、持有量和永久价格影响因子都相同，因此各资产出售相同数量对于资产组合总价值的改变是相同的，但对于净资产和负债的影响不同，而资产出售数量越多，对资产组合总价值（净资产价值和负债总值的和）的影响程度越大。

在最优解中，资产被出售数量越多，说明该资产在降低目标杠杆、保证净资产最大的清算过程中作用越大。因此分析表 7 – 5 和表 7 – 6，可以得到相同的清算优先级为 $7 > 6 > 5 > 4 > 3 > 2 > 1$。

同样地，我们也可以得到相同的清算优先级，从侧面解释了经验性结论的合理性。在实际中可以通过降低目标债务杠杆，使未知清算优先级的资产也出售一定数量，或者提高目标债务杠杆，使具有较高优先级的资产减少出售数量，进而比较得出这部分资产的清算优先级。

2. 初始价格因素

考虑某公司持有这样一个资产组合：资产数量为 7，总价值为 12.5。其中某公司债务为 12，净资产价值为 0.5，初始债务杠杆为 24，目标债务杠杆为 14，初始价格、持有数量及价格因子矩阵如下，且因子矩阵 Λ 和 Γ 满足凸性假设。

（1）$p_0 = (0.1, 0.5, 1, 1.5, 2, 2.5, 2.9)$。

（2）$x_0 = (1, 1, 1, 1, 1, 1, 1)$。

（3）$\Lambda = diag\{0.040, 0.040, 0.040, 0.040, 0.040, 0.040, 0.040\}$。

（4）$\Gamma = diag\{0.030, 0.030, 0.030, 0.030, 0.030, 0.030, 0.030\}$。

具体如表 7-7 所示，可以观察到该例中所有资产除初始价格外的其他属性都完全相同。分析表 7-7 可以得到 $7 > 6 > 5, 4 > 3 > 1, 2$。

表 7-7　　　　　　目标债务杠杆为 14 时的稀疏清算最优解

资产编号	资产清算数量 y			
1	0	0	0	0
2	0	0	0	0
3	-0.06015	-0.06015	-0.06015	0
4	-0.36979	-0.36979	-0.36979	-0.37894
5	-0.67942	-0.67942	-0.67942	-0.69149
6	-0.98906*	-0.98906*	-0.98906	-1
7	-1	-1	-1	——
零范数	7	6	5	4
遗传编码基因	1111111	1011111	1001111	0001111
净资产价值	0.34254	0.34254	0.32254	0.34234
债务杠杆	14	14	14	14

　　为了进一步确定 4，5 和 1，2 的优先级，尝试改变目标杠杆。表 7－8 显示了杠杆为 16 和 10.5 时，稀疏模型在不同稀疏度下的最优解。目标债务杠杆为 16 时，可以比较出 5 号资产清算优先级比 4 号资产高；目标债务杠杆为 10.5 时，可以比较出 2 号资产清算优先级比 1 号资产高。

表 7－8　　　　　　目标债务杠杆为 16 和 10.5 时的稀疏清算最优解

资产编号	资产清算数量 y		
1	0	0	0
2	0	0	－ 0. 1847
3	0	0	－ 0. 8779
4	－ 0. 22369	0	－ 1
5	－ 0. 48669	－ 0. 54063	－ 1
6	－ 0. 74968	－ 0. 81668	－ 1
7	－ 0. 96007	－ 1	－ 1
零范数	4	3	7
遗传编码基因	0001111	0000111	1111111
净资产价值	0. 38313	0. 3803	0. 228
债务杠杆	16	16	10. 5

　　分析表 7－8 可以得到 7＞6＞5＞4＞3＞2＞1，由此可以认为当其他因素都相同时，资产初始价格越高，资产的清算优先级越高。

7.5.2　非凸对角价格矩阵算例

　　本节比较了在非凸对角矩阵的条件下，混合遗传算法和拉格朗日算法，以及混合遗传算法和增广拉格朗日算法的结果，说明了模型和算法的有效性。进一步的，研究了债务杠杆变化对清算优先级的影响。

　　1. 混合遗传算法和拉格朗日算法比较

　　本小节中的稀疏清算算法以遗传算法为框架、内嵌拉格朗日算法，因为满足拉格朗日算法有效求解的非凸对角价格矩阵示例具有确定的最优解，因此以下只通过使拉格朗日算法失效的示例来分析说明稀疏模型对于原问题的意义。

考虑陈靖楠（Jingnan Chen，2014）提出的使用拉格朗日算法失效的算例，即某公司持有这样一个资产组合：资产数量为 10，总价值为 50。其中某公司债务为 48，初始债务杠杆为 24，目标债务杠杆为 18，初始价格、持有数量及价格因子矩阵如下，且因子矩阵 Λ 和 Γ 不满足凸性假设。

（1）$p_0 = (5,5,5,5,5,5,4.6,4.8,5.2,5.4)$。

（2）$x_0 = (1,1,1,1,1,1,1,1,1,1)$。

（3）$\Lambda = diag\{0.026,0.016,0.012,0.018,0.020,0.028,0.017,0.017,$ $0.017,0.017\}$。

（4）$\Gamma = diag\{0.076,0.042,0.041,0.037,0.040,0.018,0.037,0.048,$ $0.013,0.013\}$。

由于拉格朗日算法失效，用拉格朗日算法求解原问题只能得到次优解，表 7－9 中稀疏度为 10、净资产价值为 1.9382 即全局次优解。但当稀疏清算算法降低模型中的零范数时，可以得到净资产价值为 1.9388 的局部最优解，显然比失效的拉格朗日算法求得的全局次优解更优，这说明了稀疏模型能够帮助拉格朗日算法避免部分的失效情况，而内嵌拉格朗日算法的稀疏清算算法可以获得更优、更加准确的最优解。

综上所述，在面对非凸对角价格矩阵时，陈靖楠（Jingnan Chen，2014）的拉格朗日算法可能会失效，但应用本章提出的内嵌拉格朗日方法的混合遗传算法可以保证失效的程度小于原文献，验证了混合遗传算法的有效性和正确性。

2. 混合遗传算法和增广拉格朗日算法比较

本节考虑和上一节同样的算例，比较混合遗传算法（内嵌增广拉格朗日）和增广拉格朗日算法的性能，具体的实验结果如表 7－10 所示。

表7-9　混合遗传算法（嵌入拉格朗日）计算结果

资产编号	资产清算数量 y							
1	0	0	0	0	0	0	0	0
2	0	0	0	0	0	0	0	0
3	-0.1419	0	0	0	0	0	0	0
4	0	-0.0246	-0.0246	-0.0246	-0.0246	-0.0246	-0.0246	0
5	0	0	0	0	0	0	0	0
6	-0.3823	-0.4869	-0.4869	-0.4869	-0.4869	-0.4869	-0.4869	-0.5117
7	0	0	0	0	0	0	0	0
8	0	0	0	0	0	0	0	0
9	-0.9866	-1	-1	-1	-1	-1	-1	-1
10	-1	-1	-1	-1	-1	-1	-1	-1
零范数	10	9	8	7	6	5	4	3
遗传基因编码	11111 11111	11011 11111	11011 11011	10010 11111	01011 10011	00010 10111	00010 10011	00000 10011
净资产价值	1.9382	1.9388	1.9388	1.9388	1.9388	1.9388	1.9388	1.9388
债务杠杆	18.0076	17.9997	17.9997	17.9997	17.9997	17.9997	17.9997	17.9998

表 7-10 增广拉格朗日算法与稀疏清算算法的结果

资产编号	文献	资产清算数量 y							
1	-0.0076	0	0	0	0	0	0	-0.0019	0
2	-0.0024	-0.0087	-0.0092	0	-0.0109	0	0	0	0
3	-0.0009	-0.0108	-0.0112	-0.0130	0	0	0	0	0
4	-0.0271	-0.0288	-0.0293	-0.0312	-0.0314	-0.0396	-0.0465	-0.0486
5	-0.0053	-0.0085	-0.0090	-0.0109	-0.0110	0	0	0	0
6	-0.4490	-0.4554	-0.4560	-0.4577	-0.4583	-0.4649	-0.4707	-0.4725
7	-0.0236	-0.0082	-0.0086	-0.0103	-0.0104	-0.0180	0	0
8	-0.0034	-0.0033	0	0	0	0	0	0
9	-0.9983	-1	-1	-1	-1	-1	-1	-1
10	-0.9978	-1	-1	-1	-1	-1	-1	-1
零范数	10	10	9	8	7	6	5	4
遗传基因编码	11111 11111	11111 11111	11111 11011	10111 11011	00011 11111	10010 11011	10010 10011	00010 10011
净资产价值	1.9383	1.9382	1.9382	1.9383	1.9383	1.9384	1.9385	1.9385
债务杠杆	18.0000	18.0025	18.0025	17.9767	17.9789	17.9788	17.9833	17.9782

对于混合遗传算法，随着稀疏度 K 的减小，最优目标值也不断优化，最终在保证解稀疏性的基础上，获得了优于增广拉格朗日算法的全局最优解，说明了稀疏模型的优越性。

利用本章提出的稀疏负债清算模型和混合遗传算法，为投资者提供了这样一个应用场景：当投资者持有多种待清算资产，只需要卖出尽可能少类别的资产，就可以满足降低债务杠杆的需要。

3. 债务杠杆对清算优先级影响

本节研究在非凸对角问题中，目标债务杠杆变化对清算优先级的影响。为了便于比较，采用和混合遗传算法和拉格朗日算法比较一节中相同的实例，本节的求解方法都采用内嵌拉格朗日算法的混合遗传算法。

观察表 7 - 9 与表 7 - 10，根据小节 7.4.4 中的经验性结论，我们认为 3 号、4 号、6 号、9 号和 10 号资产在最优解中被出售，所以该 5 项资产清算优先级大于其余 5 项未进行出售的资产；6 号、9 号和 10 号在所有最优解中都被出售，清算优先级大于 3 号和 4 号；9 号和 10 号资产基本上被完全出售，清算优先级大于 6 号资产；在稀疏度为 10 的最优解中 9 号资产没有被完全出售，清算优先级低于 10 号资产。

综上，在目标债务杠杆为 18 时，通过拉格朗日算法确定的资产清算优先级为：$10 > 9 > 6 > 4 > 3 > 1,2,5,7,8$。考虑稀疏度 $K = 9$ 时，债务杠杆 18、14、12、10 的计算结果，如表 7 - 11 所示。

表 7 - 11　　目标债务杠杆后的稀疏模型稀疏度为 9 时最优解

资产编号	资产清算数量 y			
1	0	0	0	0
2	0	0	- 0.57142	- 1
3	0	- 1	- 1	- 1
4	- 0.0246	- 0.75292	- 1	- 1
5	0	0	0	0
6	- 0.4869	- 0.48693	- 0.5	- 0.54146
7	0	0	0	- 0.36577

续表

资产编号	资产清算数量 y			
8	0	0	0	0
9	−1	−1	−1	−1
10	−1	−1	−1	−1
遗传编码基因	1111011111	1111011111	1111011111	1111011111
净资产价值	1.9388	1.87966	1.84788	1.81835
债务杠杆	17.9997	13.9971	12	9.99738
目标债务杠杆	18	14	12	10

与原目标债务杠杆 18 相比，目标债务杠杆为 14 时的 3 号资产完全出售，清算优先级高于 4 号和 6 号，目标债务杠杆为 12 时的 4 号资产完全出售，清算优先级高于 6 号，目标债务杠杆为 10 时的 2 号资产完全出售，清算优先级又高于 6 号。

通过以上分析，我们认为在非凸对角价格矩阵情形下，资产的清算优先级别会因目标债务杠杆变化而改变。因此，在非凸对角价格矩阵情形下，资产的清算优先级以及清算策略只针对对应的目标债务杠杆，不论目标债务杠杆提高或者降低，原目标债务杠杆对应的资产清算优先级不具备参考性。

7.6 小结

在本章，我们详细介绍了最优负债问题的起源，发展和最新研究进展。具体而言，在 7.1 节中我们结合中国的杠杆水平，强调了去杠杆的必要性，进一步地给出了最优投资组合负债管理问题的定义。在 7.2 节中，我们介绍了负债问题发展的现状，按照平行主线的方式从单一资产和投资组合两个角度进行叙述。7.3 节详细描述了最优负债问题的建模过程，即以投资者权益最大化为目标，利用线性价格冲击模型模拟市场行为，考虑杠杆水平及限制买空约束，最终构建了一类 QCQP 模型，即布朗等人提出的二次凸规划模型。更具体的，我们简述了在该模型上的最新进展，相关结论及求解算法，如去掉凸性假设后的非凸模型，去掉对角矩阵假设的 QCQP 模型等。因为在价格矩阵为对角矩阵情形下存在无效（清算）资产，因此从稀疏角度研究最优负债问题是有意义的。在 7.4 节，我们通过举例确定了无效清算资产的存在，从而建立了稀疏负债管理，即在清算中只有原资产集合的子集参与清算过程。进一步的，我们设计了一种混合遗传算法框架，其中子问题的求解应用 7.3 节介绍的拉格朗日算法和增广拉格朗日算法。7.5 节给出了凸对角和非凸对角两种情形下的最优清算案例，通过比较可以发现实证分析的结果和 7.4 节关于清算优先级的经验性结果相互表征。进一步的，我们可以得到指导实际去杠杆过程的金融结论。

第 8 章

银行网络系统性风险管理

本章我们介绍金融体系中银行网络的系统性风险管理问题。风险的广泛存在是金融市场的一个重要特征。系统性风险是指由某个触发因素引起的，导致不稳定性在整个金融体系内蔓延，甚至对实体经济造成严重危害的不确定性。如何刻画银行网络的系统性风险，如何将银行网络中与系统性风险相关的因素用数学模型表述，如何求解银行网络系统性风险管理模型，本章我们将逐一介绍这几个问题相关的内容，并试图让读者能够掌握系统性风险的一些基本概念和系统性风险模型的求解算法。

8.1 银行网络系统性风险

8.1.1 定义

金融网络的系统性风险的含义包含三个方面：第一，系统性风险关注某些或者全部的金融机构，而不是单一的某个金融机构；第二，系统性风险关注极端损失的溢出效应；第三，系统性风险关注金融体系内部各机构的关联性和交叉性。系统性金融危机的爆发将波及整个金融体系乃至整个经济体系，如 1930 年引发西方经济大萧条的金融危机，又如 2008 年 9 月 15 日爆发并引发全球经济危机的金融危机。金融网络系统性风险是一种不能消除的客观存在，那么如何去预测风险，发现和控制金融网络系统性风险隐患便成为金融领域研究的关键工作。因此，关于金融网络系统性风险管理问题的研究变得越来越重要。

银行业在金融系统中处于核心地位，研究银行系统的风险管理分析方法，对于整个金融体系的系统性风险研究也具有重要参考价值。因此，本章的内容将主要以银行系统为例，研究金融网络系统性风险管理的相关问题。银行网络系统性风险是银行业的整体风险，但是这个整体风险不是银行系统内各个银行风险的简单相加，它不仅包括各个银行的风险分析，还包括银行系统内银行之间的关联性导致的风险。我们称银行系统中因为个别银行破产而导致风险传导到其他银行，进而扩大为整个系统的过程为风险传染过程。分析银行间风险传染可以通过银行间的负债关系构建银行网络，然后根据银行的资产信息和风险传染方式建立风险传染模型。我们可以通过该模型来分析单个银行受到外部市场冲击时对整个银行系统的影响，也可以分析当多个银行同时受到冲击时整个网络的状态。

当银行网络由于个别银行的破产而引发系统性风险危机时，政府救市资金适时的介入可以挽救银行系统，避免对整个金融市场乃至实体经济造成更大的冲击。然而在有限的救市资金条件下，优先拯救哪些银行将是救市资金能否发挥最大效用的关键。同时，如何确定救市资金介入的最佳时机，这就需要对整个网络的系统性风险度量进行研究。在给定救市目标的条件下，如何最小化救市资金数量也将是本章主要介绍的内容之一。在救市的过程中，一个自然的目标是使得整个系统破产的银行数目越少越好，将每个银行的状态放在一起定义为一个向量，由该目标诱导得到的优化问题是一个稀疏优化问题。本章将主要分析该稀疏优化模型的理论性质，并设计相应的算法来求解它。

8.1.2 形成原因及特征

银行网络系统性风险的形成原因包含以下几个方面：金融市场的脆弱性理论，信息不对称理论，银行同业的效用理论，风险溢出效应理论。我们分别对其进行介绍。

1. 金融市场脆弱性理论

在金融领域内存在着金融脆弱性和不稳定性等观点，当金融领域出现问题时会给经济体系带来致命的打击，因此，要格外重视金融的稳定性和安全性。明斯基（Minsky，1978）开创了"金融不稳定性"假说，他认为经过了一个繁荣时期，资本主义经济的金融结构会变得越来越脆弱，提出了金融体系内部本身就是脆弱不稳定的。在经济的复苏时期，整个社会的经济在向好的趋势发展，银行作为经济发展的重要推动力，会逐渐降低信贷门槛，使企业获得更多的资金便于企业经营壮大，从而推动整个经济的良性发展。随着经济不断发展，进入繁荣时期，银行继续实行宽松的信贷政策，促使企业向风险更高和投机性更强的领域，随着信贷需求的上升，银行对于贷款利率也开始提高，一些借款业务因风险较高或财务等方面出现问题，企业面临经济财务的危机，一旦企业经营不佳面临破产状况，无法偿还银行贷款，就会迅速波及整个银行体系，由于银行不能收回贷出的大量的款项，导致银行无法支付储户的存款，甚至会出现银行挤兑现象，从而增加了银行系统性风险，导致危机的爆发，最终演变成银行系统危机。根据明斯基的理论，当经济处于恢复阶段，由于投资者对经济的乐观预期还不足，不能确认经济是否真正好转，所以对于融资还是会保持谨慎的态度。当经济处于繁荣阶段，市场运行的效果良好，人们对经济的预期会更为乐观，投资者更偏好于投资融资，甚至会出现投资过度现象，甚至有些风险偏好型投资者的自有资金总是有限的，投资者将加大杠杆进行融资，向银行申请更多的贷款。根据市场的供求关系原理，随着资金需求的不断增加，融资成本就会上升。高额的贷款成本使得过度依赖贷款的投资者财务状况迅速恶化，加大了经济成本的泡沫，甚至会引起严重的通货膨胀。如果情况严重的话，会引起大批的企业倒闭。由于银行不能收回贷出的大量的款项，导致银行出现流动性危机，增加了银行系统性风险，导致危机的爆发，最终演变成银行系统危机。

2. 信息不对称理论

信息不对称是指交易的双方所拥有的信息不对等，在西方经济学中，信息不对称会导致道德风险与逆向选择，从而影响市场的运行效率。信息不对称现象普遍存在于现实社会中，可以分为两种：第一种，信息是内生的，由参与人本身来决定，它是一种事后的行为，即某一件事情发生之后行为人再做出的行为决定，这会导致行为人进行逆向选择。第二种，信息是外生的，由外部因素引起的，行为人在行为之前已经知道了事情的发生以及后果，这一信息会导致道德风险的产生。逆向选择和道德风险的出现，会降低市场的运行效率，从而降低资本的配置效率，进而会导致资本市场的不稳定并带来金融风险。债务人与银行之间会发生道德风险，在银行进行事前调查时，借款人常常通过隐瞒资料，提高自身的信用水平，当获得贷款后投资便不会那么小心谨慎，偏向于投资高风险的项目，一旦风险来临，致使银行面临损失的风险。另外，政府与银行之间也会发生道德风险，为了确保银行系统的稳定，政府常常充当最后贷款人角色，为银行提供隐性的担保并设立监管部门组建金融安全网，建立存款保险制度等，这些措施无形中会加大银行放贷的风险，不利于金融的稳定性和安全性。

3. 银行同业的效用理论

银行间存在复杂的信用关系，即银行之间资金相互融通，银行之间为了调剂资金的余缺，形成了复杂而密切的借贷关系，一般均为短期，常常是今日借，明日还。同业拆借市场最早出现在美国。其形成的根本原因在于法定存款准备金制度的实施。如果某一家银行由于经营状况不佳，资金无法保持正常的流动性，进而导致发生拆借同业的银行，单个银行的危机就会通过借贷关系传染给其他的银行，进而像"多米诺骨牌效应"，即会引起银行系统性风险。随着经济的发展，一个国家的金融市场发展的更加迅速，银行的作用和地位也越来越高，如果银行业出现了问题，就会波及整个资本市场，并会影响到实体经济的发展。随着银行主体之间发生的业务复杂程度提高，银行面临的脆弱性也在不断深化，银行间市场网络也将成为银行系统性风险传递的主要途径之一。

4. 风险溢出效应理论

在2018年博鳌亚洲论坛年会上，习近平主席宣布了中国将大幅放宽包括金融业在内的市场准入等内容，表示要大幅度提升金融业对外开放程度，提升国际竞争力。IMF前副总裁、国家金融研究院院长朱民在博鳌亚洲论坛上表示，中国在推动开放时也要注意防控风险，尤其是风险溢出效应。在金融系统中，某一特定的风险发生并迅速传播到其他金融领域，造成金融体系的不稳定引起系统性风险，这一现象可以被认为是由于金融系统性风险溢出带来的，风险溢出效应不仅会造成一个国家的金融系统性风险，甚至还会引起跨国传播。具体而言，在银行系统内部，若单个机构发生了风险，将会通过银行之间的业务往来关系，风险将会蔓延至整个银行系统，造成银行体系的不稳定性甚至混乱，而银行是金融核心，一旦银行系统出现了危机，必会引起一个国家的金融系统的动荡，单家银行的风险最终演变成了整个国家的经济危机。另外，风险的溢出效应不仅会影响到一国的经济发展，甚至会通过国与国之间的经济联系，引起全球的经济危机。如 2008 年发源于美国的次级抵押贷款市场的动荡却对全球的经济产生了剧烈的冲击，对国际金融的稳定性造成了严重的负面影响，金融市场面临信贷紧缩问题，多家欧洲大型金融机构纷纷破产倒闭，欧洲主权债务危机也顺着全球金融网络蔓延到世界各地，投资者开始对银行等金融机构失去信任，从而引发了流动性危机，其造成的损失无法估量。金融溢出效应可以产生非常大的冲击，仅是信息就会引起市场波动，需要做足准备。

5. 市场主体的非理性

在金融市场中，往往会出现一些不按套路出牌，非理性的消费和投资现象，市场主体的非理性如"羊群效应"可以被行为金融学所解释，行为金融学是一门交叉学科，将心理学、社会学、金融学、经济学、决策学等学科融为一体的科学，主要研究对象是市场主体主要是金融市场主体在市场行为中的心理特征并以此分析投资者的心理对于其投资行为形成的影响。在 2008 年股市低迷时期，大部分投资者发现周围的人在抛售股票，担心自己持有的股票价格也会大幅缩水，羊群效应使得投资者纷纷抛售股票，这种非理性的行为使得许多股票价格同时下降，将大盘股票指数砸向低谷。凯恩斯认为这种非理性的心理以及行为会催生宏观经济波动和经济危机的发生；最新研究表明，虽然大多数情况下，人类的心理以及行为都是理性，但是当面临自己效用问题的时候，人们为了追求自身效益的最大化，还是会有一些非理性的行为操作。所以很多专家和学者认为，只要人类的经济行为存在非理性，系统性风险就无法避免。

目前，根据相关书籍及文献可总结出如下反映银行系统性风险的五种特征。

1. 复杂性

伴随着金融业务的创新发展，真实的银行网络系统不仅是由众多家银行之间借贷资金往来还关联到很多其他金融机构之间复杂的业务往来。银行网络系统通过银行同业或者与其他金融机构的相互之间业务往来构成了这种复杂性特征，加大了学者对银行系统性风险产生的根源、传染机制的研究难度。

2. 传染性

当单个银行受到一个或者多个市场冲击出现经营危机，风险一方面通过债务银行蔓延使得债务银行陷入偿付困境；另一方面，与债务银行相关的债权银行也会出现流动性不足的风险，通过银行之间的网络系统直接或间接地蔓延扩散至网络中其他银行。由于金融市场自身的脆弱性，严重时将造成整个银行系统陷入危机，甚至造成大的金融危机，这种现象充分反映了银行系统性风险具有很强的传染性特征。这种传播的风险在时间上具有连续性，在空间上具有广泛性。有学者将系统性风险和风险传染视为同一概念，即风险传染就是系统性风险。

3. 风险放大的作用

银行系统性风险的重要特征之一是风险的放大作用，由起初的单个银行的微小危机通过银行网络系统不断传染和放大的过程。一方面，由于前面提到的传染性，传播在时间上具有连续性，在空间上具有广泛性，当单个或小部分银行发生风险事件后会将风险传染至关联机构和市场，造成更多银行的风险和损失，从而扩大了危机的影响范围；另一方面，银行业务具有高杠杆的性质和反馈机制，高杠杆率的条件下将金融产品的风险无形扩大了，直接或者间接受影响的机构将风险反馈互相传染，使得风险在此过程中不断被积累和强化，放大了风险的危害性，最终风险的破坏力远超过了初始的危机影响。

4. 外部性

外部性是银行系统性风险的特征之一。外部性分为正外部性和负外部性，正外部性是金融体系以外的利好消息有利于金融发展的稳定性；负外部性是某个经济主体出现风险影响到银行系统，例如房地产开发商用高负债贷款进行房产开发建设，一旦房价的下跌会危及是否能正常还贷，同时一些经济的负面消息使得客户和银行之间出现信息不对称性，单个银行出现危机造成公众恐慌，羊群效应带来银行挤兑的风险。随着各种现代信息技术被应用于金融业，金融全球化和经济一体化进一步加深，各国之间的经济往来越来越频繁，造成了不同金融市场之间的联动效应，扩大了银行系统性风险的影响范围。

5. 风险和收益不对称性

风险和收益是经济学研究的永恒话题，我们普遍能接受高风险伴随着高收益，即收益和风险是对等的。但对于银行系统性风险，收益和风险往往是不对等的，当银行系统性风险发生时，系统内涉及的金融和非金融所有的机构以及个人投资者都难以逃脱受到影响，实体经济受到影响，不利于经济和社会的稳定性。因此，当银行系统性风险发生时，没有所谓的收益可言，风险带来的负面效应通过网络系统的传播影响经济的稳定发展。

银行最初为了进行短期融资解决流动性风险从而产生一些面临一定风险的同业资产，例如同业拆借业务、回购协议、其他银行的金融债，并且伴随着同业业务的不断发展，银行间风险敞口不断增加，银行之间的资产负债关联也愈发紧密而给风险传染提供了渠道。一家银行如果清算性破产，会影响对其他银行欠款的偿付。持有该银行资产的其他银行由于无法及时获得其应回收的资金，波及债权银行自身的资产状况，风险将通过银行间市场进行传染，形成传染效应的系统性风险。在外部市场中，银行之间因为存在共同的风险暴露、银行的同质性和集中度等因素影响银行间的共同波动，形成由外部市场冲击产生的市场风险。外部市场中由于价格波动等因素，引发银行资产价值波动，从而影响银行外部现金流金额。

具体的传染过程可以表述为：

第一轮：当一家银行遭受市场冲击，导致其外部现金流发生了变化，使得该银行负债敞口与银行外部现金流的平衡关系被破坏。该银行清算性破产，无法完全偿还其他银行债务，称为基础违约。

第二轮：由于该家银行清算性破产，与其具有债权的银行无法完全获得其债务偿还，使得自身陷入流动性紧缺状况，甚至导致其清算性破产，称为传染违约。

第三轮：由于前述银行破产，导致更多的银行无法收回其债务，使自身陷入财务困境，被迫清算性破产，不断有银行传染违约。

第四轮：重复以上传染过程，直到没有新的银行清算性破产为止。

当银行已经面临风险的冲击，政府在降低风险时可以采取以下三方面的措施：

（1）直接给受冲击的银行提供政策性投资或贷款，为其注入救市资金。

（2）通过购买资不抵债银行的不良资产来间接的为其注入资金，以缓解银行的危机。

（3）通过宏观的政策调控，为面临危机的银行创造宽松的环境，以使其能够通过市场消化资不抵债带来的破产风险。

以上三种策略各有优劣，但是直接注入资金的救市方法容易量化，也便于进行分析。因此在本书后续内容中，我们所考虑的救市策略均为直接注入救市资金。

8.1.3　研究现状

以银行网络结构为基础的银行系统性风险管理研究是 21 世纪以来相关领域的研究重点。艾伦和盖尔（Allen and Gale，2000）最早将银行网络结构纳入系统风险分析当中，他们根据四个银行组成的银行系统，将银行系统网络结构抽象为三种基本类型："完全结构""不完全结构"以及"不连贯结构"。这三种结构是组成复杂网络的基础类型。弗雷克萨斯（Freixas，2000）等人提出了包含中央银行的网络结构模型，在这种结构中，中央银行与每个商业银行均发生关联，以保证商业银行的流动性充足，而商业银行间几乎没有联系。克雷格（Craig，2014）提出了银行系统的"外围—核心"模型，分析了银行间市场的"层级效应"，研究了"最优层级结构"。在这种结构中，存在着多个类似"中央银行"的机构，发挥银行与银行之间的"媒介"作用。

这些银行网络结构的研究为系统风险的模型建立奠定了基础，艾森伯格（Eisenberg，2001）基于银行负债网络建立了线性规划的最优化模型，并基于网络结构给出了相应的求解算法 – FDA 法则（fictious default algorithm，FDA）。这个法则通过循环迭代的方式模拟银行个体风险引起的金融传染过程，其本质则是最优化理论中的梯度算法。富尔芬、克雷格（Furfine，Craig，2003）在 FDA 的基础上提出了 SDA 法则（sequential default algorithm，SDA），但是 SDA 法则没有考虑到银行同时发生风险的情况以及在算法循环过程中对银行初始债务债权关系的影响。除此以外，一些其他的方法也被用来进行数值模拟，例如德格里斯、埃尔辛格、厄珀（Degryse，Elsinger，Upper，2007、2006、2004）在进行数值实验的时候突出了网络结构的影响，但是它们究竟在结果中起到什么样的作用却仍然没有统一的结论。

银行系统性风险管理中考虑的另一个问题是市场冲击对整个网络的影响。在一系列的文章中，埃尔辛格（Elsinger，2010）及和他的合作者研究了整个金融网络中破产银行的级联效应，他们采用了随机优化和情景生成的方式来处理线性规划中不确定性资产的存在。盖普拉桑纳（Gai Prasanna，2010）讨论了随机网络中的风险传染问题，并且分析了市场冲击的连锁反应。刘明（2010）采用标准的敏感度分析法研究了 EN 线性规划模型中市场冲击对单个金融机构的影响。阿西莫格鲁（Acemoglu，2013）基于网络结构和冲击强度研究了单个金融机构面对市场冲击时金融网络的稳定性。最近，陈南（2016）探索了 EN 线性规划模型的最优性条件，并设计了一个划分算法，可以将网络中资不抵债的机构和有偿债能力的机构分开，文章也研究了市场风险传播途径的敏感度分析。同时，波库塔（Pokutta，2011）尝试将 EN 模型转化为一个网络流问题来求解，并且分析了救市资金策略对金融网络的影响。

8.2　银行网络系统性风险的相关模型与概念

本章节内容将结合已有的结果，系统介绍银行系统性风险模型的发展以及其在最新研究成果中的进展情况。首先，我们给出与系统性风险模型相关的几个基本概念。

8.2.1 负债矩阵

给定一个具有 N 家银行的网络，银行间的负债关系可以用一个 $N \times N$ 矩阵 L 表示。

$$L = \begin{bmatrix} 0 & l_{1,2} & \cdots & l_{1,N} \\ l_{2,1} & 0 & \ddots & \vdots \\ \vdots & l_{i,j} & 0 & \vdots \\ l_{N,1} & \cdots & \cdots & 0 \end{bmatrix} \qquad (8-1)$$

该矩阵的元素 l_{ij} 表示第 i 个银行欠第 j 个银行的债务。因此，把第 i 行加和可以得到第 i 个银行所欠银行间的总债务 r_i，把第 j 列加和可以得到所有其他银行欠银行 j 的总债务 c_j。$l_{ii}=0$ 表示银行与自身没有债务关系。通常情况下，从银行的资产负债表中，我们只能得到矩阵 L 的行和或者列和，也即某个银行的总债务或总债权。为了得到银行系统的网络结构和关系图，我们需要构建一个优化模型来计算出债务矩阵 L。

在没有其他信息的情况下，我们可以选择最大化信息熵的办法来计算债务矩阵，也是求解如式（8-2）的优化问题。

$$\min \sum_{i=1}^{N} \sum_{j=1}^{N} l_{i,j} \ln(l_{i,j})$$
$$s.t. \quad \sum_{i=1}^{N} l_{i,j} = c_j, \forall j = 1, \cdots, N,$$
$$\sum_{j=1}^{N} l_{i,j} = r_i, \forall i = 1, \cdots, N,$$
$$l_{i,j} \geq 0, \forall i,j = 1, \cdots, N \qquad (8-2)$$

根据最大熵原理，式（8-2）的最优解具有以下形式 $l_{ij} = c_i \times r_j$。由于银行自身不能与自身发生借贷关系，因此，$l_{ii}=0$。但是由上述方法得到的 $l_{ii} = c_i \times r_i \geq 0$，因此需要对该结果进行调整。通过强制使得矩阵对角元素为零，可以得到如式（8-3）初始矩阵。

$$L^0 = \begin{bmatrix} 0 & l_{1,2} & \cdots & l_{1,n} \\ l_{2,1} & 0 & \cdots & \cdots \\ \cdots & \cdots & 0 & \cdots \\ l_{n,1} & \cdots & \cdots & 0 \end{bmatrix} \qquad (8-3)$$

以上矩阵 L^0 并不满足 $\sum_j l_{ij} = r_i$，$\sum_i l_{ij} = c_j$。因此需要在矩阵 L^0 的基础上计算一个新的矩阵 L^*，使得两个矩阵之间的距离很近，同时 L^* 又满足行和与列和条件。常用的方法为采用两个矩阵的交叉熵作为目标函数进行优化。如此可得到式（8-4）优化模型。

$$\min f(L) = \sum_{i=1}^{N} \sum_{j=1}^{N} l_{i,j} \ln\left(\frac{l_{i,j}}{l_{i,j}^0}\right)$$

$$s.t. \quad \sum_{i=1}^{N} l_{i,j} = c_j, \forall j = 1, \cdots, N,$$

$$\sum_{j=1}^{N} l_{i,j} = r_i, \forall i = 1, \cdots, N,$$

$$l_{i,j} \geqslant 0, \forall i,j = 1, \cdots, N \qquad (8-4)$$

约定 $l_{i,j} = 0$ 当且仅当 $l_{i,j}^0 = 0$，并且定义 $\ln(0/0) = 0$。

在矩阵 L^0 的基础上，可以采用 RAS 算法求解以上优化模型的解，算法步骤如下：

算法 17：求解问题（8-4）的 RAS 算法

输入：给定初始矩阵记为 L^0，终止精度 $\epsilon > 0$，$k = 0$。

（1）（行调整）更新 $l_{i,j}^k = l_{i,j}^k \rho_i^k$，其中 $\rho_i^k = \dfrac{r_i}{\sum_{\forall j \mid l_{i,j}^0 > 0} l_{i,j}^k}$。

（2）（列调整）更新 $l_{i,j}^{k+1} = l_{i,j}^k \sigma_j^k$，其中，$\sigma_j^k = \dfrac{c_j}{\sum_{\forall i \mid l_{i,j}^0 > 0} l_{i,j}^k}$。

（3）如果 $\| f(L^{k+1}) - f(L^k) \| > \epsilon, k = k+1$，返回步骤 1；否则，算法终止。

输出：L。

8.2.2　EN 模型及变形

在得到银行网络的债务矩阵 L 后，我们可以构建网络传染优化模型。埃尔辛格和纽（Eisenberg and Noe，2001）首次提出了一个线性规划模型来描述银行网络的直接负债和破产传染情况，该模型以银行网络的整体偿债金额为优化模型的目标函数。模型为每个银行定义了一个偿债比例 x_i：当 $x_i = 1$ 时表示银行 i 能够完全偿还债务，银行状态为具有完全偿债能力；当 $x_i = 0$ 时表示银行 i 完全无法偿还债务，银行状态为破产；当 $0 < x_i < 1$ 时表示银行 i 可以部分偿还债务，银行状态为资不抵债。构建优化模型如式（8 - 5）

$$\max \sum_{i=1}^{N} r_i x_i$$

$$s.t. \quad (P - L^T)x \leqslant \alpha,$$
$$x_i \in [0,1], \forall i = 1,\cdots,N \qquad (8-5)$$

其中，P 是一个对角矩阵并且其对角元素 $p_{i,j} = r_i$ 表示银行 i 所欠的总债务，α 是一个资产向量，α_i 表示银行 i 可支配的现金流。一般情况下，如果 α 是负的，我们可以通过一个虚拟的中心点将负的现金流表示为新的债务，进而得到一个非负的 α，因此我们假设 α 是非负的。因为 r_i, P 均是由负债矩阵 L 中的元素得到的，我们可以用 (L,α) 表示一个银行网络系统。

在银行网络中，当一个银行发生破产后，在清算完成之前，它所欠其他银行的债务无法偿还，破产风险将会在网络中蔓延，传染至其他银行。通过 EN 模型 8 - 5，我们可以得到银行网络系统的一个清算向量，进而分析每个银行的负债状态。EN 模型首次通过分析金融网络的现金流来考察银行之间的循环依赖性，以及由内部因素决定的清算向量。接下来，我们给出 EN 模型中最优清算向量的相关理论结果。

定理 8.1　对于每一个给定的银行网络系统 (L,α)，都存在一个清算向量，也即式（8 - 5）是可行的。

该定理的结论是容易证明的，对于任意非负的 α，全零向量都是式

270

（8－5）的一个可行解。在下一节我们将给出银行网络系统清算向量存在性的一个更严格的结果。

在银行网络系统性风险的研究中，网络结构也起着至关重要的作用。艾伦和盖尔（Allen and Gale，2000）首次将网络结构引入到银行网络系统性风险的研究中，分析了构成银行网络的基础结构以及不同网络结构对系统性风险传染的影响。为了分析式（8－5）中最优清算向量的性质，我们首先给出一个网络强连通的定义，然后对本节所考虑的银行网络结构做出相应假设。

定义 8.1　连通

在银行网络中，对于两个银行 i 和 j，若存在一条路径 $i = i_0 \rightarrow \cdots \rightarrow i_{K-1} \rightarrow i_K = j$ 使得

$$l_{i_{k-1},i_k} > 0, \forall k = 1, \cdots, K \tag{8－6}$$

我们称银行 i 和 j 是连通的。

如果在一个银行网络中，任意两个银行之间都是连通的，我们称该银行网络是强连通的。接下来我们给出本节对银行网络的一个假设。

假设 8.1　本节所考虑的银行网络是强连通的。

通过分析可知，该假设是一个一般性假设。如果一个银行网络不是强连通的，我们可以将网络进行分割，把非强连通的部分以外部资产的形式加入流动资金，进而将原网络分割成两个强连通的网络。根据以上假设我们可以得到如定理 8.2 结论。

定理 8.2　给定银行网络系统 (L, α)，如果该网络满足假设 8.1，则式（8－5）的解，也即网络的清算向量是唯一的。

证明　令 X 为式（8－5）的所有可行解组成的集合。注意到，0 是线性规划式（8－5）的一个可行解，因此其可行解集合是一个非空闭集。定义一个向量 $\bar{x}$，它的每一个变量满足如式（8－7）条件。

$$\bar{x}_i := \sup_{x \in X} x_i, \forall i = 1, \cdots, N \tag{8－7}$$

我们接下来证明 $\bar{x}$ 也是式（8－5）的一个可行解。首先，式（8－5）的可行域是非空闭集，由于 $0 \leqslant x_i \leqslant 1, \forall i = 1, \cdots, N$，说明该可行域是有界的，是一个紧集。因此，向量 $\bar{x}$ 是存在且唯一的。

对于任意一个 i，总存在一个向量 $x_i^i \in X$ 使得 $x_i^i = \bar{x}_i$，则有式（8-8）

$$r_i \bar{x}_i - \sum_k l_{k,i} x_k^i = r_i x_i^i - \sum_k l_{k,i} x_k^i \qquad (8-8)$$

成立。又因为 $l_{i,j} \geq 0$，我们有式（8-9）

$$r_i \bar{x}_i - \sum_k l_{k,i} \bar{x}_k \leq r_i \bar{x}_i - \sum_k l_{k,i} x_k^i \qquad (8-9)$$

由于 x^i 是式（8-5）的可行解，则式（8-10）

$$r_i \bar{x}_i - \sum_k l_{k,i} \bar{x}_k \leq \alpha \qquad (8-10)$$

也即 $\bar{x}$ 是可行的。根据 $\bar{x}$ 的定义，且 $p \geq 0$，很明显，$\bar{x}$ 是式（8-5）的唯一最优解，证毕。

在银行网络中，除了计算清算向量，分析网络面对市场冲击时的反应也是一项重要的研究工作。针对式（8-5），有一系列的关于市场冲击方面的研究。刘明（2010）采用了标准的敏感度分析法研究了 E-N 模型中市场冲击对单个金融机构的影响，考察了当单个金融机构获得一部分资金增量时，其偿债金额的变化。结论表明，对于某些银行，减少一个单位的流动资金，可能减少的偿债金额会大于一个单位，这是因为该银行减少的流动资金由于网络传递而减少其他银行偿还给它的金额，进而减少其本身所能支配的总资产。而增加一个银行的流动资金时，表现却各不相同，有的是同时增加其他银行的偿债金额，有的只是对目标银行本身起作用。盖普拉桑纳（Gai Prasanna，2010）分析了累积冲击以及特定冲击下风险传染的概率，以及网络结构和市场流动性的变化对潜在风险的影响，最终得到的结论是：金融系统是一个鲁棒且脆弱的网络，即风险传染的概率是很低的，但是一旦问题出现，所造成的影响却是广泛而巨大的。文献分析了银行网络的层级结构，建立了中心-边缘银行网络模型，考察了不同层级银行在银行系统中所起到的作用，为分析银行在网络系统的关键地位提供了新的思路。

伊恩哈巴兹语（Aein Khabazian，2018）中提出了一个 EN 模型的松弛模型式（8-11）

$$\max_{x} \sum_{i=1}^{N} r_i x_i$$

$$s.t. \quad (P - L^T)x \leqslant \alpha,$$

$$x_i \leqslant 1, \forall i = 1, \cdots, N$$

(8 – 11)

可以看到，式（8 – 11）相比于式（8 – 5）去掉了清算向量非负的约束。注意，松弛式（8 – 11）中并不要求 α 是非负的，当 α 为负时可以将之看作外部市场对银行网络造成的一定市场冲击。接下来的命题给出了两个模型最优解之间的关系。

命题 8.1 记式（8 – 5）的最优解为 x^1，式（8 – 11）的最优解为 x^2，我们有式（8 – 12）

$$x^1 = x^2$$

(8 – 12)

证明 注意到，要证明命题的结论，只需要证明 $x^2 \geqslant 0$ 即可。令 X 和 X^1 分别是式（8 – 5）和式（8 – 11）可行解的集合。容易看出，$X \subset X^1$。因为式（8 – 5）是可行的，且 X 非空，因此，X^1 也是一个非空集合。定义向量 x 的每一个变量如式（8 – 13）所示。

$$x_i = \sup_{x \in X^1} x_i, \forall i = 1, \cdots, N$$

(8 – 13)

因为 $X \subset X^1$，则对于每一个 $i = 1, \cdots, N$，我们有式（8 – 14）

$$x_i = \sup_{x \in X^1} x_i \geqslant \sup_{x \in X} x_i \geqslant 0$$

(8 – 14)

接下来我们证明 x 是式（8 – 11）的唯一最优解。类似于定理 8.2 的证明，对于每一个 $i = 1, \cdots, N$，存在一个 $x^i \in X^1$ 使得 $x_i^i = x_i$，也就是式（8 – 15）

$$r_i x_i - \sum_k l_{k,i} x_k^i = r_i x_i^i - \sum_k l_{k,i} x_k^i$$

(8 – 15)

又因为 $l_{i,j} \geqslant 0$，因此式（8 – 16）

$$r_i x_i - \sum_k l_{k,i} x_k \leqslant r_i x_i - \sum_k l_{k,i} x_k^i$$

(8 – 16)

由于 $x^i \in X^1$，我们有式（8 – 17）

$$r_i x_i - \sum_k l_{k,i} x_k \leqslant \alpha_i$$

(8 – 17)

即 x 是式（8 – 11）的一个可行解。因为 $r_i \geqslant 0$，所以 x 也是式

（8-11）的唯一最优解。因此，$x^{(2)} \geqslant 0, x^{(1)} = x^{(2)}$。命题结论成立，证毕。

根据以上命题的结论，我们知道两个式（8-11）和式（8-5）所得到的最优清算向量是相同的。但是松弛式（8-11）的约束相对于原始模型更加简单，便于做更进一步的理论分析。非负约束的存在使得原始 EN 模型的可行性分析只能得到充分条件，却无法得到相应的必要条件。定理8.3给出了松弛式（8-11）不可行的充要条件。

定理8.3 式（8-11）不可行的充要条件为式（8-18）

$$\sum_i \alpha_i < 0 \qquad (8-18)$$

式（8-18）表明只要整个网络系统的总可支配资产（包含外部冲击）是负的，则式（8-11）是不可行的。

为了证明定理8.3，我们首先需要证明以下引理8.1。

引理8.1 假定一个金融网络是强连通的。令 λ^* 是以下不等式组的一个解

$$(P - L^T)\lambda \leqslant 0, \lambda \geqslant 0 \qquad (8-19)$$

那么一定存在 $\lambda^* = ce$，其中 $c \geqslant 0$ 是给定的常数。

证明 不失一般性，我们假定 $\lambda \neq 0$。令 $\lambda_{i*} = \max\limits_{i=1,\cdots,N} \lambda_i$ 并定义指标集 $I_{i*} = \{j \neq i^*: l_{i*,j} > 0\}$。根据 r_{i*} 的定义，我们有 $r_{i*} - \sum\limits_{j \in I_{i*}} l_{i*,j} = 0$。从不等式（8-19）知道，

$$0 \geqslant r_{i*}\lambda_{i*} - \sum_{j \in I_{i*}} l_{i*,j}\lambda_j \geqslant \lambda_{i*}\left(r_{i*} - \sum_{j \in I_{i*}} l_{i*,j}\right) = 0 \quad (8-20)$$

根据式（8-19）和式（8-20）可知式（8-21）

$$\lambda_j = \lambda_{i*} = \max_{i=1,\cdots,N} \lambda_i, \forall j \in I_{i*} \qquad (8-21)$$

同样的，对于每一个 $i \in I_{i*}$ 以及指标集 $I_i = \{j \neq i: l_{i,j} > 0\}$，我们有式（8-22）

$$\lambda_j = \lambda_{i*}, \forall j \in I_i \qquad (8-22)$$

现在我们来选择任意的指标 j^*。因为网络是强连通的，总存在一个路径 $i^* = i_1 \to \cdots \to i_{K-1} \to i_K = j^*$。通过类似于式（8-22）的证明，我们可以得到 $\lambda_{j*} = \lambda_{i*}$，证毕。

在 8.1 节中，我们简单介绍了市场冲击对网络中银行的影响。8.2 节，我们通过优化模型来对市场冲击造成的影响进行定量的分析，构建市场冲击模型。首先，我们考虑银行系统中单个银行受到冲击的情形，用向量 s 来表示市场冲击，向量 s 只有一个非零分量 s_i，可以看作市场冲击对第 i 个银行的影响。

$$
\begin{aligned}
&\max \sum_{i=1}^{N} r_i x_i \\
&s.t. \quad (P - L^T)x \leqslant \alpha + s, \\
&\qquad x_i \leqslant 1, \forall i = 1, \cdots, N
\end{aligned}
\tag{8-23}
$$

我们的目标是分析在冲击向量 s 的影响下，式（8-23）的最优解的性质。记式（8-23）的最优解为 $x^*(s)$，下面的引理描述 $x^*(s)$ 的变量与 s 的变量之间的关系。

引理 8.2 假设 s 只有一个变量 s_i 非零，$x^*(s)$ 是式（8-23）的最优解。则下面的结论成立。

（1）对于每一个指标 $j \in \{1, \cdots, N\}$，$x_j^*(s)$ 关于 s_i 是单调非增的；

（2）对于指标 i，如果 $x_i^*(s) < 1$，那么 $x_i^*(s)$ 关于变量 s_i 是严格递增的。

接下来的定理给出了导致银行 i 破产的市场冲击的最小幅度，以及两者之间的等价关系。

定理 8.4 记式（8-23）的最优解为 $x^*(s)$。那么 $x_i^*(s) < 0$ 当且仅当式（8-24）

$$
s_i < \max(-\bar{\alpha}, \Delta_i - \alpha_i),
\tag{8-24}
$$

其中，式（8-25）

$$
\begin{aligned}
&\Delta_i = -\max \sum_{j \neq i} l_{j,i} x_j \\
&s.t. \quad p_j x_j - \sum_{k \neq j, k \neq i} l_{k,j} x_k \leqslant \alpha_j, \forall j \neq i \\
&\qquad x_j \leqslant 1, \forall j \neq i
\end{aligned}
\tag{8-25}
$$

定理 8.5 给出了面对市场冲击时，银行 i 仍然能够完全偿还债务时的冲击条件。

定理 8.5 记式（8-23）的最优解为 $x^*(s)$。那么 $x_i^*(s) = 1$ 当且仅当式（8-26）

$$s_i > p_i + \Gamma_i - \alpha_i \qquad (8-26)$$

其中，式（8-27）

$$\Gamma_i = -\max \sum_{j \neq i} l_{j,i} x_j$$

$$s.t. \quad p_j x_j - \sum_{k \neq j, k \neq i} l_{k,j} x_k \leqslant \alpha_j + l_{i,j}, \forall j \neq i$$

$$x_j \leqslant 1, \forall j \neq i \qquad (8-27)$$

定理 8.4 和定理 8.5 分别给出了使得银行 i 破产或者完全偿还债务的市场冲击的上界和下界。将两个结果结合，可以得到以下的一个推论。

推论 8.1 如果式（8-28）

$$s_i \in [\max(-\bar{\alpha}, \Delta_i - \alpha_i), p_i + \Gamma_i - \alpha_i] \qquad (8-28)$$

那么对于式（8-23）的最优解 $x^*(s)$，我们有 $0 \leqslant x_i^*(s) < 1$。

称式（8-28）中的区间为破产窗口，这个窗口可以作为一个指标，反映银行 i 面对市场冲击时的抵抗能力。窗口越宽，银行对市场冲击的抵抗能力越强。分析破产窗口的宽度对于考察银行抵抗市场冲击的能力具有重要的作用。因为 Δ_i 和 Γ_i 分别是式（8-25）和式（8-27）的最优目标函数值，我们有 $\Gamma_i \leqslant \Delta_i$。因此式（8-29）

$$p_i + \Gamma_i - \alpha_i - \max(-\bar{\alpha}, \Delta_i - \alpha_i) \leqslant p_i + \Gamma_i - \Delta_i \leqslant p_i \qquad (8-29)$$

也就是说，银行 i 能抵抗的最大市场冲击，是被它的最大债务限定住的。

8.2.3 救市模型

当银行网络系统受到冲击并出现破产风险时，为了避免破产风险对实体经济造成更大的冲击，监管部门需要向银行系统注入资金来进行救市。在救市的过程中，根据救市资金条件的不同和救市目标的不同，我们可以构建不同的救市模型。波库塔（Pokutta，2011）讨论了以下几种救市模型：

首先是完全救市式（8 - 30）

$$\min_{\beta} \sum_{i=1}^{N} \beta_i$$

$$s.t. \quad (P - L^T)x \leqslant \alpha + \beta,$$

$$0 \leqslant \beta_i, \forall i = 1, \cdots, N,$$

$$x_i \in \{0,1\}^n \tag{8-30}$$

式（8 - 30）中 β_i 为中央银行为银行 i 注入的救市资金。该模型以总的救市资金数量为优化目标，以系统中全部银行都被救活为约束条件，最终可以得到使得系统中全部银行都被救活所需要的最低救市资金数目。因为式（8 - 30）是一个简单约束的线性规划模型，我们可以很容易地得到该模型的显式最优解，并得到以下结论（命题 8.2 中的 B 为救市式（8 - 30）的最优目标函数值）：

命题 8.2 给定一个银行网络系统（L, α），保证该系统中所有银行都被救活所需的最少救市资金数目为式（8 - 31）

$$B = \sum_i \max \left\{ \sum_j (l_{ij} - l_{ji}) - \alpha_i, 0 \right\} \tag{8-31}$$

证明 如果除了银行 i，所有其他银行都能够完全偿还债务，它们还给银行 i 的总债务为 $\sum_j l_{ji}$。加上流动资产 α_i，银行 i 可支配的总资产数目为 $\sum_j l_{ji} + \alpha_i$。而银行 i 需要偿还的总债务为 $\sum_j l_{ij}$，因此，彻底救活银行 i 使得它能够完全偿还债务所需的最少救市资金数目为 $\max \left\{ \sum_j (l_{ij} - l_{ji}) - \alpha_i, 0 \right\}$。对 i 求和即可得到整个系统中所有银行都被救活所需的最少救市资金数目为式（8 - 32）

$$B = \sum_i \max \left\{ \sum_j (l_{ij} - l_{ji}) - \alpha_i, 0 \right\} \tag{8-32}$$

证毕。

命题 8.3 给定一个银行网络系统（L, α），保证该系统中至少有一家银行被救活所需的救市资金数目为式（8 - 33）

$$\underline{B} = \max_i \max \left\{ \sum_j (l_{ij} - l_{ji}) - \alpha_i, 0 \right\} \qquad (8-33)$$

在实际情况下，如果政府救市资金预算超过了 B ，则所有银行均可被救活，如果预算低于 $\underline{B}$ ，则没有一家银行可以被救活。因此，本书假设救市资金预算的取值范围在区间 $[\underline{B}, B]$ 内。

在实际情况中，要保证所有银行都被救活的代价是巨大的，通过少量的救市资金保证银行系统中被救活的银行数目不低于一个阈值也是一种选择，因此考虑如下部分救市模型，模型中的 γ 向量是一个引入的权重向量，描述银行系统与系统外部因素的相关性，Q 表示银行系统的一个风险水平阈值，最终救市目标需要使整个银行网络系统的风险高于该阈值，整数变量 q_i 的存在保证资金不会浪费在无法救活的银行上面，当 $x_i = 0$ 也即银行 i 破产，根据约束条件知 $q_i = 0$ ，进而可以得到救市资金 $\beta_i = 0$ 。

$$\min_{\beta} \sum_{i=1}^N \beta_i$$
$$s.t. \quad (P - L^T)x \leq \alpha + \beta,$$
$$q_i \leq x_i, \forall i = 1, \cdots, N,$$
$$\beta_i \leq q_i \cdot B, \forall i = 1, \cdots, N,$$
$$\sum_{i=1}^N \gamma_i q_i \geq Q,$$
$$0 \leq x_i \leq 1, \forall i = 1, \cdots, N,$$
$$0 \leq \beta_i, \forall i = 1, \cdots, N,$$
$$q_i \in \{0,1\}, \forall i = 1, \cdots, N \qquad (8-34)$$

之前的两个模型以救市资金数目为优化目标，接下来的模型给定有限的救市资金，以系统性风险水平为优化目标，寻找在有限的救市资金条件下，如何最大化系统的稳定性（降低系统的风险）。

$$\max_{\beta} \sum_{i=1}^N \gamma_i q_i$$
$$s.t. \quad (P - L^T)x \leq \alpha + \beta,$$
$$q_i \leq x_i, \forall i = 1, \cdots, N,$$

$$\beta_i \leqslant q_i \cdot B, \forall i = 1, \cdots, N,$$

$$\sum_{i=1}^{N} \beta_i \leqslant \bar{\beta},$$

$$0 \leqslant x_i \leqslant 1, \forall i = 1, \cdots, N,$$

$$0 \leqslant \beta_i, \forall i = 1, \cdots, N,$$

$$q_i \in \{0,1\}, \forall i = 1, \cdots, N \tag{8-35}$$

8.3　银行网络系统性风险的拓展模型

8.3.1　B-EN 模型

实践中，当一个银行受到冲击而出现破产时，首先要对该银行进行破产清算，然后才能按比例偿还该银行所欠的债务。银行进行破产清算需要一定的时间，在这个过程中，它无法偿还任何债务，但是破产所造成的市场冲击却会通过网络传递给其他银行。基于这样的背景，我们分析银行网络系统性风险时，需要假设当一个银行破产后，它偿还债务的比例为0。

同时，在对银行进行压力测试的时候，往往要求将银行置于某一特定的极端市场情况下。在破产银行偿还债务比例为零的假设下，每个银行面临的偿债压力都会增大，这对于银行的资产要求更高，更符合压力测试的极端条件要求。

为了降低银行网络发生系统性风险的可能性，我们引入一种保守的破产策略。在这种破产策略下，只允许网络中的银行存在两种状态：能够完全偿还债务和破产。体现在模型中即是，变量 x 只有 0 和 1 两个取值范围。因此，得到式（8-36）。

$$\max \sum_{i=1}^{N} r_i x_i$$

$$s.t. \quad (P - L^T)x \leqslant \alpha,$$

$$x_i \in \{0,1\}, \forall i = 1, \cdots, N \tag{8-36}$$

关于式（8-36）的最优解，同样可以证明如下结论。

定理 8.6　记式（8-36）的最优解为 x^*，则它的每个变量满足

$x_i^* = \sup_{x \in X} x_i, i = 1,2,\cdots,n$。

证明 因为 $x_i \in \{0,1\}$，所以式（8-36）的可行解集合 X 是有限且有界的。因此，$\sup_{x \in X} x_i, i = 1,2,\cdots,N$ 是可以被明确定义的。定义向量 x^I 的每一个分量为 $x_i^I = \sup_{x \in X} x_i, i = 1,2,\cdots, N$。对于任意的 $i \in \{1,2,\cdots, N\}$，都存在一个 $x^i \in X$ 使得 $x_i^i = x_i^I$。因此，以下式（8-37）成立。

$$p_i x_i^I - \sum_j l_{ji} x_j^i = p_i x_i^i - \sum_j l_{ji} x_j^i \qquad (8-37)$$

又因为 $l_{ji} \geq 0$，我们有式（8-38）。

$$p_i x_i^I - \sum_j l_{ji} x_j^I \leq p_i x_i^I - \sum_j l_{ji} x_j^i$$

$$= p_i x_i^i - \sum_j l_{ji} x_j^i$$

$$\leq \alpha_i \qquad (8-38)$$

这说明 x^I 也是式（8-36）的一个可行解。由于 $p_i \geq 0$，明显的，x^I 可以最大化目标函数 $p^T x$，因此结论成立，证毕。

因此，式（8-36）是目标可分的，我们可以利用这个特性，设计贪婪算法来求解得到式（8-36）的全局最优解，具体算法步骤详见 8.5 节内容。

8.3.2 B-EN 救市模型

当市场中出现了银行破产后，为了避免该破产行为传染到其他银行，进而引发系统性风险问题，政府救市资金的适时介入变得十分关键。引入向量 β 来表示政府的救市资金向量，β_i 表示政府给第 i 个银行注入的救市资金数量。用 $\bar{\beta}$ 来表示有限政府救市资金情况下的救市资金总额。同时，我们依然采用保守的破产策略。在这个保守的破产策略下，可以最大化政府救市资金的效益，保证所有被救助的银行都能够彻底救活。因此，我们构建以下优化式（8-39）。

$$\max \quad p^T x$$

$$s.t. \quad (P - L^T)x \leqslant \alpha + \beta,$$

$$\sum_i^N \beta_i \leqslant \bar{\beta},$$

$$\beta \geqslant 0,$$

$$x_i \in \{0,1\}, \forall i = 1, \cdots, N \qquad (8-39)$$

当目标函数中的 p_i 均相等时，其特殊形式可写为如下式（8-40）。

$$\max \quad \| x \|_0$$

$$s.t. \quad (P - L^T)x \leqslant \alpha + \beta,$$

$$\sum_i^N \beta_i \leqslant \bar{\beta},$$

$$\beta \geqslant 0,$$

$$x_i \in \{0,1\}, \forall i = 1, \cdots, N \qquad (8-40)$$

式（8-40）的目标函数表示我们的救市目的是使得整个银行网络中能够完全偿还债务的银行越多越好。

已经证明，式（8-40）是 NP 难的，因此不存在多项式时间算法可以求解该问题。

我们接下来的任务是分析如何对救市资金进行分配以达到最优的救市效果，使得政府救市资金介入后的银行网络系统性风险水平达到最低。

8.3.3 稀疏救市模型

本节将考虑稀疏救市模型的拓展模型。通过前 3 节内容的阐述可知，在救市问题中，如何识别关键银行并予以有效的救助是一个十分重要的问题。在 8.3 节内容中，将救活银行的个数作为最大化目标放在目标函数中，该模型可以达到使市场破产银行个数最小的目的。然而，该模型并不能直接识别系统中的关键银行，而是在算法求解过程中通过救助顺序间接识别。本节考虑将关键银行的识别作为模型构建的要素，建立新的稀疏救市模型。我们知道，根据贪婪算法的贪婪准则，获得救市资金优先分配的银行往往具有较高的系统重要性。而救市过程如果能够有效识别少数关键银行，便可以通过对少数几个银行的救助达到整体的救市目标。因此，将最小化救助银行的个数与最大化市场偿债比例结合，我们可得到以下稀疏救市式（8-41）。

$$\min \ -p^T x + \lambda \ \| \beta \|_0$$

$$s.\,t. \quad (P - L^T)x \leqslant \alpha + \beta,$$

$$\sum_i^N \beta_i \leqslant \bar{\beta},$$

$$\beta \geqslant 0,$$

$$x_i \in [0,1], \forall i = 1, \cdots, N \qquad (8-41)$$

式（8-41）是一个标准的稀疏线性规划问题，$\lambda > 0$ 是平衡因子。由于目标函数中 L_0 范数的组合特性，直接求解式（8-41）是困难的。将 L_0 范数以约束的形式呈现，可以得到如下式（8-42）。

$$\min \ -p^T x$$

$$s.\,t. \quad (P - L^T)x \leqslant \alpha + \beta,$$

$$\sum_i^N \beta_i \leqslant \bar{\beta},$$

$$\beta \geqslant 0,$$

$$\| \beta \|_0 \leqslant K,$$

$$x_i \in [0,1], \forall i = 1, \cdots, N \qquad (8-42)$$

现已经证明，通过合适的参数选取，式（8-41）和式（8-42）之间存在相应的等价性质。因此，可以通过求解式（8-42）来得到式（8-41）的局部最优解。针对式（8-42）的求解算法设计在本章算法部分呈现。一般情况下，对 L_0 范数进行凸松弛可以得到相应容易求解的 L_1 范数模型。稀疏救市式（8-41）的凸松弛模型如式（8-43）所示。

$$\min \ -p^T x + \lambda \ \| \beta \|_1$$

$$s.\,t. \quad (P - L^T)x \leqslant \alpha + \beta,$$

$$\beta \geqslant 0,$$

$$x_i \in [0,1], \forall i = 1, \cdots, N \qquad (8-43)$$

由于救市资金 β 的非负特性，其 L_1 范数等价于 $e^T\beta$ ，上述模型等价于式（8-44）。

$$\min - (1 - \lambda)p^T x + \lambda e^T \beta$$
$$s.\,t. \quad (P - L^T)x \leqslant \alpha + \beta,$$
$$\beta \geqslant 0,$$
$$\lambda \in [0,1],$$
$$x_i \in [0,1], \forall\, i = 1,\cdots,N \qquad (8-44)$$

式（8-44）是一个标准的线性规划模型，该模型不只是简单将 L_0 范数凸松弛为 L_1 范数，同时也将约束条件中的救市资金预算上界去掉。此时，参数 λ 有其具体的金融含义。λ 可看作政府的"救市强度"，$e^T\beta$ 是政府投入救市的资金总额。当 λ 较大时，代表政府以最小化救市资金总额为主要目标，此时救市强度相对较弱，银行网络系统性风险处于自由发展状态；当 λ 较小时，代表政府以最大化系统偿债总额为主要目标，此时救市强度相对变强，政府将投入更多的资金以救助更多的银行。

8.4 模型分析与算法设计

针对所提的银行网络系统性风险模型，8.4 节内容分别给出了相应的求解算法。在介绍算法之前，我们首先给出一些基本的度量指标设计。

8.4.1 系统性风险度量指标设计

当风险发生时，由初始外部冲击引发的风险通过银行网络进一步扩散，越来越多的银行无力偿还其债务而出现违约，网络系统性风险水平不断上升。

对于银行网络来说，越多的银行能够完全清偿其债务，银行网络中能够偿还的资金规模就越大，银行网络就越健康，系统性风险水平就越低。设 x^* 为 B-EN 式（8-36）的最优解，则我们可以从存续银行数量及偿还债务总额两个方面来度量银行网络的系统性风险水平，定义式（8-45）两个指标。

$$\begin{cases} \text{破产比例：} & SMI_x = 1 - \dfrac{\|x^*\|_0}{N} \\[3mm] \text{违约比例：} & SMI_p = 1 - \dfrac{p^T x^*}{p^T e} \end{cases} \qquad (8-45)$$

其中，$\|x^*\|_0$ 为向量 x^* 中非零元素的个数，即风险传染后最终仍能够完全清偿其债务的银行个数；p 为债务向量，$p^T x^*$ 描述风险传染后整个银行网络中偿还的债务总额；e 为变量全为 1 的列向量，$p^T e$ 为银行网络中所有银行欠的总负债。

银行破产比例 SMI_x 与违约比例 SMI_p 数值的大小体现银行网络系统性风险水平的高低，且 $SMI_x, SMI_p \in [0,1]$。当银行网络系统性风险度量指标——SMI_x 与 SMI_p 越接近 0 时，此时市场冲击下的银行存活数量越多，偿债规模越大，说明银行网络越稳定，其系统性风险水平越低；反之，当 SMI_x 与 SMI_p 越接近 1 时，此时市场冲击下的银行大都处于清算性破产状态，无法偿还其债务，说明银行网络越不稳定，系统性风险水平越高。

在 B – EN 模型的零恢复比假设下，银行要么能够完全偿还债务，要么资不抵债进入清算性破产状态。这从一定程度上增强了风险的传染强度，由此所得到的银行网络中的系统性风险水平相比于真实情况是一个较为保守的估计。对于上述提到的两项银行网络系统性风险度量指标，假设真实的银行网络系统性风险水平为 SMI_x 与 SMI_p，而基于本文所述的度量步骤所估计出来的风险水平为 SMI_x^* 与 SMI_p^*，则式（8 – 46）成立。

$$SMI_x^* \geqslant SMI_x, SMI_p^* \geqslant SMI_p \qquad (8-46)$$

所估计出的银行网络系统性风险水平 SMI_x^* 与 SMI_p^* 为真实银行网络系统性风险水平 SMI_x 与 SMI_p 的上界。因此本节所提出的系统性风险水平度量指标能够作为一种预警性指标，为预防银行网络系统性风险爆发和提前采取处置措施提供依据。

本节所提的两种系统性风险水平度量指标变化趋势相同，但两者并不能互相替代。度量指标 SMI_x 对所有银行一视同仁，它的变化更能反映银行之间的关联性关系。而指标 SMI_p 考量了银行的负债规模，它的变化更能体现出大银行对整个网络的影响。

在银行网络中，每个银行所代表的节点因其在系统中扮演的角色不同，对其他银行的影响程度不尽相同。一旦网络节点受到外部冲击而清算性破产，所导致的破产银行数目及违约金额也会有所差异。若一家银行的倒闭使得整个银行网络破产银行数目及违约总额大幅增加，说明该银行在该银行网络中具有更高的系统重要性。

借助银行网络系统性风险指标，本节考虑在全部银行状态都为存续的银行网络中，即 $x_i = 1, \forall i = 1, 2, \cdots, N$，单个银行从存续状态变为清算性破产状态后对整个网络造成的影响，以此衡量单个银行在银行网络中的系统重要性程度。

对应于两项系统性风险水平度量指标，银行系统重要性度量也包括两个角度——状态转化后银行破产数量及违约总额变化量的大小。具体来说，若最初的银行网络系统性风险指标为 SMI_x^0 与 SMI_p^0，而当将网络中某家银行由存续状态转化为清算性破产状态后，整体网络风险水平上升为 $SMI_x^{'}$ 与 $SMI_p^{'}$，则该银行对于整体银行网络风险水平的贡献度，也就是系统重要性程度即为式（8－47）。

$$\begin{cases} \Delta SMI_x = SMI_x^{'} - SMI_x^0 \\ \Delta SMI_p = SMI_p^{'} - SMI_p^0 \end{cases} \quad (8-47)$$

通过对银行不同的系统重要性进行刻画，我们能够在日常的金融监管中识别出银行网络中起着关键作用的银行，进而对其加强监管，以尽早防范和化解系统性风险。

金融危机发生时，市场冲击已经出现，如果没有政府的干预，一些银行将面临破产的命运。政府采取的干预措施中，最为直接的方式是为破产银行注入救市资金以帮助其偿还欠款，进而大幅减少违约及降低破产银行数目以达到救市目的。但作为政府来说，其能够为市场注入的救市资金往往有预算约束。我们需要在有限的救市资金下寻找最优的救市策略，以期降低整个银行网络的系统性风险水平。基于所提出的 B－EN 式（8－36），以及带救市资金约束的二分救市式（8－39），同时给出了 4 种不同的救市策略设计。

由于救市资金的有限性，不同的救市次序会影响救市资金的使用总量及效果。盲目地救市会损耗救市资金，同时也将向市场释放过多的流动性，影响市场稳定。这就需要对救市策略进行优化，选取最优的救市顺序。在救市过程中，可以根据不同银行的系统重要性设计救市策略，提高救市效率。

某种程度上来说，救市可以看作传染的逆过程，即通过注入救市资金将在集合 B 中的银行转移到集合 S 中。之后更新清算向量 x，释放更多的偿债资金，最终使得银行网络恢复到初始时全属于集合 S 的状态。

类似于前面介绍的系统重要性银行识别准则，为了提高救市资金使用效率，我们可以逐个改变银行的状态。即分别将集合 B 中的银行转移到集合 S 中，更新清算向量 x，观察并计算其给整个网络带来的贡献来决定其应被救助的优先度。

结合两项银行系统重要性度量指标，我们在有限的救市资金约束下提出四种救市策略准则来对银行进行排序从而确定救市资金分配顺序。

表 8-1 中所采用的救市资金分配准则分别为银行系统重要性度量的绝对指标，以及单位救市资金下的系统重要性相对指标。根据所提银行系统重要性的度量指标含义，绝对指标相当于救活每个破产银行所能救活的银行数量或者所能给系统增加的偿债总额，相对指标相当于单位救市资金所能救活的银行数量或者偿债总额。这 4 种救市策略准则能够从多角度相互补充筛选需救助银行中较为重要的节点，给出各个节点的救助优先度，为救市策略执行提供参考，节约救市资金并提高救市效率。

表 8-1 四种救市策略准则设计

	绝对指标	相对指标
银行个数 $\|x\|_0$	ΔSMI_x（策略 1）	$\Delta SMI_x/\beta$（策略 2）
偿债总额 $\sum_{i=1}^{N} p_i$	ΔSMI_p（策略 3）	$\Delta SMI_p/\beta$（策略 4）

8.4.2　贪婪算法

根据定理 8.6，我们知道式（8 - 36）的最优解的特点如下：保持可行域不变，单变量目标最大化时最优值为零，对应原式（8 - 36）最优解的相应位置元素也为零。根据以上特性，我们可以设计贪婪算法来求解式（8 - 36）。取贪婪算法的初始点 x_0 为变量全为 1 的向量，也即对应的所有银行都能完全偿还债务。找到网络中不满足约束条件的银行 i，则银行 i 一定破产，对应的变量 x_i 为 0，此即以单变量 x_i 为最大化目标时所得到的最优值。因此式（8 - 36）的最优解 x^* 相应位置的变量也为 0。

结合以上思想，我们给出求解式（8 - 36）的一个贪婪算法，具体算法步骤如下。

算法 18：求解式（8 - 36）的贪婪算法

输入：给定银行网络 $N(V,E)$，以及参数 r,L,α。初始点记为 $x_0 = (1,\cdots,1)^T, k = 1$。

（1）找到指标集 I_k 满足式（8 - 48）

$$r_i x_i^k - \sum_j l_{ji} x_j^k - \alpha_i > 0, i \in I_{k*} \tag{8-48}$$

（2）如果 $I_k \neq \phi$，定义式（8 - 49）

$$x_i^{k+1} = \begin{cases} 0, & i \in I_k \\ x_i^k, & \text{其他} \end{cases} \tag{8-49}$$

令 $k：= k + 1$，转向步骤1。

（3）如果 $I_k \neq \phi$，终止算法。

输出：$x^* = x^k$。

以上贪婪算法，可以用来求解无救市资金式（8 - 36），并且得到的一定是全局最优解。根据前述四种救市资金分配准则，我们可以在算法 18 的基础上设计针对救市资金式（8 - 40）的贪婪算法。首先以式（8 - 36）的最优解为算法初始点，根据救市资金分配准则选择第一个救活对象。然后依照准则逐个救活破产银行，直至所有救市资金用完，得到式（8 - 40）的一个近似解。根据以上思想，我们可以得到贪婪算法 19。

算法 19：针对救市式（8 - 40）的贪婪算法（greedy_lfvd）

输入：给定银行网络 $N(V,E)$，向量 r,L,α，总救市资金 $\bar{\beta}$。初始点 $x^1 = \bar{x}$，$\beta^1 = (0,\cdots,0)^T$，$k = 1$，$\bar{x}$ 是式（8 - 36）的最优解。

（1）根据四种贪婪准则之一选择当前需要救活的银行指标 j^*。

（2）令式（8 - 50）

$$x = \begin{cases} 1, & i = j^* \\ x_i^k, & \text{其他} \end{cases} \tag{8-50}$$

和式（8 - 51）

$$\beta_i^{k+1} = \begin{cases} r_i - \sum_j l_{ji} x_j^k - \alpha_i, & i = j^* \\ \beta_i^k, & \text{其他} \end{cases} \tag{8-51}$$

（3）利用算法 20 得到新的点 x^{k+1}。

（4）定义 $B_{temp} = \min\left\{ r_i - \sum_j l_{ji} x_j^{k+1} - \alpha_i : x_i^{k+1} = 0 \right\}$，$I_k = \left\{ i \mid r_i - \sum_j l_{ji} x_j^k - \alpha_i > 0, x_i^{k+1} = 0 \right\}$，令 $k := k + 1$。

（5）如果 $I_k \neq \phi$ 并且 $\bar{\beta} - \sum_i \beta_i^k \geqslant B_{temp}$，转向步 1；否则，终止。

输出：$x^* = x^k$，$\beta^* = \beta^k$。

根据银行负债网络的特性，当某个银行出现破产之后，其造成的冲击将通过网络传染给其他银行，进而导致更多的银行破产，最终使得网络达到一个稳定的状态。将此过程通过算法进行描述，得到如下的一个静态传染算法。

算法 20：静态传染算法

输入：给定银行网络 $N(V,E)$，向量 r,L,α，总救市资金向量 β。初始点 x，$stop_{inner} = 1$。

当 $stop_{inner} = 1$ 时

（1）定义 $I_1 = \{ i \mid r_i - \sum_j l_{ji} x_j - \alpha_i - \beta_i > 0, x_i = 0 \}$，令式（8 - 52）

$$x_i^* = \begin{cases} 0, & i \in I_1 \\ 1, & \text{其他} \end{cases} \tag{8-52}$$

（2）定义 $I_2 = \{i \mid r_i - \sum_j l_{ji} x_j^* - \alpha_i - \beta_i > 0, x_i^* = 0\}, x = x^*$。

（3）如果 $I_1 = I_2$，$stop_{inner} = 0$；否则，$stop_{inner} = 1$。

结束

输出：x^*。

8.4.3　拉格朗日方法

我们介绍一种将稀疏救市式（8 - 39）与松弛式（8 - 44）联系起来的方法。式（8 - 39）的难点在于约束中整数变量与连续变量的混合，我们引入拉格朗日乘子，将关于救市资金预算的约束惩罚到目标函数中，得到式（8 - 53）。

$$\min - p^T x + \lambda(e^T \beta - \bar{\beta})$$
$$s.t. \quad (P - L^T)x \leqslant \alpha + \beta,$$
$$x_i \in \{0,1\}, \forall i = 1, \cdots, N,$$
$$0 \leqslant \beta \qquad\qquad (8 - 53)$$

然后通过松弛二分约束得到式（8 - 54）

$$\min - p^T x + \lambda(e^T \beta - \bar{\beta})$$
$$s.t. \quad (P - L^T)x \leqslant \alpha + \beta,$$
$$x_i \in [0,1], \forall i = 1, \cdots, N,$$
$$0 \leqslant \beta \qquad\qquad (8 - 54)$$

式（8 - 54）与式（8 - 44）是等价的，这是一个标准的线性规划问题，可以利用现有的求解器进行求解。令 $\bar{x}$ 是式（8 - 36）的最优解，当 $\bar{x}$ 中所有变量为 0 的银行互相之间没有同业业务的情况下，我们可以得到以下结论：二分式（8 - 53）中为 1 的分量，存在一个松弛式（8 - 54）的最优解，使得对应的分量依然为 1。

由此，我们可以设计迭代算法，通过逐步求解松弛问题，进而得到原始二分问题的最优解。所得算法框架为算法 21。

算法 21：拉格朗日算法

输入：给定银行网络 $N(V, E)$，向量 p, L, α，总救市资金 $\bar{\beta}$。给定

初始参数 $\lambda_{\min} = 0$ ，$\lambda_{\min} = 1000$ ，$\lambda_1 \epsilon (\lambda_{\min}, \lambda_{\max})$ ，终止准则 $\epsilon > 0$ ，$k = 1$ 。

（1）求解松弛式（8 – 54）。

（2）设置资不抵债的银行对应偿债比例为 0，再次求解降维后的松弛问题，直到 x 所有的变量均为二分的为止。

（3）采用二分法的技巧选择最优的 λ ，式（8 – 55）。

$$\lambda_{k+1} = \begin{cases} 0.5 * (\lambda_{\max} + \lambda_k), & \sum_i \beta_i^k > \bar{\beta} \\ 0.5 * (\lambda_{\min} + \lambda_k), & \text{其他} \end{cases} \tag{8 – 55}$$

如果 $\left| \sum_i \beta_i^k - \bar{\beta} \right| \leq \epsilon$，终止算法。否则，令 $k = k + 1$ ，返回步骤 1。$x^* = x^k$ ， $b^* = b^k$ 。

输出：$x^* = x^k$ ， $\beta^* = \beta^k$ ， $\lambda^* = \lambda_k$ 。

8.4.4 割平面方法

本节针对带救市策略优化的 B – EN 扩展式（8 – 39）设计了一种割平面方法。该方法在不等式约束中添加一项线性惩罚项，并对二分变量 x 进行松弛，由此得到一个新的线性规划式（8 – 56）。

$$\max \quad p^T x$$

$$s.t. \quad p_i x_i - \sum_{j \neq i} l_{ji} x_j + \mu_i (1 - x_i) \leq \alpha_i + \beta_i, i = 1, \cdots, n,$$

$$\sum_{i=1}^n \beta_i \leq \bar{\beta}, \beta_i \geq 0, \forall i = 1, \cdots, n,$$

$$\beta_i \leq \bar{\beta}(1 - \Pi_{x_i < 1}), \forall i = 1, \cdots, n,$$

$$x_i \in [0, 1], \forall i = 1, \cdots, n \tag{8 – 56}$$

其中，常数 μ_i 是一个惩罚参数。

在给出具体的参数取值范围之前，我们先给出一个定理，描述 B – EN 式（8 – 36）与式（8 – 56）最优解之间的关系。

定理 8.7 令 $\bar{x}^*$ 表示当 $\bar{\beta} = 0$ 时式（8 – 39）的最优解，x^* 表示当 $\bar{\beta} > 0$ 时式（8 – 39）的最优解。定义 $\bar{x}^*$ 和 x^* 的支撑集为式（8 – 57）

$$A = \{i \mid \bar{x}_i^* = 1\}, B = \{i \mid x_i^* = 1\}, \tag{8 – 57}$$

则 $A \subseteq B$ 。

式（8 – 56）中添加了线性惩罚项的约束本质上是一种割平面，保证了最优解依然在问题可行域中，接下来的命题阐述了这一结果。

命题 8.4 假设 (x^*, b^*) 是式（8 – 56）的最优解，$\bar{x}^*$ 是式（8 – 39）的最优解，令 $\mu_i = \alpha_i + (L^T \bar{x}^*)_i$，则 (x^*, b^*) 也是式（8 – 56）的一个可行解。

证明 我们直接将 (x^*, b^*) 代入约束中来验证命题的正确性。

当 $x_i^* = 1$，$\mu_i(1 - x_i^*) = 0$ 时，两个约束是等价的。

当 $x_i^* = 0$ 时，新的约束变为式（8 – 58）

$$- (L^T x^*)_i + (L^T \bar{x}^*)_i \leq b_i^* \qquad (8 - 58)$$

根据定理 8.7，我们知道 $A \subseteq B$，因此 $L^T \bar{x}^* \leq L^T x^*$。因为 $b_i \geq 0$，约束（8 – 58）恒成立，也即 (x^*, b^*) 是问题（8 – 56）的一个可行解，证毕。

为了保证问题（8 – 56）的可行性，参数 μ_i 的取值应该小于 $\alpha_i + (L^T x^*)_i + b_i^*$。否则，当 $x_i = 0$ 时，约束将不再满足。接下来的命题说明，惩罚参数 μ_i 的取值存在一个依赖于原问题（8 – 39）最优解的上界。

命题 8.5 定义 Γ 为问题（8 – 39）的最优解集，罚参数 μ_i 存在一个上界 $\bar{\mu}_i = \min\limits_{(x^*, b^*) \in \Gamma} \{\alpha_i + (L^T x^*)_i + b_i^*\}$。如果 $0 \leq \mu_i \leq \bar{\mu}_i$，那么 (x^*, b^*) 仍然是问题（8 – 56）的一个可行解。

根据命题 8.5 的分析，设置 $\mu_i = \alpha_i + (L^T x^*)_i$ 太过于保守。在实践中，可以逐步将上一轮的最优救市资金分配策略加入 μ_i 中。在第 k 次迭代中，定义最优的救市策略为 b^k，令 $\mu_i = \alpha_i + (L^T x^*)_i + b_i^k$，得到一个新的约束（8 – 59）

$$p_i x_i - (L^T x)_i + [\alpha_i + (L^T \bar{x}^*)_i + b_i^k](1 - x_i) \leq \alpha_i + b_i$$

$$(8 - 59)$$

求解带有新约束（8 – 59）的问题（8 – 56），更新 b^k 直到连续两次最优目标函数值的差小于给定算法终止条件。具体算法步骤为算法 22。

算法22：割平面方法

输入：给定银行网络 $N(V,E)$，向量 p,L,α，总救市资金 $\bar{b}$。记 $\bar{x}^*$ 为当 $\bar{b}=0$ 时问题（8-39）的最优解。初始点 $b^1=(0,\cdots,0)^T$，$k=1$，$fval_{old}=\infty$。

（1）求解带有下述约束的问题（8-56）为式（8-60）。

$$p_i x_i - (L^T x)_i + \left[\alpha_i + (L^T \bar{x}^*)_i + b_i^k\right](1-x_i) \leq \alpha_i + b_i \tag{8-60}$$

（2）计算当前点最优目标函数值 $fval_{new}$，如果 $|fval_{new}-fval_{old}|>\epsilon$，令 $fval_{old}=fval_{new}$，$k=k+1$，返回步骤1。

（3）否则，算法终止。

输出：$x^*=x^k, b^*=b^k$。

8.5 实证分析

本节数值实验的系统环境为 Windows10 系统（64位），硬件配置为8G内存和英特尔酷睿 i5-4210MCPU（2.60GHz），实验平台为 Matlab2016a。本节以我国上市银行 2007 年至 2017 年的数据为基础，验证针对 B-EN 模型、B-EN 救市模型和稀疏救市模型所提算法的有效性，同时分析了所提系统性风险度量指标的预警效果以及系统重要性银行识别效果。

8.5.1 数据说明

1. 数据来源

银行作为企业来说，其流动资产与流动负债会在银行的经营过程中会有动态平衡的过程。同业资产与同业负债作为银行的流动资产负债科目，产生的债务敞口需要由银行其他流动资产与负债的资产敞口进行抵偿，以保证银行的平稳健康发展。

这里我们选取上市银行共 26 家，搜集其 2007～2017 共 11 年银行同业资产（存放同业、拆出资金）、银行同业负债（同业存放、拆入资金）及外部现金流等数据，其中外部现金流数据使用银行除同业业务外的流动资产（现金及存放中央银行款项、贵金属、买入返售金融资产、交易性金融资产等）与流动负债（向中央银行借款、卖出回购金融资产、交易性金融负债等）之间的差额，以抵偿同业业务债务敞口。

经过对数据的初步筛选，由于部分银行，包括常熟银行、江阴银行、张家港行、无锡银行、贵阳银行、吴江银行等6家银行，为农商银行且上市时间不足5年，其披露数据存在较大空缺且无法获得此类银行11年的完整年报，故从数据中剔除。最终采用数据为2007~2017年共11年20家银行的同业数据，数据来自万得。空缺值通过查阅该年年报进行填补，若未提及，如部分拆入拆出资金数据，则填补为零值。现以2017年数据为例展示如表8-2所示，本节若无特别标明，则所有单位都为百万人民币。

表8-2   **2017年银行同业数据**

编号	银行	存放同业	拆出资金	同业存放	拆入资金	外部现金流
1	平安银行	130208	59015	430904	28024	332701
2	宁波银行	29551	2046	27292	94606	444596
3	浦发银行	96348	80839	1314318	138782	1111676
4	华夏银行	56866	15220	231356	65045	224896
5	民生银行	75257	143205	1138531	177462	579376
6	招商银行	76918	154628	439118	272734	629227
7	江苏银行	79232	3859	228062	28240	321212
8	杭州银行	19217	8401	90663	32569	321356
9	南京银行	56229	4767	43204	14257	269927
10	兴业银行	77559	31178	1446059	187929	1110068
11	北京银行	87200	63406	298300	49533	359573
12	上海银行	38788	97178	328654	51801	486177
13	农业银行	130245	505269	974730	280061	4072705
14	交通银行	144425	570766	1307521	444373	1008571
15	工商银行	370074	477537	1214601	491948	5374030
16	光大银行	44754	148816	577447	106798	598259
17	成都银行	19951	3421	4274	572	1608216
18	建设银行	175005	325233	1336995	383639	4622628
19	中国银行	485057	486559	1425262	241692	1658622
20	中信银行	124350	172069	798007	77595	416040

2. 数据描述

根据银行业协会发布的 2017 年银行业统计报告，2017 年末，中国银行业金融机构总资产为 252.4 万亿元。本书所选取样银行的总资产为 147.39 亿元，占比为 58.4%，样本区间——2007～2017 年样本银行总资产占我国银行业金融机构比平均值为 65.8%，因此所选取的样本银行对我国银行网络具有较好的代表性。

我们选取存放同业及拆出资金代表银行同业资产规模，同业存放及拆入资金代表同业债务规模，流动资产与流动负债之间的差值代表外部现金流，2007～2017 年的样本银行同业业务及外部现金流数据均值表现如图 8-1 所示。

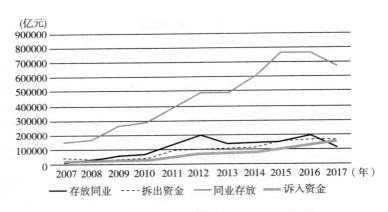

图 8-1　2007～2017 年同业业务数据均值折线

从趋势角度来看，我国银行业近 10 年积极推进同业业务发展，银行之间拆入出资金呈现波动性缓慢上升趋势；存放同业项则在 2007～2012 年呈稳步上升趋势，2012～2017 年规模保持波动平稳；同业及金融机构存放项自 2007～2015 年总体保持稳步增长趋势，2015～2017 年末由于 2015 年金融市场巨幅波动而增长趋势有所回落，总体趋向稳定。

从业务规模看，样本银行的同业负债规模（同业存放与拆入资金）显著大于其同业资产规模（存放同业与拆出资金），这部分的债务敞口需要通过银行其他流动资产敞口进行抵偿平衡，从而达到流动资产与负债的动态平衡，防止资产与负债的期限错配，从而保证银行经营活动的稳健性，保障银行信用。

8.5.2 针对 B-EN 模型的贪婪算法实证结果

1. 我国系统性风险水平

本节利用上述真实数据针对 Bi – EN 模型 8.6.2 进行实证分析。在给定债务矩阵 L 与外部现金流 α 下，通过求解模型 8.6.2，可以得到各个年份所有银行的初始存活状态向量 x，当 $x_i = 1$ 时，表示第 i 家银行存活，当 $x_i = 0$ 时表示第 i 家银行破产。所有银行各个年份的初始存活状态如图 8 – 2 所示。图 8 – 2 中绝大多数年份及银行的清算向量元素值都为 1，在图中则表现为一个较为平坦的平面。但也存在一些银行在某些年份，其元素值转变为 0，说明这些银行在对应年份其流动资产与流动负债的差额无法完全覆盖其同业业务风险敞口，在模型中将是清算性破产状态，无法清偿其同业债务，成为初始风险源。

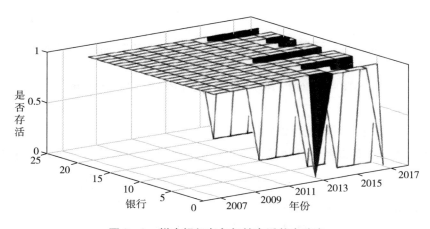

图 8 – 2　样本银行各年初始存活状态分布

结合前述得到的各银行初始存活矩阵 x_0^* 及自身债务矩阵 L，计算得到初始状态下的银行存活比例 SMI_x 与偿债比例 SMI_p，如图 8 – 3 所示。从图 8 – 3 可以看出，初始状态下的银行网络在 2007 ～ 2012 年 SMI_x 与 SMI_p 指标都保持低位，说明这些年度中所有样本银行外部现金流都能够偿付其同业债务敞口，在没有外部冲击的情况下银行网络能够保持稳定；而从 2012～2017 年，两项指标都从 2012 年的低位快速上升至 2017 年的高位，其中破产比率 SMI_x 由 2012 年的零值上升至 2017 年的 0.33，违约比率 SMI_p 由 2012 年的零值上升至 2016 年的 0.47 并于 2017 年继续保持高位 0.4628，说明 2012 年之后银行放松流动资产与流动负债的平衡关系，导致银行业系统性风险水平逐年升高，于 2016 年与 2017 年达到峰值并保持高位。

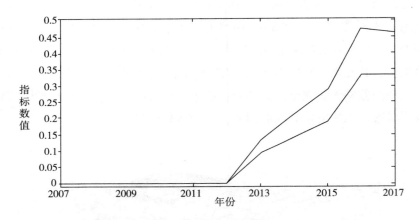

图 8 – 3　2007～2017 年初始状态下的 SMI_x 与 SMI_p 折线

2. 系统重要性银行识别

由于在稀疏系统性风险模型中，银行的状态为二分的，即只有存续及破产状态。只要第 j 家银行外部市场冲击不超过阈值 $\sum_{i=1}^{N} l_{ij}x_i + \alpha_j - p_j$，受到单点市场冲击的银行将不会有状态改变。则银行现有债务网络将不会有所变化，无法体现银行网络的传染效应。

因此，为了研究我国银行网络在压力环境下风险在银行网络中的传染效应，本节中假设该节点完全损失其外部现金流，即 $\Delta_i = -\alpha_i$，称作对该点进行单点冲击，从而探讨我国各银行对银行网络的影响及整体网络对单点冲击的抵抗能力。

通过对每个样本银行施加前述的市场冲击，能够得到 11 年 20 家样

本银行受到单点市场冲击后的两项银行网络系统性风险度量指标。对这
11 年的指标计算其平均值,记为 $MSMI_p$ 与 $MSMI_x$,具体数值列示如表
8－3 所示。

表8－3   单点冲击下银行网络系统性风险指标平均值

指标	原始数值	受冲击银行									
		平安	宁波	浦发	华夏	民生	招商	江苏	杭州	南京	兴业
$MSMI_p$	0.143	0.167	0.147	0.187	0.168	0.175	0.19	0.149	0.147	0.148	0.177
$MSMI_x$	0.100	0.143	0.139	0.139	0.143	0.134	0.147	0.121	0.143	0.147	0.126

指标	原始数值	受冲击银行									
		北京	上海	农业	交通	工商	光大	成都	建设	中国	中信
$MSMI_p$	0.143	0.166	0.159	0.244	0.234	0.314	0.185	0.143	0.270	0.318	0.164
$MSMI_x$	0.100	0.143	0.147	0.160	0.147	0.169	0.147	0.103	0.160	0.165	0.126

对应每家银行的冲击后的银行网络指标平均值,相比于原始状态指
标的变化记为 $\Delta MSMI_p$ 与 $\Delta MSMI_x$,即对应银行受到冲击后各年度指标
的平均改变量。具体数值如表8－4 所示,其中各银行按各年变化平均
值为标准降序排序。从表8－4 与表8－5 中可以看出,受到市场冲击时
对银行网络整体系统性风险增量最大的前四名都为工商银行、农业银
行、中国银行、建设银行这国有四大行,违约比率指标变化量 $\Delta MSMI_p$
平均数值在0.1 以上,破产比率指标变化量 $\Delta MSMI_x$ 平均数值在0.06 以
上。说明若该四大行受到市场冲击而无法及时清偿其债务,则会导致风
险大范围传染,使得包括自身的多家银行因此陷入清算性破产状态。体
现了在我国的银行网络中,该四大行处于十分重要的关键地位,这也与
全球金融稳定理事会所划定的系统重要性银行结果相符。

表 8 - 4   单点冲击后银行网络违约比率指标平均值变化 $\Delta MSMI_p$

指标	受冲击银行									
	中国	工商	建设	农业	交通	招商	浦发	光大	兴业	民生
$\Delta MSMI_p$	0.175	0.171	0.127	0.101	0.091	0.047	0.044	0.042	0.034	0.033

指标	受冲击银行									
	华夏	平安	北京	中信	上海	江苏	南京	宁波	杭州	成都
$\Delta MSMI_p$	0.025	0.024	0.023	0.022	0.016	0.007	0.005	0.004	0.004	0.0002

表 8 - 5   单点冲击后银行网络违约比率指标平均值变化 $\Delta MSMI_x$

指标	受冲击银行									
	工商	中国	农业	建设	交通	招商	光大	南京	上海	杭州
$\Delta MSMI_x$	0.069	0.065	0.061	0.061	0.048	0.048	0.048	0.048	0.048	0.043

指标	受冲击银行									
	北京	平安	华夏	宁波	浦发	民生	中信	兴业	江苏	成都
$\Delta MSMI_x$	0.043	0.043	0.043	0.039	0.039	0.035	0.026	0.026	0.022	0.004

8.6   小结

本章针对银行网络系统性风险管理问题分析了与之相关的不同模型，在已有模型的基础上提出了几类稀疏系统性风险管理模型，针对所提模型设计了有效的求解算法。数值实验验证了本章所提模型与概念的实用性，以及所提算法的有效性。

参考文献

［1］常象宇，饶过，吴一戎，徐宗本．如何在压缩感知中正确使用阈值迭代算法［J］．中国科学，2010（1）．

［2］李俭富，马永开．基于证券价格时间序列的协整优化指数跟踪方法研究［J］．系统工程理论与实践，2006（11）：17－25.

［3］李亚峰，冯象初．L_1投影问题的分裂 Bregman 方法［J］．电子学报，2010（11）：2471－2475.

［4］刘磊．基于遗传神经网络的指数跟踪优化方法［J］．系统工程理论与实践，2010（30）：22－29.

［5］于春梅．稀疏优化算法综述［J］．计算机工程与应用，2014（11）：210－217.

［6］杨国梁，赵社涛，徐成贤．基于支持向量机的金融市场指数追踪技术研究［J］．国际金融研究，2009（10）：68－72.

［7］周景科，高岳林．基于追踪误差风险的多阶段指数追踪优化模型［J］．统计与决策，2010（20）：8－10.

［8］赵志华．最优投资组合负债管理问题的理论与算法研究［D］．西安交通大学，2015.

［9］Acemoglu D.，Ozdaglar A.，Tahbaz-Salehi A. Systemic risk and stability in financial networks［J］．American Economic Review，2013，105（2）：564－608.

［10］Aein Khabazian, Jiming Peng. Vulnerability analysis of the financial network［J］．Management Science，2019.

［11］Ahmed P.，Nanda S. Performance of enhanced index and quantitative equity funds［J］．The Financial Review，2005，40（4）：459－479.

[12] Alexander C. Optimal hedging using cointegration [J]. Philosophical Transactions Mathematical Physical & Engineering Sciences, 1999, 357 (1758): 2039 - 2058.

[13] Allen F. , Gale D. M. Financial contagion [J]. Journal of Political Economy, 2000, 108 (1): 1 - 33.

[14] Alexander C. , Dimitriu A. Indexing, cointegration and equity market regimes [J]. International Journal of Finance Economics, 2010, 10 (3): 213 - 231.

[15] Alexander C. , Dimitriu A. Indexing and statistical arbitrage [J]. Journal of Portfolio Management, 2005, 31 (2): 50 - 63.

[16] Alizadeh F. , Goldfarb D. Second-order cone programming [J]. Mathematical Programming, 2003, 95 (1): 3 - 51.

[17] Almgren R. , Chriss N. Optimal execution of portfolio transactions [J]. Journal of Risk, 2001 (3): 5 - 40.

[18] Arnott R. , Wanger W. The measurement and control of trading costs [J]. Financial Analysts Journal, 1990, 46 (6): 73 - 80.

[19] Atamturk A. , Zhang M. Two-Stage robust network flow and design under demand uncertainty [J]. Operations Research, 2007, 55 (4): 662 - 673.

[20] Ban K. , Thiele A. Short sales in Log-robust portfolio management [J]. European Journal of Operational Research, 2011, 215 (3): 651 - 661.

[21] Barzilai J. , Borwein J. M. Two-point step size gradient methods [J]. IMA Journal of Numerical Analysis, 1988, 8 (1): 141 - 148.

[22] Ben-Tal A. , Nemirovski A. Robust convex optimization [J]. Mathematics of Operations Research, 1998, 23 (4): 769 - 805.

[23] Beasley J. E. , Meade N. , Chang T. J. An evolutionary heuristic for the index tracking problem [J]. European Journal of Operational Research, 2003, 148 (3): 621 - 643.

[24] Ben-Tal A. , Nemirovski A. Selected topics in robust convex opti-

mization [J]. Mathematical Programming, 2008, 112 (1): 125 – 158.

[25] Ben-Tal A. , Ghaoui L. E. , Nemirovski A. Robust optimization [M]. Princeton University Press, 2009.

[26] Ben-Tal A. , Bertsimas D. , Brown D. B. A soft robust model for optimization under ambiguity [J]. Operations Research, 2010, 58 (4): 1220 – 1234.

[27] Beck A. , Teboulle M. A fast iterative shrinkage-thresholding algorithm for linear inverse problems [J]. SIAM Journal on Imaging Sciences, 2009, 2 (1): 183 – 202.

[28] Best M. , Jaroslava H. Portfolio selection and transactions costs [J]. Computational Optimization and Applications, 2003, 24 (1): 95 – 116.

[29] Best M. , Hlouskova J. An algorithm for portfolio optimization with transaction costs [J]. Management Science, 2005, 51 (11): 1676 – 1688.

[30] Bertsimas D. , Lo AW. Optimal control of execution costs [J]. Journal of Financial Markets, 1998, 1 (1): 1 – 50.

[31] Bertsimas D. , Shioda R. Algorithm for cardinality-constrained quadratic optimization [J]. Computational Optimization and Applications, 2009, 43 (1): 1 – 22.

[32] Bienstock D. Computational study of a family of mixed-integer quadratic programming problems [J]. Mathematical Programming, 1996, 74 (2): 121 – 140.

[33] Black F, Litterman R. Global portfolio optimization [J]. Financial Analysts Journal, 1992, 48 (5): 28 – 43.

[34] Blumensath T. , Davies M. E. Iterative hard thresholding for compressed sensing [J]. Applied & Computational Harmonic Analysis, 2009, 27 (3): 265 – 274.

[35] Blumensath T. , Davies M. Normalized iterative hard thresholding: guaranteed stability and performace [J]. Journal of Selected Topics in Signal Processing, 2010, 4 (2): 298 – 309.

［36］ Barber B. M. , Odean T. Trading is hazardous to your wealth: the common stock investment performance of individual investors ［J］. The Journal of Finance, 2000, 55 (2): 773 –806.

［37］ Boyd S. , Parikh N. , Chu E. , et al. Distributed optimization and statistical learning via the alternating direction method of multipliers ［J］. Foundations and Trends in Machine Learning, 2010, 3 (1): 1 –122.

［38］ Brown D. B. , Carlin B. I. , Lobo M. S. Optimal portfolio liquidation with distress risk ［J］. Management Science, 2010, 56 (11): 1997 –2014.

［39］ Brown S. J. , Goetzmann W. N. Performance persistence ［J］. The Journal of Finance, 1995, 50 (2): 679 –698.

［40］ Brunnermeier M. K. , Pedersen L. H. Predatory trading ［J］. The Journal of Finance, 2005, 60 (4): 1825 –1863.

［41］ Birgin E. G. , Martinez J. M. , Raydan J. A. Nonmonotone spectral projected gradient methods on convex sets ［J］. SIAM Journal of Optimization, 2000, 10 (4): 1196 –1211.

［42］ Broadie M. Computing efficient frontiers using estimated parameters ［J］. Annals of Operations Research, 1993, 45 (1): 21 –58.

［43］ Brodie J. , Daubechies I. , De M. C. , et al. Sparse and stable Markowitz portfolios ［J］. Proceedings of the National Academy of Sciences of the United States of America, 2009, 106 (30): 12267 –12272.

［44］ Bonami P. , Lejeune M. A. An exact solution approach for portfolio optimization problems under stochastic and integer constraints ［J］. Operations Research, 2009, 57 (3): 650 –670.

［45］ Boyle P. , Uppal R. , Uppal R. , Wang T. Keynes meets Markowitz: the Trade-Off between familiarity and diversification ［J］. Management Science, 2012, 58 (2): 253 –272.

［46］ Candes E. , Romberg J. , Tao T. Stable signal recovery from incomplete and inaccurate measurements ［J］. Communications on Pure and Applied Mathematics, 2005, 59 (8): 1207 –1223.

[47] Candes E. J. , Randall P. A. Highly robust error correction by convex programming [J]. IEEE Transactions on Information Theory, 2006, 54 (7): 2829 - 2840.

[48] Candes E. , Romberg J. and Tao T. Robust uncertainty priciples: exact signal reconstruction from highly incomplete frequency information [J]. IEEE Transactions on Information Theory, 2006, 52 (2): 489 - 509.

[49] Candes E. , Wakin M. An introduction to compressive sampling [J]. IEEE Signal Processing Magzine, 2008, 86 (3): 533 - 548.

[50] Canakgoz N. A. Mixed-integer programming approaches for index tracking and enhanced indexation [J]. European Journal of Operational Research, 2009, 196 (1): 384 - 399.

[51] Calafiore G. C. , El Ghaoui L. On distributionally robust chance-constrained linear programs [J]. Journal of Optimization Theory and Applications, 2006, 130 (1): 1 - 22.

[52] Campi B. M. Uncertain convex programs: randomized solutions and confidence levels [J]. Mathematical Programming, 2005, 102 (1): 25 - 46.

[53] Carlin B. , Lobo M. S. , Viswanathan S. Episodic liquidity crises and I: cooperative and predatory trading [J]. The Journal of Finance, 2007, 62 (5): 2235 - 2274.

[54] Ceria S. , Stubbs R. A. Incorporating estimation errors into portfolio selection: Robust portfolio construction [J]. Journal of Asset Management, 2006, 7 (2): 109 - 127.

[55] Cesarone F. , Scozzari A. , Tardella F. A new method for mean-variance portfolio optimization with cardinality constraints [J]. Annals of Operations Research, 2013, 205 (1): 213 - 234.

[56] Chang T. J. , Meade N. , Beasley J. E. , et al. Heuristics for cardinality constrained portfolio optimisation [J]. Computers & Operations Research, 2000, 27 (13): 1271 - 1302.

［57］ Chavezbedoya L. , Birge J. R. Index tracking and enhanced in-dexation using a parametric approach ［J］. Journal of Economics Finance & Administrative Science, 2014, 19 (36): 19 – 44.

［58］ Chen N. , Liu X. and Yao D. An optimization view of financial systemic risk modeling: the network effect and the market liquidity effect ［J］. Operations Research, 2016, 64 (5): 1089 – 1108.

［59］ Chen A. , Jen F. , Zionts S. The optimal portfolio revision policy ［J］. Journal of Business, 1971, 44 (1): 51 – 61.

［60］ Chen J. , Feng L. , Peng J. , et al. Analytical results and effi-cient algorithm for optimal portfolio deleveraging with market impact ［J］. Operations Research, 2014, 62 (1): 195 – 206.

［61］ Chen S. , Donoho L. , Saunders M. Atmonic decomposition by basis pursuit ［J］. SIAM Journal on Scientific Computing, 1998, 20 (1): 33 – 61.

［62］ Chen X. , Xu F. , Ye Y. Lower bound theory of nonzero entries in solutions of L_2-L_p minimization ［J］. SIAM Journal on Scientific Compu-ting, 2010, 32 (5): 2832 – 2852.

［63］ Chen C. , Li X. , Tolman C. , et al. Sparse portfolio selection via quasi-norm regularization ［ J ］. arXiv preprint arXiv: 1312. 6350, 2013.

［64］ Chopra V. K. , Ziemba W. T. The effect of errors in means, va-riances, and covariances on optimal portfolio choice ［J］. Journal of Portfolio Management, 1993, 19 (2): 6 – 11.

［65］ Coleman T. F. , Li Y. , Henniger J. Minimizing tracking error while restricting the number of assets ［ J ］. Journal of Risk, 2006, 8 (4): 33.

［66］ Combettes P. L. , Wajs V. R. Signal recovery by proximal for-ward-backward splitting ［J］. Multiscale Modeling and Simulation, 2006, 4 (4): 1168 – 1200.

[67] Cont R. , Moussa A. , Santos E. B. E. Network structure and systemic risk in banking systems [J]. Edson Bastos e, Network Structure and Systemic Risk in Banking Systems (December 1, 2010), 2010.

[68] Consiglio A. , Zenios S. A. Integrated simulation and optimization models for tracking international fixed income indices [J]. Mathematical Programming, 2001, 89 (2): 311 –339.

[69] Craig B. , Von Peter G. Interbank tiering and money center banks [J]. Journal of Financial Intermediation, 2014, 23 (3): 322 –347.

[70] Corielli F. , Marcellino M. Factor based index tracking [J]. Journal of Banking Finance, 2006, 30 (8): 2215 –2233.

[71] Dai Y. H. , Fletcher R. New algorithms for singly linearly constrained quadratic programs subject to lower and upper bounds [J]. Mathematical Programming, 2006, 106 (3): 403 –421.

[72] Dai W. , Milenkovic O. Subspace pursuit for compressive sensing: closing the gap between performance and complexity [R]. illinois univ at urbama-chamapaigm, 2008.

[73] Daubechies I. , Mefrise M. , Mol C. An iterative thresholding algorithm for linear inverse problems with a sparse constraint [J]. Communication on Pure and Applied Mathematics, 2004, 57 (11): 1413 –1457.

[74] DeMiguel V. , Garlappi L. , Uppal R. Optimal versus naive diversification: how inefficient is the 1/n portfolio strategy [J]. The Review of Financial Studies, 2009, 22 (5): 1915 –1953.

[75] Degryse H. , Nguyen G. Interbank exposures: an empirical examination of contagion risk in the Belgian banking system [J]. International Journal of Central Banking, 2007, 3 (2): 123 –171.

[76] Delage E. , Ye Y. Distributionally robust optimization under moment uncertainty with application to data-driven problems [J]. Operations Research, 2010, 58 (3): 595 –612.

[77] Demiguel V. , Garlappi L. , Nogales F. J. , et al. A generalized

approach to portfolio optimization: improving performance by constraining portfolio norms [J]. Management Science, 2009, 55 (5): 798 – 812.

[78] Donoho D. L. Compressed sensing [J]. IEEE Transactions on Information Theory, 2006, 52 (4): 1289 – 1306.

[79] DiBartolomeo D. The enhanced index fund as an alternative to indexed equity management [J]. Northfield Information Services Documents, 2000.

[80] Dijk R. V., Jansen R. Optimal benchmark tracking with small portfolios [J]. Journal of Portfolio Management, 2002, 28 (2): 33 – 39.

[81] Doan X., Kruk S., Wolkowicz H. A robust algorithm for semi-definite programming [J]. Optimization Methods & Software, 2012, 27 (4): 667 – 693.

[82] Di Lorenzo D., Liuzzi G., Rinaldi F., et al. A concave optimization-based approach for sparse portfolio selection [J]. Optimization Methods and Software, 2012, 27 (6): 983 – 1000.

[83] Donoho D., Tsaig Y., Drori I., et al. Sparse solution of underdetermined systems of linear equations by stagewise orthogonal matching pursuit [J]. IEEE Transactions on Information Theory, 2012, 58 (2): 1094 – 1121.

[84] Donoho D., Huo X. Uncertainty principles and ideal atmoic decomposition [J]. IEEE Transactions on Information Theory, 2001, 47 (7): 2845 – 2862.

[85] Donoho D., Elad E. Maximal sparsity representation via $L_1 L_1$ minimization [J]. Proceedings of the National Academy of Sciences, 2003, 100: 2197 – 2202.

[86] Do T. T., Gan L., Nguyen N., et al. Sparsity adaptive matching pursuit algorithm for practical compressed sensing [C]. 2008 42nd Asilomar Conference on Signals, Systems and Computers. IEEE, 2008: 581 – 587.

[87] Dose C., Cincotti S. Clustering of financial time series with application to index and enhanced index tracking portfolio [J]. Physica A-Statisti-

cal Mechanics and Its Applications, 2005, 355: 145 – 151.

[88] Dumas B. , Luciano E. An exact solution to a dynamic portfolio choice problem under transaction costs [J]. Journal of Finance, 1991, 46 (2): 577 – 595.

[89] Efron B. , Hastie T. , Johnstone I. , Tibshirani R. Least angle regression [J]. Annals of Statistics, 2004, 32 (2): 407 – 499.

[90] Elton E. , Gruber M. On the optimality of some multiperiod portfolio selection criteria [J]. Journal of Business, 1974, 47 (2): 231 – 243.

[91] Elsinger H. , Lehar A. , Summer M. Using market information for banking system risk assessment [J]. International Journal of Central Banking, 2005, 2: 137 – 165.

[92] Elsinger H. , Lehar A. , Summer M. Risk assessment for banking systems [J]. Management Science, 2006, 52 (9): 1301 – 1314.

[93] Elsinger H. Financial networks, cross holdings, and limited liability [M]. Oesterreichische National Bank, 2009.

[94] El-Ghaoui L. , Lebret H. Robust solutions to least-square problems to uncertain data matrices [J]. Siam Journal of Matrix Analysis & Applications, 1996, 51 (4): 543 – 556.

[95] Eisenberg L. , Noe T. H. Systemic risk in financial systems [J]. Management Science, 2001, 47 (2): 236 – 249.

[96] Fang Y. , Wang S. Y. A fuzzy index tracking portfolio selection model [J]. International Conference on Computational Science, Springer-Verlag, 2005: 554 – 561.

[97] Fang Y. , Lai K. , Wang S. Portfolio rebalancing with transaction costs and a minimal purchase unit [J]. Dynamics of Continuous, Discrete and Impulsive Systems, Series B: Applications and Algorithms, 2005, 12 (4): 499 – 515.

[98] Fan J. , Zhang J. , Yu K. Asset allocation and risk assessment with gross exposure constraints for vast portfolios [J]. Ssrn Electronic Jour-

nal, 2008, 25 (812. 2604): 5.

[99] Fabozzi F. J. Robust portfolio optimization and management [M]. John Wiley, 2007.

[100] Fastrich B. , Paterlini S. , Winker P. Cardinality versus q-norm constraints for index tracking [J]. Quantitative Finance, 2014, 14 (11): 2019 – 2032.

[101] Fengmin Xu, Meihua Wang and Yu-Hong Dai et al. A sparse enhanced indexation model with chance and cardinality constraints [J]. Journal of Global Optimization, 2018.

[102] Fernholz R. , Garvy R. , Hannon J. Diversity-weighted indexing [J]. Journal of Portfolio Management, 1998, 24 (2): 83 – 92.

[103] Figueiredo M. , Nowak R. , and Wright S. J. Gradient projection for sparse reconstruction: application to compressed sensing and other inverse problems [J]. IEEE Journal of Selected Topics in Signal Processing, 2007, 1 (4): 586 – 597.

[104] Friedman J. , Hastie T. , Hoefling H. , Tibshirani R. Pathwise coordinate optimization [J]. Annals of Applied Statistics. 2007, 2 (1): 302 – 332.

[105] Fan J. , Zhang J. , Yu K. Asset allocation and risk assessment with gross exposure constraints for vast portfolios [J]. Ssrn Electronic Journal, 2008, 25 (812. 2604): 5.

[106] Frino A. , Gallagher D. R. , Neubert A. S. , et al. Index design and implications for index tracking [J]. Journal of Portfolio Management, 2004, 30 (2): 89 – 95.

[107] Freixas X. , Parigi B. M. , Rochet J. C. Systemic risk, interbank relations and liquidity provision by the central bank [J]. Journal of Money, Credit and Banking, 2000, 611 - 638.

[108] Frank L. E. , Friedman J. H. A statistical view of some chemometrics regression tools [J]. Technometrics, 1993, 35 (2), 109 – 135.

[109] Foucart S. Hard thresholding pursuit: an algorithm for compressive sensing [J]. SIAM Journal on Numerical Analysis, 2011, 49 (6): 2543 - 2563.

[110] Fu W. Penalized regressions: the bridge versus the lasso [J]. Journal of Computational & Graphical Statistics, 1998, 7 (3): 397 - 416.

[111] Furfine, Craig. Interbank exposures: quantifying the risk of contagion [J]. Journal of Money, Credit, and Banking, 2003, 35 (1): 111 - 128.

[112] Gabrel V., Murat C., Remli N. Linear programming with interval right hand sides [J]. International Transactions in Operational Research, 2010, 17 (3): 397 - 408.

[113] Gaivoronoski A. A., Krylov S., Van Der Wijst N. Optimal portfolio selection and dynamic benchmark tracking [J]. European Journal of Operational Research, 2005, 163: 115 - 131.

[114] Gaspar-Cunha A., Covas J. A. Robustness in multi-objective optimization using evolutionary algorithms [J]. Computational Optimization & Applications, 2008, 39 (1): 75 - 96.

[115] Gatheral J., Schied A. Optimal trade execution under geometric Brownian motion in the Almgren and Chriss framework [J]. International Journal of Theoretical and Applied Finance, 2011, 14 (03): 353 - 368.

[116] Gennotte G., Jung A. Investment strategies under transaction costs: The finite horizon case [J]. Management Science, 1994, 40 (3): 385 - 404.

[117] Goldstein T., Osher S. The split bregman method for L_1 regularized problems [J]. SIAM journal on imaging sciences, 2009, 2 (2): 323 - 343.

[118] Gorodnitsky I., Rao B. Sparse signal reconstruction from limited data using focuss: a reweighted norm minimization algorithm [J]. IEEE Transactions on Signal Processing, 1997, 45 (3): 600 - 616.

[119] Guastaroba G., Mansini R., Ogryczak W., et al. Linear programming models based on omega ratio for the Enhanced Index Tracking Problem [J].

European Journal of Operational Research, 2016, 251 (1): 938 –956.

[120] Gong P. , Zhang C. , Lu Z. , et al. A general iterative shrinkage and thresholding algorithm for non-convex regularized optimization problems [C]. Machine learning: proceedings of the International Conference. International Conference on Machine Learning. NIH Public Access, 2013, 28 (2): 37.

[121] Guastaroba G. , Speranza M. G. Kernel search: an application to the index tracking problem [J]. European Journal of Operational Research, 2012, 217 (1): 54 –68.

[122] Guastaroba G. , Mansini R. , Speranza M. G. Models and simulations for portfolio rebalancing [J]. Computational Economics, 2009, 33 (3): 237 –262.

[123] Haugen R. A. , Baker N. L. Dedicated stock portfolios [J]. Journal of Portfolio Management, 1990, 16 (4): 17 –22.

[124] Elsinger H. , Lehar A. , Summer M. Risk assessment for banking systems [J]. Management science, 2006, 52 (9): 1301 –1314.

[125] Hill J. M. , Naviwala H. Synthetic and enhanced index strategies using futures on US indexes [J]. The Journal of Portfolio Management, 1999, 25 (5): 61 –74.

[126] Holthausen R. W. , Leftwich R. W. , Mayers D. Large-block transactions, the speed of response and temporary and permanent stock-price effects [J]. Journal of Financial Economics, 1990, 26 (1): 71 –95.

[127] Hodges S. D. Problems in the application of portfolio selection models [J]. Omega, 1976, 4 (6): 699 –709.

[128] Minsky H. P. The finacial instability hypothesis: an interpretation of keynes and an alternative to 'standard' theory [J]. Nebraska Journal of Economics & Business, 1977, 20 (1): 20 –27.

[129] Huberman G. , Stanzl W. Price manipulation and quasi arbitrage [J]. Econometrica, 2004, 72 (4): 1247 –1275.

［130］ Huberman G. , Stanzl W. Optimal liquidity trading ［J］. Review of Finance, 2005, 9 (2): 165 – 200.

［131］ Iyengar G. , Kang W. Inverse conic programming and applications ［J］. Operations Research Letters, 2005, 33 (3): 319 – 330.

［132］ Jacob N. A limited-diversification portfolio selection model for the small investor ［J］. Journal of Finance, 1974, 29 (3): 847 – 856.

［133］ Barzilai J. , Borwein J. Two-point step size gradient methods ［J］. IAM Journal of Numerical Analysis, 1988, 8 (1): 141 – -148.

［134］ Jagannathan R. , Ma T. Risk reduction in large portfolios: why imposing the wrong constraints helps ［J］. The Journal of Finance, 2003, 58 (4): 1651 – 1683.

［135］ Beasley J. E. OR-Library: Distributing test problems by electronic mail ［J］. Journal of the Operational Research Society, 1990, 41 (11): 1069 – 1072.

［136］ Deng J. , Ren G. H. , Jin Y. S. , Ning W. J. Iterative weighted gradient projection for sparse reconstruction ［J］. Information Technology Journal, 2011, 10 (7): 1409 – 1414.

［137］ Jorion P. Portfolio optimization with tracking error constraints ［J］. Financial Analysts Journal, 2003, 59 (5): 70 – 82.

［138］ Kalai, Lamboray, Claude and Vanderpooten D. Lexicographic $\alpha\alpha$ robustness: an alternative to min – max criteria ［J］. European Journal of Operational Research, 2012, 220 (3): 722 – 728.

［139］ Keating C. , Shadwick W. F. A universal performance measure ［J］. The Journal of Performance Measurement, 2002, 6 (3): 59 – 84.

［140］ Karmarkar N. A new polynomial-time algorithm for linear programming ［J］. Combinatorica, 1984, 4 (4): 373 – 395.

［141］ Kim S. J. , Member, IEEE, et al. An interior-point method for large-scale L_1-Regularized least squares ［J］. IEEE Journal of Selected Topics in Signal Processing, 2008, 1 (4): 606 – 617.

[142] Konno H. , Yamazaki H. Mean-absolute deviation portfolio optimization model and its applications to Tokyo stock market [J]. Management Science, 1991, 37 (5): 519 – 531.

[143] Konno H. , Wijayanayake A. Portfolio optimization problem under concave transaction costs and minimal transaction unit constraints [J]. Mathematical Programming, 2001, 89 (2): 233 – 250.

[144] Kuhn D. , Wiesemann W. , Georghiou A. Primal and dual linear decision rules in stochastic and robust optimization [J]. Mathematical Programming, 2011, 130 (1): 177 – 209.

[145] Lejeune M. A. Game theoretical approach for reliable enhanced indexation [J]. Decision Analysis, 2012, 9 (2): 146 – 155.

[146] Lejeune M. A. , Samatli-Pac G. Construction of risk-averse enhanced index funds [J]. Informs Journal on Computing, 2012, 25 (4): 701 – 719.

[147] Li D. , Ng W. Optimal dynamic portfolio: multi-period mean-variance formulation [J]. Mathematical Finance, 2000, 10 (3): 387 – 406.

[148] Lucas A. Strategic and tactical asset allocation and the effect of long-run equilibrium relations [J]. Serie Research Memoranda 0042, 1997.

[149] Lobo M. , Fazel M. , Boyd S. Portfolio optimization with linear and fixed transaction costs [J]. Annals of Operations Research, 2007, 152 (1): 341 – 365.

[150] Lu Z. , Zhang Y. Sparse approximation via penalty decomposition methods [J]. SIAM Journal on Optimization, 2013, 23 (4): 2448 – 2478.

[151] Lu Z. Iterative hard thresholding methods for L_0 regularized convex cone programming [J]. Mathematical Programming, 2014, 147 (1 – 2): 125 – 154.

[152] Lwin K. , Qu R. A hybrid algorithm for constrained portfolio selection problems [J]. Applied Intelligence, 2013, 39 (2): 251 – 266.

[153] Markowitz H. Portfolio Selection [J]. Journal of Finance,

1952, 7 (1): 77 -91.

[154] Markowitz H. Portfolio selection: efficient diversication of investment [M]. Yale University Press, 1959.

[155] Meade N. , Salkin G. R. Index funds—construction and performance measurement [J]. Journal of the Operational Research Society, 1989, 40 (10): 871 -879.

[156] Merton R. Lifetime portfolio selection under uncertainty: the continuous-time case [J]. The Review of Economics and Statistics, 1969, 51 (3): 247 -257.

[157] Merton R. C. Continuous-time finance [M]. Cambridge, MA: Basil Blackwell, 1990.

[158] Michaud R. O. Efficient asset management: a practical guide to stock portfolio optimization and asset allocation [M]. OUP Catalogue, 2001.

[159] Miller T. , Meckel T. S. Beating index funds with derivatives [J]. The Journal of Portfolio Management, 1999, 25 (5): 75 -87.

[160] Liu M. , Staum J. Sensitivity analysis of the eisenberg - noe model of contagion [J]. Operations Research Letters, 2010, 38 (5): 489 -491.

[161] Mulvey J. , Vladimirou H. Stochastic network programming for financial planning problems [J]. Management Siences, 1992, 38 (11): 1642 -1664.

[162] Moral-Escudero R. , Ruiz-Torrubiano R. , Suarez A. Selection of optimal investment portfolios with cardinality constraints [C]. 2006 IEEE International Conference on Evolutionary Computation. IEEE, 2006: 2382 - 2388.

[163] Morton A. , Pliska S. Optimal portfolio management with transaction costs [J]. Mathematical Finance, 1995, 5 (4): 337 -356.

[164] Mossin J. Optimal multiperiod portfolio policies [J]. Journal of Business, 1968, 41 (2): 215 -229.

[165] Meade N. , Beasley J. E. Detection of momentum effects using

an index out-performance strategy [J]. Quantitative Finance, 2011, 11 (2): 313 – 326.

[166] Meinshausen N. , Buhlmann P. High dimensional graphs and variable selection with the lasso [J]. Annals of Statistics, 2006, 34: 1436 – 1462.

[167] Natarajan K. , Pachamanova D. , Sim M. A tractable parametric approach to Value-at-Risk Optimization [J]. Working Paper, Nus Business School, 2006.

[168] Needell D. , Vershynin R. Greedy signal recovery and uncertainty principles [J]. Proceedings of SPIE-The International Society for Optical Engineering, 2008, 6814: 68140J-68140J-12.

[169] Needell D. , Tropp J. A. CoSaMP: iterative signal recovery from incomplete and inaccurate samples [J]. Applied and Computational Harmonic Analysis, 2009, 26 (3): 301 – 321.

[170] Ogryczak W. , Andrzej Ruszczyaski. From stochastic dominance to mean-risk models: Semideviations as risk measures [J]. European Journal of Operational Research, 1999, 116 (1): 33 – 50.

[171] Ostermark R. Vector forecasting and dynamic portfolio selection: empirical effciency of recuresive multiperiod strategies [J]. Eurpean Journal of Operational Research, 1991, 55 (2): 46 – 56.

[172] Combettes P. L. , Wajs V. R. Signal recovery by proximal forward-backward splitting [J]. Multiscale Modeling & Simulation, 2005, 4 (4): 1168 – 1200.

[173] Patel N. , Subrahmanyam M. A simple algorithm for optimal portfolio selection with fixed transaction costs [J]. Management Science, 1982, 28 (3): 303 – 314.

[174] Perold A. F. Large-scale portfolio optimization [J]. Management Science, 1984, 30 (10): 1143 – 1160.

[175] Gai P. , Kapadia S. Contagion in financial networks [J]. Proceedings of the Royal Society A: Mathematical, Physical and Engineering

Sciences, 2010, 466 (2120): 2401 –2423.

[176] Prekopa A. Stochastic programming [J]. Kluwer Academic Publishers, 1995: 211 –298.

[177] Pogue G. An extension of the Markowitz portfolio selectionmodel to include variable transaction costs, short sales, leverage policies and taxes [J]. Journal of Finance, 1970, 25 (5): 1005 –1027.

[178] Pflug G. C. Some remarks on the Value-at-Risk and the conditional Value-at-Risk [M]. Probabilistic Constrained Optimization, 2000.

[179] Radcliffe N. J. Genetic set recombination [J]. Foundations of Genetic Algorithms, 1993, 2: 203 –219.

[180] Ramani S., Fessler J. A. A splitting-based iterative algorithm for accelerated statistical X-Ray CT reconstruction [J]. IEEE Transactions on Medical Imaging, 2012, 31 (3): 677 –688.

[181] Chartrand R. Fast algorithms for nonconvex compressive sensing: MRI reconstruction from very few data [C]. 2009 IEEE International Symposium on Biomedical Imaging: From Nano to Macro, 2009, 262 –265.

[182] Riepe M. W., Werner M. D. Are enhanced index mutual funds worthy of their name [J]. The Journal of Investing, 1998, 7 (2): 6 –15.

[183] Rockafellar R. T., Uryasev S. Optimization of conditional value-at-risk [J]. Journal of Risk, 2000, 2 (3): 21 –42.

[184] Rohweder H. C. Implementing stock selection ideas: does tracking error optimization do any good? [C]. 1998, 49 –59.

[185] Roll R. A mean variance analysis of tracking error [J]. Journal of Portfolio Management, 1992, 18 (4): 13 –22.

[186] Rompotis G. G. Active vs. passive management: new evidence from exchange traded funds [J]. Passive Management: New Evidence from Exchange Traded Funds (February 4, 2009), 2009.

[187] Roman D., Mitra G., Zverovich V. Enhanced indexation based on second-order stochastic dominance [J]. European Journal of Operational

Research, 2013, 228 (1): 273 –281.

[188] Rudolf M. , Wolter H. J. , Zimmermann H. A linear model for tracking error minimization [J]. Journal of Banking Finance, 1999, 23 (1): 85 – 103.

[189] Ruiz-Torrubiano R. , Suarez A. A hybrid optimization approach to index tracking [J]. Annals of Operations Research, 2009, 166 (1): 57 –71.

[190] Rudd A. Optimal selection of passive portfolios [J]. Financial Management, 1980, 9 (1): 57 –66.

[191] Ruiztorrubiano R. , Garcíamoratilla S. , Suarez A. Optimization problems with cardinality constraints [M]. Computational Intelligence in Optimization, Springer Berlin Heidelberg, 2010: 105 – 130.

[192] Samuelson P. Lifetime portfolio selection by dynamic stochastic programming [J]. The Review of Economics and Statistics, 1969, 51 (3): 239 –246.

[193] Scholes M. S. Crisis and risk management [J]. American Economic Review, 2000, 17 –21.

[194] Schied A. , Schneborn T. Risk aversion and the dynamics of optimal liquidation strategies in illiquid markets [J]. Finance and Stochastics, 2009, 13 (2): 181 –204.

[195] Setzer S. Split bregman algorithm, Douglas Rachford splitting and Frame Shrinkage [C]. International Conference on Scale Space and Variational Methods in Computer Vision, Springer, Berlin, Heidelberg, 2009, 464 –476.

[196] Sherman J. , Morrison W. J. Adjustment of an inverse matrix corresponding to a change in one element of a given matrix [J]. Annals of Mathematical Statistics, 1950, 21 (1): 124 –127.

[197] Wright S. J. , Nowak R. D. , Figueiredo M. A. T. Sparse reconstruction by separable approximation [J]. IEEE Transactions on Signal Processing, 2009, 57 (7): 2479 –2493.

［198］ Smith K. A transition model for portfolio revision ［J］. Journal of Finance, 1967, 22 (3): 425 –439.

［199］ Pokutta S. , Schmaltz C. , Stiller S. Measuring systemic risk and contagion in financial networks ［J］. Available at SSRN 1773089, 2011.

［200］ Sortino F. A. , Price L N. Performance measurement in a downside risk framework ［J］. The Journal of Investing, 1994, 3 (3): 59 –64.

［201］ Sharpe W. F. Mutual fund performance ［J］. Journal of Business, 1966, 39 (1): 119 –138.

［202］ Sturm J. F. Using SeDuMi 1. 02, a matlab toolbox for optimization over symmetric cones ［J］. Optimization Methods and Software, 1999, 11 (1 –4): 625 –653.

［203］ Sias R. W. , Starks L. T. , Titman S. The price impact of institutional trading ［J］. Available at SSRN 283779, 2001.

［204］ Tabata Y. , Takeda E. Bicriteria optimization problem of designing an index fund ［J］. Journal of the Operational Research Society, 1995, 46 (8): 1023 –1032.

［205］ Tibshirani R. Regression shrinkage and selection via the lasso ［J］. Journal of the Royal Statistical Society. Series B (Methodological), 1996, 58 (1): 267 –288.

［206］ Tropp J. , Gilbert A. Singal recovery from random measurements via orthogonal matching pursuit ［J］. Transzctions on Information Theory, 2007, 53 (12): 4655 –4666.

［207］ Treynor J. , Black F. How to use security analysis to improve selection ［J］. Journal of Business, 1973, 46: 66 –86.

［208］ Tropp J. , Gilbert A. Signal recovery from random measurements via orthogonal pursuit ［J］. IEEE Transactions Information Theory, 2007, 53 (12): 4655 –4666.

［209］ Turlach B. , Venables W. N. , Wright S. J. Simultaneous variable selection ［J］. Technometrics, 2005, 27: 349 –363.

[210] Upper C. , Worms A. Estimating bilateral exposures in the German interbank market: Is there a danger of contagion? [J]. European Economic Review, 2004, 48 (4): 827 - 849.

[211] Wang M. Y. Multiple-benchmark and multiple-portfolio optimization [J]. Financial Analysts Journal, 1999, 55 (1): 63 - 72.

[212] Wang Y. , Chen Z. , Zhang K. A chance-constrained portfolio selection probelm under t distribution [J]. Asia-Pacific Journal of Operatioal Research, 2007, 24 (04): 535 - 556.

[213] Wang M. , Xu C. , Xu F. , et al. A mixed 0 - 1 LP for index tracking problem with CVaR risk constraints [J]. Annals of Operations Research, 2012, 196 (1): 591 - 609.

[214] Wei D. , Li S. T. , Tan M. Fast decomposed gradient projection algorithm for sparse representation [J]. JDCTA: International Journal of Digital Content Technology and its Applications, 2012, 6 (2): 76 - 84.

[215] Wright S J. Primal-dual interior-point methods [M]. Philadelphia, PA, USA: SIAM Publications, 1997.

[216] Wu L. C. , Chou S. C. , Yang C. C. , et al. Enhanced index investing based on goal programming [J]. Journal of Portfolio Management, 2007, 33 (3): 49 - 56.

[217] Woodside-Oriakhi M. , Lucas C. , Beasley J. E. Portfolio rebalancing with an investment horizon and transaction costs [J]. Omega, 2013, 41 (2): 406 - 420.

[218] Xia Y. , Liu B. , Wang S. , Lai K. A new model for portfolio selection with order of expected returns [J]. Computers and Operations Research, 2000, 27 (5): 409 - 422.

[219] Xu Z. , Chang X. , Xu F. , Zhang H. $L_{1/2}$ regularization: a thresholding representation theory and a fast solver [J]. IEEE Transactions on Neural Networks and Learning Systems, 2012, 23 (7): 1013 - 1027.

[220] Xu F. , Wang G. , Gao Y. Nonconvex $L_{1/2}$ regularization for

sparse portfolio selection [J]. Pacific Journal of Optimization, 2014, 10 (1): 163 – 176.

[221] Xu F. , Xu Z. , Xue H. Sparse index tracking based on $L_{1/2}$ model and algorithm [J]. Mathematics, 2015, arXiv: 1506. 05867.

[222] Xu F. , Lu Z. , Xu Z. An efficient optimization approach for a cardinality-constrained index tracking problem [J]. Optimization Methods & Software, 2016, 31 (2): 258 – 271.

[223] Xu F. , Wang M. , Dai Y. , et al. A sparse enhanced indexation model with chance and cardinality constraints [J]. Journal of Global Optimization, 2018 (70): 5 – 25.

[224] Xu F. , Xu Z. , Xue H. Sparse index tracking: A $L_{1/2}$ regularization based model and Algorithm. arXiv preprint arXiv: 1506. 05867, 2015.

[225] Xu F. , Dai Y. , Zhao Z. , et al. Efficient projected gradient methods for cardinality constrained optimization [J]. Science China Mathematics, 2018, 1 – 24.

[226] Xu H. , Caramanis C. , Mannor S. A distributional interpretation of robust optimization [J]. Mathematics of Operations Research, 2012, 37 (1): 95 – 110.

[227] Xu F. , Sun M. Theory and algorithm for optimal portfolio liquidation under two different price impact matrices [J]. 2017.

[228] Xu F. , Sun M. , Dai Y. An adaptive Lagrangian algorithm for optimal portfolio deleveraging with cross-impact [J]. Journal of Systems Science Complexity, 2017, 30 (5): 1121 – 1135.

[229] Xu Z. B. , Zhang H. , Wang Y. , et al. $L_{1/2}$ regularization [J]. Science in China Series F (Information Science), 2010, 53 (6): 1159 – 1169.

[230] Xu Z. B. , Chang X. , Xu F. , et al. $L_{1/2}$ regularization: an iterative half thresholding algorithm [J]. IEEE Transactions on Neural Networks and Learning Systems, 2012: 1013 – 1027.

［231］ Yan J. , Lu W. Smoothed $L_{1/2}$-L_P solvers for signal denosing ［C］. In: Proceedings of IEEE International Conference on Acoustics, Speech and Signal Processing, 2012.

［232］ Yang Y. , Ahipasaoglu, Selin, Chen J. On the robustness and sparsity trade-off in mean-variance portfolio selection ［J］. Available at SSRN 2873037, 2016.

［233］ Yoshimoto A. The mean-variance approach to portfolio optimization subject to transaction costs ［J］. Journal of the Operations Research Society of Japan, 1996, 39 (1): 99 – 117.

［234］ Zeng J. S. , Xu Z. B. , Jiang H. , et al. SAR imaging from compressed measurements based on $L_{1/2}L_{1/2}$ regularization ［J］. In: IEEE International Geoscience and Remote Sensing Symposium (IGARSS), 2011, 625 – 628.

［235］ Zhang X. , Zhang W. , Cai R. Portfolio adjusting optimization under credibility measures ［J］. Journal of Computational and Applied Mathematics, 2010, 234 (5): 1458 – 1465.

［236］ Zhang X. , Zhang W. G. , Xu W. An optimization model of the portfolio adjusting problem with fuzzy return and a SMO algorithm ［J］. Expert Systems with Applications, 2011, 38 (4): 3069 – 3074.

［237］ Zhang W. , Xiao W. , Xu W. A possibilistic portfolio adjusting model with new added assets ［J］. Economic Modelling, 2010, 27 (1): 208 – 213.

［238］ Zhang W. , Zhang X. , Chen Y. Portfolio adjusting optimization with added assets and transaction costs based on credibility measures ［J］. Insurance: Mathematics and Economics, 2011, 49 (3): 353 – 360.

［239］ Zhang J. , Xu C. Inverse optimization for linearly constrained convex separable programming problems ［J］. European Journal of Operational Research, 2010, 200 (3): 671 – 679.

［240］ Zhang W. G. , Zhang X. , Chen Y. Portfolio adjusting optimization with added assets and transaction costs based on credibility measures [J]. Insurance Mathematics & Economics, 2012, 49 (3): 353 –360.

[241] Lu Z. , Zhang Y. Sparse approximation via penalty decomposition methods [J]. SIAM Journal on Optimization, 2013, 23 (4): 2448 –2478.

[242] Zeniou C. V. , Zenions S. A. Robust optimization models for managing callable bond portfolios [J]. European Journal of Operational Research, 1996, 91 (2): 264 –273.

[243] Zhao Z. , Xu F. , Wang M. , et al. A sparse enhanced indexation model with, norm and its alternating quadratic penalty method [J]. Journal of the Operational Research Society, 2018, (3): 1 –14.

[244] Zymler S. , Kuhn D. , Rustem B. Distributionally robust joint chance constraints with second-order moment information [J]. Mathematical Programming, 2013, 137 (1 –2): 167 –198.